主 编 徐 海
副主编 钱兴奇

钱兴奇 陈欣 著

江苏出版史

A
HISTORY
OF
JIANGSU
PUBLISHING

当代卷 (1949—2008)

江苏人民出版社

图书在版编目(CIP)数据

江苏出版史.当代卷.1949—2008/钱兴奇,陈欣
著.--南京:江苏人民出版社,2023.6
ISBN 978-7-214-28033-6

Ⅰ.①江… Ⅱ.①钱…②陈… Ⅲ.①出版事业-文
化史-江苏-现代 Ⅳ.①G239.275.3

中国国家版本馆 CIP 数据核字(2023)第 011402 号

书 名	江苏出版史·当代卷(1949—2008)	
著 者	钱兴奇 陈 欣	
封面题签	徐 海	
策划编辑	卞清波	
责任编辑	史雪莲 康海源	
装帧设计	周伟伟	
责任监制	王 娟	
出版发行	江苏人民出版社	
地 址	南京市湖南路 1 号 A 楼,邮编:210009	
照 排	江苏凤凰制版有限公司	
印 刷	江苏凤凰新华印务集团有限公司	
开 本	652 毫米×960 毫米 1/16	
印 张	26.25 插页 4	
字 数	375 千字	
版 次	2023 年 6 月第 1 版	
印 次	2023 年 6 月第 1 次印刷	
标准书号	ISBN 978-7-214-28033-6	
定 价	128.00 元	

(江苏人民出版社图书凡印装错误可向承印厂调换)

前　言

出版是人类文明传承的重要载体之一,出版史因此也是人类文明历史的重要组成部分。在中国文明历史研究的版图之中,出版史占有相当之地位。近年来,出版史研究领域的确涌现了一大批新的成果,尤其出现了一些颇有分量的著作。其中,由中国出版科学研究所组织编写的 9 卷本《中国出版通史》堪称集大成式的力作。该书全面梳理和揭示了中国出版事业的源流、变迁和发展脉络,深刻总结了中国出版事业发生、发展和演变的规律,充分展示了中华民族对世界文明所作出的伟大贡献。此外,万安伦《中外出版史》在充分吸收和继承前人已有成果的基础上,大量使用新材料、新观点,将中外出版史分为开启文明的硬质出版、以柔克刚的软质出版、有容乃大的虚拟出版三个出版阶段,并引入硬质出版、软质出版、虚拟出版等概念,既具有开阔视野,也体现出较强的学术创新性。

江苏自古就是全国出版的一块高地。在古代,江苏出版业在全国居于极其重要的地位,产生过非常重大的影响。尤其在明清时期,文化底蕴深厚、城市经济繁荣的江苏地区出现了极为发达的刻书业。这既是江苏古代文明发展的成果,也为江苏文明的进一步发展提供了文化基础。现代出版事业兴起于民国,江苏作为民国时期政治、文化活动非常活跃的地区,在出版方面也发生了很多重大事件和重大变化。1949 年,随着中华人民共和国的成立,出版业迎来全新的发展时期。当然,其后也历经坎坷、曲折、折腾甚至倒退;1978 年改革开放后,我国出版业进入了一个高速发展的新阶段。在这过程中,江苏出版成绩斐然,表现突出,为我们社会主义出版强国建设持续作出非同寻常的积极贡献，受到中央有关领导、国家有关部门和省委省政府的高度肯定，我本人也见证并参与了这段时间大部分的重要活动。

令人遗憾的是，迄今为止，系统介绍江苏出版历史的著作还付之阙如。以严谨的学术态度和科学的研究方法，全面系统地阐述先秦至今江苏地区出版活动的发展全貌，填补迄今没有一部著作集中反映江苏地区出版活动历史的空白，不但具有较高的学术创新价值，更对今日江苏出版战线干部职工增进文化自信，从而为未来全国出版作出更多更好贡献，具有极强的现实意义和深远的历史意义。

本书的写作与编辑出版，正是出于这样的问题意识。2013年，时任江苏省新闻出版局局长周琪同志向我提出这一选题构想，正戳中我的"痒"处，我热切予以响应。当时，我正在江苏人民出版社担任总经理。很快，由我牵头，江苏人民出版社组成《江苏出版史》项目小组，时任社领导府建明、编辑卞清波等人共同参与。我们一起起草了选题立项书及写作大纲，在得到周琪局长认可后，又专门向高斯、蒋迪安、王於良、李景端、缪咏禾等老领导、老社长、老专家，以及黄海宁、张辉冠、钱兴奇、何民胜等一批资深的出版专家请教，形成了具有可操作性的《江苏出版史》工作方案。

《江苏出版史》在编写之初的想法是，以严谨的学术态度和科学的研究方法，全面系统地阐述先秦以来江苏地区出版活动的发展全貌，包括发生在江苏地区的出版大事、诞生于江苏地区的精品著作，也包括活跃在江苏地区的一代又一代出版人；最初想要实现的目标是，这套书既会为我们展示江苏这片土地上文化的多彩和出版的魅力，也会推动全国出版史及相关领域的研究进一步走向深化。

在多方协助下，我们找到了对江苏地区编辑出版历史素有研究的几位专家，召开多次选题会、立项会以及统稿会，最终组成由苏州大学文学院教授黄镇伟、江苏省方志办研究室原主任缪小咏、常熟理工学院教授曹培根、南京师范大学图书馆研究员袁华、江苏省出版工作者协会编审钱兴奇，以及凤凰出版传媒股份有限公司出版部副编审陈欣组成的创作团队。国内知名的出版史专家缪咏禾先生欣然担任本书学术顾问。其中钱兴奇编审不但自始至终地与我和府建明参与整体构想、全部会议和文稿统筹等工作,在选择作者、确定风格和提供资料方面也作出了重要贡献。陈欣副编审是我后来邀请参与当代卷撰写的。他曾长期在省新闻出版局工作,对相当一段时间我省出版的宏观状况和政策变化十分熟悉,除撰写了当代卷第五章外,还与我一起承担了该卷的统稿工作。他不顾新冠肺炎感染,坚持不辍地写作,让我为之感动。卞清波、史雪莲耐心细心,无怨无悔,坚定坚守,可赞可敬。

根据我们对江苏地区出版历史的整体认知,《江苏出版史》共分先秦至宋元卷、明代卷、清代卷、民国卷及当代卷(1949—2008)五卷,其创作分工情况如下:

《江苏出版史·先秦至宋元卷》,作者黄镇伟

《江苏出版史·明代卷》,作者缪小咏

《江苏出版史·清代卷》,作者曹培根

《江苏出版史·民国卷》,作者袁华

《江苏出版史·当代卷(1949—2008)》,作者钱兴奇、陈欣

各位作者的一大共识,是在历史叙事的同时,力求学术创新、力求有所发明。学术思想方面,在继承前人研究成果的基础上,全面把握中国出版史特点,以江苏地区出版典型案例的文化样本来进行剖析研究,以此展示中国出版文化的丰富多样性,挖掘江苏地区出版文化特点及其当代价值。研究方法方面,注重广泛搜集各类相关文献,包括研究专著、论文和史料,并注意搜集没有公布过的第一手材料;注重运用历史学、社会学、目录学、版本学、考据学、校勘学、谱牒学等专业理论及方法,结合政治史、思想史、文化史等专门史研究,综合开展有关专题研究。

作为第一部以江苏地区出版活动为记录和研究对象的通史性著作,我们深度聚焦古代以来江苏地区的出版活动,试图描述其主要历程,评述其中重大事件,总结其规律,分析出版活动与江苏地区文化、经济社会发展之间的关系,努力体现江苏出版史的全貌,凸显江苏出版史的脉络,形成体系化、学理性的认知,以对今后全国的出版及思想文化活动提供镜鉴与参考。但在创作过程中,我们也感到困难与挑战多多,颇有"筚路

蓝缕,以启山林"之慨。因此,在实际推进过程中,我们也本着做"务实的理想主义者"精神,不断完善写作策略、优化实施路径,既要求全书具有相对统一的规模体例、前后接续的叙事线索,也允许各自提出富有特色的问题,论有所据,成一家之言。

"千淘万漉虽辛苦,吹尽狂沙始到金。"经过长达近10年的"联合攻关",《江苏出版史》从豪迈的愿景,变为坚韧的携手前行,如今终于成为沉甸甸的心智结晶。本套书见证了时光的有情与无情:说有情,是因为只要我们不放弃,只要我们无休止地付出,她总会给我们回报;说无情,是因为她无法等待、不容拖沓,时光流逝绝不回头,为本著作作出很大贡献的几位恩师、前辈和领导,包括近十年前辞世的高斯老局长、五年前去世的王於良老局长以及刚刚过去的疫情峰值时期辞世的缪咏禾总顾问都无法见到她的问世。

《江苏出版史》并不完美,而且我们知道其不完美之处,但囿于能力和精力,一时也无法使之变得更完美。纵观出版史,出版本身,或许就是"遗憾"的艺术吧。我们诚恳接受读者的批评,并期待在今后适当的时机,将她不断完善。

徐 海

2023 年 3 月 1 日

目　录

概　论

一

　　本书所称的江苏当代出版业是指从 1949 年四五月间江苏全境解放以后开始的、由中国共产党领导的社会主义出版事业。本书记载截止于 2008 年。

　　解放战争后期,华中新华书店在苏北解放区已经建有自己的出版系统。其后,新华书店工作人员紧随解放大军的步伐,每解放一座城市,立即进行旧政府的出版资源接管并创建新华书店。在 1949 年 4 月渡江战役之前,苏北地区各城市的新华书店已先后建立,形成了苏北地区的图书发行网。

　　从 1949 年到 1957 年,江苏当代出版业稳步前进,不断发展,取得了不俗的成绩。

　　1949 年 4 月 25 日,苏南新华书店总店在无锡成立;5 月 12 日,南京市新华书店成立;5 月 17 日,苏北新华书店总店在泰州成立。江苏当代出版业大幕开启。

　　在其后的几年时间里,江苏出版业遵从上级指示,完成了出版、印刷、发行的专业分工和企业化,1951 年分别建立了苏南、苏北人民出版社和各自的印刷厂,各级新华书店也成为专业发行机构,出版工作逐渐进入正轨。

1953 年江苏省恢复建制,苏南人民出版社与苏北人民出版社合并成立江苏人民出版社,苏南、苏北、南京三个新华书店合并成立江苏省新华书店。次年,原苏南新华印刷厂、苏南日报印刷厂、苏北日报印刷厂合并组成江苏新华印刷厂。在社会主义改造运动中,私营的正风出版社并入江苏人民出版社,全省 523 家私营书店、书摊和几百家私营印刷厂,先后并入当地国营新华书店和国营印刷厂。

江苏人民出版社建立后,一方面接续苏南、苏北人民出版社的出版工作,另一方面加强自身建设,当年就制订出一整套出版工作规章制度,包括《稿酬暂行办法》《著作物出版合同》《关于编制出版计划的暂行规定》《原稿审阅简则》《编辑出版方针和工作任务、编辑工作人员职责及工作条例》《选题计划》《十二年(1956—1967)出书初步意见》等。出版工作按照“地方化、大众化、通俗化”的方针,主要出版以工农群众、县以下干部为主要读者对象的通俗读物。建社第一年出新书 84 种,总印数 190 万册;期刊 4 种。到 1956 年,年出新书达 600 种,总印数 2 147 万册。“医学丛书”“农业生产知识丛书”“江苏民间戏剧丛书”,小说《荣誉》《公民》《解约》《出嫁》《在泉边》,儿童文学《一支钢笔》《小虎》,人物传记《忠王李秀成传》等,在当时有较大的影响。经过这三五年的努力,形成了一支 700 多人的作者队伍,逐步改变了解放初期出版社编辑和作者合二为一的状况。

江苏新华印刷厂是江苏书刊印刷的主要基地。1954 年建成时有职工 242 人,固定资产 50 万元;全张机 2 台,对开机 8 台,四开机 1 台,单色胶印机 1 台。年生产能力:铅印印刷 1.8 万令,胶印印刷 1.2 万色令。由于课本、图书和政治文件宣传材料的印制任务很重,又在全省各地发展了 40 家书刊印刷厂,但仍有 40%的教科书等大宗书刊和高档次画册要到上海去印制,为此,特在上海设立了江苏人民出版社驻上海工作组。1960 年江苏新华印刷厂新厂房建成,1961 年撤销驻上海工作组。

新华书店系统从江苏全境解放起,就是省内最主要的发行渠道,1956 年社会主义改造完成以后,成为全省唯一的图书发行渠道;期刊则由省邮电管理局发行。1953 年,江苏省新华书店成立后,大力加强发行网点建设,各市(地)县新华书店有 65 个,城乡门市销售点 95 个,初步形成了覆盖全省的图书发行网络;同时加强发行工作的计划性,推行图书预订制度,实行图书征订和零售相结合的发行方式,发行工作逐步走上健康的运行轨道。1956 年,全省的市(地)、县新华书店门店发展到 78 个,城乡门市销售点 107 个。全省农村供销社普遍建立了图书发行专柜,县以下农村发行除课本预订和系统发行的图书外,都由供销社供应。全省新华书店职工数由 1953 年的 1 305 人增加到 1 445 人。全省图书销售总额,1953 年为 867 万元,4 476 万册;1956 年为 1 620 万元,8 542 万册,总额和册数均增长了近一倍,而其中课本的比重,从 1953 年的 46.3% 降为 1956 年的 43%。省店的发行额 1953 年是 92 万元,占总销售额的 10.6%;1956 年为 588 万元,占 36.2%,全省图书发行呈有计划有秩序发展的态势。

1953 年至 1957 年的第一个五年计划期间,江苏省共计出版图书(含课本、图片)1 931 种,15 953.6 万册(含期刊、活页),274 589 千印张。销售总额 6 285.79 万元,31 737.66 万册。其中课本 3 673.13 万元,1 6148.15 万册,铅印 137 967 令,胶印 77 512 色令,装订 247 091 万页。全系统实现利润 582.09 万元,基本建设投资 80.24 万元。全省编、印、发人员总计 1 952 人。江苏社会主义出版事业形成了一定的规模。

1957 年以后,江苏出版事业经历了一段坎坷历程。1957 年 6 月开始的反右运动,给江苏出版事业以严重冲击,稳步向上的发展势头受到遏制。知识分子被视为资产阶级知识分子,成为改造和斗争对象;出版社一些有才华的编辑被错定成右派,作者中的知识分子也不能幸免。

1958 年的"大跃进"使江苏出版体制和出书指导思想发生了一系列的变化,各地区纷纷成立出版社,省级机关各厅局和各地县以上单位普遍建立出版小组;江苏人民出版社和江苏省新华书店、江苏新华印刷厂合并,建立江苏人民出版社党组,统一领导编、印、发。在出书指导思想上,提出"为工农、靠工农"的口号,只出版适应当地工农群众的通俗小册子;出书内容强调通俗地宣传马列主义、毛泽东思想,宣传三面红旗,宣传新生事物,介绍生产上的"新经验"和"新技术";提倡出书"放卫星""多快好省",选题计划被打乱;作者队伍被重组,组稿对象主要是机关干部和工农群众,知识分子被忽视,编辑下乡"采风",向工农组稿。大量的图书粗制滥造,少数图书在鼓吹高指标、浮夸风、共产风方面起了推波助澜作用。在人民公社化运动中,全省农村掀起办公社书店的热潮,原有的新华书店农村门市和供销社专柜基本上被撤光,统一由公社书店经营。

到1958年年底,图书出版违背规律造成的不良后果已然显现。1959年,江苏省委宣传部指示出版界整顿秩序,恢复规章制度,提高图书质量,停止并纠正错误的宣传。根据省委有关领导"出版工作要关心文化积累,出书要多样化,要注意出高质量的书"的指示,同时为了迎接建国十周年和参加莱比锡第四届国际图书博览会,出版社开始注意抓图书质量,抓献礼书,出版工作有了新的起色。1959年出版了一批经得住时间考验的高质量图书,如文学理论研究著作《聊斋志异研究》《宋词四考》,大型画册《太平天国艺术》、《百花齐放图集》(剪纸)、《江苏十年成就摄影集》、《红楼梦人物画集》,还有一批外国文学、儿童文学、政治理论读物和戏剧、曲艺著作。1959年出版献礼书56种,这些书从内容到形式,装帧设计和印刷质量都追求高标准。

三年经济困难时期,江苏出版业在物质条件十分困难的情况下进行调整,在出书指导思想上,除了出版配合政治运动的图书,还出版了具有学术价值和文化积累价值的图书。1960年出版了《商品自传》《大众农业辞典》《中国历代演义》,影印出版了《张謇日记》,利用桃花坞木刻年画社和扬州广陵古籍刻印社所保存的版片,重印了《九歌图》《暖红室刻西厢记》《景元刊本楚辞集注》《香叶草堂诗存》等古旧图书;1961年出版了《太平天国印书》等珍贵史料,江苏出书档次的提高,受到了文化学术界的好评。

1962年,中共八届十中全会号召"千万不要忘记阶级斗争",1963年全国开展了阶级斗争、生产斗争和科学实验三大革新运动,农村开始进行"社会主义教育运动"试点。在阶级斗争为纲的大气候中,江苏出版业再次受到"左"倾的干扰,直至1966年"文革"前,愈演愈烈。江苏人民出版社出版的《张謇日记》手稿、《桃花坞木刻年画》、《中国历代演义》,被点名批评,由此在出版社内部掀起了检查浪潮,造成了极大的思想混乱。此后一段时间,出版社被剥夺了出书的自主权,所有准备出版的新书,出版之前必须经省委宣传部或宣传部指定的单位审查批准,出版社不得自行出版任何图书;在出书范围上,停止出版一切学术著作。对于 1960 年以来已出版的高层次、文化积累性质的读物,一概称之为"封建迷信的东西";在审稿上,实行事先审稿的制度,有关政治、理论、文化、文艺、历史等读物,出版前送省委宣传部审查,有关教育方面、科学技术、业务性质的书籍,出版前送省教育厅党组、省科委及有关主管厅局党组审阅。结果大批书稿积压在外审单位,出版社的手脚被束缚,造成出书种数锐减、品种单调、质量下降的萎缩局面。

　　1966 年开始的连续十年的"文化大革命",把文化和意识形态领域的"左"倾错误推向顶峰,江苏出版业遭到空前的厄运。"文革"前期,出版社的主要任务是印制毛泽东著作和出版配合"文革"的宣传材料。到 1969 年底,江苏印刷《毛主席语录》达 6 000 万册,发行 4 843 万册。全省由新华书店赠发给贫下中农《毛主席语录》952.3 万多册、《老三篇》952.4 万多册。全省共发行《毛泽东选集》64.4 万册,《毛泽东著作选读》和各种单行本 11 884 万册,各种毛主席像 16 100 万张。

　　为了适应大量印制毛主席著作的需要,全省印制设备和印刷能力有了较大幅度的增长。铅印方面,1966 年有主机 1 598 台,年铅印印刷能力 70.3 万令,1969 年有主机 1 731 台,年铅印印刷能力 98.8 万令,比 1966 年增长 40.5%;胶印方面,12 个印刷厂 1966 年有主机 43 台,年胶印印刷能力 15.8 万色令,1969 年主机 71 台,年胶印印刷能力 27.5 万色令,比 1966 年增长 74%。但印刷厂的经济效益锐减,江苏新华印刷厂 1966 年生产总值 572.6 万元,利润 60.71 万元,1969 年,生产总值 2 254 万元,亏损 28.47 万元。全省新华书店的图书发行,1966 年销售总额 2 432 万元,18 343 万册,其中课本 581 万元,3 210 万册,1969 年销售总额 1 866 万元,13 717 万册,其中课本 50 万元,350 万册,明显地下降了。

　　1971 年 3 月 15 日—7 月 22 日,国务院在北京召开全国出版工作座谈会。周恩来总理在会上指出要批判极"左"思潮,要重视恢复对优秀古籍、翻译著作的出版,并要求地方出版部门努力恢复连环画等少年儿童读物的出版。这使极"左"路线仍占统治地位的出版界看到了一线曙光。

此后,江苏人民出版社出版了4本由江苏省军区政治部在全省范围内组织编写的"江苏民兵革命斗争故事集",200多万字;并以此为素材,编绘、出版了一批连环画册。同年6月,省革委会出版发行局对"文革"前2 279种江苏版存书进行了清理,经省革委会政工组和省委宣传部批准,认定可以继续发行的图书423种,报废图书635种,内容过时自然淘汰的图书1 221种。在1971年的113种选题中,活学活用毛泽东思想经验介绍和政治读物10种,文学读物39种,美术作品50种,科技读物14种,所有创作选题都组织集体编写,无个人创作。

1973年,根据国家出版管理部门的统一部署,江苏人民出版社开始组织编写并出版内部读物《葡萄牙现代史概要》《卢森堡大公国史》《现代比利时》《比利时史》4种,还出版了叶桔泉编《食物中药与便方》、董健著《太平天国革命史》、海笑著长篇小说《春潮》,还有一些画家的作品。1974年经省委批准,成立了省法家著作注释出版领导小组。

二

1976年10月,中共中央一举粉碎江青反革命集团,"文革"十年动乱终于结束。

江苏出版业1977年开始逐步恢复,但人们的思想还没有从"文革"禁锢中解放出来,出版社仍然执行"群众路线、开门办社"的路线,组稿、审稿大多采用会议形式。当年出版新书245种,新书品种虽然比1976年增长了31%,但美术读物有114种(宣传画、对联等87种,连环画27种)。选题较以前有了突破,出版了向中国人民解放军建军五十周年献礼书——长篇小说《映天红》(作者群星);反映中国人民解放军空军战斗生活的长篇小说《冲霄曲》。科技读物中除了农业科技、中医药业,开始出版"七·二一工人大学"教材《数学》《机械制图》。

为配合国家出版局1977年12月在北京召开全国出版工作座谈会上提出的1978年到1980年的出书计划和1978—1985年的出书规划设想,江苏出版发行局于1978年3月制订出《关于1978—1985年出版工作规划的初步设想》,提出到 1985 年的 8 年,在各类出书方面要具有一定规模的系统性,有一批影响较大的好书,初步实现出版事业的全面繁荣;出书品种要逐步递增,到 1985 年实现出书 500 种的规模。为确保规划的实施,同时根据当时江苏农村普遍实行联产承包责任制,江苏新成立了江苏科学技术出版社,以加大各类农村读物,特别是农业科技读物的出版。1980—1983 年江苏出版的 3 700 多种书中,有 70% 可以在农村发行,其中农业科技知识读物、农业技术人员培训读物以及相关的工具书占有很大的比重。

1979 年 12 月,国家出版局在长沙召开全国出版工作座谈会(简称"长沙会议")。江苏出版业抓住贯彻中共十一届三中全会精神和"长沙会议"精神的重要机遇,坚持为人民服务、为社会主义服务的正确方向,解放思想,实事求是,大胆冲破地方出版社实行"三化"(地方化、通俗化、大众化)方针的束缚,按照"立足本地,面向全国"的新要求,积极开发利用省内外出版资源,扩大出书范围,提高出书档次,破解"书荒"难题,出版生产力迅速复苏,开始走上持续、健康、快速发展的道路。1978—1980 年,江苏实际出版新书 1 071 种。经过几年的恢复和准备,江苏出书品种数不断激增,1981 年 494 种,1982 年 611 种,1983 年 728 种,而且图书种类基本齐全,这种发展态势,为后来新增出版社打下了基础。

1983 年,中共中央、国务院作出《关于加强出版工作的决定》,明确了社会主义出版工作的根本任务和方针,明确了出版改革的目标和方向:推进出版体制改革和出版社专业分工,加强编辑工作的中心地位,改社长负责制为总编辑负责制。江苏从 1984 年起开启了新建出版社的快车道,1992 年底,全省有出版社 17 家,形成了一个分工明确、门类齐全、各具特色的出版体系;图书出版的潜能被进一步激发,行业发展呈现空前繁荣。各出版社在实行专业分工的同时,推行独立核算、自主经营、自负盈亏,加速了出版社从生产型向生产经营型的转变,出版社的生产积极性得到提高,出版资源包括人才资源得到迅速开发,各出版社经常联系的作者达 3 000 多人。各出版社逐渐摸索出自己出书的重点和特点,"稳定、创新、繁荣、质量、特色、效益"的出版指导思想逐渐形成。年出版新书增加到 3 443 种,333 种图书在各类全国性图书评比中获奖;报刊从几十种发展到 1 296 种;印刷用纸量达 13.3 亿印张。

1988 年,全省出版系统推行承包经营责任制,同时实行社长(经理)负责制和干部聘任制。江苏省出版总社以总法人代表资格与省财政厅签订了为期 4 年(1988—1991)的承包经营合同;其后,总社分别与各直属单位签订了为期 3 至 4 年的承包经营责任制合同或任期目标协议书;江苏省出版总社的"放水养鱼"优惠政策为省属出版社发展争取了较为宽松的经济环境,出版发行单位内部机制的改革大大调动了各单位的积极性,图书质量和效益都得到了提高,以《我的经济观(1)》"爱我中华丛书"等中宣部精神文明建设"五个一工程"获奖图书为代表的大批优秀出版物脱颖而出。

新思想、新知识、新技术不断泉涌带动期刊发展迎来高峰。1979 年至 1988 年十年间,全省新增期刊 170 种。新创期刊多为科研院所、行业协会主办,内容以工业技术类居多,几乎涵盖了除原子能技术外的所有工业技术门类。

对外合作出版、版权贸易和图书贸易实现从无到有。至 1992 年底,与海外出版商签订合作出版和版权贸易合同 102 个,涉及图书 265 种,45 万册苏版图书进入国际市场;有 1 300 种图书参加了 1991 年北京第四届国际图书博览会,与境外出版商签订的合作出版和版权转让合同占整个博览会所签合同的四分之一,图书出口和创汇逐年增长。

书刊印刷能力显著提升。省出版总社 3 个直属印刷厂总产值突破 1 亿元,连续 13 年做到中小学教材印制发行"课前到书,人手一册",印制质量位于全国前列,屡获表彰。1987 年,省出版总社获得国家新闻出版署颁发的全国唯一的课本印制质量优秀奖杯。

图书发行系统是出版业体制改革的排头兵。1982 年 6 月,文化部在北京召开全国图书发行体制改革座谈会,提出建设"一主三多一少(以新华书店为主体,组成多种经济成分,多条流通渠道,多种购销形式,少流转环节)的图书发行网"的改革目标,将竞争机制引入图书发行领域。江苏出版业认真贯彻落实会议精神,围绕"货畅其流、书尽其用,最大限度地满足读者对图书的需要"的改革目标,先后推行"一主三多一少""三放一联"（放权承包、放开批发渠道、放开购销形式和折扣、推动横向联合）等改革举措，从计划经济体制下艰难"突围"。1983年，全省新华书店试行经营承包责任制，改变管得过多、统得过死的局面，市、县新华书店成为自主经营的经济实体，当年全省新华书店图书销售额首次突破1亿元。新华书店开始加速从经营管理型向经营服务型的转变，发行生产力挣脱束缚迅猛发展，全系统销售总额、利润总额实现并保持高速增长。1991年，面对自然灾害带来的不利影响，全省图书发行总销售仍取得了5.64亿元的好成绩，比上年增长14.8%，跃居全国第一；此后，江苏出版物销售量一直位居全国首位，约占全国总销量的10%。1992年，江苏新华书店进入全国500家最大服务企业行列。民营书店和出版社自办发行的出现，使得发行网点总量快速增长，购销形式不断改进，发行方式和服务方式更加多样化。至1992年，全省有图书发行网点6 276个，平均每万人拥有1个网点，农村网点占全国农村网点总数的11%，农村发行量占全国农村发行量的22%。以新华书店为主体、多种经济成分并存的遍布城乡的图书发行网络基本形成。

出版行政管理工作在不断调整中得到加强。1949年，江苏的出版业由军管会管理。1950—1952年，苏北、苏南、南京三个行政区划都设立了新闻出版管理处室。1953年江苏建省后，省人民政府设立新闻出版处。其后，管理机构虽然名称屡有变动，但从未缺位。1988年至1992年，管理机构向下延伸，全省11个省辖市和三分之一的县（市）建立了新闻出版管理机构。管理手段逐渐法制化，《江苏省书刊、音像出版发行管理条例》等法规相继制定出台，"扫黄打非"工作逐步正常化，图书报刊出版、印刷、发行、版权等各项管理工作逐步规范化。全省出版业生产、经营、管理相配套，编、印、发、供、教育、科研、外贸协调发展的格局开始形成。

1992年5月，在邓小平同志南方谈话和中共十四大精神的鼓舞及指引下，全省深化出版改革研讨会召开，明确了江苏出版改革的总体思路：以建立适应社会主义市场经济和社会主义精神文明建设又符合出版自身规律的社会主义出版体制为目标，加快生产型向生产经营型的继续转变、封闭型向开放型转变、出版事业向出版产业转变，和国际出版业接轨,向现代化、集团化方向发展。江苏出版业继续保持良好势头,进入新的发展阶段。

三

1993年至2001年,江苏出版业全面发展进入繁荣时期。与整个国家改革开放的进程同步,在经过十几年的迅猛发展之后,江苏出版业开始从追求规模数量向突出优质高效转变,从总量增长型向质量效益型转变。

1994年,根据中共中央宣传部负责同志对新闻出版工作"坚持方向、依法管理、深化改革、促进繁荣"的基本要求,江苏出版业树立起为经济建设和改革开放服务的观念,调整结构,优化选题,突出重大选题和畅销品种。1995年,中共中央办公厅、国务院办公厅批转新闻出版总署《关于进一步加强和改进出版工作的报告》,再次强调把着重点放在提高质量和效益上,切实组织好学术专著等重大社会效益图书以及畅销图书的出版。

"九五"(1996—2000)期间,全省集中力量抓重点图书和"双效"图书,有53种选题入选国家重点出版规划,比"八五"期间增长56.7%。通过对重点出版项目的大力扶持,苏版精品力作不断涌现并受到社会各界好评。

1997年起,江苏实施图书出版"精品战略"。在继续抓好"双效"图书的同时,狠抓列入国家和省"九五"规划的图书以及"三大奖"图书,成绩斐然。当年,由江苏人民出版社和江苏教育出版社联合出版的《拉贝日记》广受海内外专家好评,在业内被誉为1997年全国十本最有影响的图书之一。此后数年,《百日阳光》《中华大典·文学典(宋辽金元文学分典)》《中国城墙》《新世纪党建九大问题》等苏版精品出版物均收获了较好的社会反响。2001年,中国加入世界贸易组织,图书零售市场的开放倒逼出版业深化改革。随着江苏省新闻出版局与江苏省出版总社的政事、政企分开,图书出版专业分工的限制逐渐松动,几乎所有出版社都开始聚焦教育、教辅类图书市场。江苏出版业精品图书注重社会效益,教辅图书意在经济效益的分化趋势开始显现。

期刊业历经数次治理整顿,发展态势向好。1993 年,发行渠道放开,期刊市场出现局部混乱,省政府办公厅等 13 个部门组成联合检查组全面治理。经过治理整顿,江苏期刊迎来新一轮发展。至 1994 年底,全省有期刊 899 种,其中 373 种持全国统一刊号、526 种持江苏省内部准印证号,初步形成了以党委机关期刊为龙头,门类、品种比较齐全的期刊群体。1997 年,新一轮报刊“治散治滥”工作启动。1998 年省新闻出版局制订出台《关于加强内部资料性出版物管理的暂行办法》,49 种内部期刊转为正式期刊。经过治理整顿,核准公开发行期刊 377 种,内部发行期刊 512 种。此后,江苏对期刊采取“确保导向、控制总量、优化结构、规范竞争、健全制度、促进发展”的政策。1999 年,全国期刊实施品牌战略座谈会在南京召开;当年,《译林》等 6 种期刊荣获首届“国家期刊奖”。

1995 年至 1996 年,印刷复制业在实行书刊印刷定点制度的基础上相继实行书报刊印刷许可证副本制度和图书、期刊印制委托书制度,行业管理得到有效强化,非法印刷活动得到有效遏制,出版和印刷秩序得到有效改善。1997 年 10 月,省新闻出版局制定施行《中小学教材印制优质优价管理办法》,较好地促进了省内教材印刷业的良性竞争,提高了中小学教材印刷质量;当年在全国人教版教材印制质量评比中,江苏荣获“优秀印制质量人教版租型单位铜奖”“书刊印刷优质产品管理铜奖”。在 2001 年的全国印制质量工作表彰会上,江苏省新闻出版局荣获 2000 年度金奖和 1998—2000 年度“书刊印刷一等品管理金奖”;江苏省出版总社荣获 2000 年度金奖和 1998—2000 年度“优秀印制质量课本租型单位银奖”;5 家出版社、4 家印刷企业分获各类印制质量金、银、铜奖;6 家出版社、5 家印刷企业分列全国印制质量百强出版社、百强印刷企业前 20 名。此后,江苏的出版印刷规模和能力及整体水平一直走在全国前列。

图书发行活力迸发,民营书业迅速崛起。国有书店加速规模化经营。1997 年 5 月,省新华书店、苏州市新华书店联合图书批销中心成立,发行业开始探索现代企业制度改革。1999 年 4 月,江苏新华发行集团挂牌,成为全国规模最大的发行集团,当年就与国内51家名优出版社签订全品种区域独家代理协议,与100多家名优出版社和200多家销售店建立代理关系,连锁经营条件下产、供、销协调运作的有效机制逐步形成。2001年,随着出版物分销服务市场的逐步放开,民营书店开始快速发展。

科学技术的进步推动了出版介质的演进,出版领域从纸质出版向电子音像出版和网络出版拓展。1992年12月,江苏省出版总社获准出版发行音像制品和电子读物。总社所属其他出版单位需配发音像制品的,由总社统一管理。江苏音像制品很快建立起良好口碑,1998年,省出版总社电子音像部出版的《苏州园林》《侵华日军南京大屠杀》《国之瑰宝——宋庆龄》等入围莫必斯多媒体光盘国际大奖赛;2000年,《侵华日军南京大屠杀》获首届国家电子出版物大奖,《中国书法大典》获得莫必斯多媒体光盘国际大奖赛教育鼓励奖,此为江苏电子出版物首次在国际比赛中获奖。2001年1月,省新闻出版局成立电子音像出版管理处,依法行使指导、管理电子音像出版经营活动的职能。然而,从开始出现就被普遍看好的电子出版并未获得市场的认可和理想的效益,有载质的电子出版物基本上是纸质书的附属,网络电子读物也只是纸质书的网络版,专营电子出版物的出版社基本上以教材、教辅配套音像维持。

90年代中期,出版行政管理功能开始逐步向公共服务拓展,最初的形态是"送书下乡"。1995年起,根据全国开展文化科技卫生"三下乡"活动的统一部署和要求,"送书下乡"活动在全省兴起,出版系统先后开展了书市、图书捐赠、流动供书等丰富多彩的"送书下乡"活动。2001年,省新闻出版局牵头组织出版系统"三下乡"活动,捐赠图书1万册、音像制品1 000件(套)、春联5 000幅。丰硕的精品出版成果也为开展全民阅读活动打下了坚实基础。在无锡、南京、苏州等经济较发达地区,读书节等基层阅读活动蓬勃兴起。2000年,第十一届全国书市在南京成功举办,首届江苏读书节同步举行,为满足群众阅读需求、繁荣文化市场、营造学习氛围发挥了积极作用。

随着出版业改革发展步伐的不断加快和对外开放程度的不断提高,出版管理的手段不断丰富、领域不断拓展、机制不断健全、效能不断提升。1994年7月,新闻出版署颁发《出版社年检登记制度(试行)》,明确自 1995 年起常态化开展出版社年度检验,年检开始成为对出版单位进行资质管理的常态化工作,并在指导出版单位适应形势发展变化、加强队伍建设、提高业务水平、多出精品力作等方面发挥积极作用;8 月,省新闻出版局增挂省版权局的牌子,承担全省著作权管理工作。1997 年,国务院颁布《出版管理条例》,新闻出版署依据《条例》制定《图书质量保障体系》《图书、期刊、音像制品、电子出版物重大选题备案办法》等,相继对年度出版计划、重大选题备案等管理原则作出规定,全省出版行政管理部门依据上述法律和规章制度规范管理措施,严把出版选题论证等关口,在保证出版物政治导向、编校质量等方面发挥了巨大作用。此外,"三审三校一读"得到进一步加强,图书质量管理制度落地生根;《江苏省书号管理和使用暂行办法》颁布实施,书号管理和使用得到进一步规范;2000 年 9 月,省政府决定省社会文化管理委员会办公室挂靠在省新闻出版局开展工作,进一步理顺了"扫黄打非"工作体制机制。

2001 年 7 月,根据省委省政府《关于省级党政机关机构改革实施方案》(苏政发〔2001〕161 号)部署和要求,江苏省新闻出版(版权)局与江苏省出版总社分开,成立江苏省出版集团有限公司;9 月 28 日,江苏出版集团正式挂牌;12 月 13 日,省财政厅下发《关于省新闻出版局与省出版集团分开后有关问题的处理意见》(苏财教〔2002〕161 号),局社政事分开、管办分离、资产分割圆满完成。至此,省新闻出版局强化了宏观调控、市场监管、社会管理和公共服务的职能,实现了由管直属单位向管社会、由办出版向管出版、由管"脚下"向服务"天下"的转变;江苏出版集团则集结了省内优质出版资源,形成强势集群,跻身国内规模最大、实力最强的文化产业集团行列。

四

2002 年起,江苏出版业的改革进入全面深化期。这一时期,江苏出版业始终坚持先进文化前进方向,认真贯彻"百花齐放、百家争鸣"方针,工作更加有效、制度更加完善、产业更加壮大、事业更加繁荣。特别是中共十六大以后,出版业加大了改革的力度,取得了突破性进展,在为人民群众提供多样化精神产品和多层次文化服务的同时,打造了一批全面覆盖、快捷传输的现代出版传媒生力军。出版业迈上了产业化、市场化、集团化、国际化的发展轨道,进入了历史上最好的发展阶段。

2002年开始,江苏提出并推进实施"精品图书"工程,狠抓一批精品力作,打江苏品牌,创全国名牌,全力冲击全国"三大奖",尽快扭转精品图书生产后劲不足的局面。此后,全省出版系统通过组织实施"精品图书"工程、"期刊方阵"工程、"江苏品牌图书"工程,开展"出版物质量管理年"活动,建立健全精品出版物生产和激励机制等措施,推出了一批具有江苏特色和全国影响的优秀出版物。随着一批批苏版精品图书的相继推出,苏版图书整体水平得到进一步提升。在2006年中华优秀出版物奖评选中,江苏有8种出版物获奖;在2007年首届中国出版政府奖评选中,获得正式奖13个、提名奖8个;在2008年评选出的20种"中国最美的书"中,有7种图书获奖;在由《人民日报》等16家新闻媒体和有关读书界专家学者评选出的"2008年度10本好书"中,有3种图书入选。

进入21世纪,尽管国家对创办新期刊严格控制,江苏仍创办了一批政治、法律、文化和教育类期刊,创办主体以党政组织、传媒机构和高校为多。在迎来期刊创刊新高峰的同时,省新闻出版局坚持一手促繁荣、一手抓管理,以压缩总量、治散治滥、优化结构、做大做强为目标,加强期刊监督管理。2005年,省新闻出版局制发《江苏省连续性内部资料出版物管理暂行办法》,有效遏制了连续性内部资料出版物失范失序行为。这一时期,相继停办各类省级党政部门期刊或内部资料性出版物近300种,对100余种报刊和连续性内部资料的违规出版活动进行严肃处理。至2008年,江苏有连续性内部资料出版物742种、期刊439种,种类遍及政治、经济、社会、文化、科技等各个领域,期刊业门类齐全、层次多样、主体突出的格局基本形成。中共江苏省委主办的《群众》、团省委主办的《风流一代》、省作协主办的《雨花》和省社科院主办的《江海学刊》等江苏核心品牌期刊,广受读者喜爱,影响力居国内同类刊物的前列。据统计,在历届"国家期刊奖"评选中,江苏累计获评各类期刊奖近30个。

2002年,江苏认真贯彻国务院修订的《音像制品管理条例》精神,加强审查管理,及时纠正了电子音像出版物违规编辑、制作、刊登、转载偏离正确舆论导向内容的出版行为及低俗化出版等倾向。2003年起,省新闻出版局组织实施电子音像出版精品战略,推进"提速强社"工程。江苏电子音像产业弘扬主旋律、打好主动仗,结合纪念世界反法西斯战争和中国抗日战争胜利60周年、纪念建军80周年、迎接学习十七大、服务建设社会主义新农村和促进未成年人健康成长等重点选题,推出了《铁的新四军》《长征——红军走过的地方》等一批优秀有声读物,取得了良好的社会效益和经济效益。至2007年,江苏出版的电子音像出版物已由2001年的497种猛增到1 186种,增加1.39倍;复制音像制品由6 471万张(盒)增加到32.47亿张(盒),增长49.18倍。2008年,尽管受金融危机影响,电子音像出版品种小幅回落,利润出现负增长,省内10家电子音像复制单位仍然推出了一批纪念改革开放30周年、迎接奥运会、反映抗震救灾、服务建设社会主义新农村和促进未成年人健康成长的优秀电子音像出版物。在当年举办的第二届中华优秀出版物奖评选中,《秦汉英杰》等3种出版物获中华优秀出版物(音像)奖,《中国南京云锦》《诗词鉴赏》获中华优秀出版物(电子)奖。

随着信息技术、数字技术和计算机技术的不断发展,数字网络出版等新兴出版业态呈现高速发展态势。2002年,《互联网出版管理暂行规定》出台,省新闻出版局在宁举办全省网络出版工作研讨会,研究贯彻落实举措。2003年,省新闻出版局抓住网络游戏快速发展的机遇,促成网络游戏公司与省内电子网络出版单位合作,江苏开始成为全国单机版游戏的重要出版省份。为有效保障数字网络产业健康发展,省新闻出版局与省通信管理局等有关部门合作,先后制定接受投诉、网上跟踪、证据固化、网址查询、书面通知、查封扣押和处罚处理等一系列操作规程,着力构建互联网长效监管机制,严厉打击互联网非法出版活动。这一时期,全省累计查处"私服""外挂"案件64起、刊载非法内容的网站106个。2008年,互联网出版实时监管系统成功研发并投入运行,网络出版管理快速反应机制、部门联合查处机制、重点网站监管机制等基本形成,规范化、制度化建设迈上新台阶。

出版物印刷复制业迎来了前所未有的大好环境。全省印刷复制企业加大投入,购买先进设备,淘汰落后产能,扩大企业规模,提高竞争能力,一批科技含量高、综合性能好的印刷机械落户江苏,全省印刷复制业彻底告别"铅"与"火",迎接"光"与"电"。高新技术的应用和装备水平的提升助推印刷质量再上新台阶。2002年,在国家新闻出版总署组织的全国书刊印制质量评比中,江苏书刊印制质量再次荣获金奖,省新闻出版局荣获印制质量管理金奖。在全国出版印刷单位送检图书检测认定中,江苏获出版物印制优质产品第一名,省新闻出版局获评全国出版物印刷优质产品管理金奖,且连续六年获此殊荣。2008年,金坛古籍印刷厂印制的《水浒传人物图像》获得美国印制大奖的最高奖项——Benny奖,开江苏印刷企业海外获奖之先河。至2008年,全省有印刷复制企业1万多家,其中国家书刊印刷定点企业15家、省级书刊印刷定点企业50家、领有江苏省书报刊印刷许可证的印刷厂433家。全省主要制版设备年产能133.17万张,主要印刷设备年产能17.88亿色令,主要装订设备年产能3 271.7万色令,精装书籍生产线年产能307.34万色令。

出版物发行业改革进一步深化,全省统一开放、竞争有序、运行规范的出版物市场初步形成。2003年,江苏新华发行集团公司获准出版物发行全国连锁,所属分公司获二级批发资质,省内民营二级批发单位发展到85家,南京长三角书报刊市场获合法身份,南通图书城成为省会城市以外获准成立的第一家批发市场,出版物发行业进入各种所有制形式企业竞争的时代。竞争释放活力。仅2004年,全省就新增3 000平方米以上书城近20座。新华发行集团建成遍布全省的图书发行计算机网络,自动化物流基地开始运转,917个省内门店实现连锁经营。各类社会资本进入出版物发行业,江苏大众书局图书连锁有限公司成为全省首家具有出版物全国连锁经营资质的民营分销企业。2008年,全省有图书销售网点11 881家,万人拥有发行网点1.56个。民营网点实现图书销售额46亿元,占全省总额的26.14%。至此,省出版物分销市场完成从单一所有制结构向开放、多元的所有制结构的转变,逐步形成以国有书店为主体、其他所有制书店共同发展的新局面。

出版公共服务开始由"送书下乡"向结对帮扶援建农家书屋转变。2005年,历时10年的"送书下乡"活动告一段落。据不完全统计,全省出版系统 10 年间累计向农村地区捐赠各类出版物 12.92 万册(盒)、春联 1.7 万副,价值 113.08 万元;举办科技咨询讲座 600 余次,参加人数 8 万余人;支持"希望小学"900 所,扶贫及支持专业户 5 万户。自 2006 年起,为从根本上解决农民读书难、买书难等问题,省新闻出版局在认真总结十年"送书下乡"实践的基础上实施以打造"农家书库"出版品牌、建设公益性"农家书屋"、构建"农家书店"发行网络为内容的江苏"农家书香"工程。至 2008 年,全省建成农家书屋 9 341 个,出版"三农"图书和电子音像产品 900 多种。深入推进全民阅读,组织开展苏版图书"进企业、进农家、进社区、进军营、进学校"、向青少年推荐"百种优秀苏版图书"和"送书到未成年犯管教所""送书给农民工"等活动,坚持常年"送书下乡",引导和服务群众多读书、读好书。连续举办 5 届江苏读书节,2008 年首次举行的江苏农民读书节广受农民欢迎。

体制机制改革稳步推进。江苏凤凰出版传媒集团重组 ST 耀华获股东高票通过,向成为文化领域战略投资者迈出了重要一步。江苏新华发行集团与海南省新华书店集团共同出资,组建了国内出版发行业首家跨省区战略重组的合资企业——海南凤凰新华发行有限公司,其经验被中央各大新闻媒体广泛宣传,集团被中宣部、新闻出版总署等四部委评为"全国文化体制改革优秀企业"。大力推进出版单位深化体制改革,积极推动经营性单位转企改制,9 家图书出版社成功完成转企改制。积极实施"走出去"与"引进来"战略,97 种图书被列为"中国图书对外推广计划"推荐图书,2000 年以来全省引进版权近 3 000 项,输出版权 500 多项。国有、民营、股份制等多元市场主体、多种经济构成、多样经营形式共同发展的出版产业新格局初步形成。

行政管理水平不断提高。苏州、无锡、常州、淮安、宿迁 5 个市新组建成立了文化广电新闻出版局,基层新闻出版(版权)管理工作和文化市场管理工作总体上得到加强,基本建立了适应社会主义市场经济体制需要的新闻出版行政管理体制和比较完善的从省到县的新闻出版行政管理网络。加强新闻出版行政法制建设,不断完善各项管理制度,切实加强普法宣传教育,推动依法行政、依法管理水平不断提高。积极推进行政审批制度改革,下放审批权力,实现了行政审批"一站式"服务,并在省级机关各部门中率先运行行政审批电子监察系统,推动行政权力在阳光下运行。不断加强对出版活动和出版物市场的监督和管理,坚持不懈开展"扫黄打非",全省出版物市场保持了健康向上、繁荣有序的良好态势。省、市机关软件正版化工作得到国务院领导同志的充分肯定,企业软件正版化工作也走在全国前列。切实加强著作权保护,有序推动版权产业健康发展,国家版权局领导和世界知识产权组织官员表示,"江苏模式"将在全国乃至世界推广。

第一章　江苏当代出版业的创建

　　江苏当代出版业的诞生,与解放战争时期江苏地区的华中新华书店总店有着密切的联系,也可以说,江苏当代出版业是华中新华书店总店不断发展扩大蜕变而成的。但二者的生存环境、生产规模、出版指导思想都有较大的不同,本书将江苏全境解放,人民政权建立之后,新闻出版活动及管理都纳入行政机构序列,作为江苏当代出版业的起点。这个时间点就在 1949 年四五月间,以苏南新华书店总店、南京市新华书店、苏北新华书店总店的相继建立为标志,江苏当代出版业拉开了大幕。

　　中华人民共和国成立后,出版业的性质发生了变化,成为社会主义文化事业的组成部分。出版业的大政方针,由中共中央和中央人民政府制定。出版事业的全国性策略,由中宣部和出版总署统一部署,全国一盘棋。江苏各行政区划的出版人遵循中央统一部署,完成了出版业的专业化和企业化的转变。[①] 此时恰值江苏省恢复建制,江苏出版业走上全省合一的大舞台。

第一节　接收与创建

　　1947 年 12 月 25 日,中共华中工委宣传部决定将苏中书店与韬奋书店合并,重建华中新华书店总店,总店下设编辑部、营业部与直属印刷

---

① 出版总署 1950 年 3 月 25 日颁布《关于统一全国新华书店的决定》。

厂。华中工委宣传部部长俞铭璜主管书店的出版工作,华中工委宣传部副部长徐进兼任总经理。总店店址初在射阳县中心桥,后来苏北不少城市相继解放,总店各部门和印刷厂都迁移到板闸镇(今已并入淮安市淮安区淮城镇)。

华中新华书店总店是中共领导的出版机构,从成立之日起就担负着华中工委所辖区域新老解放区的图书编辑、印刷、发行任务;它的另一项任务是派员跟随解放大军进入每一个新解放的城市和区域,接管旧政府的出版资源,着手创建新华书店。

1948年11月,中共华中工作委员会宣传部根据中共中央给各解放区发出的两个纲领性文件,要求华中新华书店组织人力、物资,跟随解放大军进入新解放城市,接管国民党政府的出版物资,组建共产党领导下的新型出版业。

根据中共中央的接管政策,①在军管会的领导、指派下,华中新华书店总店在苏北先后接收了国民党办的《徐报》、《正义日报》、《新生日报》、《群力报》、《徐州晚报》(筹办未出版)大陆印刷所等六个单位的设备与人员,并很快正式出版《新徐日报》,同时还建立了新华社徐州分社。②

1949年1月25日扬州解放,28日,扬州市军管会指派华中新华书店丁裕等接管原国民党办的建国书店,筹建新华书店;指派华中新华印刷厂薛振连接管国民党办《扬州报》印刷厂,将其设备及人员并入华中新华印刷厂。2月初,扬州新华书店国庆路门市部开业。2月2日,南通解放,军管会指派华中新华书店罗扬接管原国民党办的《通报》,与随后进入南通的华中九分区新华书店人员在南门新市场开设新华书店门市部。

1949年4月23日人民解放军占领南京,中共中央宣传部出版委员会指派的卢鸣谷(原东北新华书店副总经理)等一行二十余人随军进入南京市。南京市军管会接管了国民党的《中央日报》,南京市委很快出版了其机关报《新华日报》。国民党的《和平日报》、中国文化服务社、正中书局等单位由华东财办干部南进总队的一个工作组接管。《和平日报》

---

① 指中共中央《关于处理新解放城市中中外报刊通讯社办法的指示》和《关于对新区出版事业的政策的指示》两个文件中的相关精神。

② 李大坤:《徐州报业春秋》,徐州:中国矿业大学出版社,1988年,第8页。

被接管后,在原来的基础上成立了南京新华印刷厂。[1] 5 月 4 日,南京市军管会文教委员会新闻出版处处长卢鸣谷会同华东新华书店吕纪等接管国民党办的新中出版社、拔提书局、鸿业图书馆、建国书店、独立出版社等机构,在"中国文化服务社"的旧址成立了南京新华书店。[2]

1949 年 4 月 24 日,华中新华书店首批南下人员,由周天泽带领,配解放军军服,由靖江随军渡江,经江阴到无锡进行接管。王祖纪、张泽民、丁裕等同志分别随军进入苏州、常州、镇江,在三市建立了新华书店分店,并担任经理,领导各分店的工作。1949 年 4 月,华中工委奉命撤销,华中新华书店总店整建制划转为苏南新华书店总店,原华中新华书店总店的人员全部转入苏南新华书店总店及分店。华中新华书店总店存在时间虽然很短,但它在不到一年半的时间里,对江苏新老解放区的出版事业的贡献是无可争议的。

根据中央对新老解放区工作的不同要求,江苏境内划为苏北行署区、苏南行署区和南京直辖市,三个行政区均建立了各自的新华书店系统——苏北新华书店总店、苏南新华书店总店、南京新华书店,并有各自的管理机构。

1949 年 4 月 25 日,根据苏南区党委宣传部的决定,在无锡公园路31 号成立苏南新华书店总店。苏南总店首先在无锡公园多寿楼设立新华书店图书供应处和阅览室,接着在钟楼西侧无锡教育工会旧址设立直属门市部。5 月 25 日,苏南区党委任命徐进(苏南区党委宣传部副部长)兼任苏南新华书店总店总经理,周天泽任经理,张良任副经理。

1949 年 5 月 12 日,南京市新华书店正式成立,吕纪任经理,中山东路门市部同日开业。1949 年 5 月江苏全境解放之时,"新华书店"的招牌挂遍苏南、苏北各大小城市,江苏区域内公营图书发行网基本成形。

1949 年 5 月 17 日,根据中共苏北区党委宣传部的决定,苏北新华书店总店在泰州成立(12 月下旬迁至扬州),汪普庆任经理,华骏、陈一清任副经理。

---

① 吴克明:《忆参加济南和南京接收工作》,《江海激浪》(第五辑),南京:江苏人民出版社,1988 年。

②《南京日报》1989 年 5 月 12 日。

　　与此同时,华中新华印刷厂已于4月底,由淮安板闸镇迁往泰州,改为苏北新华印刷厂。12月下旬又迁往扬州甘泉街,不久改为苏北日报印刷厂。

　　5月,苏南各地军管会先后接收了:无锡《江苏民报》《大锡报》《锡报》,苏州《苏州早报》,常熟文化服务社、常熟《新生报》《青年》等一批国民党办的报纸印刷厂。根据苏南区党委决定,以原华中新华印刷厂南下人员为主,集中接收的人员和设备,筹建苏南日报印刷厂和苏南新华书店印刷厂。8月1日,苏南新华书店印刷厂成立,以无锡禅寺(或南禅寺)为厂房,有职工133人,厂长殷金寿,副厂长谭苏民,指导员伊克。1951年,该厂改名为苏南新华印刷厂,归苏南人民出版社领导。

　　至1949年底,各地军管会依据国家有关接管政策,接收了原国民党办的所有出版机构,并新建了《苏南日报》、《新徐日报》、新华社徐州分社等新闻机构,创建了苏南、苏北新华书店总店、南京市新华书店,全省新建了54家新华书店支店、2个直属门市部、3个门市部和1个分销处等图书发行网点;此外还筹建了南京新华印刷厂、苏南新华书店印刷厂及《苏南日报》印刷厂等印刷机构。这批新建的出版机构,初步形成了江苏当代出版事业的出版印刷发行体系,为日后江苏当代出版事业的发展奠定了基础。

第二节　国营出版业走向专业化、企业化

一、新华书店全国统一建制

　　江苏全境解放之初,划为三个行署。华中新华书店总店的人员跟随解放大军进入每一个新解放城市,接收旧政府的出版资源,建立了当地的新华书店。苏南新华书店、苏北新华书店,在华中新华书店总店撤销后,全部人员转入苏南新华书店总店,隶属于苏南区党委宣传部。后来成立的南京市新华书店、苏北新华书店总店也分别隶属于当地党委宣传部,三家新华书店平列。

　　1949年10月3—19日,全国新华书店第一届出版工作会议在北京

举行。这次会议作出了关于统一全国新华书店的各项决议,要求各级新华书店统一集中,加强企业经营管理。

1949年12月中旬,苏南区、苏北区总店分别召开分店经理会议,传达全国新华书店出版工作会议精神,研究具体贯彻办法。苏南总店在会上决定,从1950年元旦起改称新华书店苏南分店,原各分店改称支店。苏北总店决定趁苏北区党委、行署机关由泰州迁往扬州之机,总店迁至扬州后即改称新华书店苏北分店,原所属分店改称支店。南京市新华书店在1950年1月初改称新华书店南京分店。江苏的三个分店均归属新华书店华东总分店领导。

1950年3月25日,出版总署公布了《关于统一全国新华书店的决定》,明确了"全国新华书店必须迅速走向统一、集中,加强专业化、企业化,以担任国家的出版任务,发展人民的出版事业"的方针,并提出在北京设新华书店总管理处,管理全国各地新华书店的业务;全国各大行政区设新华书店总分店,直接受新华书店总管理处领导;新华书店总分店下设分店,原则上设于省会或交通方便的大城市,分店下设支店,设于省属市、县或重要集镇。新华书店总管理处设出版、厂务、发行三个部门,分支店一般只做发行业务。

出版总署这个决定对苏北、苏南、南京三个分店的名称没有影响。

二、出版业走向专业化、企业化

从抗日战争初期发展起来的中国共产党领导的新华书店,是编辑、出版、发行三位一体的运营模式,这种模式一直延续到1950年年中。

5月,新华书店华东总分店下发通知,各分店从7月起不再承担编辑出版任务。

同年10月28日,出版总署发布《关于国营书刊出版印刷发行企业分工专业化与调整公私关系的决定》,提出:"为进一步发展国营出版事业,提高出版物的质量,加强计划性,减低生产成本,避免重复浪费,增加工作效能,国营出版印刷发行企业应首先实行分工与专业化。全国各级新华书店兼营出版印刷业务者,从目前起应即着手划分为三个独立国有企业单位,即出版企业、印刷企业和发行企业。"

根据出版总署的决议和上级指示,苏南分店、苏北分店、南京分店于

1950年年底前后,将出版、印刷、发行业务逐渐分开。苏南区、苏北区着手筹建出版社,南京市没有建立出版社。

苏北区党委1950年12月1日发布《关于苏北各级新华书店统一集中走向专业化企业化的决定》,规定原有各级新华书店资产、财务统一由苏北分店集中管理,现有干部原则上不转业,由苏北分店统一调度;南通、泰州、淮阴三个分店改为一等支店;各支店一律无出版任务;书店不足资金由当地政府拨给。12月中旬,苏北分店召开第二次分店经理会议,传达全国新华书店出版工作会议精神,研究具体贯彻办法;还着重研究了贯彻苏北区党委的几项决定的措施:集中领导,统一管理,分散经营。发行工作以城镇为重点,同时注意农村发行。下旬,苏北分店随苏北区党委、行署机关由泰州迁往扬州。1951年7月,苏北人民出版社成立。

苏南分店在1950年年底内部机构调整基本完成:编审科、出版科、资料室划为出版部门,待成立苏南人民出版社;分店印刷厂成为独立经营企业,称苏南新华印刷厂。苏南分店划拨10万元作为出版社资金,划拨4.7万元作为印刷厂资金。从此,苏南分店成为统一经营、统一管理的图书发行企业。

第三节　苏北当代出版业的雏形

一、苏北新华书店/苏北人民出版社的出版活动

1949年4月,苏北新华书店总店在泰州成立,汪庆普任经理,华骏、陈一清任副经理。下设编审科、秘书科、发行科、会计科、门市科。原有的泰州、扬州、盐城、淮阴、南通五个分区书店均改称为分店,下辖支店37家,1个直属门市部。

同年7月15日,苏北总店召开第一次经理会议,明确了各分店、支店接受当地党委宣传部与总店的双重领导,并确定了编辑出版方针:"配合苏北地区当前的生产建设的总任务,与适应各个不同地区、不同时期的中心工作,主要编辑工农青妇的大众读物与干部学习丛书。"

1950年1月20日,苏北总店召开第一次支店经理(工作)会议,决

定只出版地方性的通俗读物,大部分外版书由上海出版。

1950 年 5 月,新华书店华东总分店下发通知,各分店从 7 月起不再承担编辑出版任务。

苏北新华书店总店成立之初,根据上级指示,立即着手翻印新解放区需要的课本和毛泽东、朱德的著作及宣传资料。由于书店印刷力量不足,他们便组织私营同行,在南通图书文具业公会的帮助下,联合南通 18 家私营书店参加了印刷革命书刊的工作。从 3 月下旬至 6 月,由南通翰墨林印书局等五家印刷厂,翻印毛泽东著作单行本《新民主主义论》《论联合政府》《论持久战》《反对党八股》《星星之火,可以燎原》《怎样分析农村阶级》《关心群众生活,注意工作方法》《中国革命战争的战略问题》《青年运动的方向》等 10 种,每种 1 万册,永盛阁、丹凤阁、甘朝士三家小厂负责翻印一些宣传小册子。这些书籍印成后运抵松江,转发至苏南各地新华书店,有力地支援了新解放区的建设工作。[①]

除了翻印急需的书刊,苏北总店也开始了自己的编辑出版工作,出版了蔡迪著《世界地理》、[苏]考瑙瑙夫著《列宁的故事》、平生著《写话》、沈志远译《社会经济形态》、佚名《生理解剖学》、佚名《家庭医院》、李石涵著《从"七七"到"八一五"》、草明著《原动力》、苏北职工总会筹备委员会编《职工文献》、佚名《中国通史讲话》等。

1950 年 10 月,经苏北区党委批准,苏北分店创刊综合性杂志《人民苏北》,主编项文阁,副主编夏莱蒂。

苏北人民出版社 1951 年 7 月成立,社址在扬州城内北城根东巷 9 号。该社以农村基层干部为主要读者对象,以进行思想教育、文艺宣传为主要内容。苏北区党委宣传部报刊处处长李超然兼任社长,副社长吴以京(主持日常工作)、陈一清。编辑部副主任夏莱蒂,后由葛雨笠任主任。设图书、期刊、财务三个组。

苏北分店将《人民苏北》杂志移交给苏北人民出版社继续出版,并划拨人民币 1 万元,作为出版社资金。建社初期,出版社首先集中力量办

[①] 崔木三:《江城第一家新华书店》,《南通文史资料选辑(9)·南通解放纪实》,南通市文史资料编辑部编辑出版,1989 年。

好《人民苏北》，同时创造条件，逐步增加图书的出版。

1952 年 9 月，苏北人民出版社作出改进编辑工作计划。计划中规定的方针任务是：以供应工农通俗的书刊图画为主，对工农进行共产主义前途教育，爱国主义和国际主义教育，文化科学教育，提高工农的政治觉悟，推进爱国增产节约运动。

从建社到 1952 年年底，苏北人民出版社主要出版通俗的工农读物。建社伊始，主要精力集中在办好《人民苏北》，出版图书的工作从 1952 年年初才有序开始。1952 年共出书 40 种，380 万册(内含课本)；出版挂图 18 种，33 万张；期刊 4 种，127.9 万册，其中《人民苏北》24 期，51.7 万册，《苏北教育》20 期，36.22 万册，《苏北青年》10 期，16 万册，《苏北文艺》31 期，24 万册。

二、苏北新华书店的发行

苏北分店于 1950 年 1 月 20 日召开第一次支店经理(工作)会议，着重讨论了加强发行工作的统一领导，实行企业化管理的要求和办法，并作出了相应的决定。苏北分店决定只出版地方性的通俗读物，大部分外版书由上海出版；扬州、泰州、淮阴、南通四个支店兼发货店，负责外版书转发任务。

4 月，苏北分店和支店大力发行有关抗美援朝书刊，并开展募集书刊活动。至 6 月底，共募集图书、期刊 33.89 万册，全部赠送给中国人民志愿军。

1950 年 7 月下旬，苏北分店制定《苏北地区农村发行网整顿方案》。方案规定：① 健全发行领导机构，整顿与建立县(市)区发行委员会；② 整顿现有发行网组织，支店成立农村发行组；③ 撤销原有的发行干事，分别予以吸收或转业；④ 运用区中心文化站作为农村发行工作的助手，与农村代销社、邮局建立代销、寄销关系；⑤ 运用集镇私营同业的发行力量。方案经苏北区第五次支店会议讨论通过，颁布施行。

同年 9 月 21 日，苏北分店与苏北代销合作总社签订农村书刊代销协议。自此，苏北基层书店与基层代销合作社普遍建立了书刊代销关系。

同年 11 月 25 日，苏北分店召开第三次支店经理(扩大)会议，讨论通过了《实行统筹统支方案》《开展图书发行的实施方案》《课本发行实施方案》《建立小型图书室的实施方案》《工作人员奖惩条例》等五个文件。

1950 年 12 月中旬,苏北总店召开第二次分店经理会议,传达全国新华书店出版工作会议精神,研究落实发行专业化后的工作措施:以城镇为重点,同时注意农村发行。

第四节　苏南新华书店的开局与演进

一、苏南新华书店的初建

1949 年 4 月 25 日,苏南新华书店总店成立。5 月 25 日,苏南区党委宣传部任命苏南总店领导人员,徐进(苏南区党委宣传部副部长)兼任总经理,周天泽任经理,张良任副经理;设置编审科、出版科、发行科、服务科、财务科、总务科和直属门市部。主要编辑人员有陈允豪、高野夫、王士菁、费克等。

苏南总店成立之后,书店各门市部立即将"新华书店"的招牌挂出来,然后把从苏北带来的各种新书进行陈列,数量略多一点的图书,供读者选购。由于新解放城市的群众对共产党及其政策不太了解,需要通过党的报纸、广播和出版物进行了解,因此新华书店就成为一个重要的沟通渠道。新华书店开业以后,上门的读者从早到晚络绎不绝。书店除发售书籍外,还要接待和解答一些读者提出的各种问题。

从苏北老区带来的图书品种和数量都很有限,满足不了当时读者的需求,苏南新华书店总店统筹安排,根据各个被接管城市不同的印刷条件,分别重版印刷了一些书籍,缓解了供不应求的局面。上海解放以后,华东新华书店总店成立,从上海地区运来了更多的新书。这样,苏南各地的书店门市部开始丰富起来,分门别类地陈列图书,也像个书店了。

另一方面,苏南总店根据苏南区党委的决定,以原华中新华印刷厂南下人员为主,加上集中接收的人员和设备,筹建苏南日报印刷厂和苏南新华书店印刷厂(苏南新华印刷厂当年 8 月 1 日成立)。

二、苏南新华书店的出版工作

苏南新华书店总店早期的图书出版工作,基本上是华中新华书店的继续。华中新华书店的经理、编审科(部)、出版科的工作人员,除少数外,都来到苏南新华书店工作,还带来了原华中新华书店的纸型、样书;原华中新华印刷厂的业务骨干,也有不少来到苏南新华书店。这些为苏南新华书店的出版工作提供了有利条件。

苏南解放后,读者对新书的需求量很大,而从苏北带来的图书有限,并很快销售一空,因此首先要赶印一批图书,以满足读者需要。当时苏南除无锡外,苏州、常州也有印刷条件,因此,苏南总店将10种毛泽东著作的纸型分给无锡、苏州、常州三家印刷厂,各印三四种,每种印1万册。这些书除供应苏南区,还支援一些给新区的兄弟书店。此后,又出版过《在七届二中全会上的报告》《论人民民主专政》两种。新中国成立后,毛泽东著作由中央和各大解放区一级书店统一印刷,苏南新华书店就不再出版毛泽东著作了。

毛泽东主席和朱德总司令像,过去在老解放区因为没有彩印设备,只出版过木刻版的单色像。苏南总店美术编辑苍石根据木刻版的资料加工,绘成彩色像,通过苏南新华书店上海办事处在上海找到彩印厂,各印制了5万张对开彩色像。这是新中国成立前全国唯一的一种彩色领袖像。印好后,大家普遍赞赏。这两幅画像只印了一版,因为中央出版委员会不久发布了领袖标准像。

苏南总店从1949年5月开始出书,起初主要是用纸型在无锡、苏州两地重印。所印图书,除毛泽东著作外,还印了《思想方法与学习方法》、《怎样过民主生活》、《被开垦的处女地》(节写本)、《雪山草地行军记》、《解放区短篇创作选》等。此后,苏南总店自己编辑出版的图书也很快跟上。1949年10月新华书店第一次出版工作会议以后,苏南总店只出版自己编辑的图书,不再翻印其他地区出版的图书。到1950年4月止,近一年时间,共出版新书约110种。

当时的苏南区,社会形势向好。无锡是苏南行署所在地,渡江而来的各类人才比较多,因而苏南总店有很好的作者基础。自编图书的作者,有苏南区党委宣传部、区青委、总工会的,也有《苏南日报》编辑部、苏南军区卫生部等单位的,还有一些自发来稿。

苏南总店出版的图书,版权页上只署"苏南新华书店",不署"苏南新华书店总店""新华书店苏南分店"。

就图书内容看,有少量的马列著作,如《共产主义运动中的左派幼稚病》,以及几种摘录的汇编本《马克思论国际战争》《列宁论文化与艺术》《列宁论青年学习问题》等。

有帮助干部、党员学习和提高工作方法的书,如《论学习问题》《论领导方法》《论知识分子》《论群众路线》《论思想意识》《论读书与读书方法》《反对主观主义》《论知识分子及其改造》等。也有介绍苏联和东欧国家情况的图书,如《苏联讲话》《苏联哲学》《论苏联教育》《苏联的大学》《苏联是强大的工业国》《苏联职工工作》《苏联学生思想教育》《论苏联文学的高度思想原则》《论国际主义与民族主义》《东欧新民主主义国家概况》《五年计划的故事》《中苏关系》等十几种。

数量最多的是各种教材,有《党章教材》、《党员课本》、《中国革命读本》、《国际知识读本》、《大众政治课本》、《工人识字课本》(上下册)、《工人算术课本》(上下册)、《农民课本》、《冬学课本》等。专业教材有苏南军区卫生部编写的培训医护人员教材10种,有《内科学》《外科学》《药物学》《急救学》等,出齐后又增印了一批合订本。

一般的民众读物,有叙述革命前辈故事的《毛泽东同志故事》《朱总司令故事》《吴玉章故事》《刘伯承故事》等通俗小故事;介绍青年团活动的《青年团在学校》《青年团在农村》《青年团在工厂》《活跃在各地的青年团》等。还出版过一本《实用大众字典》。

苏南新华书店出版过以下四种期刊。

《新华周报》,是综合性的文摘周刊,16开本,是苏南新华书店最早出版的一种刊物(约在1949年7月创刊),主要选摘国内各种报刊的重要文章。那时报刊发行尚未普及,读者能够通过此刊看到其他各种报刊的主要文章,因而很受欢迎。该刊到1950年5月停刊。

《苏南文艺》,是以苏南文联名义编辑的4开文艺月报,以反映工农生活并以工农兵为读者对象。约在1950年年初创刊,那时文联刚建立,实际工作是由书店编辑王士菁负责的。该刊只出版过四期就停刊了。

《苏南教育通讯》月刊,16开本,是由苏南教育通讯社编辑,交书店出版发行的,读者对象主要是苏南地区的中小学教师,后来改由该社自行出版发行。

《苏南大众》半月刊,32开,是一种以工农兵为读者对象,帮助读者学习政治、时事、文化的综合性刊物,由高野夫主编。1950年5月初创刊时,由中共苏南区党委宣传部直接领导,只是在行政关系上隶属于苏南新华书店。出版、印刷、发行分开后,该刊由苏南人民出版社继续编辑出版。

当时的出版工作中最大的困难是印刷用纸问题。印刷用纸,以前主要靠进口,中华人民共和国成立后,帝国主义对新中国经济上进行封锁,苏南总店出版用纸,只能向纸商零星购买,而纸商心存观望,常常是几令、十几令的分次出售。上海解放后,苏南新华书店在上海设立办事处,主要任务就是购买纸张和印刷材料。当时无锡市有一家造纸厂能生产一面光、一面毛的有光纸。1949年秋,苏南总店向银行贷款,一次性预订白报纸2 000令,促成该厂改进生产工艺,生产出了两面光的白报纸。1950年年初又向无锡市百货公司批发部订购到苏联白报纸3 000令,才初步解决了用纸的紧张局面。

三、苏南新华书店的发行工作

1950年2月6日,苏南分店召开第一次支店经理(工作)会议,着重讨论了加强发行工作的统一领导,实行企业化管理的要求和办法,并作出了相应的决定。

4月7日,苏南分店与无锡市代销合作总社确定图书寄销办法。自此,苏南基层书店与基层代销合作社普遍建立了书刊代销关系。

4月,苏南分支店大力发行有关抗美援朝书刊,并开展募集书刊活动。至6月底,共募集图书、期刊42.88万册,全部赠送给中国人民志愿军。

6月,为配合镇压反革命运动的宣传,大量发行《惩治反革命条例图解通俗本》(华东人民出版社出版)。苏南区发行104.7万册,苏北区发行70万册,南京市发行24万册。这些书大部分是通过行政组织发下去的,违反了群众自愿购买的原则,有强迫摊派的现象,数量超过实际需要,大量书款不能收回,在政治上和经济上造成了损失。

7月,苏南分店与苏南人民出版社签订图书产销合同,约定出版社向书店发货按图书定价六三折结算。

7月28日—8月3日,新华书店苏南分支店工作会议在无锡召开。会议通过了建立和整顿城乡发行网计划和开展以增产节约为中心的爱国主义竞赛运动方案。

1950年8月中旬,苏南分店召开支店经理会议,作出了加强农村和工矿发行工作的决定,制定了行政管理和业务管理制度,使全区新华书店初步走上专业化、企业化的道路。

1950年12月20—28日,苏南分店召开第三次支店工作会议,传达全国新华书店第二届工作会议精神,讨论通过了1951年上半年工作任务,作出了改进统一管理与统筹统支工作、调整公私关系开展发行工作、开展读书活动与读者服务工作等三个决议。

1952年,苏南、苏北大部分市、县在当地党委领导下成立了书刊(报)发行委员会。1953年年底撤销。

第五节　苏南人民出版社的成立与成长

苏南人民出版社于1951年1月1日宣告成立,社址在无锡市师古河10号。出版社成立时,以《苏南大众》杂志编辑十余人作为出版社编辑部的基础,随后,新华书店苏南分店的出版部门(包括编审科、出版科、资料室)划交苏南人民出版社,并划拨10万元(币制改革前为10亿元)给出版社;苏南分店原来用于出版方面的库存材料、纸张等,除书店留存一部分外,也同时转拨给出版社。

苏南人民出版社成立时,在行政上隶属苏南人民行政公署新闻出版处领导。社内机构设置分编辑部和经理部两个部门。李尊一负责全社行政兼编辑部主任,高野夫为编辑部副主任,经理部经理由新华书店苏南分店丁裕兼任,罗扬任经理部副经理。

编辑部下设四个组:期刊组——编辑《苏南大众》杂志;图书组——出版通俗读物、识字课本、教材、教学参考资料等;美术组——为书刊设计封面,绘制插图,编辑出版连环画和宣传画等;资料组——负责书刊交换、借阅管理和资料剪辑分类、使用保管。

经理部管理全社一切行政事宜,下设秘书、财务、出版等科。

1951 年 11 月苏南人民出版社成立了编委会,成员有:李尊一、高野夫、刘雪宰、朱明,后来又增补了计泽修。

1952 年上半年"三反"运动结束,下半年进入整改,经上级决定,组织机构略作变动,原属新华书店苏南分店领导的苏南新华印刷厂划归苏南人民出版社领导。1952 年 8 月,苏南人民出版社经理部人员迁入苏南新华印刷厂合署办公。当时宣布由李尊一兼任苏南人民出版社经理,罗扬仍任副经理,谭苏民任印刷厂厂长。

苏南人民出版社是综合性的地方出版社,以出版苏南地方性读物和苏南作家的作品为主,以密切配合党和政府各个时期的政治任务和政策要求,出版工农群众和区以下干部迫切需要的通俗政治理论读物为工作重点,同时兼顾教育、文化、工农业生产和医药卫生等书籍的出版和小学教师、少年儿童、知识青年、妇女等读者的需要。

1951 年,苏南人民出版社出版了面向工农兵的通俗文艺小丛书(32 开、64 开两种),主要采用对话、演唱、评书、讲故事、地方戏等形式,宣传新人新事,介绍先进模范人物,歌颂志愿军英雄事迹等。其中 1—6 月份共出新书 48 种,1 828 500 册,再版书 13 种,173 500 册,期刊 2 种,活页歌选 15 万份,民校课本 4 种。图书中影响较大、深受读者欢迎的有:根据华东军政委员会发布的农村工作政策,由李真(李尊一)编写的《农业生产十大政策讲话》,根据新中国 1950 年颁发的《中华人民共和国婚姻法》,由高野夫编写的《婚姻法唱本》,以及《为什么要镇压反革命》《三麦栽培技术要点》和采用连环画形式出版的几套农作物虫害防治等图书。

1951 年冬,苏南人民出版社成立了编委会。11 月 22 日,编委会召开会议,总结建社以来的出版工作,并提出 1952 年出版方针与任务。会议认为 1951 年的出版工作中还存在的缺点有:一是政治读物、工人读物少,只占总数的 9%;二是质量差,有些书不符合出版要求,政治性、思想性、文艺性不高,有几本书还有错误,科学知识读物不通俗,不易为读者接受;三是配合运动的书不及时,运动已过书才印出来,成了"马后炮",发行不下去。通过总结,编委会全体成员初步认识到,作为党的宣传阵地,配合运动是需要的,但是图书与报刊不同,应该注意到它在使用价值上相对的稳定性和较长的时效性,因此在规划选题、组织书稿时,既要有高度的政治敏感和科学预见,更要有较长远打算。因此,1952年必须努力作出改进,加强社会调查,制订选题计划,建立作者队伍,努力编辑出版政治、文化、科学、文艺各方面的优秀读物。总的要求是:要把马克思列宁主义的立场观点在各类图书中体现出来;要坚持贯彻通俗化方针和少而精的原则,提高出版物的质量;通俗读物要求做到通俗易懂,图文并茂,要灵活运用民间形式,要有鲜明的地方特色,要面向工农兵,书小、本薄、价低,可放在口袋里,能随时取出阅读。

会上提出的1952年出书指导思想与任务是:① 根据国家建设需要,密切结合苏南实际情况,适应群众在政治、文化、生产、卫生等各方面的迫切需要。1952年国家的中心工作是继续加强抗美援朝运动,开展爱国增产节约运动和广泛开展思想改造运动,根据这个总的任务,编辑出版政治、文化、科学、文艺等各方面的书刊。② 以宣传马列主义为首要任务。③ 以工农为主要读者对象,坚决贯彻通俗化方针,要求做到通俗易懂,结合实际,有文有图,民间形式,地方色彩,字大价廉;较高级的书也可以出版,但不是努力方向。④ 提高出版物质量,坚决贯彻少而精的原则。

1952年,苏南人民出版社出版的图书品种数、印数、发行数,都较上年有了较大幅度的增长,质量也有所提高。影响较大的图书有:为了配合知识分子思想改造和整党,中共苏南区党委宣传部副部长徐进根据党员标准八项条件编著了一本《怎样做一个共产党员》,累计印数达200余万册,外省市出版社纷纷来洽谈租型;《谈谈青年团员入党问题》《青年团员修养问题》《谈谈思想改造》《认清资产阶级腐朽本质》等书,每种也发行100多万册。《生产能手陈永康》《西田头丰产村》《邓槐银互助组》《互助合作读本》等书各发行30多万册。《大众防疫卫生课本》、卫生宣传画等印行34万册。扫盲识字课本和速成识字教材印了40余万册。另外《苏南大众》的两篇连载(苏南区党委宣传部教育科集体编写的《我们伟大的祖国》和吴天石撰写的《中国现代革命史话》),也很受读者欢迎。

苏南人民出版社创办后的经费来源,都是通过编辑出版书刊解决的,每年还小有积余。为了管理好有限的经费,除由经理部财务科负责经费管理外,还成立了预决算编审小组,组长由行政负责人担任,各科、组均选派专人参加,负责编制审核社内月度、季度与年度预算。

苏南人民出版社编辑出版的书刊,全由苏南新华印刷厂印刷,新华书店苏南分店发行。所有书刊,一经编辑部编好,送审定稿发排时,须附上简短内容提要,连同原稿交出版科,由出版科对书稿技术设计作检查后,发到印刷厂排版,同时根据图书的类别、封面、插图、插页和排版、装帧要求作出估计定价,交新华书店苏南分店编印征订单分发至各支店。苏南分店在一定时间内收回征订单,经汇总后开出订印单给出版社。出版社出版科根据书店订印数加上社内留存样书数,开出付印单给苏南新华印刷厂。待书刊印好装订成册出厂时,印刷厂除将样书送到出版社外,全部书刊均按书店订印数分送到苏南分店及其支店。凡与印刷和发行有关费用,均由出版社财务科统一结账。

1952年,因华东军政委员会新闻出版局布置了印刷发行大量扫盲读物的任务,时间紧,印数多,单靠苏南新华印刷厂难以完成印制任务。出版社副经理罗扬便会同原苏南新华印刷厂厂长殷金寿到南京市与一些印刷厂联系,不但及时完成了出版印刷扫盲读物的任务,同时也扩大了出版社图书印刷网点。

第六节　南京市新华书店的出版活动

南京新华书店于1949年5月12日成立。市内三个门市部随后相继开门营业。新华书店门店开业后,书籍供不应求。原华中新华书店接收人员渡江时所带的少量书刊,远远不能满足读者的需要,刚刚创立的新华印刷厂的印刷能力又有限,因此,南京新华书店将南下时带来的纸型和可印书样本,利用接管的印刷器材,组织"大业""新生命""旺华""志宏"等私营印刷厂和作坊,印制了《目前形势和我们的任务》《在中共七届二中全会上的报告》《大众哲学》《新人生观》《评中国之命运》《中国四大家族》《蒋党真相》等书籍,还印行了《向全国进军的命令》《中国人民解放军布告》等活页文选。这些书籍的发行,一方面起到了稳定人心的作用,另一方面使市民了解到中国共产党的方针、路线、政策,同时使人们认清国民党政府反动统治的实质,具有巨大的宣传作用和深远的影响。

10月,中华人民共和国成立后,南京市为中央人民政府直辖市。12月,改为华东军政委员会直辖市,并将句容、江宁、六合、当涂、江浦、和县6县划归南京直辖市。

到1949年底,南京市新华书店有3个门市部。

从1950年1月起,南京市新华书店改称新华书店南京分店,归新华书店华东总店领导。3月7日,华东总店决定,华东军区第三野战军新华书店随军分店结束工作,图书发行业务移交南京分店。

4月,南京分店大力发行有关抗美援朝书刊,并开展募集书刊活动。至6月底,共募集图书、期刊38.9万册,全部赠送给中国人民志愿军。

7月5日,南京分店召开部队代销图书座谈会,与四个单位签订了图书代销合同。

第七节　其他出版活动

在1956年"对私改造"完成之前,江苏当代出版业内多种体制并存。除了国营的新华书店系统和后来的国营出版社、国营印刷厂、新华书店,还有一些其他的出版活动。这其中,私营从业者仅从事印刷和发行。

一、《苏南文艺》(苏南军区政治部)

1949年7月25日创刊,苏南军区政治部苏南文艺社出版。据董国和《〈苏南文艺〉二三事》[1],此刊连封面封底在内,共计74页,没有版权页,刊物上没有定价,从邮局购买者可汇款至苏南军区政治部苏南文艺社发行科;也可向无锡市公园路三十四号日新书店该社代订处直接交款订阅。

《苏南文艺》创刊号,郭沫若的《为建设新中国的文艺而奋斗》发在头版头条,萧三的《提高政治水平理论思想水平是文艺工作者最重要的任

① 董国和:《〈苏南文艺〉二三事》,《出版史料·刊史采撷》2013年第1辑,第77—79页。

务》则紧随其后,而贺绿汀的《关于洋嗓子问题》是选自第一届文代会《文艺报》上的文章。之后还有蔡田的《新诗介绍》、何幸若的《力量是这样来的》、刘延良的《无名连》、杨履方的《阴魂不散》,以及新修订的《国际歌》等作品,体现着"苏南军区政治部"的视野与风格。创刊号的《编后记》说"要把这个苏南新生的文艺刊物搞好,使她能够在苏南的文艺运动上、新民主主义的文艺建设上尽她的一份力量"。

《苏南文艺》只出版了两期。在第 2 期首页《停刊启事》中,将停刊原因和善后办法交代得非常详细:因"即将创办《文艺新地》,为集中力量,避免重复,本刊拟从第三期停刊。所有一般文艺作品,统交由《文艺新地》处理。今后我们拟出《战士文艺》一种,着重供给部队文艺材料,指导部队文艺工作,以文艺的形式反映部队工作学习生活与战斗"。《藏书报》曾刊有一篇《谈〈文艺新地〉创刊号之纪念鲁迅专刊》的文章,证实《文艺新地》在 1949 年 10 月 20 日创刊,但对《战士文艺》却一字未提。

第二期所刊作品,头版头条是赖少其的《关于今后文艺工作问题》,然后依次为挺军的《"河大"枪杆诗运动介绍》、雪生的《怎样写话剧》,祝向群的《抢救》等作品。

二、《苏南文艺》(苏南文艺协会)

1950 年 1 月创刊,月刊,苏南文艺协会编辑,主编汪士菁。出版 4 期后停刊。

三、《苏南教育通讯》→《苏南教育》/《苏北教育》①

《苏南教育通讯》(图 1-1)创刊于 1950 年 2 月 16 日,苏南教育通讯社编辑出版。同年 12 月改名为《苏南教育》。1953 年 1 月,与《苏北教育》合并为《江苏教育》,由江苏人民出版社出版。

《苏南教育通讯》创刊时地址在当时苏南行署所在地无锡市,起初是半月刊,后为月刊。这个刊物是由苏南行政公署正副主任管文蔚、刘季平署名发布决定出版的,由文教处副处长陶白兼任编辑委员会总编辑,周承澍任副总编辑,专职抓刊物的编辑出版。该刊当年出了 13 期(总1—13 期),翌年 1 月改刊名为《苏南文教月刊》,也出了 13 期(总 14—

---

① 储继芳:《"文革"前的江苏教育社》,《江苏出版史志》1994 年第 1 期,第 33—38 页。

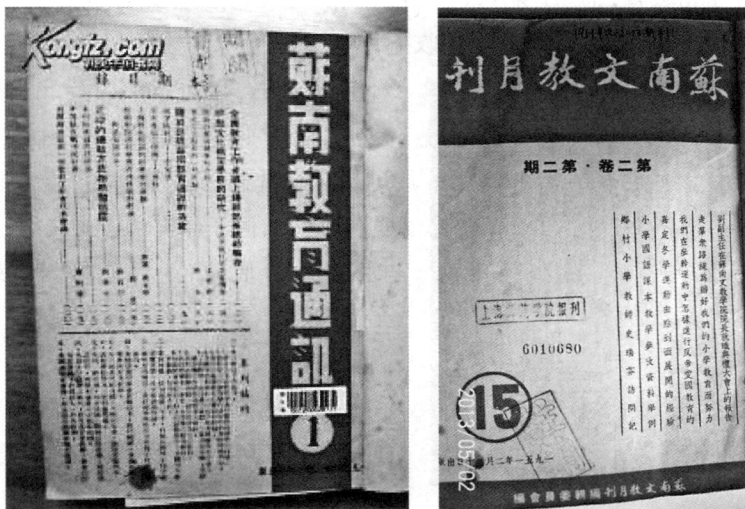

图 1-1　《苏南教育通讯》

26 期)。1952 年 1 月,改刊名为《苏南文教》,为半月刊,每月 15 日及 30
日出版,共出了 8 期(总 27—34 期)。7 月,《苏南文教》再一次更名为
《苏南教育》,仍为半月刊。到该年 10 月,共出刊 12 期(总 35—46 期)。
在总 45、46 期上宣布"苏南教育社结束",与"苏北教育社合并,出版《江
苏教育》"。(见该期目录后的"启事")

　　《苏南教育》编委会有宋云旃、朱少香、刘定汉等 9 人,包括了文教处
各部门的负责人。编辑有潘敬所、缪咏禾、邹春云、杨德橚、吴攸之、金民
权、乔静予、朱怀真等人。后来自办发行又增设发行科。发行科除发行
《苏南教育》(有据可查的最高发行量为 13 100 份),还发行活页教学参
考资料,并因此而积累了一笔资金,为后来迁到南京创办《江苏教育》奠
定了一定的经济基础。

　　四、《苏北教育》

　　苏北教育社办的《苏北教育》(图 1-2),创刊于 1951 年 1 月 20 日,
地址在苏北行署所在地扬州市。月刊,当年出刊 12 期,到第二年 10 月
结束,共出 21 期。1952 年《苏北教育》副册(二)刊有《紧要启事》:"兹决
定《苏北教育》二月号停刊,不拟补出。"故办刊一年零十个月,出刊 21

期。《苏北教育》总 21 期（1952 年 10 月）上刊有"重要启事"："本社工作，将有新的部署，目前暂时停收稿件，此启。"

图 1-2 《苏北教育》

《苏北教育》负责人由苏北文教处督导室督学张人俊兼任，后由孟君孝负责。编辑有王亚梅、骆众亲、杨汝熊、葛德生、何孝华等人。刊物由新华书店苏北分店发行，有据可查的最高发行量是 1.5 万份。

《苏南教育》与《苏北教育》两刊的宗旨基本相同。"推动新民主主义教育理论与实际的研究，阐明政府教育方针、计划，并介绍学习材料，沟通各方面意见，交流经验教训，以加强教育行政机关与广大教育工作者相互间的联系，进一步推进苏南新民主主义教育建设工作。"（《苏南行政公署关于出版〈苏南教育通讯〉的决定》）一年后进一步申明："苏南……由于解放不过一年多，师生思想尚有待于继续不断的改造，本刊的使命仍应以政治思想教育为主，同时适当地结合业务学习材料。……业务的钻研虽属必要，刊物的重点尚未能偏重在这一方面。"（《苏南文教月刊》1951 年第 1 期《本刊一年来的工作检讨》）"出版这一刊物的目的，在于遵循毛主席所指示的方向，根据人民政协共同纲领新规定的文化教育政策，从苏北地方的实际情况出发，反映一切有关文化教育工作的实际情况，研究具体问题，交换经验，加强上下联系，提高理论、业务与技术水平，以达到新民主主义文化教育方针政策之贯彻执行。"（《苏北教育》创刊号《发刊词》）两刊读者对象主要为初等教育工作者，包括工农初等教育、扫盲教育、扫盲业余教育工作者，兼顾中等教育工作者。

按照上述办刊宗旨，两刊共有特点是注意配合当时形势，刊载重要文件、文章，如毛泽东的《为争取国家财政经济状况的基本好转而斗争》（《苏南教育通讯》1950 年第 8 期）、土改学习文件、"三反"学习文件、"反细菌战"的宣传教育等。《苏北教育》创办时，抗美援朝已开始，因此第 1

期中心是"各地学校开展抗美援朝卫国保家教育"。针对中小学实际,还开辟"政治思想教育特辑""时事特辑"等。当然,两刊也卷入了电影《武训传》的讨论。在提高教师的认识水平和业务能力方面,转载了加里宁的《论教师底任务》、徐特立的《各科教学法讲座》和吕叔湘、朱德熙的《语法修辞讲话》等,还介绍了一些优秀教师事迹,其中最有影响的是乡村小学教师史瑞芬(《苏南文教月刊》1951年第2期)。两刊还经常介绍教学经验,寒暑假或开学后的几期登载《小学各科教学参考资料》。工农教育、扫盲业余教育占的篇幅也不少。特别难能可贵的是,刊物不时有批评与自我批评的文章出现,如《一个官气十足的校长》(《苏南文教》1952年第4期)、《我认识到对儿童施行体罚的错误》(《苏南文教》1952年第3期)等,今天读来,仍能让人感受到解放初期那种民主、活泼、富于批评与自我批评的时代气息。

五、《苏北青年》

1950年3月创刊,苏北区团委主办。苏北区团委于1949年9月出版《青年生活》,作为《苏北日报》的副刊,每周一期。1949年10月,苏北区团委正式创办《苏北青年报》,作为苏北区团委的机关报,仍为每周一期。主编顾丕扬。1950年3月,《苏北青年》杂志创办,半月刊,32开本。主编燕生,副主编顾丕扬。

六、苏南人民美术工场和《农民画报》

1949年4月,苏南行政公署成立,无锡成为当时苏南区的政治经济文化中心。以南下干部亚明为首的美术工作者,在无锡成立了"苏南人民美术工场",成为当时苏南美术工作的核心。工场主任就是后来的江苏画家亚明。人员还有吴君琪、陈一中、嵇锡林、徐姃和郭平等一大批有实力的中青年美术工作者。他们依靠政府的支持和经费,配合党的宣传,传播农业生产技术和科学知识,创作了大量的宣传画、漫画等美术作品。这个工场当时的一个重要工作就是为社会各界绘制领袖像和宣传画,还制作过一幅号称缂丝史上最大的领袖像作品。

连环画作为大众喜闻乐见的艺术形式,自然也成为宣传工作的重要方式。他们除了在《农民画报》上不断发表连环画、漫画等美术作品,还陆续推出一系列连环画册,涉及题材都是新闻宣传和普及知识方面的,成为这段时期江苏连环画的代表作品,吴君琪、陈一中、嵇锡林等为代表的"苏南人民美术工场"画家们也成为江苏最早的一批连环画创作群体。

1950年6月10日,《农民画报》(图1-3)在无锡创刊,周刊。这是一本介于报和刊之间的通俗画报,以农民和农村干部为主要读者对象。编委会书记由《苏南日报》副总编辑高斯兼任,总编辑计泽修,亚明和苍石分别担任主编和副主编。初期为八开二版,从第26期起扩充篇幅,改为横式四开二版,一版为彩画。

图1-3 《农民画报》

《农民画报》以主要篇幅持续刊登宣传画、连环画,控诉地主阶级的罪恶,揭露苏南地主残酷剥削压迫农民的事实,显示土地改革的正义性和必要性。《农民画报》还与《苏南画刊》于1950年9月连续两次联合出版号外,加强土地改革的宣传。《农民画报》把画和文字有机地搭配起来,一版图画较多,二版配合的文字较多,以文字补图画的不足。从"画"来说,一些宣传画带有年画的风味,同时大量使用连环画这一通俗的传统表现形式。文字是浅显的口语,与图画结合得比较好,这对文化水平不高、不识字的农民来说易于接受。苏南行政公署在布置开展冬学运动时，规定将《农民画报》作为辅助教材。

1951年10月，《农民画报》终刊，该报的部分人员调入苏南人民出版社，充实《苏南大众》的编辑力量。此时的《苏南大众》已由月刊改为半月刊，刊物通讯员发展到400余人，每期发行量4万份左右。苏南人民美术工场的工作也仍在继续，并在1951—1952年编绘出版了一系列连环画单行本，拉开了新中国江苏连环画出版的序幕。

七、畜牧兽医图书出版社与《畜牧兽医》杂志

1935年，中央大学畜牧兽医系就创办了《畜牧兽医》（季刊），由季刊社编辑，罗清生教授主编。1937年因抗战迁校停刊；1939年在成都复刊，至1940年先后共出版4卷。这是畜牧兽医系创办的第一份杂志，也是国内最早的畜牧兽医专业刊物。

1937年中央大学迁至四川重庆，畜牧兽医系则迁至成都浆洗街血清制造厂内办学。1940年由陈之长、罗清生教授等倡议，集资成立了"中华畜牧兽医出版社"，参加者先后有110人，其中畜牧兽医系23人，四川省农业改进所和血清厂15人，其余遍及全国各地（沦陷区除外）。社址设于成都。

同年，《畜牧兽医季刊》改为《畜牧兽医月刊》，由该出版社于10月出版了第1卷第1期，刊内有社员名录。

1942年10月，在陈之长、罗清生教授等倡议下，成立了"中国畜牧兽医学会"，于是将中华畜牧兽医出版社改组为学会的出版部，由盛彤笙教授负责。同时，《畜牧兽医月刊》从第3卷起交由学会出版部继续编辑出版。抗战胜利后，中央大学于1946年迁回南京，畜牧兽医系迁至丁家桥办学，中国畜牧兽医学会仍设于该系内，继续出版《畜牧兽医月刊》至1947年第6卷；1948年起改由中央大学畜牧兽医系继续编辑出版，共出版7期，后因故停刊。

中华畜牧兽医出版社和中国畜牧兽医学会出版部，除编辑发行《畜牧兽医月刊》外，尚出版有专业图书十余种，如《马氏兽医诊断学》（罗清生、陈之长译），《克氏兽医细菌学》（盛彤笙译），《家畜传染病学》（罗清生著），《中国绵羊学》（张天才著），《兽医血清制造》（罗清生著），《兽医解剖学》(吴文安著)等。

1949 年,中央大学改名为南京大学。畜牧兽医系由罗清生和梁达新倡议,向本系教职工及校外系友集资,参加者 56 人,成立了畜牧兽医图书出版社。

1950 年 1 月,先后经军管会和省文化局批准并发给临时登记证和书刊出版营业许可证,畜牧兽医图书出版社可以继续经营,出版配合国家农牧业建设及教学和科研所需的专业图书,同时出版《畜牧与兽医》双月刊杂志。

1955 年 1 月改组为公私合营,除仍由省文化局直接领导外,省农林厅畜牧肥料局也参与专业指导工作。至 1958 年下半年,并入江苏人民出版社。《畜牧与兽医》双月刊由江苏人民出版社继续出版,到 1960 年停刊,共出 63 期。1950—1958 年,畜牧兽医图书出版社共出版图书 298 种(其中翻译作品 160 种)。

出版社的编辑、出版和领导工作,主要由畜牧兽医系教师兼职;专职人员 4 人,担任财务和事务工作,后因业务扩展增至 10 人,担任专职编辑和出版工作。曾任出版社历届社务委员,正、副社长,正、副总编,正、副经理以及监事的有:罗清生、王栋、朱明(省农林厅畜牧肥料局局长)、梁达新、汪启愚、虞振镛、郑庚、谢成侠、熊德鄰、濮成德、夏祖灼、陈万芳、祝寿康和黄嘉禄(公私合营后公方副经理)。[①]

八、《畜牧兽医》

1950 年 3 月创刊,南通学院农科主办,负责人冯焕文。季刊,每期印五六百份,邮局发行。终刊时间不详。

九、正风出版社

1942 年创立于重庆,负责人陈汝言。抗战胜利后,从重庆东迁,总社设于上海。1946 年春,在南京建立了正风图书公司(门市部)和正风出版社编辑部,在南京编书,在上海印刷,再由南京向各地发行。该出版社重版了一些外国文学名著,出版了一些学习英文的指导书,并坚持发

---

① 祝寿康:《〈畜牧与兽医〉追忆溯源——中央大学畜牧兽医系的编辑出版工作纪要》,《畜牧与兽医》2008 年第 1 期。

行进步书刊,如《文萃》《世界知识》《群众》等。后因国民党白色恐怖加剧,百业萧条,上海的总社被迫停业,南京的编辑发行工作也日益萎缩。1949年南京、上海解放后,该社在上海恢复成立了正风出版总社,在南京除保留正风图书公司门市部以外,又新建了编辑委员会和编辑部。该社以编辑教育书籍为主,先后出版了一套"马列主义教育丛书"计69种,并且出版了"江南文艺丛书"21种和一批通俗读物。1951年10月,正风出版社出版了李四光著《中国地质学》,张文佑编译。共印2 000部,全被东北有关部门购去,发给东北三省的地质勘探队。李四光的科学地质理论,冲破了国外专家"中国是个贫油国家"的论断,认定中国有丰富的石油矿藏。在李四光地质理论指导下,1959年勘探队在黑龙江的松辽平原发现了大庆油田。1952年秋,该社的图书全部由新华书店统一经销,门市部撤销。1955年12月对私改造时,该社南京编辑部并入江苏人民出版社。

第八节　出版管理与公众服务

一、出版管理

1949年,江苏的出版事业由军管会管理。1950—1952年,江苏三个行政区都设立了新闻出版管理处室。

1951年4月,苏北人民行政公署作出《对苏北报纸及业务刊物统一调整的决定》,其中规定:① 在本行政区内,凡有关政策理论指导与全区性的业务或技术指导之刊物,均应由本署所属各领导机构或业务部门统一出版综合性刊物。② 各报纸业务指导刊物,概由华东新闻出版局统一出版。工农报纸和市县等报纸,不出版业务刊物,已出版者停办。专署以下不得出版业务刊物。③ 凡属本行政区内所有之出版物报纸、业务刊物以及通俗或地方性的小型刊物,一律须向本署先行办理登记。

1951年8月30日,南京市第二届人民代表大会代表提议,加强对连环画租书摊贩的管理,限制黄色书刊的流通。南京市新闻出版处、文教局为此联合采取措施,动员全市407户租书摊贩,取缔坏书,更换新书。这次共收缴坏书 14 400 册,换给新书 3 600 册。

1951 年 10 月,新华书店苏南区管理委员会、苏北区管理委员会分别召开会议,传达贯彻新华书店全国管理委员会的决议和华东总分店的通知,检查发行中忽视政治的倾向,讨论纠正办法。

1951 年 12 月,苏南人民行政公署转发《华东军政委员会对苏南出版刊物的意见》,批准《苏南政报》《苏南商报》《苏南农情通报》《蚕桑工作通讯》《苏南卫生》等 5 种刊物继续出版,并对刊物出版方向作出了规定;《清查通报》《苏南工商通讯》等对内刊物予以停刊。

1952 年 8 月 16 日,中央人民政府政务院公布了《管理书刊出版业印刷业发行业暂行条例》和《期刊登记暂行办法》两个法令。同年 8 月 25 日,中央人民政府出版总署又下发了关于执行《管理书刊出版业印刷业发行业暂行条例》和《期刊登记暂行办法》的指示。同年 9 月 12 日,苏北人民行政公署文化教育委员会发出《关于办理书刊出版业、印刷业、发行业核准营业和期刊登记工作的指示》,指定扬州、南通两市先行,并由两市人民政府文教部门办理。明确扬州市的登记工作包括属地内的公营出版社、书店和印刷厂在内,一律由扬州市人民政府文教科办理。在政务院"两个法令"公布前已向出版行政机关或工商行政机关核准登记的书刊出版业、印刷业、发行业均须重新申请登记、核准营业。

二、公众服务

公众服务主要是在新华书店系统。

1950 年 10 月 15 日—11 月 15 日,根据出版总署布置,新华书店开展为期 1 个月的书刊推销活动,并将此项工作列为爱国主义工作竞赛的指标之一。1 个月内,苏南、苏北、南京 3 个分店及所属支店共销售书刊 1 835 640 册,超额完成华东总店分配的任务。

1950 年 12 月,苏北分店组织抗美援朝图片展览队,在扬州、泰州、南通、高邮等 10 个县(市)进行流动展览,历时 3 个月,参观展览者达 6 万多人次。

1951 年 1 月,苏北分店组织流动服务。服务队一行 5 人途经 5 个县,骑自行车,带乐器,沿途边演唱,边宣传,边供应书籍、年画。

1951 年 3 月 26 日，南京市新闻出版处召开各区文教干部会议，布置在城区建立图书发行网与图书阅览室。至 12 月底，在全市工厂、街道及郊区共建立图书室 157 个，图书发行小组 197 个，有义务发行员 1 678 人。

第二章　江苏当代出版业的初步发展
（1953—1965）

1953年年初，以江苏人民出版社、新华书店江苏分店的成立为标志，江苏当代出版业进入了一个新的发展阶段。

以国营出版、印刷、发行机构为主，民营为辅的局面很快过渡到国营出版机构一统天下。江苏人民出版社成立之时，此前已存在的正风出版社的主要编辑出版活动仍在南京进行，至1955年12月并入江苏人民出版社；畜牧兽医图书出版社继续维持出版业务，至1958年停业。

"大跃进"期间，江苏曾经新建了11个地区、市出版社，不到两年又陆续撤销。地区、市出版社给图书出版数量"放卫星"，但图书质量也有较大的下滑。除此之外，江苏还存在三个以雕版印刷为特色的出版机构：扬州广陵古籍刻印社、苏州桃花坞木刻年画社、金陵刻经处。

1958年以前，江苏出版事业遵循党和政府制定的出版方针，在江苏省委宣传部和江苏省政府出版管理部门的领导下，按照出版工作的自身规律平稳发展，出版管理制度化，编辑流程规范化，新编图书遵照"三化"方针有所提高。"大跃进"之风虽然对图书质量有过短暂影响，但经过调整纠偏后，出版工作又回到了正常轨道。

从1964年的社会主义教育运动开始，出版工作受到了比以前更严重的影响，出书方向、作者队伍、编辑流程等均有不同的改变。

第一节　江苏人民出版社的组建与曲折发展

一、起步于"地下室"

1952年，全国即将大规模开展经济建设和文化建设。中央决定合并南京市和苏北、苏南两个行政区，恢复江苏省建制，于是成立了中共江苏省委。在这样的形势下，上级决定将苏北、苏南两个出版社合并为江苏人民出版社，地点放在南京市。

当年6月，苏南区党委宣传部委派李尊一负责筹建省出版社工作。李尊一派原在苏南日报社工作的卢政和原苏南人民出版社的徐坤基到南京解决用房问题（省出版社的办公用房、工作人员宿舍、省新华印刷厂用房等）。卢政和徐坤基在南京香铺营附近的红庙租用了楼下的房间，作为立足之地。其后，因华东地区扫盲，需印制大量的扫盲课本，苏南人民出版社又派罗扬等人到南京扩大印刷网点，与军区印刷厂等工厂取得联系，也住在红庙7号。这里就成为苏南人民出版社的常驻办事处。到10月份，先后在湖南路7号、11号以及陶谷新村、高楼门、百子亭等处租赁到30幢左右的房屋，约1万平方米。

秋天，李尊一、吴以京来到南京，共同着手出版社的机构设置、人员编制、人员配备、房屋修缮和分配等下一步工作。诸多事项大部就绪后，苏南、苏北两出版社的人员分批来到南京，最后一批12月底到达。

1953年元旦，江苏人民出版社成立。没有开成立大会，也没有上级领导到场，只是在全体人员的会议上由李尊一宣布江苏人民出版社成立了。

当时江苏人民出版社人员总数是103人（不含《江苏教育》编辑部人员）。李尊一任社长，吴以京任副社长。组织机构设编辑部和经理部。编辑部主任葛雨笠，副主任计泽修、高野夫、夏莱蒂，下设工人读物编辑室、农民读物编辑室、美术编辑室和资料室，以及调研组、校对组。经理部经理卢政，副经理罗扬，下设人事科、出版科、财务科、总务科。资金36.3万元。当时工作条件相当艰苦，人多房少。编辑部初设在百子亭36号，经理部在湖南路7号。1954年6、7月间，编辑部与经理部办公地点对调,编辑部迁至湖南路 7 号、11 号,经理部迁至百子亭 36 号。

因为印刷厂所需房屋面积大,较难物色,出版社所属印刷厂到 1953 年年底才得以成立。

新建立的江苏人民出版社面临很多困难,物质条件十分艰苦。编辑部最初在百子亭 36 号的地下室里,房屋旧,光线差,看稿子都很吃力;地下室曾经做过养羊场,里面臭味熏人,但工作人员仍认真工作,没有人叫苦。

二、出版指导思想的早期探索

出版工作要有计划性,在 1950 年政务院发出的《关于改进和发展全国出版事业的指示》中已经有了要求。出书指导思想是出版社根据政治形势提出的工作要求。选题计划是出书指导思想的体现。在出版社的具体工作中,还有编辑计划、发稿计划、出书计划等,这些是出版社的年度工作安排。

从 1953 年起的五年时间里,江苏人民出版社始终坚定地执行党和国家给出版工作规定的各项方针、政策,遵照"三化"方针,结合当时省内的政治和经济形势,提出出书指导思想,制订选题计划。出版工作步入正轨,发展势头喜人,1956 年还制订了"十二年选题计划"。但从 1958 年开始,不断变化的政治形势给出版业带来了直接影响,不仅中长期选题计划落空,就连年度选题计划,也经常因重大政治变化而不断修改。

江苏人民出版社建社伊始,就根据上级相关指示精神提出了总体出书指导思想:(1)结合地方需要的政治读物;(2)推动和指导本省工农业生产的科学知识读物;(3)推动和指导本省文化、教育、卫生工作的读物;(4)研究本省工作、历史和自然情况的有价值的读物;(5)反映本省人民生活的文艺作品,本省人民革命斗争故事及有意义的民间故事;(6)本省美术作品。

当年拟定的《关于编辑出版计划的暂行规定》大体思路是:整个出版计划由四种互相衔接的计划构成,即选题计划、编辑计划、发稿计划、出书计划。《暂行规定》对四种计划的各个环节都提出了比较具体的要求。如编制选题计划的依据是:第一,出版社上级领导的指示、意见;第二,党政机关的方针、政策;第三,江苏地方特点和读者需求;第四,作者队伍的力量和作者写作计划;第五,本社的主观力量。

1954年4月,江苏人民出版社根据省委宣传部的指示,制订了《1955—1957年选题计划》,提出的指导思想是:以本省广大工农群众、城乡基层干部、小学教师为主要读者对象;同时兼顾各方面读者的需要,以出版通俗读物为主,适当出版中级读物和少量高级读物。计划三年之内出版806种,其中社会科学、政治类图书307种,自然科学、生产技术读物157种,文艺读物246种,文化教育图书67种,图片画册29种。

1956年1月,江苏人民出版社拟订了《十二年(1956—1967)出书规划初步意见》,确定的指导思想是:积极扩大出书范围,适当增加新品种,大力提高出版物质量,以乡、社干部及广大农民为主要读者对象,兼顾职工和城乡知识分子,继续加强少年儿童读物的出版工作。出版物的主要任务是对广大读者进行通俗的马列主义教育,正确地及时地宣传解释党和政府的重大政策法令,普及科学知识,以提高人民群众的政治、思想和科学文化水平;为工农业生产服务,满足人民群众日益增长的文化生活的需要。

1957年1月,江苏人民出版社制定了《1957—1967年的编辑工作规划》初稿,提出:大力提高出版物的质量,积极扩大出书范围,逐步增加新书品种,以基层干部和广大工农群众为主要对象,兼顾城乡一般知识分子;继续加强少儿读物的出版;正确地贯彻"百花齐放,百家争鸣"的政策,适当地为中高级知识分子出版中、高级读物。主要任务是对广大人民通俗地进行马列主义教育,正确而及时地宣传解释党和国家的重要政策、法令、计划,普及科学技术知识,以提高人民群众的政治、思想、科学技术和文化水平,满足人民群众日益增长的文化和生活的需要。这个规划的指导思想比上一年的《十二年规划》增加了"正确地贯彻百花齐放、百家争鸣的政策,适当为中高级知识分子出版中高级读物"等内容。

1958年出版界也刮起"放卫星"的浮夸风。此年3月,江苏人民出版社、江苏文艺出版社制订第二个五年(1958年—1962年)出书计划,计划五年内出版新书4 800种,重版1 000种,而第一个五年计划时期江苏实出新书1 365种,重版303种。4月7日,江苏省委宣传部召集省级机关及部分科学研究机构负责人会议,讨论"全党办出版,建立出版小组"

的问题。随后,全省各市、县根据这一会议精神,共建立了 124 个出版小组,主要任务是拟定选题,编写书稿,接受委托审查和推荐书稿。为了在品种数量上"放卫星",但又受稿源限制,出版社编辑也都参与写作,此年出版新书 1 135 种,"本社编"就达 224 种;选题计划中的一本书,出版时往往分成几本,以增加种数,如《看图识字》有 6 本,《猜谜识字》有 4 本,《歌唱农村大跃进》有 10 本,《快马加鞭赶英国》有 10 本。出版数量猛增,但图书质量明显滑坡,编校质量下降。

1959 年年初,根据省委指示,江苏人民出版社组织全社干部学习中共八届六中全会文件,结合对编辑工作进行全面的检查整顿,纠正"大跃进"浮夸风,并提出出版工作以学习中共八届六中全会文件为纲,以提高质量为中心,做好 1959 年全年跃进准备,首先打好决战年的第一炮,质量上要有显著提高。江苏人民出版社和江苏文艺出版社检查总结 1958年工作,认为 1958 年坚决贯彻了出版为政治、为生产、为工农兵服务和地方化、群众化、通俗化的方针;出版事业有了很大发展,成立了省、市出版社,县(市)成立了出版小组;出版队伍的面貌有了很大改变。1959 年要以提高出版物的质量为头等的硬任务,并计划出版新书 1 000 种。为此,江苏人民出版社和江苏文艺出版社还召开"图书质量大跃进誓师大会",动员出好一批重点书,参加由文化部和全国美术家协会主办的"全国书籍装帧插图展览会"和 8 月在德意志民主共和国莱比锡市举行的"国际书籍艺术展览会",以优异成绩向国庆十周年献礼。大会围绕提高图书质量,比干劲、比风格、比措施,相互交流经验,并在已出版的各类读物中分别选出质量高的书设立标兵台,号召"学标兵,赶标兵"。这次大会是江苏出版工作从抓数量转向抓质量的一个标志。

1959 年 2 月 26 日,江苏人民出版社确定 1959 年的工作重点:一是出好有关人民公社的图书,包括突击编辑出版《整社手册》;二是出好向国庆十周年献礼的图书。恰巧在第二天,中共中央政治局扩大会议在郑州开幕。1959 年 2 月 27 日至 3 月 5 日,中共中央在郑州举行了政治局扩大会议(即第二次郑州会议)。会议的中心议题是解决人民公社所有制问题和纠正"一平二调"的"共产风"问题,以及继续压低 1959 年经济指标问题。3 月中旬,全国各地就开始贯彻落实"郑州会议"精神。江苏人民出版社研究了在宣传人民公社优越性时如何防止片面性,以及在贯彻出版工作为政治服务、为生产建设服务中如何防止"走过头"而起反作用的问题,决定修订选题计划。5月底,修改后的选题计划中出版数量调整为400—500种(不包括重版书)。这一年实际出版485种。

1960年开始,国民经济失调的后果蔓延到出版界,主要表现是可供印刷纸张大幅萎缩,其后两年的选题计划、出书计划制订得很大,但实际只能完成三分之一左右。

1962年起,江苏的出版工作经过整顿调整,重新进入正常轨道,图书编辑事业又呈现良性发展的势头,并取得了新的成就,但其中仍是暗流不断,这种状况勉强维持到1965年。

1962年1月25日,江苏省委召集江苏人民出版社编辑室主任以上干部座谈出版工作,省委书记刘顺元在讲话中指出:出版为政治服务、为工农兵服务的方针是正确的,但要具体化,要从实际出发;图书出版为政治运动服务的形式,与报纸、广播有很大的差别;图书出版要从长远的观点出发,出版一些稳定的东西;要重视文化积累工作,搞一批稳定的书目,加强自身基本建设。根据省委的指示,当年的选题计划中增加了古籍、古画等内容。出版了木版古籍《嘉靖平倭祗役纪略》《景元刊本楚辞集注》《纯常子枝语》《香叶草堂诗存》,影印了《张謇日记》,其他还有《中国历代演义》、桃花坞旧版木刻年画、《大众农业辞典》、《江苏解放区画选》等。

1963年7月31日,中共中央批转《中央宣传部关于出版工作座谈会情况和改进出版工作问题的报告》,提出"出版工作的任务是传播马克思列宁主义、毛泽东思想,进行'兴无灭资'的斗争,普及阶级斗争和生产斗争知识,提高人民的共产主义觉悟和科学文化水平,为社会主义革命和社会主义建设服务",并提出"必须坚持政治第一,质量第一的方针"。江苏出版界的政治气候开始转向"以阶级斗争为纲"。省委点名批评上一年出版的《张謇日记》、《中国历代演义》、桃花坞旧版木刻年画,并责令江苏人民出版社停止出版学术著作,只出版为当时"阶级斗争"服务的,以农民为主要读者对象的通俗读物。自此以后直至"文化大革命"开始,政治运动几乎没有间断,选题计划、出版计划无从制订。

1964年8月,江苏人民出版社开展"社会主义教育运动"(当时称"五反",后来称"四清"),江苏省委宣传部派工作组进驻出版社。出版社主要负责人、部分科室负责人以及业务骨干被点名批判;原先出版的有关文化积累的图书被视为"封、资、修"坏书。"社教"运动历时一年多,编辑工作陷于停顿。

1965年2月,江苏人民出版社确定本年的工作任务是:善始善终搞好"社教"运动。全年计划出版新书149种,重版81种。但因政治风云不定,到3月底只制订了半年计划,其中特别强调必须根据中央工作会议精神,立足于斗争,狠抓阶级斗争和两条道路斗争,贯彻执行为工农兵服务,为社会主义服务的方针。面向农村,出好各类通俗读物,促进三大革命运动。出版社的首要任务是出好各种毛泽东著作。5月,中央"五一六"通知下达后,半年计划也成为一纸空文。

三、规范化、标准化的出版制度体系建设

江苏人民出版社建立之后,很重视自身建设,当年就制订出一整套出版工作规章制度,包括《稿酬暂行办法》《著作物出版合同》《关于编制出版计划的暂行规定》《原稿审阅简则》《编辑出版方针和工作任务、编辑工作人员职责及工作条例》《选题计划》《十二年(1956—1967)出书初步意见》等。出版工作按照"地方化、大众化、通俗化"的方针,主要出版以工农群众、县以下干部为主要读者对象的通俗读物。建社第一年出新书84种,总印数190万册;期刊4种。到1956年,年出新书达600种,总印数2 147万册。"医学丛书""农业生产知识丛书""江苏民间戏剧丛书",小说《荣誉》《公民》《解约》《出嫁》《在泉边》,儿童文学《一支钢笔》《小虎》,人物传记《忠王李秀成》等,在当时有较大的影响。经过这三五年的努力,形成了一支700多人的作者队伍,逐步改变了解放初期出版社编辑和作者合二为一的状况。

1953年,江苏人民出版社拟定《编辑工作暂行条例(草案)》,对组稿工作作出以下一些规定:(1)约稿不能超越选题计划,所约稿件必须是本年选题计划中规定的,或可以列入的,或是明年选题计划中可能列入的。(2)约稿以前,必须对作者进行了解(重点书的作者应深入了解),经过周密考虑以后才能由主任编辑提名。(3)约稿须请作者提出著作

计划和详细拟目,无此二项材料,不算约定的稿件。(4)约稿时,主任编辑应把出版社处理稿件的办法、出版合同说明、原稿规格要求、稿酬标准告知作者。(5)作者所拟计划和详细拟目,由主任编辑指定责任编辑(或送有关专家、团体)审核,写出审核意见;由主任编辑整理后,交总编辑批准;再由总编办公室与作者商洽修改,如作者不同意修改,即中止约稿。(6)稿件的约定,须经总编辑和社长批准,并与作者签订约稿合同。

随着出版事业的发展,江苏的作者队伍迅速壮大。1953年,作者总数不足100人;1957年,发展到700多人,其中知识分子近500人,机关干部200多人,工农群众30多人。社会各界知识分子成为作者队伍中的主力军,其中有著名的老中医邹云翔、著名文人周瘦鹃、程小青、范烟桥、朱偰,历史学家罗尔纲,画家傅抱石、陈之佛、钱松嵒,民间艺人张永寿等,一批年轻的新作者也脱颖而出,如陆文夫、茹志鹃、高晓声、方之、刘饶民、卞祖芳、滕凤章、孙佳讯、王鸿、黄清江、刘振华、叶至诚等。

在组稿时,出版社比较注重作者的政治历史面貌,签订约稿合同前,都由人事科负责调查。当时组稿对象分为三种:一是有较高水平的作者,二是有关单位,三是个别无写作能力而有实践经验的人。向有较高水平的作者组稿,出版社所花的精力最大。这类作者大都是当时的党政机关干部,教育界、文艺界、科技界的名人和学者。编辑人员在确定作者之后,需经常与他们联系,落实有关写稿的各种问题。向单位组稿,主要选择有特定方针、政策、经验、技术等有待推广和宣传的单位,组织他们写单本书或丛书。向个别无写作能力的人组稿,都是请他们口述,别人笔录整理。口述人一般有特殊的经验或经历,内容有宣传价值,笔录整理的人通常是出版社的编辑人员。

1957年6月"反右派"开始后,江苏省委批评江苏人民出版社"政治方向有问题"。出版社因而提出:组稿时一要书的质量好,二要作者质量好;壮大左派作者队伍,对中间分子作者要影响其向左转。对一些被错划为右派分子的书稿,政治理论方面的,已出版的不再版,未出版的一概不出;文艺、自然科学方面的可略放宽。一批有才华的作者被扣上右派帽子,剥夺了创作的自由。组稿对象中的知识分子比例急剧下降,而工农作者的比例迅速上升。

1958 年，江苏人民出版社、江苏文艺出版社组织编辑人员到基层"采风"，搜集了一大批以歌颂总路线、大跃进、人民公社为内容的材料，编辑出版了民歌、民谣和文艺活动小册子 40 种。7 月，在出书"为工农、靠工农"的口号下，两社编辑全体出动，组织工农写书。工农作者由 1957 年的 30 多人发展到 853 人，占全部作者队伍 2 246 人的 38%。当年发稿的工农作者稿件为 307 种，出书 257 种。此后，机关干部成为组稿的主要对象。

1959 年初，出版社纠正宣传中的"左倾"错误，工作重点从抓数量改变为抓质量，要求整顿工作秩序，恢复规章制度。组稿工作基本按选题计划进行，1958 年那种组稿人员满天飞的现象得到控制，改由有经验的编辑人员向工农群众和知识界中有才华有专长的人组稿，但政治历史不清的作者和右派分子仍被排除在外。

1960 年开始的经济困难时期，纸源匮乏，而必须保证毛主席著作和中小学教科书出版的需要，出版社紧缩出书计划，以前组织的稿件全部停印，作者意见较大，组稿工作发生了一些困难。为此，江苏人民出版社于 1961 年制定了《关于改进作者工作的意见（草案）》，明确了出版社和作者有着相互依存的鱼水关系，作者的劳动成果，是出版工作的基础。正确处理和作者的关系，做好作者工作，是繁荣创作、发展科学文化不可缺少的部分，也是办好出版社、提高书籍质量的关键问题；要求在组稿工作中根据党的"百花齐放，百家争鸣"的方针和党的知识分子政策，广泛团结各学派、各流派、各个方面的作者，调动他们的积极性，促进文艺创作的繁荣和科学文化的发展；注意发现和培养新生力量（主要是工农作者和青年作者）；经常关心作者，认真帮助解决学术研究和写作上的困难；尊重作者劳动，认真严肃处理来稿来信，正确执行稿酬制度；建立作者档案，弄清各类作者的基本情况，淘汰不合格（包括有政治问题）的作者。各级编辑人员都应积极参加社会活动和学术活动，与作者建立个人友谊，交知心朋友，广泛团结各方面的作者，了解他们的学术研究动态，积极开展组稿活动；经常关心作者的写作情况，为作者提供有利的写作条件，帮助他们努力提高书稿质量。出版社还制定了《处理来稿、来信的暂行规定（草案）》，对作者的来信和来稿的处理办法作了具体的规定。

1963年，经济形势好转，出版界的政治气候转向"以阶级斗争为纲"，省委点名批评出版社出了三部所谓的"坏书"，出版社因而决定在组稿工作中将突出政治放在首位，组稿对象的政治面貌清楚是首要条件。

除了组稿工作，出版社还重视三审制度的执行。1953年江苏人民出版社成立时，第一届全国出版行政会议讨论通过的《关于公营出版社编辑机构及工作制度的规定》经过一年的试行，已于1952年9月8日正式公布，其中第5条规定，一切采用的书稿应实行编辑初审、编辑部主任复审、总编辑终审和社长批准的审稿制度。特别重要的书稿须经专家审查和编委会讨论，并经上级领导机关批准。江苏人民出版社制定的《编辑部原稿审查简则》（草案），遵循《关于公营出版社编辑机构及工作制度的规定》的原则，规定了编审工作程序、各级审编者的责任和任务、审查和处理原稿的基本原则。普通稿件的审查经过下列程序：初审、复审、复核、整理，最后由总编辑或副总编辑审核，由社长批准，方可发排；特别重要的稿件，须再送请领导本社的上级机关审核和批准。在复审阶段，必要时可请专家或送有关机关团体审读，亦可与总编辑会商或提交编辑委员会讨论。初审、复审由各室主任编辑指定该室的同志进行，但复核必须由主任编辑亲自负责。

1954年11月，江苏人民出版社制订了《编辑出版方针和工作任务、编辑工作人员职责及工作条例》。规定责任编辑初审时应注意：书稿的立场观点，论述的逻辑性，资料的准确性、科学性，结构的完整性及著作权问题。编辑室主任复审时应注意责任编辑所提意见是否完全准确，书稿的内容和形式上的主要优缺点，有无修改的可能和如何修改等问题。总编辑决审应将责任编辑、编辑室主任的意见综合研究，作出处理决定（接受出版、退稿、转交其他出版社），对接受出版的稿件，提出修改加工的要求。

在编审书稿时，对于思想政治性或科学技术性较强，出版社无把握决定的稿件，多进行外审。思想政治性方面的稿件，一般送省委宣传部；科学技术性方面的稿件，约请有关专家审读。

1958年出版工作"大跃进"，稿件审查工作因运动相应改变：政治性很强的配合运动的重点书，出版社完成三审程序后，再送请上级党委审阅,有的直送省委和其他领导审阅,并请他们写序言或按语;一般书稿,为了赶速度,部分简化三审制,即总编辑放权,由编辑室主编决定发稿,实际上变成了"二审制"。

1959年,出版社重视图书质量问题,编审工作基本恢复三审制,但"二审制"并未完全取消,这种现象一直持续到1962年。有一些大部头书稿和古籍书稿,因编审时间太长或编辑人员专业知识不够,往往不经过正常的编审程序就发排,在校对过程中采取相应的补救措施。

1963年初,省委决定:出版社所有新版图书一律送省委宣传部或宣传部指定的单位审查批准后才能出版,送审时必须将作者名单及政治情况详细列表。3月,省级机关开展"五反"运动。在一次大会上,省委领导点名批评出版社出了三部坏书("中国历代演义"、《张謇日记》、桃花坞木刻年画)。江苏人民出版社对这三部书分别成立了专题检查小组,将它们的来龙去脉书面上报。在批判之后,《张謇日记》改为内部发行;"中国历代演义"已出版的部分改为内部发行,正在排印的拆版销毁;桃花坞木刻年画在省委批评之前已停发。

这一事件后,江苏人民出版社研究决定从4月开始实行"重复三审制",即对初版图书,在稿件加工之前,进行第一次三审;在编辑加工以后,进行第二次三审。为了确保发稿质量,出版社编辑部拟定了"总编辑十不发稿"的规定:(1)作者情况不明不发稿;(2)出书目的不明不发稿;(3)读者对象不明不发稿;(4)书稿内容尚有无人弄懂之处不发稿;(5)资料、引文未经完全核对不发稿;(6)内容未全部完稿不发稿;(7)原稿糊涂不清不发稿;(8)正文、插图不齐全不发稿;(9)未经三审过程不发稿;(10)应送外审未送外审不发稿。

为了清除历年来出版物中的错误,江苏人民出版社根据文化部和省委宣传部的指示,从5月起对过去出版的图书,进行全面审查。此项审查工作,至1964年底完成。共审查图书1 131种,基本上查完从1958年到1963年出版的新书。审查结果,确定可以继续发行的181种,占15.9%;改为内部发行的19种,占1.7%;内容有错误,不能继续发行的245种,占21.6%;过时报废的686种,占60%。

1964年8月,江苏人民出版社开展社会主义教育运动,省委宣传部派工作组进驻，发动群众揭阶级斗争盖子，把已出版的一批继承文化遗产的图书作为"封、资、修黑货"批判。10月，省委宣传部通知江苏人民出版社，决定实行事前审查书稿制度，规定政治、文化、文艺、历史等读物，出版前应送省委宣传部审查；有关教育方面的书籍（包括教科书），出版前应送省教育厅党组审查，由分工负责的一位党员厅长或副厅长签字后付印；科学技术、业务性质的书籍，出版前应送省科委及有关主管厅局党组审查；对于其中牵涉到党的方针政策方面的问题，有关主管部门审查后再送宣传部审查。出版物稿件送审前，出版社内部必须严格执行三审通过的责任制度，层层签署审阅意见。实行这些规定后，出版社的书稿全须外审，由外审单位决定是否出版，但图书出版后如发现问题，仍由出版社社长负责，当时叫作"社长负责制"。这一条后来被列入《江苏人民出版社审稿制度》中。由于外审周期长，成批稿件积压在外审单位；有些已经发排的书稿，也需补行外审手续，使印刷厂大批器材积压在生产过程中，周转困难。1965年初，江苏人民出版社请示省委宣传部增设科技书稿外审单位，以加快出书速度。省委宣传部批复同意增设中国农科院江苏分院、南京农学院、南京医学院、南京大学、南京师范学院为特约外审单位。

1966年4月，江苏人民出版社根据省委宣传部"严格执行审稿制度"的意见，修订了《审稿制度》，规定所有图书在出版之前，都必须经过社内审查和社外有关部门审查。出版社实行重复审稿制，即除重版书外，每部书稿三审二次，在稿件加工之前，进行第一次三审（责任编辑初审，编辑室主任复审，社长或总编辑决审），书稿外审之后，再进行第二次三审。这个制度公布不久，"文革"开始，实际上并未执行。

此外，校对工作自江苏人民出版社建立之初就设立了工人读物编辑室、农民读物编辑室、美术编辑室、《江苏教育》杂志编辑室和一个校对组。当年10月21日，经省委宣传部批准，调整为时政经济、文化文艺、自然科学、美术、《江苏教育》五个编辑室，校对组不变。

江苏人民出版社建社之初，全社职工103人，编辑人员约占60%。至1958年初，职工总数增至180人，编辑人员100多人。"反右运动"开始后，一些有编辑经验的员工被错划为"右派"，有的被调离出版系统，有的被下放农村,编辑队伍遭受了较大的损失。至 1962 年,职工总数下降为 139 人,其中编辑人员下降的幅度最大。

江苏人民出版社从建立开始,就注意加强编辑队伍建设。为了提高编辑人员的政治水平、文化水平、业务水平,制订了有关的学习制度,组织编辑人员中文化程度未达大学水平的员工进业余大学,未达中学水平的员工进业余中学,以提高文化水平;为了提高业务水平,规定编辑人员进行编前学习,在作者动手写作时,责任编辑就需阅读与选题有关的文件和书籍,还经常请专家学者作专题报告。

60 年代初,江苏人民出版社制订了《编辑部干部学习计划(草案)》,提出出版社应该既出好书,又出人才,加速培养一支又红又专的编辑队伍。要求编辑应努力做到:具有爱国主义和国际主义思想,拥护党的领导;积极为社会主义服务,熟悉党和国家的有关方针政策;具有进行编辑工作所必需的马列主义理论和历史、地理、数理化等方面的基础知识;具有相当的文字修养和写作基本技能。规定编辑应加强时政学习,及时了解领会党的方针政策。除出版社订出的共同必修书目外,各编辑室和各人应根据各自的不同情况,订出读书规划。每个编辑每年轮流脱产学习两个月;编辑室主任每年脱产学习三个月。在编辑每本书稿之前,必须进行编前学习,认真阅读有关的参考资料,并将同类书籍进行研究比较。提倡参加学术活动,了解学术活动情况。编辑可分别参加有关学会,参加学术讨论,有条件的可以进行学术研究。编辑部根据需要,可以邀请社外专家来作学术报告或作学习辅导报告。每个编辑必须练好写字,学好语法、修辞,懂得出版校对等基本知识。每出版一本书,责任编辑应写一篇书评。对于有一定写作能力的编辑,提倡写书,写文章。个别有条件的还可给予一定的创作假期。

出版社的校对工作,实际上是由校对组、编辑人员、出版社工作人员和稿件作者几方面通力合作,共同完成的。出版总署从 1951 年就开始抓校对质量。江苏人民出版社为了保证和提高校对工作质量,于 1954 年将校对分为三个阶段,并提出了相应的要求:第一阶段是清样以前的校对工作,由校对组负责。要求经过三校的清样,与原稿文字无差错。第二阶段是作者和编辑部有关人员校阅,作者校完后签字,送还编辑部,责任编辑再校阅后签字。第三阶段是清样送校对组,复核校阅。

1956年,出版社制定了《校对组工作细则》,对校对工作作出详细具体规定,如:什么是差错,如何计算和统计差错的次数等。在当时,图书出版后,如发现差错,当作事故处理。

1958年,出版社的课本出版任务繁重,校对工作量很大,专职校对人员人手不够,出版社从其他部门包括编辑部抽调了一些人员支援。

1962年,江苏人民出版社编辑部制定的工作制度中规定,一般书稿必须三校,重要书稿可增加校次,以六校为限。出版社对校对工作加强了责任制,每本图书(包括课本),除了加印责任编辑、封面设计人员的姓名以外,还加印责任校对人员的姓名。

四、苏版图书的时代特色

江苏人民出版社成立之初的编辑工作实际上是在苏南人民出版社和苏北人民出版社的基础上的继续,所以当年2月13日就出版第一本书——《组织起来大生产》(文艺演唱材料)。6月,江苏人民出版社集体编写的宣传共产主义和共产党的基本知识普及读物《共产主义和共产党初级读本》出版,当年加印,共计印刷16.7万册。

从1953年至1957年"反右运动"之前,是江苏出版事业稳步前进和健康发展的阶段。江苏人民出版社根据"三化"方针,配合党的各项中心工作,结合本省实际情况,注意成批成套图书的出版。如宣传马列主义、毛泽东思想的读物,有《什么是唯物主义,什么是唯心主义》《历史是谁创造的?》《怎样学习〈矛盾论〉》等;宣传党和政府的方针、政策和党的建设的读物有《共产主义和共产党初级读本》《党的基本知识读本》《我们一定要解放台湾》《不再让反动、淫秽、荒诞的图书害人》等;宣传农业互助组、合作化的读物有《高级社问答》《我是怎样领导互助组的》《女社员读本》等。

根据省情和地域环境逐步形成自己的出书特色是江苏人民出版社长期坚持的出版策略。1953年出版的教育类和科技类读物就开始崭露头角。《江苏教育》编辑部主编的《小学体育课教学参考资料》加印2次,共印20万册。科技读物着重于两类:指导本省农林牧副渔生产的读物和医学、中草药读物。这两类读物,在之后的较长一段时间内成为江苏人民出版社科技读物的当家品种和特色品种。

比如农业生产技术通俗读物,仅1954年就出版《怎样种好棉花》《怎样种好水稻》等22种,五年共出92种;青少年教育读物有《中国现代革命运动的故事》《中国农民革命的故事》《谈用词造句的毛病》《谈谈原子能》《怎样找矿和报矿》《怎样自学珠算》等;中小学教学参考资料和其他教育读物有《中小学教学参考资料》(数十种)、《劳动教育讲话》、《纪律教育讲话》等;1953年10月出版了原苏南军区卫生部编写的"医学丛书"10种,包括《生理解剖学》《细菌学》《药物学》《卫生学》《护理学》《急救学》《内科学》《外科学》《五官科学》《皮肤花柳科学》,这10本书印数最少的2.2万册,最多的6.5万册,还印了1万册的合订精装本。另外,《中医验方交流集》、《针灸学》(南京中医学院针灸教研组编著。该书曾参加1959年华沙社会主义国家第四届博览会展出,并发行到朝鲜、日本和东南亚等地)、《医学碎金录》(沈仲圭著,该书汇集作者晚年中医学术论文25篇,各篇论证病症的治疗方剂,如中风、高血压、贫血、肺痨、疟疾、痢疾、白喉等,可作临床和初学中医者参考),出版后也产生了很大影响。

出版社还翻译出版了民主德国惊险小说《逃出盗窝》(君特·布劳思、约哈那·布劳恩著,廖尚果译)、《航行北冰洋的船员》(海尔伯·埃盖尔特著,任之译)、《兄弟》(彼得·雏普著,任之译)、《贩卖黑奴》(彼德·维普著,廖尚果译)、《采珠女工》(君特尔·波罗德尔著,廖尚果译)、《冲破封锁线》(茹礼士·维尔尼毋,廖尚果译)、《最后一次斗牛》(君特·约哈那著,廖尚果译)、《黄金城》(艾尔格斯著,任之译)、《掉了队的战士》(彼德·卡斯特著,王示译)、《约哈山的猎人》(费利德列·郎崖著、廖尚果译)等。

经过整理的地方戏丛书,五年共出39种。内有锡剧15种,扬剧12种,苏昆剧3种,淮剧5种,淮海剧3种,柳琴剧2种,京剧1种,越剧5种。锡剧中有流行一时的《双推磨》《庵堂相会》《珍珠塔》,扬剧中有《袁樵摆渡》《打面缸》等。还有演唱材料119种。

从1957年"反右运动"到1965年间,江苏出版业经历了一段艰曲折的历程。政治运动波及图书出版部门。

1957年6月开始的"反右"运动,给出版界造成了一定的冲击,但到了这年的四季度,政治风气却又转向,江苏文艺界各部门展开了"打擂台",比"放卫星"的"文艺创作"。据1957年底省文联和出版社的联合调查,全省正在动手创作的中长篇小说约有二百多部。此外,当时的文化局系统已上马了《新剧百种》和《曲艺千种》两大丛书,而文艺创作的组织者省文联,也已制订出了理论、创作、民间文学等几个方面的宏大规划。

　　江苏文艺出版社建立后,任务和方向明确了,确实激发了大家的干劲,尤其是在1958和1959两年,所有的编辑几乎没有什么假日,而且还要经常加夜班。那个时期出的书确实有滥竽充数、盲目追求数量的问题,如1958年出版的"新民歌"和民歌性的小册子就有92种之多,而文学编辑室只有7个编辑人员。所以那时一个编辑经常每天发稿两三种,书稿的编辑加工不可能精细。但编辑们身处洪流的裹挟之中,干劲和无私奉献精神是应该肯定的。那时不论是什么工作,大家总是争着去干,所有人都任劳任怨,决不会讨价还价,即便对某一工作一时没兴趣或不熟悉,也总是会去尽力适应它。南京的夏天极为闷热,一到晚上更是难熬,很多办公室入夜照样是灯火通明,没有电风扇,大家便一条毛巾在手,边擦汗,边工作。

　　当时流传的口号是"快马加鞭超英美",干什么都要"高速度",把出书当成了办报纸、写广播稿。有一次得到有关部门的通知,第二天要开一个声讨美帝的群众大会,编辑们马不停蹄连夜赶稿、工厂加班加点,好不容易于第二天清晨赶出了一本《戳穿纸老虎》的演唱材料。但这本演唱材料到达当地新华书店门市部时,群众大会已经结束了。编辑、印刷工人和书店的同志一番辛苦,换来的却是一堆的废纸。这种不顾图书特点的出版方式,只管主观意图不问客观效果的问题,当时大多数同志,包括一些领导是认识到的,可谁也不敢言语,因为浪费了人力和物资,不过是"经济小账",没有配合政策却是"政治原则问题"。"反右"运动刚过,人人心有余悸,只有违心地蛮干下去了。

　　到了1958年底,大家基本上已看清了"放卫星"所造成的不良后果,又恰逢要迎接建国十周年和参加莱比锡第四届国际图书博览会,要抓出一批高质量的图书来,因此到了1959年,出版工作逐渐回归正常轨道。

1958年,以江苏人民出版社、江苏文艺出版社名义共出版新书1 135种(其中政治理论168种,文化教育160种,文学艺术267种,少儿读物22种,美术读物170种,科技读物348种),比1957年增长2.77倍,其中80%为通俗读物,主要为配合社会主义建设总路线宣传和人民公社化运动而出版的通俗政治理论读物和文艺宣传材料、宣传图片、扫盲补充读物等,其次是指导土法炼钢的通俗读物,围绕"八字宪法"指导农业生产的技术书籍,以及科普读物等。

其中,也出版了一些质量较好的、经得住时间考验的图书。政治理论方面有《实践与理论——学习〈实践论〉的笔记》(赵树诚、俞铭璜著)、《两点论——学习〈矛盾论〉的笔记》(王集成、俞铭璜著)等;文化教育方面有《心理学知识在教学上的应用》(吴增芥著)、《战国策选读》(瞿果行选注)等;科学技术读物方面出版了《电瓷制造》(第一机械工业部电瓷研究所、南京电瓷厂编著)、《简明中医外科学》(南京中医院外科教研组编著)、《针灸纂要》(邱茂良编著)等;在文学方面出版了中篇小说《突然来到的爱情》(翁世荣、黄慧臻著),短篇小说集《无风浪》,散文集《军中散记》(戴夫著)、《花前新记》(周瘦鹃著),诗集《汉江南岸》(胡俊人著,曾送莱比锡参展)、《煤海短歌》(孙友田著,曾送莱比锡参展)、《金色的里下河》(王鸿著),文学理论研究有《聊斋志异研究》(杨柳著)。美术方面出版了画册《江苏省画家旅行写生集》(中国美术家协会南京分会筹委会编)和《傅抱石访问捷克斯洛伐克写生作品选集》、《傅抱石访问罗马尼亚写生作品选集》等。

1958—1960年,江苏全省各地级出版社在"左"的思想影响下,出版了一部分宣传浮夸风、"共产风"的图书,约占当年出书总数的8%左右。如《人民公社问答》和工人读物《要政治挂帅》等,还出版了《实行吃饭不要钱的经验》小册子和宣传画。在农业上宣传脱离实际的高指标,片面夸大"土"的作用,轻视科学技术的作用,最突出的是《共产主义近在眼前》,宣传"我们再经过几年的努力,就可以建成社会主义社会,开始过渡到共产主义了"。当时正值"大跃进"高潮时期,该书订货量大增,一个月内连印五次,总印数360万册。11月,根据中共中央召开的郑州会议精神,该书停止发行。

　　江苏各地、市级出版社共出版各类读物 1 458 种,2 480 万册。除配合党的中心工作的通俗思想政治读物外,指导当地工农业生产的通俗技术读物占了很大比重。苏州出版的《一九五八年水稻生产经验》《一九五九年三麦丰产经验》,各专区出版的主要作物栽培技术操作规程等,对指导当时生产起了一定作用。无锡出版的《立缫缫丝操作法》《细纱值车工操作经验》《布机值车工操作经验》三本书,在全国发行。为配合广大群众业余文化学习而出版的业余课本和补充读物,计 391 种,印 725 万册,占总印数的 29%。各地还以不同形式出版了一批表扬当地先进人物、介绍先进经验的图书,以及老干部写的回忆录。扬州、苏州挖掘、整理文化遗产,出版了一些学术和艺术图书。扬州出版了中医任继然的《临床经验录》,《张永寿剪纸集》,苏州除出版桃花坞木刻年画外,还用旧藏木板印刷出版了《陈老莲水浒叶子》,向全国发行,郭沫若、傅抱石分别为该书题笺和作序,引起美术界和出版界的重视,并被列为省出版社的献礼书之一。苏州、无锡、扬州还出版了印制较好的导游性图册《苏州》《无锡风光》《扬州名胜》等。

　　在这大起大落、图书质量普遍不高的几年中,江苏还是出版了一些品位较高的图书。如 1956 年开始出版的《工农学文化小丛书》,1960 年利用"三字经"的形式编写宣传总路线、人民公社等新内容的书,很受人民群众的欢迎,《总路线三字经》印数达 90.5 万册,《人民公社三字经》印数 44 万册,《学文化三字经》印数 16.1 万册,《扫盲三字经》印数 40.5 万册。用群众喜闻乐见的形式编写的读物还有《农业八字宪法歌》《积肥造肥歌》《中国历史七字歌》《好社员四字歌》等。1959 年初,浮夸风得到部分扼制,江苏出版工作从抓数量开始转向抓质量,决定出版一批重点书,参加由文化部和全国美术家协会主办的"全国书籍装帧插图展览会"和"莱比锡国际书籍艺术展览会",向国庆十周年献礼。当年出版的新书中有不少比较注重文化积累,如《中医护病学》、《兽医中药学》、《太平天国版画》、《太平天国壁画》、《江苏野生植物志》、《普通植物病理学》、《武松》(扬州评话)等,还出版了新中国第一部社会主义的《教育学》。1960 年出版了《本草推陈》《江苏传统歌谣》《简明中兽医内科学》《蔬菜栽培实用知识丛书》木版古籍《暖红室汇刻传奇西厢记》。1961年出版了《中药炮制学》《中医儿科诊疗学》《药性赋增注》《太平天国印书》《麻风证治》等。

1953—1962年的十年中,江苏人民出版社共出版图书3 730种,其中通俗读物3 056种,占书籍总数的81.9%,可作为优秀书目保留的有700多种,经文化部选出国展览的图书有10种。

1953—1966年,江苏人民出版社的出书品种数,从缓慢上升到逐渐下降。

表2-1 1953—1966出书情况简表

年份	新书品种数	重版品种数	总印数(万册)
1953	84		190.49
1954	139		514.46
1955	203		676.65
1956	600		2 147.25
1957	377		864.63
1958	1117		4 145.04
1959	485		1 573.78
1960	281		709.53
1961	138		666.2
1962	183		960.03
1963	168	95	1 670.92
1964	93	62	1 526.48
1965	173		1 169.25
1966	3		100.00

前五年中,江苏有几套很有影响的图书,值得一提。

一是1954年出版的一套《小学教学参考资料》(图2-1),使江苏人民出版社在全国声名大振。《小学教学参考资料》是由编制属于出版社的《江苏教育》编辑部组织编写的。1954年5月，人民教育出版社召集中南、华东的地方出版社共同商谈1954年秋季《小学教学参考资料》的出版事宜，江苏人民出版社派罗扬参加。会上决定，1954年秋季的《小学教学参考资料》由北京、江苏、湖北三地分工编写。江苏分工编写13种。江苏编写完成以后，根据统一规定的规格，将13种《小学教学参考资料》排版，打纸型，并将纸型供应东北、西北、西南各出版社。江苏还负责为华东、华北、内蒙等地区印制17种《小学教学参考资料》（除江苏所编的13种以外，还有人民教育出版社1种，中南3种），印数达到200多万册，影响很大。

图 2-1　《小学教学参考资料》封面、内页及版权页

二是医学类图书。

1953年出版的《医学丛书（增订本）》（图2-2）（50开本，含10本：

（1）《生理解剖学》，（2）《细菌学》，（3）《药物学》，（4）《卫生学》，（5）《护理学》，（6）《急救学》，（7）《内科学》，（8）《外科学》，（9）《五官科学》，（10）《皮肤花柳科学》），由原苏南军区卫生部编写。此书原系苏南新华书店1949年8月在无锡出版。1953年11月江苏人民出版社出版增订本，1954年11月出增订合订精装本。单行本《内科学》的版权页上累计印数为64 900册，合订精装本的版权页上累计印数为37 700本。

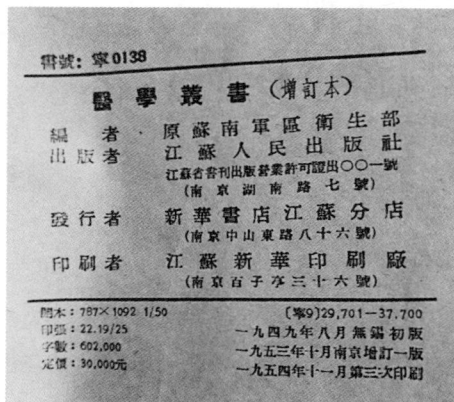

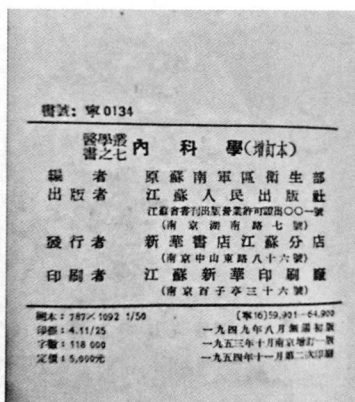

图2-2　《医学丛书（增订本）》封面、内页及版权页

《中医验方交流集》（图2-3），1955年1月第1版第1次印刷才印了3 200本，当年6月第2次印刷时累计印数就达到19 500本。当年12月出修订过的第2版，印数不知。1957年4月第5次印刷时累计印数

达到 64 500 本。还有一件令人惊奇的事，1955 年秋天，江苏人民出版社接到一封朝鲜民主主义人民共和国的一位医生来信，对这本书大加赞扬，要求与江苏人民出版社加强联系。这本书如何传入朝鲜，无法得知。当时朝鲜战争结束才一年多，志愿军正在撤回，中朝之间交流不少，也许这本书传入朝鲜才如此迅速。

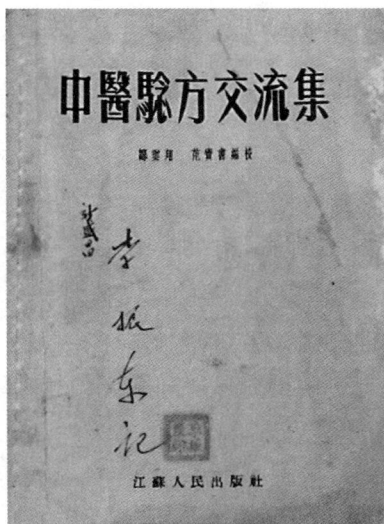

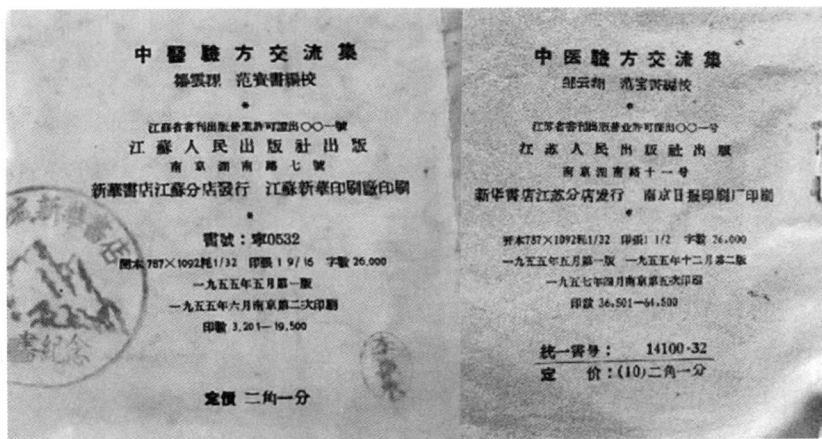

图 2-3 《中医验方交流集》封面及版权页

　　而 1957 年 10 月出版的《针灸学》(图 2 - 4),总印数更是惊人。1959 年 3 月出第 2 版,1959 年 5 月第 4 次印刷,累计印刷 15 万册,其中精装本 7 100 册。

图 2 - 4　《针灸学集》封面、内页及版权页

　　三是 1953 年出版,1954 年再版的《共产主义和共产党初级读本》,本社编。后由延边人民出版社翻译成朝鲜文出版,印 7 500 册。这是江苏版图书第一次为国内少数民族翻译出版图书。

　　四是 1953 年 10 月开始出版翻译作品,最先出版的是《一个集体农庄的成长》,苏联齐亚什柯原著,冯基、晓处节写,印数 2.1 万册。1955

年出了两种少年儿童读物:《兵士的大衣》(图 2－5)和《一个重要的电话》(图 2－6),都是从苏联的儿童读物翻译过来的短篇故事。翻译作品的责任编辑是从正风出版社来的编辑人员。

图 2－5 《兵士的大衣》封面及内页

图 2－6 《一个重要的电话》封面及内页

第二章 江苏当代出版业的初步发展(1953—1965)

还有一点必须提及的就是少年儿童图书的出版,在那五年内速度提升最快。1953年没有出版少儿图书,1954年只有1种。1955年《人民日报》发表社论,强调出版少年儿童读物的重要性,江苏人民出版社当即增设了少年儿童编辑室。这一年出版3种,1956年达到62种,1957年更增加到89种。下面有专门论述。

五、卓有影响的苏版连环画与少儿出版

连环画题材广泛,内容多样,是老少皆宜的一种通俗读物。它以寓教于乐的方式成为许多青少年乃至成年人重要的读物。中华人民共和国成立后的几年,那时连环画的内容大多以土地改革、抗美援朝、婚姻法等国家大事为题材;一些古典名著也成了连环画的表现内容,代表作有《三国演义》《水浒》等,很受人们的喜爱。另一方面,其时人民群众的文化水平整体不高,还有很多文盲,以图为主的连环画正好适应低文化水平的人群的需要,因而连环画的创作与出版进入了黄金时期,作品内容百花齐放,绘画风格精彩纷呈。

在苏南、苏北人民出版社时期,即有连环画出版。1953年江苏人民出版社建立后,一方面接续编辑已经交稿的连环画稿件,另一方面着手运作新的选题。因为连环画是比较耗费时间的品种。经过1953年的准备,从1954年开始,江苏出版的连环画数量迅速增加。

1953年,江苏人民出版社新出3种:《全国甲等爱国卫生模范鲁大妈》(江苏省科学技术普及协会编,江苏人民出版社美术编辑室绘)、《特级英雄黄继光》(图2-7,鼎立改编,孙铁生绘)、《米嘉的五分》(图2-8,

图2-7 《特级英雄黄继光》封面与内页

王石安译,鼎立改编,嵇锡林绘图);重版了3种:《生产能手陈永康》(重印本)、《水稻病虫害防治法》(图2-9,新绘本)、《婚姻法唱本》(重排本)。

图2-8 《米嘉的五分》封面与内页

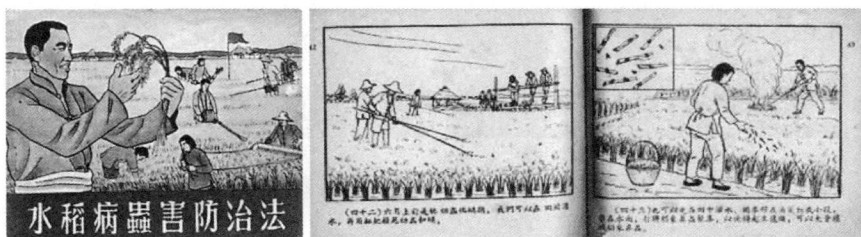

图2-9 《水稻病虫害防治法》封面与内页

1954年,江苏人民出版社出版连环画5种:《高小毕业生徐永政》(陈汝勤编绘)、《韩梅梅》(牛儿改编,蔡雄绘图)、《张玉安参观农业生产合作社》(陈汝勤、张克等编绘)、《无辈龙》(图2-10,石天河原著,嵇锡林绘图)、《小英雄》(图2-11,王保林原著,高歌、鼎立改编,胡世德等绘图)。从图片看,《小英雄》似乎不是连环画,但《1953—1983江苏图书目录》将其收在美术读物类,小陆飞刀博客《江苏连环画图录》也收录此书。当年还出版了一套连环画形式的彩色宣传画《供销合作好处多》(图2-12,4开,5张,10页。江苏省合作总社组导处、江苏人民出版社美术编辑室编绘)。

图 2 - 10 《无孽龙》封面及内页

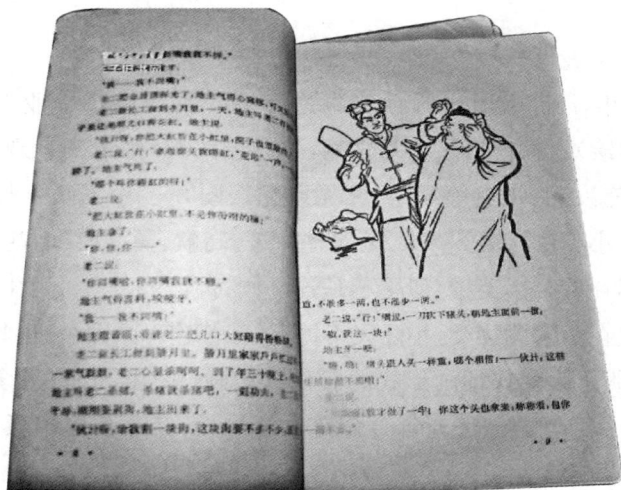

图 2 - 11 《小英雄》内页

图2-12 《供销合作好处多》

从1953、1954两年江苏所出版的连环画看,画风和形式已比较成熟,以图为主,文字作为辅助,画面有了连续性。小陆飞刀在博客中说:"从封面、内页看,绘画水准相比沪上名家绘制的民间故事题材作品也不遑多让。"

1956年开始,江苏连环画出版进入丰产、稳定发展阶段,全年出版连环画43种,其中《太平天国史画》(图2-13)是彩色印刷;还出版了24种绘图本少儿读物。当时的连环画一般都是30—50幅的容量,篇幅最大的数1956年出版的《小虎》118幅、《太平天国史画》112幅。1957年、1958年,江苏连环画出版达到高潮,品种和容量都超过了以前。1959年起,江苏连环画出版开始滑坡。1965—1972年则为空白。

图2-13 《太平天国史画》封面和内页

表 2 - 2　1953—1966 年江苏连环画出版概况

年份	出版种数	总页幅	平均页幅/册	总印数(万册)	平均印数/册(万册)
1953	4	238	59.5	12.0	3
1954	5	201	40.2	7.2	1.44
1955	11	593	53.9	18.0	1.64
1956	43	2 070	48.1	136.9	3.18
1957	66	3 712	56.2	266.1	4.03
1958	75	3 983	53.1	323.2	4.31
1959	43	2 421	56.3	144.7	3.37
1960	40	2 139	53.5	89.5	2.24
1961	3	147	49.0	11.5	3.83
1962	22	1 828	83.1	61.9	2.81
1963	19	1 676	88.2	51.3	2.70
1964	11	907	82.5	35.8	3.25
1965	0				
1966	0				

　　中华人民共和国成立后不久,国家有关部门就注意到了少儿读物对青少年成长的重要性,1954 年组织了全国性的儿童文学创作评奖,对全国的儿童读物创作、出版给予了有力的推动。江苏的少儿读物出版也很有特色。

　　江苏人民出版社建社初期,设有政治读物和文学读物编辑室,儿童读物没有单独设立编辑室,稿件编辑都在文学读物编辑室内。[①]

　　1953 年出版了一本据[苏联]斯·柯索夫小说改编的连环画《米嘉的五分》,王石安译,鼎立改编,嵇锡林绘图,印数 2 万册。1954 年出版的《小英雄》,也是连环画,印数 1 万册。

　　1954 年出版的中篇小说《小虎》,可以算作江苏当代出版的第一本

---

① 本书以下资料主要引用张彦平:《江苏少年儿童读物发展期忆旧》,《江苏出版史志》1989 年第 2 期,第 30—32 页。

儿童文学。另外两本民间故事《无头鸟》和《两姐妹》,也可勉强算得上是儿童读物。

　　《小虎》(李亚如著)描写解放战争时期,敌占区的一个贫苦儿童,由于接受了党的教育,与敌人进行坚贞不屈的斗争,成为一个勇敢机智的少年游击队员。书中生动地表现了他对人民的热爱和对敌人的憎恨,他的优秀品质,值得少年儿童学习。此书1954年出版,当年就重版重印,共印3.5万册。后来,1956年由顾丕谟插图重版(图2-14),1961年由徐达、钱大宁插图重版(图2-15),1965年改编为连环画(图2-16),诸如樵绘画。

图2-14　《小虎》1956年版

图2-15　《小虎》1961年版

图2-16　《小虎》1965年版

　　民间故事《无头鸟》(图2-17)和《两姐妹》(图2-18),当时就是作为给工农兵看的一般通俗文学而出版的。这是两本经过作者创作性加工了的民间故事,实际上也就是现在的童话。前者是文学工作者丁正华编写的。书中收集了十个民间故事。这些故事都生动地表现了劳动人民的思想、感情和希望,表现了他们对于剥削、贪婪、懒惰、狡诈、傲慢等丑恶人性的痛恨与斗争。在斗争中,他们所运用的方式,有时是勇敢,有时是机智,有时是辛辣的讽刺。这本书在1956年被改编成连环画出版。

图 2 - 17 《无头鸟》封面及内页

《两姐妹》是由农村残疾青年歌晨等编写的。歌晨是位颇有才华的青年,受教育并不多,有残疾,在农村不能劳动,整天泡在他哥哥开的理发店里。如同蒲松龄摆茶摊,拉人讲故事一样,他也拉着一些前来理发的人给他讲故事。这些故事经过他的筛选、加工,就成了《两姐妹》。书中共收 12 个民间故事,内容都是宣扬劳动人民勤劳、勇敢、诚实、机智的优良品德,揭露封建统治阶级荒淫、残暴、贪得无厌的卑鄙行为,旨在帮助人们辨别是非,明确生活中应该发扬什么和反对什么。

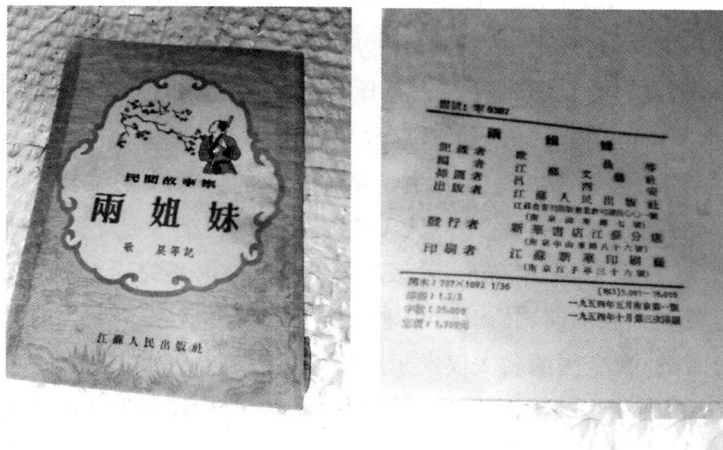

图 2 - 18　《两姐妹》封面及版权页

《无头鸟》和《两姐妹》出版后,受读者欢迎的程度,大大出乎出版者的意料,竟重印几次,印数突破了 5 万册(当时一般文学书,印数均在二三千册以下,几乎很少有超过 1 万册的)。这些书不仅得到了少年儿童和一般读者的欢迎,对一些文艺工作者也有较大的影响。

这三本书的受欢迎,让出版社喜出望外,但真正引起出版社对儿童读物重视的是 1954 年、1955 年中国儿童文学界发生的两件大事。这两件大事对全国的儿童文艺工作者和出版工作者产生了重大影响。第一件大事是 1954 年,中国人民保卫儿童全国委员会举办了全国儿童文学艺术创作评奖,这是中华人民共和国成立后举行的第一次儿童文学创作评奖。第二件大事是,1955 年 9 月 16 日《人民日报》发表了长篇社论《大量创作、出版、发行少年儿童读物》,号召全民全党重视少年儿童读物的创作和出版。

在这一客观形势的推动下,江苏人民出版社于 1954 年第四季度在第二编辑室配备了专职的儿童文学编辑。此后,便开启了少年儿童读物出版的准备阶段。

在全国性的少年儿童图书创作、出版的大好形势推动下,江苏人民出版社组织的本省及外省市的一大批少年儿童读物的作者涌现出来了。作者多了,稿件也就多了。

1955年,出版工作已取得了显著的成绩。这年出版的比较受读者欢迎的儿童读物,有民间故事(童话)集《狼外婆》(作者周正良)、《天边的烟火》(作者严兵)、《啄木鸟和大兀鹰》(作者白丁),还有翻译外国小说《一个重要的电话》《兵士的大衣》等。

1956年初,江苏人民出版社成立了专业的儿童读物编辑室。这一年成绩更加明显了,共出书87种,可以称为真正的飞跃。这上升的势头,一直保持到1957年下半年"反右"开始前。据不完全统计,从1956年初至"反右"高潮前,共出了49种儿童读物。这个数字在当时来说是颇为可观的,在全国的名次仅次于出版的老基地上海市。

光从数字还不足以说明这一飞跃的局面,我们还可以从出书的品种和书稿质量来分析一下。

从品种上看,这一时期江苏人民出版社的儿童读物几乎包括了当时儿童读物的所有门类,小说、故事、诗歌、散文、童话、科学文艺、歌曲、戏剧、外国文学、品德教育、智力训练、文史知识、低幼画册等,几乎样样都有。从质量上看,这一时期,受读者欢迎的书不少,有中篇小说《草堆里的枪》(作者严兵)、《石娃北撤记》(作者戴石明)、《小虎》(重写本,作者李亚如);有短篇小说《菜园边》(作者范平沫)、《第一个五分》(作者李方)、《一枝钢笔》(作者卞祖芳)、《黎明前的故事》(作者茹志鹃等);有童话《珍珠瓜》(作者沈寂);有诗歌《兔子尾巴的故事》(作者刘饶民);有科学文艺《壮丽的绿带》(作者孙云谷)等。这些书中,大多数后来都有重印、改编,有的直到今天仍然受到孩子们的欢迎。当然,由于作者们大多数是新手,加上编辑们也是边学边干,也必然存在着探索期易出现的一些不足之处。用今天的标准看,最主要是对儿童特点了解不多,没能根据儿童年龄层次,做到使每一本书都有明确的读者对象。有的童书在征订单上甚至写上读者对象为,广大少年儿童和工农兵。

当时,江苏省还没有一位专业儿童文学作家,都是各种不同工作岗位上的业余作者,大多数是年轻人,靠着一颗关心孩子的爱心,以及年轻人的钻劲和闯劲,在极短的时间内就有了明显的提高,干出了可喜的成绩。如当时写《黎明前的故事》的女青年茹志鹃等,后来都成长为著名的作家。

1957年6月,江苏人民出版社开始"反右运动"以后,儿童读物的出版陷入了困难的境地。专业的儿童读物编辑室被撤销,撤销的原因是儿童读物中,尤其是中低年级的童话中,"神仙动物满天飞,可怜寂寞工农兵",把人与动物、神仙进行交流对话视为"大逆不道"。在如此高压态势下,作者不敢再冒风险,编辑也不敢"以身试法",不少来稿也只好婉拒了。此后,江苏人民出版社就不敢再出版童话了。

1962年2月底,周恩来、陈毅南下广州,去参加在那里召开的科技工作会议和戏剧创作会议。3月2日,周恩来向参加这两个会议的科学家和文艺家发表重要讲话,批评近几年来对待知识分子的"左"倾错误,表明要恢复1956年党对知识分子状况的基本估计,从理论和实践的结合上肯定我国的知识分子是劳动人民知识分子,而不是资产阶级。周恩来因为工作忙,未等会议结束而提前返京。陈毅受周恩来的嘱托,于3月5日、6日向两个会议的代表明确宣布要为知识分子"脱帽加冕"。这次会议使知识分子再一次受到很大的鼓舞。但是,由于中央对思想上政治上的"左"倾观点没有作出彻底清理,反而使得广大知识分子很快又蒙受了新的更大的磨难,童话出版仍然困难重重。

虽然童话不敢出版了,但其他类型的儿童读物还在坚持。经过前几年努力,儿童读物创作已经形成了一批骨干力量,出版社的儿童读物编辑并入文学编辑室以后,还是在辛勤耕耘着,并没使这块土地再次荒漠化。表2-3是江苏人民出版社1958—1962年出版的儿童读物概况。

表2-3 江苏人民出版社1958—1962年出版的儿童读物

年份	1958	1959	1960	1961	1962
种数	22	16	12	9	7

虽然每年都有儿童读物出版,但下降趋势明显。主要原因有两个:一是当时的出版周期比较长,加上"运动"一个接着一个,更拉长了出版周期,这五年间出版的儿童读物,大多是1955—1957年组来的书稿。二

是"反右运动"以后,接着就是"大跃进"和"反右倾",老作者"倒"下去的越来越多,新的作者又难找,出版社也难为"无米之炊"。

那几年出书虽然少了,但由于作者、编辑经过了探索和学习,有些方面的水平却提高了,仍然出版了不少受到读者欢迎的书。如:在小说方面有《双筒猎枪》(1958年,作者任大星)、《小飞马》(1962年、作者竹眠);在科学文艺方面有《在快活的小溪上》(1959年,作者小慧)、《鸵鸟的衣服》(1961年,作者王坚)、《海水闹分家》(1962年,作者孙云谷)。这一时期还翻译出版了一批外国的优秀儿童文学作品。

特别值得一提的是,为了加强儿童读物的后继力量,培养出一批作者和编辑的队伍,出版社开始注意出版这方面的理论著作。五十年代末出了两本,其中一本是1959年出版的《中国儿童文学讲话》,作者是当时某大学的青年教师蒋风。这是我国第一本系统论述中国儿童文学的著作,在当时和后来都产生了一定的影响。

1963年,江苏人民出版社开始了"四清运动",接着1966年"文革"开始,出版社作为"重点"被"砸烂",不久干脆被撤销,因而就谈不到儿童读物的出版了。这一期间只有在1963年之初,"四清"开始前的几个月还出了两三本书,其中包括比较受读者欢迎的科学文艺作品《神秘的小坦克》(作者嵇鸿)。

六、各地出版社的短暂历史

1958年5月,中共八届二中全会提出了社会主义建设总路线。随着总路线的广泛宣传,全国迅速形成了"大跃进"的局面。文化、经济较为发达的江苏省,为了使出版工作进一步适应全省经济文化建设"跃进"形势的需要,更好地为全省各地党委指导工农业生产的发展服务,为技术革命和文化革命服务,省委宣传部和省文化局主持了出版、发行、印刷行业的座谈会,酝酿提出了"初步决定出版、发行、印刷三合一和出版权力下放到专区的原则",提出"全党办出版事业,依靠工农办出版社,大力组织工农写书"。① 6月25日,由江苏人民出版社向省委宣传部和省文

---

① 江苏省档案馆藏:1958年6月19日江苏人民出版社《关于改变出版、发行、印刷体制的意见》。

化局送交了《关于改变出版、发行、印刷体制的报告》，提出了"一、建立出版、发行、印刷的统一机构，实行统一领导、统一行动；二、全党办出版事业，各专区成立出版分社"的初步方案。

8月4日，省委在批转省委宣传部《关于改进通俗读物出版发行的报告》中，同意各地委和南京、无锡两地成立小型出版社，以便出版发行当地的工作经验及其他通俗读物。同时，还同意各县和其他市建立出版小组。①

（一）江苏文艺出版社的成立始末②

1958年1月成立，地址在南京市高云岭56号。

早在1956年初，江苏人民出版社讨论江苏长远出版规划时，在"双百"方针的鼓舞下，不少同志就曾建议成立专业的文艺出版社，其主要理由是：当时江苏的文艺创作力量，尤其是美术方面的力量，在全国已具有了重要地位，中外文艺理论研究、翻译和民族文化艺术遗产（包括民间）潜力也很大，有待于组织出版；另外，根据当时国内几部长篇小说的出版情况看，仅有一两家专业出版社，而且由于编辑的审美观和审美经验的局限性，极易把一些优秀文学作品扼杀于襁褓之中，不利于繁荣文艺创作，如果作者有多家出版社可以选择，或可避免这一现象。

出于种种原因，建立专业社在当时没有实现，但在当年制订的长远规划中却体现了这一设想。在当时的七个编辑室中，出版文艺书籍的就有文学、美术、儿童三个编辑室；在选题和组织结构上，已具有了专业社的初步规模。

1957年6月开始的"反右"运动，给出版界造成了一定的冲击，但到了当年的四季度，政治风气却又转向了另一个极端，即"工农兵"占领各阵地后"大放卫星"，在文学艺术上出现了"人人是画家""人人是诗人"等极为流行的口号。一时间，农村、工厂涌现出大量的"民歌民谣""农民

---

① 江苏省档案馆藏：1958年10月26日江苏人民出版社《跃进中的江苏人民出版社》。
② 张彦平：《初建三年的江苏文艺出版社》，《江苏出版史志》1992年第1期，第77—80页。

画""工人画""自编自演"的戏剧、曲艺等。这"一派大好"的形势也促使文艺界"闻风而动",各部门、各地区展开了"擂台赛",比"放卫星"的"文艺创作"数量。据1957年底江苏省文联和江苏人民出版社的联合调查,全省正在动手的中长篇小说约有二百多部。此外,当时的文化局系统已上马了《新剧百种》和《曲艺千种》两大丛书,而文艺创作的组织者省文联,也已制订出了理论、创作、民间文学等几个方面的宏大规划。省委有关领导积极予以支持。当时宣传部的一位副部长就在出版社的一次会议上鼓动大家说:"江苏何尝没有《红旗谱》《青春之歌》……? 你们的任务就是去组织、发掘……"

显然,成立专业文艺出版社已到了水到渠成的地步。江苏人民出版社便于1957年底申请成立江苏文艺出版社,当即得到了中共江苏省委和省人委文化局的批准。

为了和江苏人民出版社的"生日"相一致,江苏人民出版社领导乃于1958年元旦宣布文艺社正式建社。但江苏省文化局转报文化部备案的报告到1958年4月才批下来,所以到1958年4月省文化局才转发了文化部出版事业管理局"(58)出办第6号"复函,社号为"141",同时颁发了江苏省人民委员会书刊出版营业许可证"出字第4号许可证",社长由江苏人民出版社社长吴以京兼任。出版社社标"江苏文艺出版社"则是请著名书法家、南京大学中文系教授胡小石书写的。

当时对外虽挂出了社牌,而行政、财务等并没有同江苏人民出版社分开,事实上只是把美术和文学两个编辑室(1957年儿童读物编辑室已并入文学室)所发稿的书,使用文艺社的社号;信笺、公章是由文学室兼管;遇上要以文艺出版社对外洽谈的事情,也由文学室兼办。

该社成立3年中,共出版文学、美术、儿童读物等图书1 200多种,较有价值的图书有《百万雄狮下江南》(该书曾由国际书店出国展览,并出口发行至越南950本,苏联200本,印度尼西亚2 000本)、《武松》(扬州评话《水浒》选段,该书也曾由国际书店出国展览,并出口发行)、《宋词四考》等。

因"大跃进"所造成的后果,国民经济不得不进行"调整",江苏文艺出版社也在"整顿"中,于1960年11月撤销。

（二）南京人民出版社①

1958年8月成立，1959年7月撤销。社址在太平路杨公井1号。

1958年5月，江苏人民出版社发起全省省辖市建立出版社的倡议，南京市立即响应，市委宣传部、文化局召开了专门会议进行研究和部署，会议认为南京是全国历史文化名城之一，经济发达，人文荟萃，尤其是新中国建立以来，全市经济、文化有了很大发展，为适应当前经济建设和科学文化事业蓬勃发展，南京市建立一个综合性的具有地方特色的小型出版社是确有必要的，也是可行的，因而立即向市委呈交了关于筹建南京人民出版社的报告。报告也很快得到了批准。

南京市文化局局长裴海萍亲自抓出版社筹建工作，市新华书店承担了具体的筹建任务。新建出版社利用市新华书店的物质力量和条件，由市新华书店安排了办公用房，落实了出版资金。工作班子的组建也是就地取"材"为主，书店内部选调了具有较高政治思想水平、文化素质的干部担任，由副经理张新华为出版社负责人，专职编辑、编务人员有：张振宇（任政治读物编辑）、陈学诗（任文学艺术编辑）、蔡德仁（任文化教育、应用技术编辑）、范瑞华和马问绪（担任编务出版工作），出版社还有三名兼职人员：章长耕（兼美术编辑）、陈镒（兼会计）、张太和（兼校对）。

江苏人民出版社积极扶持新建的南京人民出版社。江苏人民出版社办公室主任罗扬表示：南京出版社需用的纸张，不论什么规格，要多少批拨多少，省社全部包了。在南京人民出版社存在的一年里，出版的图书课本的封面、插图、内页用纸都是省人民出版社及时批拨的。南京人民印刷厂承担了该社大多数图书的印刷工作，并且始终做到印刷质量好，出书时间快。

南京人民出版社的宗旨是：在中共南京市委领导下，宣传马列主义、毛泽东思想，宣传党的路线、方针、政策，努力为政治服务，为经济建设服务。认真贯彻执行地方化、群众化、通俗化的编辑方针。在一年中，共出版图书40余种，发行量12万册。出版的图书种类有：配合形势宣传、政

① 陈学诗：《南京人民出版社的建立和出书情况》，《江苏出版史志》1992年第1期，第81—83页。

治学习的政治理论读物；为工农业服务的应用技术图书，如有关农业技术的瓜果蔬菜栽培、农肥农药的使用、农村沼气的使用和用电知识等科普读物；文学艺术图书和职工课本。在当年有一定影响，受到读者好评的书有：《南京民歌选》(南京市委宣传部主编)，《南京壁画选》(南京市文联主编)，《南京民间歌曲集》(南京市文联主编)，《南京游览手册》(南京市文化局、城建局主编)。最受欢迎的是《南京游览手册》，该书阐述了南京历史沿革和新南京十年的辉煌成就，介绍了南京城市风貌、园林、名胜、古迹、文化设施、城市交通等，并收入 18 幅名胜风光照片以及南京市街道图和交通游览图，图文并茂，雅俗共赏。初版印数 31 500 册，出版不久即被读者和游客争购一空。一位外地游客赞扬说："一书在手，走遍南京。谢谢你们出版了这本好书。"

　　南京人民出版社存在之时，正处在"向科学文化进军"的热潮中，全市各行各业数以千计的青年职工进入了职工业余学校。当听说职工学校缺少课本时，出版社就派人深入到职校去调查了解，又与市教育部门研究，立即着手筹划编辑出版职校课本，聘请职校教师编写，请教育部门审定，仅仅三个月时间，就出版了职工业余学校初级、中级语文和数学课本五种，印了三万多册，为全市职工业余教学搬掉了拦路虎。也正是出版了这些教材，该社一年的经营才能做到收支平衡还稍有盈余。

　　(三) 苏州人民出版社①

　　1958 年 10 月正式成立，1960 年 12 月撤销。社址在苏州市观前街 166 号二楼，与苏州新华书店在一起办公。苏州人民出版社是江苏人民出版社的一个分社，受苏州地委和江苏人民出版社双重领导，编制、财务均由省社负责。苏州地委任命朱兴乔为社长兼总编，何庚为副主编兼编辑室主任。不久，苏州地委又增派吴为公担任副社长兼副总编。编辑人员先后有王长生(兼发排、发印)、吴永康、盛海锡、施庆、陈通、朱汝鹏、张晋卿等，美术编辑陈德奎，编务瞿慕云。日常的财务工作和总务工作，则

---

① 朱兴乔：《鸿雁留踪——江苏苏州人民出版社的建立和终结》，《江苏出版史志》1993 年第 2 期，第 42—47 页。

由苏州新华书店的会计杨郐、总务黄汝辑分别兼管。

苏州人民出版社贯彻地方化、通俗化、群众化的方针，主要出版与当地有关的书籍。如根据本地群众思想特点编写的政治读物，介绍当地的工作经验，交流当地的生产技术经验，发表当地的群众创作等。自1958年10月至1960年底，该社共出版适合当地群众需要的各种通俗读物和少量中高级图书245种，总印数为401.7万册，总用纸量5063令。该社所出图书基本上在苏州专区发行，有少数优秀图书，则在报省社同意后向全省或全国发行。

在出版的各种通俗读物中，有为配合宣传贯彻党的八届六中全会决议精神而编写的政治读物，如《社会主义和共产主义讲话》；有传播当地农业生产先进经验和指导当时农村工作的，如水稻、棉花、油菜、绿肥等丰产经验的《冬春十大生产建设讲话》《为实现高标准水利化而奋斗》等；有指导农副业生产和社办工业的科普读物，如《稻麦有性杂交选种方法》《水稻栽培问题研究》等；有配合当地扫盲工作和工农业余教育的，如《介绍一所新型的小学》（船民子弟小学）、《苏州乡土地理》、《扫盲教具》等。

苏州人民出版社挖掘地方出版资料，扶持桃花坞木刻，在当时做得很有特色。该社在社会调查中发现，具有悠久历史的桃花坞年画刻印业，新中国成立后当地政府虽极重视保存这一传统工艺，但因内容和形式无多大创新，仍不能摆脱逐渐面临湮没之困境。出版社从苏州工艺美术研究室借到了翻刻的明末人物画家陈老莲（陈洪绶）所绘的《水浒叶子》，由苏州桃花坞刻印社运用木刻印刷传统工艺印制。在苏州工艺艺术研究室的支持下，首先用宣纸印出一部分样张，分请郭沫若题写书名，傅抱石作序，并列入苏州人民出版社1959年的选题计划，定名为《陈老莲水浒叶子》，作为向建国十周年献礼书之一，向全国征订发行。郭、傅在看到附寄的样张后，均应允了苏州人民出版社的请求。傅抱石在序言中说："老莲这本《水浒叶子》，无论是历史上或艺术上都是非常珍贵的。""现在重刻这《水浒叶子》，是一个重要的可喜的开始。它标志着祖国一切优秀的文化遗产，今天都会得到无限的发展前途。"这本《水浒叶子》共绘有《水浒传》中梁山泊英雄人物宋江等共40幅，苏州人民出版社以三种不同装帧形式出版后，深受文化美术界欢迎，全国许多大的图书馆和文化单位纷纷订购,出版后不久即全部售完。1960年底苏州人民出版社撤销时,尚余一部分未装订成册的页子,移交给苏州专区新华书店,由苏州古旧书店装订成册出售,最后连没有装订的散页,亦全部售完。

此后,苏州人民出版社又多方设法,将鲁迅书写的对联"横眉冷对千夫指,俯首甘为孺子牛"(原件印在一张书签上)和毛泽东书写的《沁园春·雪》(是一本杂志的影印插页)放大刻印为对联和中堂(均是五尺宣纸),作为国庆十周年的献礼书,受到更多读者的欢迎和珍藏。鲁迅的对联,原民主德国鲁迅纪念馆曾经收藏和展出。

为了扶持桃花坞木刻发展创新,苏州人民出版社与苏州国画界的一些画家联系,在1958年和1959年两次组织他们根据桃花坞年画的刻印特点,以群众喜闻乐见的形式,创作了一批富时代气息的年画和门画。如余文鑫创作的《走向共产主义》,费新我、荧子创作的《钢花怒放》、许十朋创作的《文化技术大跃进》,吴羊牧创作的《庆丰收》等。其中有不少优秀作品,如吴羊牧创作的《庆丰收》,曾为《人民日报》所转载;陈德奎创作的《丰收》,被苏联出版的《苏中友好杂志》(俄文版)用作封面,并被上海人民美术出版社选入《苏州桃花坞木刻选》。桃花坞刻印在苏州人民出版社的扶持下,面临湮没的传统工艺,在社会主义条件下获得了新的生机。

为了迎接中华人民共和国建国十周年,苏州人民出版社出版的献礼书,除《陈老莲水浒叶子》外,尚有以下几种(均向全国发行)。

(1)《苏州》摄影画册,25开本,铜版纸印,分平装和精装两种装帧设计。内页主要反映建国十年来苏州的经济、文化建设所取得的成就,并将其园林胜迹和工艺美术向全国人民广为介绍。共刊载精选的摄影照片74幅,其中彩色的24幅。

(2)《苏州国画选》,8开本,铜版纸彩色胶印,单本盒装。主要反映苏州国画界新的创作成就。选出苏州国画界名家吕凤子、陈旧村、费新我、张辛阶、吴羊牧、徐绍青、谢孝思、沈彬如、凌虚、黄芎、张晋、杨云清、许十朋、顾仲华、席弨安、林伯希、刘叔华、蔡震渊、吴似兰、柳井然、余彤甫等人的作品共28幅。

(3)《中药成方配本》,32开本,分平装和精装两种装帧。苏州的中医从元末的戴思恭开始,历代名家辈出,在中国医学史上被称为"吴医",在中医界一直颇负盛名。为了继承祖国医药遗产,苏州市卫生局在1955年曾组织有关中医药人员,对参苏州市的中药成方进行整理,前后经过数十次会议研究讨论,最后总结出成方363种。此书列入当年选题计划,并作为向建国十周年的献礼书之一。1959年出版后,很受中医药界欢迎,第一版很快销完,在同年10月又修订重版了一次,发行遍及省内外。

(四)无锡人民出版社①

1958年9月15日成立,1960年12月撤销。社址在无锡学前街78号新华书店楼上,后迁至西河头30号。

无锡人民出版社与其他地市出版社有些不同,它不隶属于江苏人民出版社。在当时的"大跃进"形势下,无锡市新华书店就想建出版社,办印刷厂,搞编辑、印刷、发行一条龙。这个想法,很快得到市委宣传部领导的支持和批准。出版社初创时,工作人员都是无锡市新华书店的。社长由新华书店经理尹东全兼任;业务股长洪长发、门市部主任陈发和工会的戴学文三人是工作人员。后来陆续从新华书店调来了朱中达,部队转业来了潘顺初,贵州人民出版社调来了陈钟英,市委宣传部巡视室调来了沙克昌,无锡书店调来了许冠达。沙克昌任副社长,负责编审及社内的日常事务。沙克昌同志调无锡轻工业学院后,又从无锡日报社调来陈健吾任副社长。1959年3月成立了编辑部,没有设置主任,直接由社长领导,编辑部人员在业务上只有大体分工。

无锡人民出版社成立后,贯彻了"地方化、通俗化,大众化"的出版方针。出版社制订选题计划的依据,一是党的中心工作,二是工农业生产技术上的新发明或新技术,三是教育方面的新要求,四是自发来稿中的可用稿件。

围绕选题计划,出版社积极组织相关稿件。争取党委重视,摸清宣传工作的重点。1958年至1960年期间,主要是贯彻"总路线",进行共

① 朱丹:《"大跃进"中的无锡人民出版社》,《江苏出版史志》1991年第3期,第51—53页。

产主义教育和"三面红旗"的教育。出版社根据市委宣传部的指示，到无锡县委组织了《共产主义教育讲话》《人民公社讲话》二部书稿。出版以后，作为中、小学生的政治教材和干部的政治学习材料。在革命传统教育中，掀起了写革命回忆录讲革命斗争故事的热潮。市委第一书记包厚昌带头写了《四下江南》《战斗在江南》二书，无锡县文教局周子彬写了《夹墙里的斗争》，无锡县辛光写了《武工组历险记》等。还有一些书稿，因出版社撤销，未能出版。

加强与教育部门联系，出版教学参考资料。出版社初创，为了迅速搞活经济，将教学参考资料的出版放到了重要地位。先后出版了各类复习资料及各科寒暑假作业等书，对当地的学校教育有所帮助。

根据当地特色，出版相关书籍。当时无锡柴油机厂的球墨铸铁轰动全国，出版社就及时出版了《球墨铸铁》一书。无锡地区的太湖鹅肉质好，长得快，是优良的肉用鹅。郊区禽畜产科专门研究家畜培养的陈耀煌同志积累了养鹅的丰富经验，但从未写过书。出版社把他请来在一起讨论提纲，并提供了一部分农技书作参考，经过几次反复，《怎样养鹅》一书终于成稿出版了。水芹菜是无锡郊区的特产，也是群众欢迎的蔬菜，经济价值很高。为了推广，出版社请农技员根据水芹菜的特性及栽培方法撰写出版了《水芹菜》一书。为适应无锡的旅游事业，出版社根据过去的出版物，约范放同志重写出版了《无锡风光》一书。约请地方志办公室编写了《太平军在无锡》《无锡故事选》等书。

选择报刊文章，整理汇编出版。当时的"大跃进"，壁画满天，民歌如潮，出版社为了及时反映宣传当时的风貌，将报刊上登过的民歌，整理成册，出版了重点书《无锡民歌选》，其装帧设计非常精美。

这些书刊的出版，在当时，对宣传党的方针政策、传播科学文化知识起到了一定的作用。该社出版的书籍统一由无锡市新华书店发行，发行范围只局限于无锡地区，销售数量完全由新华书店决定。

出版社是白手起家的，国家没有拨一分钱。创办伊始，仅向新华书店借了一些备用经费和办公用品，全社同志发扬了艰苦奋斗的精神，坚持勤俭办一切事业的原则，千方百计增产节约，到 1960 年 12 月出版社撤销时，账面上还结余 6 万多元。

（五）扬州人民出版社①

扬州人民出版社创办于 1958 年 10 月,社址设扬州市国庆路新华书店二楼,第二年春,迁至邗江路 27 号(今邗江县新华书店)。1960年 10 月撤销。该社受中共扬州地委宣传部领导、业务上受江苏人民出版社指导。首任社长由原扬州地委讲师团副团长陈熙担任,工作人员有调自专署文教处的夏桐仁、新华中学的田旭初、新华书店的王考云(女)。年底,江苏人民出版社夏耘调入,共 4 人,均为编辑人员。随着业务工作的扩大,工作人员亦渐次增加,先后从泰州市新华书店调进巫宁甲、周起凤(女,会计),从泰州市委宣传部调进徐星翘,继而又从中央出版总署下放干部中调进杜大刚,从扬州古旧书店调进彭树堂(负责总务),至此编辑人员增至 7 人。同时,地委和扬州市委协商,为加强出版社的印刷力量,扬州市人民印刷厂划归出版社领导。出版社创办一周年前后,社长陈熙和编辑夏桐仁先后调离。原《新海连日报》负责人袁汀来扬任社长,工作人员又增加了景易体(女)和蒋嘉宝,负责社内事务和会计(原会计周起凤此时下放劳动锻炼)。这套工作班子,后来再未有变动。

扬州人民出版社面向扬州地区的工农业生产和扬州文化古城,两年时间里共出书(画)50 余种。除配合当时政治形势和生产任务的图书之外,重点是三本建国十周年献礼书。编辑部通过调查研究和多次讨论,决定从扬州的实际情况出发,确定三种国庆献礼书:工人、农民作者的诗集各一种;扬州剪纸艺术一种。

当时扬州柴油机厂工人朱福娃发表过若干诗作,邗江黑桥(后改为红桥)农民陈有才发表过一些新民歌。他们二人被选定为出集子的对象。扬州剪纸在民间有影响的是"张三麻子剪花样"(张永寿自作的广告词),他很自然地成了出版扬州剪纸的作者。但张永寿只擅长剪鞋、帽、床帷等刺绣的底稿,是民间手艺。中华人民共和国成立以后,他的花样有了一定的创新,剪过一些菊花等作品,还在江苏人民出版社出版过《张永寿剪纸》。作为献礼作品集,必须确定剪纸"花样"的内容。刚好此时

① 夏耘、周庆元:《扬州人民出版社回顾》,《江苏出版史志》1993 年第 2 期,第 50—51 页。

《人民日报》副刊连载郭沫若的《百花诗》,每日一首,由刘岘木刻配图。受此启发,编辑部决定请张永寿剪百花诗百幅。这个意图和张永寿见面后,他欣然应诺,但读了郭老的全部诗后,他又觉得困难很多,除菊花外,别的花几乎从未剪过,甚至于有的花是什么样子都没有见过,连花名都是第一次听说。为此,编辑部夏桐仁多次陪他到苏北农学院去查看标本、图样,又到西园宾馆去向花农请教。张永寿也悉心钻研,仔细观察并把实物在阳光和灯光下投影,以掌握平面形象,尔后再描绘试剪。凭了他的"花样"基本功,终于把握了要领。进程至三四十幅时,编辑部从中挑出四幅,寄给郭老,请他审定,并请作序和题签书名。半月以后,郭老回了信,亲笔写了《〈百花齐放〉剪纸》的书名,下署"郭沫若作诗,张永寿剪纸",并以诗代序:"扬州艺人张永寿,剪出百花齐放来。请看剪下出春秋,顿使东风遍九垓。"国庆十周年前夕,出版了平装本和精装本,以后又出散装、函装两个版本。

(六)南通人民出版社①

南通人民出版社,1958年8月成立,地址在南通市桃坞路52号地委大院后楼。1960年11月5日撤销。对外称江苏南通人民出版社,对内亦称江苏人民出版社南通分社。

出版社受中共南通地委宣传部和江苏人民出版社的双重领导,以地方领导为主。出版社人员配备:地委宣传部副部长纪力兼任社长,黄志春任副社长,主持日常编辑出版工作。编辑有顾华人、汤唯一、沈英、徐一辉、顾天英5位,会计是李华堂。1959年9月,黄志春去文化学院进修,调倪志石参加领导工作。5名编辑相对分工负责政治、经济、文化、教育等类图书的编辑出版和图书美术设计,同时实行一专多兼,有时根据任务需要对力量作适当的统一调配。专区各县县委和地委专署各部门均成立出版小组,负责向出版社提供选题、推荐作者、组织和推动写书活动。作者队伍人数最多时有500多人。

该社所出版的图书由南通市韬奋印刷厂(后改称南通人民印刷厂)

① 黄志春:《探索前进的历史足迹——记江苏南通人民出版社》,《江苏出版史志》1993年第2期,第37—41页。

承印，南通专区新华书店发行。为了统一部署安排图书的编辑、出版、印刷、发行工作，建立了社务委员会，由纪力、黄志春、新华书店经理崔木三等组成。

根据南通地委指示，出版的书籍以本专区工农群众和基层干部为主要服务对象。出版社的任务是出版通俗读物，宣传马列主义、毛泽东思想，宣传党和政府的各项方针政策，传播工农业生产、文化教育和各项工作中的先进经验、先进技术，宣传各条战线上的先进人物，以共产主义思想教育干部群众，以促进社会主义思想革命的深入和工农业生产的发展。编辑工作贯彻通俗化、群众化和地方化的"三化"方针，使初识字的看得懂，不识字的听得懂。

出版社在两年多的时间中，共出版图书192种。其中，属于社会科学政治经济类的46种，占23％；自然科学生产技术类的56种，占30％；文化教育类的59种，占31％；文学艺术类的31种，占16％。大部分图书是通俗读物，篇幅1万到数万字不等，也有少量文化教育类的书篇幅较长。

比较重要的有讲革命斗争历史的丛书《江海红旗飘》(共4集)，记述了在革命战争年代，南通地区军民在中国共产党的领导下，开展以武装斗争为主的各条战线上的斗争，打击屠杀迫害人民的蒋介石军队和日本侵略军，争取翻身解放的重大革命活动和斗争故事。

(七)淮阴人民出版社[①]

1958年9月成立，1960年12月撤销。社址初在淮阴市博古路(现苏皖边区纪念馆附近)，与地委宣传部在一起办公，后来迁至空心街14号。该社直接受中共淮阴地委宣传部领导，业务上受江苏人民出版社领导，对内是江苏人民出版社的分社，负责淮阴地区的出版工作。由地委宣传部的吴志禹同志任副社长(未设正社长)，工作人员有来自新华日报社的周冷秋(负责农业生产读物的编辑工作)，原淮阴中学的团委书记宋美泉(负责文化、教育读物的编辑工作)，来自淮阴闸工程指挥部的马绍才(负责政治读物的编辑工作)。1959年4月调进了原省粮食厅的顾允

---

① 潘恩龙：《淮阴人民出版社创办始末》，《江苏出版史志》1992年第1期，第84—86页。

中(先负责搞财务,后又兼搞文艺读物的编辑工作),1960年下半年又增加了两位大学毕业生朱宗保、程某某。

出版社的工作重心,就是为当地党委指导生产、指导运动服务。出书的基本方针是"三化"——地方化、通俗化、大众化。出书的范围也是尽量适应本地区的需要,同时,注意向省社推荐优秀的书稿。出版社组织的重要书稿,都要送地委宣传部审定,一般的书稿则由出版社自己审定。

在两年多的时间内,共出书86种,总印数125.8万册,大多是汇编性质的小册子。《旱改水经验介绍》《养猪经验介绍》《社员手册》《甘薯栽培技术》等农业生产技术书籍,对推动当时淮阴地区的农业生产起到了一定的促进作用。《淮阴新民歌》是建党四十周年的献礼书,选编了淮阴地区歌颂党、歌颂伟大时代的比较优秀的民歌、民谣,1960年12月出版,分平装、精装两种。《历史》《地理》等5种成人普及教育课本教材,也是作为重点保证的书目。

淮阴人民出版社所出版的书,绝大多数在淮海印刷厂印刷,只有很少几种重点书在上海或南京的印刷厂印刷。图书出版后,全部由淮阴专区新华书店经销发行,发行范围也基本只限于本地区,发行到外地的比较少。当时出版社的经费,全部靠银行贷款。书销完后,与书店结算书款,再支付工资及偿还贷款。每年收支基本平衡。

(八)徐州人民出版社①

1959年1月20日成立。社址在市淮海东路105号新华书店科技门市部楼上。1960年12月20日撤销,历时近两年。

出版社初始人员编制为5人,地委指派宣传部干部张心亮同志为专职副社长,负责出版社的日常领导工作。由新华书店抽调韩复兴、陈有棣两同志分别负责财务和总务工作,从新沂市(当时为新沂县)调来沈潘琦同志负责编辑工作,又从市委办公室调来刘广函同志负责组稿工作。创建阶段,纸张和经费由省人民出版社负责解决。

---

① 谢广礼、金玉泉:《徐州人民出版社创建始末》,《江苏出版史志》1993年第2期,第47—49页。

为了便于出版发行工作的进行,在征得徐州市的同意后,将徐州市新华书店划归徐州地委领导,新华书店和出版社形成一体,负责徐州地区和徐州市的出版发行工作。对外挂三个牌子,即"徐州人民出版社""徐州专区新华书店""徐州市新华书店",出版社和新华书店均归地委宣传部直接领导,业务上受江苏人民出版社的指导,经济上单独核算。

根据地委的指示,徐州人民出版社必须贯彻地方化、群众化、通俗化的三化方针,为社会主义建设、为工农业生产服务、为全区广大劳动人民服务。根据需要出版通俗读物,宣传党的方针政策,交流各项先进经验,传播先进技术,宣传和表彰具有共产主义风格的先进思想和先进人物,以共产主义思想教育广大群众,推动全区工农业生产的发展,以及各项工作的跃进,同时负责全区小学课本的出版任务。

出版社每年研究一次选题计划,主要是根据党的中心工作,拟定出书重点,围绕社会主义革命和社会主义建设以及工农业生产发展的需要,制订出书选题计划。组稿工作根据选题计划进行,主要方法是紧紧依靠党委的支持,摸清宣传工作的重点、深入基层了解素材,总结先进经验,走访模范人物。

出版社共出版各类图书 125 种,其中政治经济类图书 32 种,占出书品种的 25.6%;农业技术类图书 29 种,占出书品种的 23.2%;文化教育类图书 43 种,占 34.4%;文艺类图书 19 种,占 15.2%;医药卫生图书 2种,占 1.6%。

为了交流推广先进经验,传播科学文化知识,更好地为社会主义革命和社会主义建设服务,出版了《玉米丰产经验》《王金才养猪法》等书。为提高基层干部的领导水平,出版了《公社党委领导经验》《怎样当好生产队长》和《永远当好党的助手》等书。针对农民文化水平偏低的特点,出版社还出版了一些通俗易懂的科普小册子,如《中兽医诊断学》《牛马疾病的针灸与中医疗法》《兽医常用中药》《普通针灸疗法》和《小球藻》以及《三麦、玉米、蔬菜病虫害防治》等小丛书。这些书很受农民群众欢迎。29 种农业生产技术的图书中有 5 种由江苏人民出版社向全国发行,很是畅销。

（九）盐城人民出版社①

1958 年 10 月创建，1960 年 9 月撤销，社址在盐城解放北路。出版社受盐城地委领导，又是省人民出版社的盐城分社，受省人民出版社的业务指导。出版社的思想政治工作，编辑出版工作，印刷发行工作均由地委宣传部直管，出版社形如地委宣传部内设机构。地委宣传部分工由一位副部长过问，形如社长。1959 年秋，出版社配备一位副社长，负责出版社日常具体工作的领导。

工作人员配备：初建时 3 人，后不久定编并配足 8 人。曾在出版社工作过的人员有：陈恒（副社长），陈红（编辑组长，曾兼管社务），张翔、何泽、孙超、陆大新（均为编辑），美术助理编辑唐文英，校对王福兴，会计胡干娣、吴如珍（前后接任）。

作为地方出版社，主要工作基本上是配合专区党委和政府的宣传工作，出版了十来种干部学习材料《活页文选》，但出书重点以农业技术为重点，这类书总数在 50 种以上。这类书具有浓厚的科学性、地方性、适用性。在当时很受农村广大干部和社员群众的欢迎。

文教卫生方面出版了十来种书，如《古文今译》《标点符号的具体用法》《教学经验点滴》《小学数学教案》等。这类书发行范围广、发行量大，一般在万册以上，因此新华书店乐意订购，出版社乐意出版。

文艺方面出书大约在 30 种以上。中短篇小说销售不畅，销售较好的是演唱材料，但时代的烙印很深。

盐城人民出版社出版的书籍，大多数书都是在专区印刷厂印刷。印数一般在 8 000 册左右，印数最多的是《高峰卫生登高峰》，1.8 万册；最少的是《盐阜大众报》编辑部编写的《我们个个是专家》（儿歌），2 040 册。

盐城人民出版社的图书销售主要通过新华书店，因为图书质量不高，发行量有限，经营并不理想，仅靠自己出书，经济上不能完全自给，还靠江苏人民出版社资助。筹建之时，江苏人民出版社即给予启动基金。出版社成立之后，江苏人民出版社的支持主要是供给畅销书纸型，让盐

---

① 陈红：《短暂的音响——前盐城专区人民出版社回顾》，《江苏出版史志》1991 年第 3 期，第 47—50 页。

城人民出版社印制发行以自养,很少直接拨款。

（十）镇江人民出版社

1958 年 11 月上旬建立,当年底撤销。该社属镇江地委宣传部领导,主要领导人为冯南生。该社出版自印、租型图书 7 种,15.6 万册,大多是时事宣传材料和乡土教材(其中 3 种 1.89 万册在撤社时尚在印刷中)。1960 年 3 月,镇江地委决定恢复镇江人民出版社,并抽调专职人员充实,不久又撤销。

（十一）宝应出版社

1958 年 11 月成立。在宝应县委统一领导下,成立出版委员会,具体领导该社工作。新华书店划归出版社领导。又将宝应报印刷厂扩大,由出版社与报社共同领导。该社共出版图书 15 种,其中再版 11 种,共20.1 万册。主要是通俗读物、工农业丰产经验和民间诗歌等。1959 年7 月,根据中央关于撤销县级出版社的决定而撤销。

第二节　江苏出版管理机构的建立与模式的演变

江苏全省的出版行政管理工作在不断调整中得到加强。1949 年,江苏的出版业由军管会管理。1950—1952 年,苏北、苏南、南京三个行政区划都设立了新闻出版管理处室。1953 年江苏省恢复建制后,省人民政府设立新闻出版处。其后,管理机构虽然名称屡有变动,但从未缺位。1960 年之前,江苏出版行政管理部门的主要精力在市场管理,肃清旧时的残余以及反动、淫秽书刊。1960 年,江苏省新闻出版局与江苏人民出版社合署办公,管理模式从单纯的行政管理发展为长期稳定的边参与边管理模式。

一、管理机构的初设

1953 年 1 月,江苏省人民政府成立,省人民政府设有文教委员会新闻出版处(亦称江苏省新闻出版处),处下设新闻科、出版科,管理全省新闻出版工作。处长由省委宣传部报刊处处长李超然兼任。1954 年 4月,省政府新闻出版处与省委宣传部报刊处合署办公,但仍管理原有的分工职责,由报刊处副处长李汉章、钱方兼管。

1955年1月,省人民政府文教委员会撤销,新闻出版管理工作划归省文化局主管。1955年2月13日,根据《中华人民共和国地方各级人民代表大会和地方各级人民委员会组织法》规定,江苏省人民政府委员会改称江苏省人民委员会,原省政府机关亦随之改变名称。省人民委员会文化局下设新闻出版科,具体管理:(1)出版社、书刊登记注册;(2)协助省人民委员会对图书市场进行管理,查处黄色书刊和非法出版物;(3)负责书报刊纸张、出版物资等申请、调拨;(4)有关出版、发行业务统计等。

1960年3月8日江苏省新闻出版局成立,与江苏人民出版社合署办公,两块牌子,一个机构。副局长吴以京(主持工作)、卢政、李震。内部机构设置有:出版社编辑部、局物资处、发行处(对外仍称省新华书店)、人事处、办公室、印刷厂(对外仍称江苏新华印刷厂)。省新闻出版局成立后,省文化局新闻出版科撤销。随着机构的变动,原有工作人员也作了调整。省新闻出版局的职责和任务是:(1)贯彻党和政府新闻出版政策、法令,管理新闻出版事业(包括期刊)登记、注册、规划及业务指导;(2)清除反动、淫秽、荒诞书刊,查处非法出版物;(3)书刊(包括课本)发行工作计划、管理及业务指导;(4)书刊印刷任务的计划、平衡和印刷力量的组织;(5)新闻出版事业基建、经费的管理与纸张器材调配;(6)新闻出版教育事业的管理等。1960年12月,省人民委员会决定撤销省新闻出版局建制。全省新闻出版行政管理,仍划归省文化局。

表2-4　江苏省出版行政机关历届领导人任职表(1949—1960年)

机构名称	姓名	职务	任职时间
南京市军事管制委员会新闻出版处	石西民	处长	1949.9—1950.2
苏南人民行政公署新闻出版处	徐进	处长	1950.3—1952.6
苏北人民行政公署新闻出版室	由行政公署办公厅主任或秘书长直接领导		1951.9—1952.5

机构名称	姓名	职务	任职时间
南京市人民政府新闻出版处	刘述周 丁九 汪大年	处长 副处长 副处长	1952.2—1952.7 1952.2—1952.7 1952.2—1952.7
江苏省人民政府文教委员会新闻出版处	李超然 李汉章 钱方	处长 副处长 副处长	1953.1—1955.1 1954.4—1955.1 1954.4—1955.1
江苏省文化局	李进 周邨	局长 局长	1955.12—1958.1 1958.1—1966.5
江苏省新闻出版局	吴以京 卢政 李震	副局长(主持工作) 副局长 副局长	1960.3—1960.12 1960.3—1960.12 1960.3—1960.12

二、政府管理职责的调整发展

1953 年 1 月,省人民政府新闻出版处通知无锡、苏州、常州、徐州、南通、扬州等市人民政府,要求认真做好辖区内书刊出版业、印刷业、发行业的核准营业和期刊登记工作。从 1953 年起,在本省建立出版社必须向省人民政府新闻出版处申请登记,经核准后发给登记证,并经工商行政管理机关发给营业执照后,方可营业。出版社要停业或更改社名,也要向原登记机关申请办理登记手续。出版社的创办,经省出版管理部门同意后,还须报国家出版总署批准发给统一书号;出版社的停办,也须向出版总署申请撤销统一书号。经过全面整顿,全省出版业、印刷业、发行业普遍进行了登记注册,并由所在地工商行政管理部门发给营业执照。

1955 年 1 月,省文化局新闻出版科在加强对国营出版社和新华书店管理的同时,贯彻执行国家对私营出版者、印刷者、发行者的社会主义改造,全面贯彻落实"利用、限制、改造"和"统筹兼顾、全面安排"的方针政策。在这一运动中,民营的正风出版社并入江苏人民出版社;全省523 家私营书刊发行店(包括租书铺摊)和一批私营印刷厂,先后并入国营新华书店和国营印刷厂。

在书刊出版管理方面,1959 年到 1961 年,我国遭遇严重的经济困难,农业大幅度减产,市场供应紧张。为了应对比例失调的国民经济,战胜困难,国家提出"调整、巩固、充实、提高"的八字方针。为了贯彻以上的"八字方针",中共江苏省委先后三次发文对报刊出版进行整顿:(1)1959年6月12日发出《关于整顿报刊出版工作的紧急通知》,对江苏报刊出版工作作出了具体规定;(2)1960年6月3日,省委在《关于扫除"五多",严禁浪费的几项规定》中,重申了整顿报刊出版工作;(3)1960年12月17日,省委发出《对本省报刊调整的补充规定》。经过整顿,省级报刊重点办好《新华日报》和《群众》杂志;停办《江苏画报》《江苏青年报》《小鼓手》;停办《江苏戏曲》,并入《雨花》;停办《中学教师》,并入《江苏教育》;《江苏教育》半月刊改为《江苏教育》中学版与小学版每月各出一期;《江海学刊》改为双月刊;《江苏中医》适当压缩版面;停办《江苏戏曲》,其内容并入《雨花》。高等学校的校刊一律停办,学报原则上停办,个别老高等学校办得好而又必须办的,经省委教育卫生部批准后可以续办。为了集中力量办好县报,停办《徐州大众》和《盐阜大众》两个专区报。为了保存传统,在名称上将盐城县报改名为《盐阜大众》。对县报中基础好、办得好、条件好的可以保留,其余暂行停刊。保留的县报,一律采取8开2版,周2刊,以农村基层干部和农民为主要读者对象。所有市报均应注意通俗化,以厂矿企业职工为主要对象。南京、无锡两市出4开2版(或4版)每周6期报纸,其余各市的市报改出8开2版每周6期报纸。厂矿企业的小报,除南京、无锡两市可保留一两个以外,其余一律停办。

江苏以上措施落实后,文化部于1961年2月发出当年书刊用纸计划通知,全年只有20万吨书刊用纸计划,比1960年减少23%。到了10月15日,文化部对书刊用纸计划又有新的调整,全年只能供应15万吨,因而建议确保课本用纸,进一步压缩书刊用纸。中央指示:"今后出版书籍,种数要适当多一些,但数量必须严格控制",并规定了书籍印数审批办法,其中规定地方出版社印数在1万册以上的,须经省文化行政部门批准,印数在10万册以上的,须经中央局宣传部批准。

在书刊市场管理方面,1953年2月,省人民政府文化事业管理局在对扬州市私营良辰书社调查的基础上,报经文化部、省人民政府同意,对全省书摊进行了普查登记和图书审查。书刊内容反动,替帝国主义、封建统治者歌功颂德的,鼓吹封建道德、荒诞、武侠、野蛮、恐怖和压迫侮辱劳动人民的,宣传猥亵、淫秽色情的,借宗教名义而进行反动宣传的,一律禁止出售、出借。对专门出租坏书、淫书的书摊,加以取缔。一般的书摊则本着团结、教育、改造的方针,帮助他们提高其认识,改进业务,端正经营方向,让其继续经营。

　　1955年7月,国务院《关于处理反动的、淫秽的、荒诞的书刊图画的指示》下达后,省人民委员会又作了补充指示,并批准成立了江苏省图书杂志审查委员会,同时成立江苏省处理反动、淫秽、荒诞图书临时联合办公室。9月,经省人民委员会批准,省文化局颁发《江苏省关于处理反动、淫秽、荒诞图书的计划》,提出了具体要求、做法、时间和步骤等。强调要坚决贯彻"统筹兼顾,全面安排"和"团结、教育、改造"的方针政策,严格掌握处理标准。10月,省文化局召开了南京、苏州、无锡三市文化处长会议,对处理违法图书工作作了布置。在此期间,江苏省人民委员会颁发了《江苏省管理书刊租赁业补充办法》和《处理反动的、淫秽的、荒诞的书刊图画的收换办法》等。11月,省人民委员会又发出补充指示,提出了四点要求:一是政治动员和行政处理相结合。二是收换图书按"二比一"的比价签发"换书证",凭证向新华书店换取店内正在出售的任何新书;换书范围仅限于租书铺摊。三是租书铺摊登记按照国务院《管理书刊租赁业暂行办法》和《江苏省管理书刊租赁业补充办法》规定处理。四是对处理反动、淫秽、荒诞图书标准,按照国务院有关规定和省人民委员会补充规定的查禁、收换、保留三种界限加以处理。在此期间,省图书杂志审查委员会分三批向全省印发了《图书处理目录》,供各地审查对照处理。全省处理反动、淫秽、荒诞书刊、图画工作分批进行,南京、苏州、无锡三市为第一批,其他市为第二批,各县为第三批。全部处理工作于1956年上半年结束。

　　1955年11月,省人民委员会决定:全省书刊审定和处理工作统一由省图书杂志审查委员会负责。"查禁"和"没收"的书刊,都必须经过该委员会审查后执行。各市县应处理的图书,一律由市县文化行政部门根据省图书杂志审查委员会审定的目录,分批进行"没收"和"收换"。从

1955 年 9 月至 1956 年 6 月,全省共审查各地送审的各类图书 1 万多种,经江苏省图书杂志审查委员会审定,有 1 686 种属于查禁和收换的图书(第一批 761 种,第二批 925 种)。各地根据江苏省图书杂志审查委员会审定的书刊,分别作了处理。全省查处有害图书工作取得了显著成效。

1958 年 1 月,省文化局转发文化部《关于处理反动、淫秽、荒诞书刊图画问题的通知》,要求各地认真研究执行,妥善处理清查书刊中的问题。

三年经济困难时期,社会上非法出版物一度泛滥,封建迷信书画、淫秽、荒诞书刊又出现在市场上,图书租赁摊铺公开或暗地出售有害读物。为了巩固社会主义文化思想阵地,全省又一次对图书市场进行整顿。1964 年 1 月,省文化局批转徐州市文化处《关于整顿图书字画古旧书租赁行业情况的报告》,要求全省各地参照徐州市的经验,对图书市场进行彻底整顿,使之成为社会主义宣传阵地。从徐州市和苏州市清查整顿图书租赁摊铺情况看,经过 1955 年认真处理之后,由于放松对这一行业的领导,不法书贩乘机而起,贩卖与租赁黄色书刊,毒害读者。徐州市进行了大力整顿,打击取缔非法户,团结教育守法户,有 57 户办理登记,换发新的营业证。全市共收缴图书 5 292 册。同年,苏州市整顿租赁书摊工作也取得了显著成效。全市共清查出黄色图书 304 部 835 册。这些图书都是新中国成立前后私营出版社出版的。通过全面登记和普遍审查,共淘汰租赁书摊 89 户,并分别作出适当安排。核准出租连环画书摊 161 户。全市租赁书摊出现了新的面貌。

第三节　早期的期刊出版

1953 年以后,根据中央和省里的规定,出版报刊须向省人民政府新闻出版处申请注册登记,经核准后发给登记证,并经工商行政管理机关发给营业执照后,方可创刊。据所掌握的资料看,1953—1958 年的 6 年间,江苏新办期刊 24 家,其中高校、研究机构的"学报"占了半数。而印数大且在版时间最长的,非《江苏教育》莫属。从 1953 年到 1966 年"文革"前,江苏在版期刊年均 10 多种。以下是根据相关资料录得的期刊简况。①

《畜牧与兽医》 1950 年 1 月,经南京市军管会批准继续出版,民营畜牧兽医图书出版社编辑。创刊头两年为双月刊,16 开,22 面,以后篇幅增至 50 多面,发行量逐年增加,1959 年每期 1.6 万册。1958 年底第 9 卷第 6 期起,由江苏人民出版社继续出版,至 1960 年停刊,共出版 68 期。

《江苏文艺》 1953 年 1 月在原《苏南文艺》《苏北文艺》基础上创刊,月刊,负责人汪普庆。江苏人民出版社出版,出刊时断时续,刊出时间为 1953 年 1 月—1957 年 3 月,1958 年 1 月—1959 年 9 月,1965 年 6 月—1966 年 5 月。

《江苏教育》 1953 年 6 月 10 日在南京创刊。该刊是由《苏南教育》与《苏北教育》合并而成。从创刊到 1960 年 9 月,为半月刊,共出 174 期。最高发行量是 26.9 万份(1960 年第 6 期),远销香港地区及南洋一带。1960 年 10 月,《中学教师》并入该社。原《江苏教育》改名为《江苏教育》(小学版),《中学教师》改名为《江苏教育》(中学版),均为月刊,期号续前。1964 年 11 月至 1965 年 6 月间,小学版与中学版合刊;1965 年 7 月后只出中学版。1966 年 6 月因"文革"停刊。

《天文学报》 1953 年 8 月创刊,16 开本,季刊,中国天文学会、紫金山天文台主办。

《江苏青年》 1953 年创办。前身是《苏北青年》与《苏南农村青年报》。江苏省建立后,两个刊物合并为《江苏青年》月刊,总编辑顾丕扬、高介子,副总编辑汪如钧。该刊于 1957 年停办。1958 年改出《江苏青年报》,报纸出至"文革"期间停刊。

《中华皮肤科杂志》 1953 年创刊,16 开本,中国医学科学院皮肤病研究所、中华医学会主办。

《古生物学报》 1953 年创刊,16 开本,双月刊,中国科学院南

① 以下资料引用自《江苏省志·出版志》,南京:江苏人民出版社,1996 年。

京地质古生物研究所等单位主办。

《南京大学学报》 1955 创刊,双月刊,由南京大学主办。创刊时为人文社会科学综合性学术刊物。自 1956 年起,分人文科学版和自然科学版出版。

《南京师院学报》 1955 年创刊,16 开本,季刊,南京师范学院主办。创刊时为文理合刊。

《圣光》 1956 年韩彼得牧师创办该刊于南京长江路估衣廊,双月刊,韩彼得主编,刊物以帮助提高信徒爱国爱教素质为宗旨,主要栏目有讲章、解经、圣经查考、诗歌等。内部发行,1957 年停刊。

《理论学习》(半月刊)、《宣传员》(半月刊)1956 年 3 月创刊,江苏省委宣传部主办。两刊的编辑工作,分别由宣传部理论教育处和宣传处负责,编辑人员由宣传部配备;出版、发行工作及编辑人员生活供给由江苏人民出版社负责。《宣传员》1957 年停刊。《理论学习》1958 年并入其后创办的《群众》杂志。

《南京药学院学报》 1956 年 8 月创刊,16 开本,双月刊,南京药学院主办。

《江苏中医》 1956 年 10 月创刊,16 开本,月刊,江苏省卫生厅主办,"文革"时期休刊。

《南京农学院学报》 1956 年 9 月创刊,季刊,南京农学院主办。1956—1957 年为不定期刊。

《南京航空学院学报》 1956 年 10 月创刊,16 开本,季刊,南京航空学院主办。

《电加工》 1956 年创刊,16 开本,双月刊,苏州电加工机床研究所主办。

《南京医学院学报》 1956 年创刊,16 开本,季刊,南京医学院主办。1958 年至 1961 年曾随校名更改为《南京第一医学院学报》,1962 年恢复原名。"文革"时期休刊。

《雨花》 1957 年 1 月创办,16 开本,中国作家协会江苏分会主办。1957 年 1 月至 1958 年 7 月为月刊,1958 年 8 月至 1960 年 7 月为半月刊,1960 年 8 月至 1964 年 9 月仍出月刊,以后因"文革"

休刊。

《华东水院学报》 1957 年 1 月创刊,16 开本,华东水利学院主办。不定期刊。1965 年 2 月更名《华东水利学院学报》,1977 年停刊。

《中学教师》 1957 年 4 月 15 日创刊,16 开本,月刊,江苏教育社主办。这是一份面向中等教育的月刊。1960 年 10 月,并入《江苏教育》,更名为《江苏教育》(中学版)。1966 年 5 月停刊,共出刊110 期,最高发行量近 4 万份。

《南工学报》 1957 年 7 月创刊,南京工学院主办。不定期刊。1959 年至 1963 年休刊。1964 年复刊。

《土壤》 1957 年创办,16 开本,双月刊,中国科学院南京土壤研究所主办。

《江海学刊》 1958 年创刊,江苏省社会科学院主办主管。这是新中国成立后国内创办最早的哲学社会科学综合类学术理论期刊之一。1959 年停刊,1960 年复刊,1964 年再度停刊。

《群众》 1958 年 8 月 1 日创刊,是江苏省委主办的政治理论刊物,也是江苏省委的机关刊物。创刊时的主要任务是:在政治思想战线上,高举马列主义和毛泽东思想旗帜,总结和推广全省各地在社会主义革命和社会主义建设中的先进经验,指导工作;帮助干部学习马列主义,学习毛泽东的著作,学习党的方针政策。欧阳惠林任总编辑,吴镇、徐苈任副总编辑。1962 年 3 月停刊时已出70 期。

《南京林学报》 1958 年创刊,16 开,季刊,南京林学院主办。1958 年至 1960 年以不定期方式出刊。

《江苏音乐》 1958 年创刊,32 开本,月刊,江苏省文学艺术界联合会主办。

《扬州师院学报》 1959 年 5 月创刊,16 开本,扬州师范学院主办。从创刊至 1966 年上半年,均为文理合刊的不定期的内部发行刊物。

《南京中医学院学报》 1959 年 6 月创刊,16 开本,季刊,南京中医学院主办。

《南药译丛》 1959年12月创刊，16开本，季刊，南京药学院主办。

《江苏戏曲》 1959年创刊，16开本，月刊，江苏省文化厅主办。1960年停办，并入《雨花》。

《苏州医学院学报》 1960年创刊，16开本，季刊，苏州医学院主办。

《江苏农学报》 1961年1月创刊，16开本，季刊，江苏农业科学研究所主办。1966年停刊。

《江苏文史资料》 1962年创刊，江苏省政协文史资料委员会编辑，江苏人民出版社出版。每年1辑，第3辑后因"文革"而中止。

《江苏纺织科技》 1962年创刊，16开本，季刊，江苏省纺织研究所主办，内部发行，刊址在无锡市。

《石油物探》 1962年创刊，16开本，季刊，地质矿产部石油物探研究所主办。

《蚕业科学》 1963年4月创刊，16开本，季刊，中国蚕学会、中国农业科学院蚕业研究所主办，刊物在镇江出版。

《机车车辆工艺》 1964年1月创刊，16开本，双月刊，铁道部戚墅堰机车车辆厂主办，刊址在常州。

《医学文摘·皮肤病学分册》 1964年创刊，16开本，季刊，中国医学科学院皮肤病研究所主办，以文摘为主的一本信息性刊物。1966年因"文革"而停刊。

《铁道医学》 1964年创刊，16开本，双月刊，南京铁道医学院主办。

《机械科学与技术》 1964年创刊，16开本，双月刊，江苏省机械工业厅主办。

《江苏支部生活》 1965年创刊，江苏省委组织部、宣传部主办。16开本，月刊；后改为半月刊，32开本，32页，最多时发行69万份。1967年1月停办。

《地层学杂志》 1966年3月创刊，仅出两期即休刊。

《化工起重运输设计》 1966 年创刊，16 开本，季刊，化工部起重运输设计技术中心站主办。内部发行。

第四节　早期的书刊印刷

1949 年 5 月，江苏全境解放。华中新华书店工作人员随解放军进驻城市，收缴了旧政府留下的印刷机构，建立了自己的印刷厂，并同时组织一些民营印刷厂，担负起书刊印刷任务。

1949 年 5 月至 12 月，南京市新华书店利用收缴的印刷、装订设备和纸张、油墨等材料，又组织"大业""志宏"等私营印刷厂和作坊，把从老解放区带来的一部分纸型和可印书样本交付印行。共印制《目前形势和我们的任务》《大众哲学》《蒋党真相》等书籍及期刊百余种。

苏南新华书店总店也组织苏州、无锡、常州等地的私营印刷厂印制图书。第一批重印毛泽东著作（单篇本）10 种，计 10 万册。自 1949 年 5 月至 12 月，先后印行书刊共 205 种，162 万余册（包括苏州分店所印）。1950 年 1 月，苏南新华书店总店改名新华书店苏南分店后继续印行图书。1 至 6 月，共印行书籍 38 种，147 400 册；年画 10 种，25 万张；期刊 3 种，37 期，196 500 册。

苏北新华书店总店，后改名为新华书店苏北分店，自 1949 年 5 月至 1950 年 6 月组织苏北新华印刷厂（后改名为苏北日报社印刷厂）等共印制书籍 151 种，108 万册，期刊 4 种，10 万册；年画 13 种，15 万张。

1951 年元旦，苏南人民出版社正式成立，出版的书刊全由苏南新华印刷厂印制。出版社在成立后半年的时间里，共印制新版书 48 种，1 823 500 册，再版书 13 种，173 500 册，活页歌选 15 万份，期刊 2 种。同年 7 月，苏北人民出版社成立，所出书刊主要由苏北日报社印刷厂印制。1952 年，苏北地区印制图书 40 种，380 万册；期刊 4 种，2 198 000 册；挂图 18 种，33 万张。苏南地区印制图书、课本等共 200 多万册。

1953 年元旦，苏南人民出版社和苏北人民出版社合并，在南京成立江苏人民出版社。当年，江苏新华印刷厂还在筹建之中，江苏人民出版社的书刊暂由苏南新华印刷厂、苏北日报社印刷厂、南京军区印刷厂、南京东方红印刷厂等承印。

随着出版事业的发展,江苏的书刊需印数量不断增长,再加上巨大的课本印制任务,到 1956 年,需印量超过全省印刷能力。因此除原有的承印厂外,南京人民、苏州、扬州、泰州人民、无锡人民、南通韬奋、徐州等市属印刷厂也开始排印书稿。第一个五年计划(1953—1957)期间,江苏出书 1 668 种,印 4 416.4 万册,66 923 千印张;期刊 11 种,1 937.6 万册,28 301 千印张。其中约 70% 系省内排印,其余部分,特别是排印难度大的书稿仍送上海排印。

1958 年“大跃进”期间,出版物强调多、快。《新华日报》登载过江苏 24 小时出一本书的报道,只是不清楚这是从编辑稿子开始,还是从排版开始,但不管怎么说速度是够快的。那时,因为政治的需要,一本书从确定选题到印刷装订完成,时间限定在五六天之内是常见的。正因为要大干快上,所以江苏人民出版社的书刊印刷量剧增,更使印刷力量捉襟见肘,多数书籍的印制质量明显下降。1959 年初,江苏人民出版社在上海设工作组,负责与上海印刷公司联系,在上海安排书稿排印;另一方面积极扩建江苏新华印刷厂。

而这一时期,省内 9 个专区(市)先后建立了出版社,印刷任务自然就加到了各市府所在地的印刷厂头上。那两年,9 个专区(市)出版社出版各类读物 1 036 种,印刷 1 042.7 万册,计 14 005 千印张,另有活页出版物及期刊等 2 226 千印张。

20 世纪 50 年代,虽然设备和工艺落后,但江苏书刊印制不仅数量增加,部分图书的印制质量也有所提高。1959 年 7 月,参加全国书籍装帧插图展览会,江苏版 6 种图书被选送出国展出。参加莱比锡展览会的有《在实际工作中运用唯物辩证法》《宜兴陶瓷制造》《南—105 水稻插秧机》《煤海短歌》4 种。参加华沙博览会展出的有《针灸学》《为钢铁而战》2 种。这些参展书籍的装帧、设计、印制都很精美。

20 世纪 60 年代,课本、书刊印刷需求的增长促使江苏书刊印刷业发展和设备更新,不少厂添置了自动二回转凸版机、书报两用轮转机、单张单面轮转机、单张双面轮转机等。但铅字排版、铅版印刷在技术上变化不大。胶印制版因感光版材的发展而变化比较明显。连续调照相分色制版取代人工分色制版。阴图蛋白版晒版替代落石制版。后来,阳图平凹版又淘汰了阴图蛋白版。可是由于60年代初的严重经济困难,纸张紧缺,书籍印制量下降。1960年,印书458种,2 111.6万册,36 510千印张,用纸量仅为1959年的59%;期刊9种,1 052.7万册,24 732千印张,用纸量为上年度的90%。此后几年,江苏版书刊印制量低于1960年水平。

一、印刷业的演变

1953—1966年,江苏的印刷力量有限,图书印刷主要靠江苏新华印刷厂,后来印刷需求增加,在淮阴新建江苏新华印刷厂分厂,另外又扩大承印厂的许可范围,但仍不能完全满足需求。

江苏新华印刷厂　1953年开始筹建,主要器材和人员由苏南新华印刷厂、苏南日报印刷厂和苏北日报印刷厂合并而成,为江苏人民出版社直属印刷厂。建厂初期,厂址在百子亭36号,有职工242人,固定资产50万元。设备有印刷机、切纸机等29台。机器陈旧,大部分靠手工操作。1954年,排字2 180万字,铅印2万令,胶印1万色令,装订1.8万令。总产值97.6万元,全员劳动生产率4 000元。当时,这个工厂除印刷书刊外,也接受社会印件。1956年6月,从江苏人民出版社划出,归省轻工业局领导。1957年5月又从省轻工业局划给省文化局。1958年8月归还江苏人民出版社。1958年起,由于强调为政治服务、为出版服务,生产任务只局限于书刊印刷。1958—1960年,上海公私合营的协顺、至大、元丽3个印刷厂和上海艺联照相制版厂迁南京,并入江苏新华印刷厂。随着江苏出版事业的发展,工厂印刷能力越来越感到不足。1958年起,筹备扩建厂房。1960年10月,建筑总面积6 500多平方米新厂房落成,厂址在南京市中央路145号;增添了铅印及胶印设备,年平均职工人数增至538人。1961年,铅印完成60 753令,胶印完成60 729色令,分别较上年增长50%和20%。质量、品种、利润都有较大幅度的上升。1962年10月,江苏人民出版社所属江苏新华印刷机械厂也并入该厂。至1965年底,生产能力:排字3 211.4万字,铅印10.8万令,胶印8.7万色令,装订7.5万令,总产值528.7万元,利润62.9万元,全员劳动生产率 12 558 元。所印《百花齐放图集》《煤海短歌》《严重烫伤治疗学》等书,被选送参加莱比锡国际博览会书展。

江苏淮阴新华印刷厂 1965 年,为了适应战备需要,江苏新华印刷厂在淮阴筹建分厂。1965 年 8 月筹建,1966 年 11 月正式投产。厂址淮阴市淮海北路 44 号。厂房面积 11 801 平方米。建厂初期,胶印设备是江苏新华印刷厂调拨的 3 台旧印机,铅印设备则大多是新购置的,有手摆米力机、自动米力机、对开机、立飞、卧飞、书刊轮转机等。

江苏徐州新华印刷厂 原为徐州市地方国营徐州印刷厂。厂址徐州市青年路公园巷 2 号。全厂占地面积 8 978 平方米,建筑面积 13 093 平方米。1965 年以前,承印过地方报纸及社会零散件。1960 年总产值 476 万元,利润 76.1 万元。1965 年,开始承担书刊印刷。

盐城市印刷厂 由抗日战争时期中共盐阜区党委所创建的盐阜印刷厂发展而来。厂址盐城市纯化路 29 号。厂房面积 11 200 平方米。1949 年 3 月,盐阜印刷厂迁进盐城。1950 年精简整编,工厂仅留下 10 余人。1954 年,工厂命名为地方国营盐阜印刷厂。1956 年,公私合营时,有 12 家私营印刷企业的人员和设备并入该厂。60 年代,添置了胶印设备和凸版机。

镇江前进印刷厂 原为 1940 年所建的前进报社印刷厂。地址镇江市迎江路 43 号。厂房面积 1.8 万平方米。镇江解放后,军管会接管了国民党的《江苏省报》等几家印刷厂,公私合营时,市内 21 家私营印刷企业并入该厂,成为镇江市地方国营印刷企业。1961 年开始承印图书和课本。

扬州印刷总厂 早期系抗日根据地的大众书店印刷厂。新中国成立后迁入扬州,1954 年,改名扬州印刷厂。50 年代末,全厂生产能力铅印为 1.3 万令,胶印 1 万色令。经过 60 年代设备更新,生产能力大幅增长。

泰州人民印刷厂原为抗日战争期间苏中二分区人民印刷厂。1950 年移进泰州。1951 年易名为地方国营泰州人民印刷厂。厂址泰州市稻河路 24 号。厂房面积 18 927 平方米。1954 年,全厂职工 245 人,年产值 50.3 万元。1956 年后实行多种经营,年产值增至 788 万元,利润 144

万元。以后因产品调整,产值下降。

南通韬奋印刷厂　该厂是在抗日战争期间海安县韬奋印刷厂的基础上建立起来的地方国营印刷厂。厂址南通市南大街97号。厂房面积11 039平方米。1951年9月与翰墨林印书局合并。1955年对私改造,全市私营印刷业的设备和人员全部并入韬奋厂。从60年代末到80年代,先后进行了6次较大规模的基建改造,生产能力大幅提高。

苏州印刷总厂　原为1954年4月建立的地方国营苏州印刷厂。厂址苏州市长春巷6号。建厂初期,有排、印、装主要设备21台,铅印24 938令,工业总产值为38.6万元。承印江苏课本、连环画、《毛泽东选集》等。

海门县印刷厂　1949年1月建立,前身为东南印刷厂。厂址海门县海门镇解放路75号。厂房面积11 366平方米。建厂时仅有9名工人。1965年开始承印图书。

二、印刷工艺的进步

20世纪50年代前期,江苏印刷业的设备和技术都相当落后,手工排字,手工打纸型,手工摆纸,装订也是手工操作。铅印机多数是一回转凸版印刷机,只有少量的二回转凸版印刷机(米力机)。胶印刚刚起步,制版主要靠手工绘版,落石翻版,湿片照相。胶印机是手摆纸甩棒式01机。

20世纪60年代,课本、书刊印刷需求的增长,促使江苏书刊印刷业发展和设备更新,不少工厂添置了自动二回转凸版机、书报两用轮转机、单张单面、单张双面轮转机等等。但铅字排版、铅版印刷在技术上变化不大。胶印制版则因感光版材的发展而变化比较明显。连续调照相分色制版取代人工分色制版。阴图蛋白版晒版替代落石制版。后来,阳图平凹版又淘汰了阴图蛋白版。

"文革"期间,印制毛泽东著作、毛泽东像是全国出版业(主要是印刷业)的政治任务。其纸型、印版由北京供应,各省、市、自治区的任务就是印刷装订。为了完成任务,各级政府拨发资金添置印刷机械,因而各地的印刷、装订能力得以提高。江苏出版系统的直属印刷厂大量添置二回转印刷机,江苏新华印刷厂、淮阴新华印刷厂、7214工厂还购置了书版轮转印刷机。尽管如此,印刷能力仍不足以完成当时的任务,于是任务被分配到市、县印刷厂。各市、县拨专款给当地印刷厂添置印刷设备。有些市还组织机械行业搞会战,自己生产印刷机。常州人民印刷厂使用的4台二回转印刷机,其中3台就是当时会战的产品。1966年,江苏14个主要书刊印刷厂,铅印有主机159台;1969年,有主机196台。胶印方面,12个主要书刊印刷厂1966年有主机43台,1969年有主机71台。

20世纪70年代初,一些市、县印刷厂还添置了单面凸版轮转印刷机,总数达20多台,还有大量的对开平台印刷机。印、装设备得到更新。与此同时,胶印制版广泛推广使用蒙版工艺,软片开始替代湿片,照相分色制版工艺已趋成熟。国产J2106、J2108、J2203等型号胶印机,成为江苏彩色印刷的主要设备。

(一)雕版印刷

雕版印刷是古老的印刷工艺。古代江苏的苏州、南京、扬州等地区的雕版在全国享有盛誉。中华人民共和国成立后,雕版印刷这种古老的复制方法已很少运用,不过扬州、苏州、南京则各保留了一处这种传统工艺,而且均有印刷产品。它们是扬州广陵古籍刻印社、苏州桃花坞木刻年画社和金陵刻经处。

雕版用料主要有梨木、枣木、白果木等。按书稿尺寸要求开好板块,用石灰水浸泡后刨平。雕版工具是用高碳钢制作的刀具,有各种刻刀、铲刀、剜凿、刮刀、圈凿等,一套完整工具约30把。

雕版印刷的过程大致如下:将书稿按一定的行款写在薄纸上,称为"写样",将写样上有字的一面贴在板上,即可刻字。刻工用不同的刻刀将木板上的反体字墨迹刻成凸起的阳文,同时将木板上其余空白部分剔除,形成凹陷,使所刻墨迹比凹陷处至少高出1—2毫米。印刷时,用圆柱形平底刷蘸墨汁,均匀刷于板面上,再将纸覆盖在板面上,用刷子轻轻刷纸,纸上便印出文字或图画的正像。将纸从印版上揭起,晾干,印刷过程就完成了。一个印工一天可印1 500—2 000张,一块印版可连印万次。

(二)铅版印刷

铅版印刷从清代传入江苏起,沿用时间很长。到20世纪90年代之前,铅版印刷一直是书刊印刷的主力军。20世纪中叶以后,印刷工艺和设备迅猛发展,凸印机印刷速度不断提高。1960年,江苏新华印刷厂引进每小时 1.2 万印的 32 寸书报两用轮转机和每小时 2 000 印的全张米力机，印刷速度显著提高。但制版仍然摆脱不了手工操作，因此限制了印刷生产率。

铅版印刷包括铅活字印刷和复制版印刷。

铅活字印刷是指直接用铅活字排版印刷。铅活字版十分笨重，版面不能很大；铅活字是靠外框夹在一起的，不能抵抗震动，印版只能固定不动，因而印刷速度较慢，生产效率很低。加上占用活字量大，所以后来人们发明了用泥版、纸型浇铸的印版，通常称为"复制版"。

江苏当代出版业从创建开始，铅版印刷书刊都是以复制版印刷为主流，铅活字直接印刷，只用于零散小件。

制作复制版有一道工序是打纸型：将多层耐热纸覆于活字版或其他印版上，压成阴文的纸质模版，称为纸型。利用纸型可浇铸出多块相同的印刷铅版，供多台印刷机印刷，还可浇铸成圆弧形铅版供轮转印刷机用。手工打纸型，需先将拼排好的活字版推上铁台装框。经过覆纸、涂浆、刷打、热烘等工序，得阴文正字纸型。经检查合格，用铅、锑、锡合金熔液浇灌，得阳文反字铅版。

1960 年，为了与购买的书报两用轮转机配套，江苏新华印刷厂引进了压型机。用机器压制纸型只要一次加压即可成型，简化了工序，缩短了时间，减轻了劳动强度。但机器压的纸型是干式纸型，不如手工打成的湿式纸型质量好。1965 年搞技术革新，曾使用过电动刷子代替手工刷打。1967 年，江苏新华印刷厂才淘汰手工打型。

江苏各市属书刊印刷厂，大都是凸版轮转机和平版机并用。制成的纸型得根据不同印机的需要，浇成弧形版或平版。为了加强铅版的耐用性，提高耐印率，江苏一些印刷厂在铅版上镀一层铜或铁。镀层厚度视印数而定。

书刊插图大多是铜锌版印制。直到 20 世纪 80 年代初期，江苏新华印刷厂、南京人民印刷厂等仍保留着铜锌版制作设备。

课本印制是中华人民共和国成立后十几年间出版社的主要任务之一。1952 年以前，上海印制的课本一直占领着江苏市场。自 1953 年起，江苏中小学课本向人民教育出版社租型印制，上海印制的课本在江苏份额逐步减少。刚开始时,全年课本印刷量仅 5 万令纸。到 1957 年,课本印刷任务全部在省内安排完成。其后,随着教育事业的发展,课本印刷量逐年增加,省内承印课本的印刷厂也有所扩增,除南京的江苏新华印刷厂、东海印刷厂、东方红印刷厂、建设印刷厂外,扩展到苏州、无锡、扬州、泰州等地的印刷厂。到 1959 年,秋季课本用纸已达 8.5 万令,江苏地区印刷厂只能完成全省课本印刷任务的 70% 左右,其余 30%,送请上海印刷公司在沪安排。为保证本省课本能开学前发送到学校,从 1959 年开始,江苏人民出版社驻上海工作组负责与上海印刷公司联系,每年在上海安排图书、课本印刷任务 2 万至 3 万令。由于省内外的印力基本上都已用尽,急用的课本,出书时间仍得不到保证。

为了确保本省课本印刷自给自足,1960 年 3 月,江苏省新闻出版局对全省印刷的布点作了全面的安排,以江苏新华印刷厂和 12 家地、市印刷厂为骨干,吸收了部分县印刷厂作为基本印刷队伍。当年的下半年,江苏新华印刷厂扩建完成,铅印、胶印年生产能力扩大到各 6 万令(色令)。此后,江苏课本全部在省内印刷。1961 年 6 月撤销驻沪工作组。

1963 年以后,印刷任务增加,又陆续吸收了一批县印刷厂。承印课本的印刷厂扩大到近 60 家。

表 2 - 5 1953—1966 年图书印制情况

年份	印书种数	总印数(万册)	总印张(千印张)
1953	155	1 487.4	13 299
1954	216	2 371.5	39 694
1955	311	2 745.5	53 464
1956	760	4 483	87 560
1957	520	3 966.2	80 572
1958	1378	11 689.6	232 209
1959	993	9 773.6	253 447
1960	867	9 605.6	234 544
1961	138	5 666	

年份	印书种数	总印数（万册）	总印张（千印张）
1962	183	5 963	132 680
1963	206	6 256	141 244
1964	137	6 036	163 067
1965	200	6 000	155 750
1966	223	13 929	232 492

（三）胶版印刷

胶版印制，是指金属印版上图文墨迹先印到包在滚筒表面的橡皮布上，再由橡皮布转印到纸上。胶印机适合高速印刷及彩色印刷。20世纪50年代，胶印制版工艺复杂烦琐，成本高昂，在激光照排普及之前，一般只用于印制书刊封面和少量的彩色画册。

1950年，苏南日报印刷厂曾购置一台旧胶印机，印刷《农民画报》。1954年，江苏新华印刷厂设胶印车间，用手工分色制版，费工费时，只能复制简单的画稿，质量主要取决于操作者的水平。其时，江苏各地市属印刷厂也都具备这种胶印制版能力。

1958年，江苏新华印刷厂曾采用绘纸法，把描绘出的轮廓层次转印到纸上，然后在纸上用深浅不同的墨水或炭粉按色版要求描绘出连续调层次。利用照相机加网的方法，把各色版拍摄成便于印刷的半色调印版。这种手工和照相相结合的制版方法，使产品质量有所提高。因工艺繁复，不久就被照相制版取代。到1961年，江苏新华印刷厂淘汰手工制版。其他市属印刷厂制版技术的发展大体与江苏新华印刷厂相似。

照相分色是第二代分色技术。运用照相分色技术制版，不但工艺流程大为减省，而且产品的质量比手工分色有较大的提高，可印产品的范围扩大了不少。此后，照相制版工艺发展很快，从玻璃片过渡到软片。为了提升连续调的效果，又发展了加网技术。从小的方网发展到圆网屏；网格密度从133线增至150线，甚至还试制过700线。照相制版从三翻（阴翻阳，再翻阴）发展到三翻一拷（阴翻阳，阳翻阴，再拷成阳），再发展为两翻（阴翻阳）。后来玻璃网屏又改进为洋红接触网屏。工艺又从一次放大发展到二次放大。用色从 6 色（多色）向 4 色过渡。还推广过三色制版。分色中使用各种蒙版法，节省了不少修版工夫。蒙版又从间接蒙版发展为直接蒙版，网纹也从事后挂网发展到直接挂网（分色挂网一次完成）。

三、装订形式的分类

（一）线装

线装是雕版书的主要装订形式，大约在明代中期以后盛行起来。线装是将印张文字面向外对折，叠成一册，用锥子穿小孔，以棉线或丝线订成，用绫、锦或绢作封面，护以函套，这是我国独具特色的民族装订形式。后来在翻印古籍时，为了保持原貌，仍采用线装，1960 年，扬州广陵古籍刻印社印刷的《暖红室汇刻传奇西厢记》也为线装。该书曾由国际书店选送出国展览。江苏人民出版社于 1961 年出版影印本《太平天国印书》上下两集，每集 10 册，又于 1962 年影印《张謇日记》（共 15 册），这两种书均为线装。1985 年，江苏古籍出版社出版的《康有为〈大同书〉手稿》也是线装。

（二）平装

近代印刷大多采用凸版纸、胶版纸。纸质较我国传统雕版印刷用纸坚韧而厚实。装订方法也有所不同。普通书籍大多采用平装。平装有多种形式：铁丝骑马订、铁丝平订、缝纫机订、穿三眼线订、无线胶订、锁线订、塑料线烫订等。一般不超过 60 页的书籍、小册子和期刊用铁丝骑马订，200 页以内的书多用铁丝平订或缝纫机平订。200 页以上，大多用无线胶订。

过去，书刊装订基本上都是手工操作，装订设备的发展一直落后于印刷机械的发展。手工装订的生产工具是"一张台板、一把括子、一桶浆糊"及缝纫机、单头脚踏铁丝订书机等简单设备。1958 年，江苏新华印刷厂购进第一台全张折页机，部分地取代手工折页。1960 年前后，江苏新华印刷厂添置了进口长臂订书机，骑马订效率提高。

手工包封面有折、粘、刷、包、括五道工序。经过技术革新，采用"五合一"包面法，五道工序一次完成。烫脊也改用手动烫脊机，提高了包封面的质量。

1958年,7214工厂、盐城市印刷厂等试用无线装订工艺,取得成功。

1960年前后,江苏新华印刷厂添置了进口单联配页机,配页工序基本上摆脱了手工操作。手摆锁线机开始为省内印刷厂所采用。1969年,国产半自动锁线机在江苏新华印刷厂投入使用。

（三）精装

经典著作、工具书及有保存价值的书籍,多采用精装。精装本加工包括书芯加工、书壳加工及套壳成型等工艺。书芯有锁线订和无线胶订两种,书壳有圆背和方背、纸面和布面之别。以往精装本多用手工制作,江苏在1956年出版了第一本精装本《伤寒论新注》。其后,精装数量有所增加,但生产工艺没有改变。

四、印刷物资的供应

1953年以前,出版用纸直接向纸厂订购或向市场采购。

1953年开始,国家为了保证出版用纸,对纸张实行统一配给。起初,计划分配的只有52克新闻纸一种,作书籍正文用纸。封面纸（道林纸）和插图、年画用纸,仍需向市场采购。1955年以后,4号凸版纸（60克）也开始计划分配。这使江苏书刊的正文用纸得到改善。此后,除一些数量较少、临时需要的特殊用纸外,江苏地区出版社印刷各类书刊正文用的52克新闻纸、60克4号凸版纸,封面用的（80克、100克、120克）胶版纸,宣传画和年画用的80克单面胶版纸,也先后陆续由国家计划分配。曾分配过一种120克的米黄和天蓝色封面纸,供小学课本封面专用,因这种封面纸容易褪色,数年后即被淘汰。

出版单位相应设立了物资管理部门。1953年1月,江苏人民出版社在出版科内设纸张管理员,专门负责纸张采购、管理和调度。同年秋天及1958年、1959年,曾先后在百子亭36号、47号及裴家桥建造过三处库房。1960年3月江苏省新闻出版局成立后,出版社纸库改为省新闻出版局物资处纸张科出版物资仓库。同年12月,省新闻出版局撤销,出版物资仓库改由江苏人民出版社物资计财处纸张科管理,纸库人员陆续增加。

江苏出版用纸增长速度较快。1953年用纸仅13 299令,至1957年增至80 572令。1958年开始,出书品种急剧上升。1960年,用纸达

234 544 令。以后几年,出版用纸量逐年下降。1965 年,降至 155 750 令。

中华人民共和国成立初期,印刷机械、器材都由市场供应。1958 年,中国印刷物资公司成立。当时紧俏的某些型号印刷机和部分印刷耗材如锌版、橡皮布、软片、铁丝等由中国印刷物资公司统一分配。1960 年 3 月,江苏新闻出版局成立,设出版物资仓库。出版物资仓库以储运纸张为主,兼储油墨、宝塔线、塑料布、聚乙烯醇、铁丝、锌、铅、电解铜、锌皮等印刷物资,调拨给承印厂使用。采购和调拨则由上级计划财务部门掌管。

第五节　图书发行业的体制变化

新华书店系统是省内最主要的发行渠道。1949 年江苏全境解放时,新华书店就已遍布所有县城。1953 年江苏省新华书店成立后,更大力加强发行网点建设,各市(地)县新华书店有 65 个,城乡门市销售点 95 个,初步形成了覆盖全省的图书发行网络;同时加强发行工作的计划性,推行图书预订制度,实行图书征订和零售相结合的发行方式,发行工作逐步走上健康的运行轨道。1956 年以前,江苏尚有少量零散的个体、集体书店或书摊。1956 年进行社会主义改造,个体、集体书店或撤或并,新华书店成为全省唯一的图书发行渠道;期刊则由省邮电管理局发行。1956 年,全省的市(地)、县新华书店门店发展到 78 个,城乡门市销售点 107 个。全省农村供销社普遍建立了图书发行专柜,县以下农村发行除课本预订和系统发行的图书外,都由供销社供应。1958 年大力兴建公社书店,对原有的发行网络带来一定冲击,其后逐步得到纠正。

一、体制的变迁

中华人民共和国成立后,国营新华书店在新老解放区迅速发展,在全省图书发行业中占主导地位。1949—1955 年对私营书店根据利用、限制、改造的方针,作了适当安排。1956 年私营书店大多转为公私合营,后并入国营书店。1956—1978 年新华书店一统图书市场,当时十分强调为工农兵服务,强调发行工作必须城乡兼顾,尤其要重视面向农村,为农民服务。根据图书是精神产品的特点,江苏国营书店打破了当时国(国营书店)合(供销合作社)城乡分工的界限,坚持送书下乡,下伸门市部,并与省、市、县供销社合作,大力发展供销社售书点,从而使江苏农村图书发行工作取得很大成效,在全国名列前茅。

1956年对私改造后,城乡发行网点减少,图书流通渠道不畅,后来虽采取了一些措施,逐步有了改善,但终因国营书店独家经营体制,使书刊销售受到限制。新华书店的人事、财务管理权,又经过了几次反复,从集中—下放—上收—又下放到又上收。1958年7月,省人民委员会按照文化部要求,决定把国营书店人、财、物权全部下放当地管理;1963年因下放后国营书店经营普遍滑坡,省人委又按文化部要求把国营书店的财权收归省管。

(一)私营书店、个体书摊

中华人民共和国成立初期,据1955年统计,全省有523家私营书店,其中,南京68家、徐州21家、无锡29家、苏州25家、常州30家、扬州26家、镇江22家、南通17家、淮阴7家、常熟31家、泰州9家、新海连5家。上述12个城市计290家。其余233家分布在各县县城和乡村集镇所在地。这些私营书店大多数都是民国时期延续下来的,江苏全境解放后一般都与各地新华书店建立了批销、代销关系。1949年由新华书店牵头组织教科书联营,采取公私入股分红制,联合发行教科书。1952年教科书收归新华书店独家经营,私营书店减少了盈利,加之其他方面的一些限制,造成私营书店经营上的困难。1955年实行公私合营时,有的私营书店归并入公私合营发行机构,有的转为百货、文具业。

(二)公私合营发行机构

1. 教科书联合发行处

1949年8月,苏州市由新华书店发起成立季节性的“教科书联合发行处”,有23家私营书店参加。采取入股分红办法,国营资金占三分之一,以后改为国营占55%,私营占45%。1951年秋,课本由国营书店统一发行后,经过协商,成立公私合营性质的“苏州图书联合发行所”,经营图书零售业务,后因经营亏损停业。1952年11月经批准,由苏州新华书店接收,改建为石路门市部。江苏无锡、常州、镇江等城市也有类似的发行机构,经营过程与苏州大体相同。

2. 中国图书发行公司南京分公司

其前身为商务印书馆、中华书局南京联合货仓,经营批发业务。1951年2月组成公私合营中国图书发行公司南京分公司,隶属北京总公司。1954年1月1日,根据出版总署的决定,并入新华书店南京支店。

3. 徐州书店

1956年1月实行公私合营,徐州市组成"开明""新世界""新中国"三家公私合营书店。1959年初,三家公私合营书店合并成立徐州书店。1966年末,取消私股定息,徐州书店并入新华书店,改称徐州市新华书店彭城门市部。

4. 南通新联书店

中华人民共和国成立初期,南通市有12家私营书店参加联合发行所,合资发行课本和部分图书。1955年8月,私营模范书局、三友书店、导文社三家合并组成新联书店,副牌为新华书店经销店;同年12月,又有文华书店、晓峰书店并入新联书店。1956年2月改为公私合营书店,共有三个门市部。1963年9月,公私合营书店改称南通市古旧书店。1966年取消私股定息,该店并入南通市新华书店。

(三)国营书店

1. 江苏省新华书店

建于1953年1月1日,店址设在南京中山东路86号。当年有市、县支店65个。1955年有支店63个(因萧县、砀山划归安徽)。1957年有支店72个。1958年省新华书店与出版社合并,改为江苏人民出版社发行部,对外仍称江苏省新华书店。当年,松江、南汇、嘉定、上海县、川沙、宝山6店划归上海市,江苏有市县店66个。1962年7月江苏省新华书店又单独建制,店址迁百子亭34号。

江苏省新华书店负有对全省市、县新华书店的业务、财务管理职责和省版图书的发货任务。江苏省新华书店的发书总额,1953年为1 149万册,92万元;1965年为8 191万册,1 485万元,13年间发书册数增长6倍多。

2. 外文书店

（1）南京市外文书店

1952 年 7 月开始营业，当时附设在中山东路 130 号新华书店第一门市部内，1953 年 2 月 13 日外文门市部在太平路 339 号正式开业，1953 年 5 月 3 日迁至太平路 74 号营业，1954 年迁至中山东路 137 号营业，改称外文书店。主要发行俄语书刊和部分国内版外文书刊。1956 年从国际书店接受进口图书代办业务，按照国家分配的外汇额度，代办江苏各大专院校、科研单位和生产单位所需外文科技图书资料的进口。

（2）苏州市外文书店

开设于 1951 年，原称苏州市新华书店外文部。1986 年在苏州南门新建营业用房，改称苏州市外文书店，仍隶属苏州市新华书店。该店主要经营国内版外文书刊和音像制品等业务。

（3）无锡市外文书店

其前身为苏南新华书店直属门市部外文部，1952 年成立无锡支店后，改属无锡支店。主要经营国内版外文书刊发行业务。

（4）扬州市科技外文书店

扬州市新华书店外文部建于 1951 年。1974 年外文部与科技图书部合并，成立科技外文书店，仍隶属新华书店，地点在国庆路。外文方面，主要经营国内版书刊发行业务。

3. 古旧书店

（1）南京古旧书店

1956 年实行公私合营，南京 13 家私营古籍书店、旧书店及萃文书店（1951 年 4 月建立的公私合营书店）合并组成南京古旧书店，1958 年正式成立。"文革"开始被视为"四旧"，被迫关门停业，1971 年复业，更名为南京书店，以经营旧书为主。1976 年后恢复原名。1979 年开始经营新印古籍、碑帖、画册等，还自办影印，搞合作出版发行业务，恢复传统的修补业务，兼营文房四宝等文化用品。

（2）扬州古籍书店

扬州古籍书店的前身为扬州市公私合营古旧书店，成立于 1956 年，以新华书店为公方，以陈恒和书林等 9 家私营书店为私方，组成公私合营古旧书发行机构,对外独立经营,内部由市新华书店统一领导。"文革"开始后,古旧书被封,古旧书店被迫停业。1971年2月复业,由原公私合营转为国营。1978年5月,扬州市古旧书店单独建店,直属市文化局和省新华书店领导。现店址在扬州市盐阜西路10号。

扬州古籍书店为全国三大独立经营的古旧书店之一。文化古城扬州,历史上遗留下来的古籍甚多,该店公私合营期间(1956—1965)的十年,供应各地图书馆的古籍达18万部。"文革"后期该店复业后,积极开展古旧书画收购业务,从废纸堆中抢救出不少珍贵书画和善本古籍,如《五代名画补遗》、扬州八怪黄慎《寿星图》等。1973年至1983年间,平均每年收购古旧书2.05万元,其中善本书百余本、精品字画数十轴。1992年图书销售43.10万册,273.67万元,固定资产57.54万元。

(3)苏州市古旧书店

新中国成立之初,苏州市的古旧书业有30多家。1956年1月实行全行业公私合营,参加合营的古旧书店有23家,组成公私合营苏州市古旧书店,下分设文学山房、东方、大众、来青阁四个门市部,分别于1956年10月至12月开始营业。1958年曾设立古旧书店管理委员会,主任委员由苏州市新华书店经理兼任。1961年大众、东方、来青阁三个门市部被撤销,保留文学山房门市部。"文革"期间,苏州古旧书店被迫停业达6年之久,1972年复业,由公私合营转为国营,隶属苏州市新华书店。

苏州古旧书店是全国较有影响的古旧书店,在收购古书,抢救祖国科学、文化遗产方面成绩斐然。建店30多年,该店职工不辞劳苦,深入城乡民间收购,访问藏书家,或奔波外地搜集,以至到废品站、造纸厂,从废纸堆中搜罗挑选,获得不少古籍珍本和革命文献资料。其中南宋建阳书坊刻本《王状元集注编年杜陵诗史》,全书32卷,宋版原本,可谓世间绝无仅有。还有明崇祯版《吴县志》,也十分珍贵。挖掘抢救出的古籍珍品和文献资料,数量之多无法统计,仅提供给苏州市文管会的地方文献和珍本古籍就有1 140多册。

二、网络的建设

新中国成立后,江苏的图书发行网络建设曲折发展,有经验也有教训。在县以上城市普遍建立的国营新华书店起了主导作用,对私营图书发行业执行利用、限制、改造的方针,但是在执行中,限制过多,利用不够,一部分私营书店因无利可得而歇业或转业。1956年对私改造,实行公私合营,对原有私营店铺加以归并,又撤了一些网点,以致有些城市图书销售网点比新中国成立前有所减少。60年代至70年代,新华书店在县以上城市网点略有增加。

农村发行网建设更是曲折。1951年,江苏各地普遍建立发行委员会,各区设发行干事(苏北区137人,苏南区280人),运用行政力量搞重点书发行,出现强迫摊派现象,不久,发行干事被撤销。1956年对私改造,不再利用个体图书商贩,由多渠道变为独家经营。农村发行网络一度出现断档,渠道不畅。1958年,又超越了实际需要,盲目发展公社书店,造成经济损失。成功的经验也有不少,全省新华书店一贯坚持面向农村的方针,早在1953年,全省各地新华书店开始建立农村集镇门市部,发展供销社兼营售书点,形成了江苏农村发行网络的特色。

(一)城市网点

1. 综合门市部

江苏省内县以上城市新华书店的综合门市部,1950年只有55个,1953年84个,1965年为90个。新中国成立初期,综合门市部的营业用房一般都比较简陋,面积很小,后来逐渐得到改善。

2. 专业门市部

1953年全省只有3个专业门市部。随着经济文化的发展,各行各业对专业图书需要的增加,中等以上城市新华书店先后建立了各种专业门市部。

(二)农村网点

1. 农村集镇书店、门市部和供应点

江苏各县(市)国营书店发展农村集镇门市部,始于1953年前后。1953年全省有11个集镇门市部。受当时经济文化条件和书店自身力量的限制,1958年前集镇书店发展较缓慢,最多时只有22个。1958年"大跃进",各地因陋就简地建了一批集镇门市部,到1960年有265个。后因经济困难,精简机构,书店人员下放,集镇门市部大多关闭,1964年保留的集镇门市部只有72个。

供应点是 50 年代初期新华书店开展农村图书发行工作时设立的流动服务供应点(也称歇脚点),划片包干图书发行任务。有的供应点逢集开门设摊售书,背集则下乡流动销售;有的供应点早市设摊售书,落市则下乡流动销售,等客上门和送书上门相结合,效果很好。最多时全省有供应点 200 多处。后来随着农村集镇门市部的增加,供应点逐渐减少。江苏大部分集镇门市部的前身就是供应点,也可说供应点是农村集镇门市部的初级形式。

2. 供销社售书点

江苏的乡镇供销社兼营图书业务,始于 1953 年。当时新华书店与部分基层供销社建立季节性图书(年画、历书)批销、代销业务。1955 年对私改造前后,因不准继续使用个体商贩,而国营书店又不具备下伸较多门市部的条件,出现了农村图书供应渠道不畅的情况,文化部和新华书店总店决定发展供销社售书点。当年 12 月,省新华书店根据总店的意图,派调查组到如皋等支店,总结这些店运用供销社发行图书的经验,受到总店的肯定,加以推广。如皋等支店的经验,在全省乃至全国起了示范作用。1956 年省供销社还专门成立了指导图书发行的业务班子,全省各地供销社售书积极性较高。1957 年各地供销社因经营图书普遍亏损,卖书积极性受到影响,新华书店职工对此也产生疑虑。为此,文化部和供销合作总社又发出联合通知,要求各地继续供销社售书业务,提醒各地增加流动人员取代供销社售书是不妥当的。因而,供销社售书点部分得到保持。1958 年,各地不顾客观条件办起了公社书店,取代供销社售书点。1960 年公社书店被撤销,一部分供销社售书点得到恢复。供销社网点遍布农村,信誉可靠,由它兼营图书,不必另砌炉灶,利用现成的设备和人力,办国营书店一时难以办到、办好的事情,是农村图书发行网络重要组成部分。

3. 公社书店

1958 年 7 月,随着人民公社在农村的普遍建立,全省陆续建成了 1 860 个人民公社书店,基本上乡乡都有书店。专职工作人员共有 1 234 人,占用公社资金 24 万元(还向银行贷款 24 万元)。建公社书店超越了当时农村的客观条件,还占用了农业劳动力。由于农民买书少,经营入不敷出(连两个人都养不活),盲目进书,片面追求发行量,造成发行的重点图书严重积压。1960年8月,江苏省委贯彻中央郑州会议精神,决定陆续撤销公社书店。第一批撤销公社书店810个,退回人员1010个。1961年全部撤销。存书退给新华书店,经济上造成重大损失。

表 2-6　1949—1966 年江苏省新华书店网点

年份	县市支店数	综合门市数	专业门市数	县以下集镇门市数
1949	54			
1950	55	55		
1951	57	55		
1952	60	68	1	
1953	65	76	3	11
1954	65	77	3	11
1955	65	73	3	10
1956	78	76	9	6
1957	72	76	9	22
1958	66	85	13	13
1959	65	84	21	227
1960	66	90	21	265
1961	66	83	26	255
1962	68	91	18	80
1963	68	87	19	73
1964	68	88	17	72
1965	68	90	15	79
1966	69	102		82

三、营销的类别

1951年,新华书店成为专业图书发行机构,进销业务实行垂直管理,图书进货基本上以分配为主,征订为辅。图书订货也需贯彻党的宣传要求和出版意图,重点书则采用主动分配的办法。60年代初经济困难时期,印刷物资紧缺,出书数量受到限制,图书进货实行分配为主的方式。1962年4月,江苏省新华书店制定了以农村、城市、专业三方面读者对象为主和城乡共需四种类型的分配比例,按比例向各市县店分配图书。

（一）进货

为了贯彻上级制定的图书发行方针,全省各级新华书店从20世纪50年代初开始,即认真执行层层负责、严格把关的"三级审核"进货制度,要求做到三不进:即非正式出版物不进,内容反动和淫秽的图书不进,有害无益的图书不进。这种"三级审核"的进货管理制度,从省店到各市、县书店,坚持了30多年,保证了全省书店"按需订进、政治第一、质量第一"的进货原则的贯彻。

省店的进货程序,一般都是先由具体承办人员汇总审核各市、县书店的订数,逐书填制一式二份的汇分单,经科室领导审核后报到经理室审定,然后向有关出版社或发货店报出进货的品种和数量。各市、县书店的进货,则先由销售部门填写订单,业务部门汇总审核,最后经理室审定报出。

新华书店的货源从出版社获取,基本购销形式是征订包销。出版社每出版一种图书,即由省店编发征订单向各销货店征求订数,订单返还汇总审核后,向出版社报提印数,出书后交由省店按各销货店订数分发。这一社店之间产销业务往来形式,一直持续到20世纪80年代前半期。从长期实践的情况看,这种购销形式的好处是,订数来自基层销货店和读者,可靠性较大,有利于出版部门据以决定印数,若不过量备货,不会有经济风险;同时发行部门可以自行决定进货品种和数量,便于贯彻分层负责进发货的原则。但弊病是不能充分调动出版和发行两个方面的积极性。征订包销没有试销过程,基层书店只凭订单上的二三百字的内容介绍很难把需要数订准,所以对初版的一般图书订数往往偏少;出版社不敢承担风险大量备货,因而在订数问题上,产销双方常有矛盾。

（二）销售

1. 批发

省店对所属市、县店和各省新华书店实行征订批发（也称内部调拨）。各市、县店的批发业务，20世纪50年代前期有一定规模，主要对私营书店、个体商贩批发；1955年对私改造后，对私营商贩的批销、代销业务取消，改用供销社的力量销售图书，为了鼓励供销社售书的积极性，实行批销包退货的制度。1956年后还实行了送书到供销社批发的制度，结合了解供销社图书存销情况，适当退换图书，减少积压。

2. 门市销售

国营和私营书店一般都沿用以前的开架售书方式，任读者自由翻阅、选购。这种开架售书方式一直延续到1957年。1957年9月开始学习苏联闭架售书方式，新华书店总店在沈阳召开门市工作会议，推行闭架售书，江苏各市、县新华书店先后进行了以闭架售书为中心的门市改革。闭架售书方式，便于管理，图书污损少，但读者普遍感到不方便。当时社会上曾对此有强烈反应，报刊上曾发表批评文章。全省闭架售书方式延续到1978年上半年。

3. 流动供应

50年代，全省新华书店县以下下伸网点很少，新华书店继承了革命战争年代流动供应优良传统。流动供应员发扬艰苦奋斗精神，日行数十里乃至百里，吃住无定所，一般用自行车驮书100多斤，走乡赶集跑学校供应图书。60年代，设立了流动供应歇脚点和地区门市部，流动供应人员生活条件得到了改善。水网地区备专用小船流动售书。

流动供应有多种类型：（1）送书上门。针对农时季节的需要或城市工矿企业、研究单位专业的需要，选择有关图书送书上门，边供应边征订。（2）设摊供应。书摊一般设在群众集散地、交通要道或学校。有的采取定时、定点、定人、定巡回路线的办法设摊供应，效果更好。（3）会议供应。配合各条战线召开的各种大中型会议，选择适合会议内容的图书宣传供应。由于读者集中，需要图书的范围明确，供应效果比较显著。尤其是交通不便、居住分散的农村，利用会议宣传供应图书，可以收到事半功倍的效果。

4. 征订供应

征订供应是沟通供求关系,满足读者需要,克服进货盲目性,取得供需基本平衡的重要发行方式。新中国成立后,新华书店普遍采用了征订供应方式。1951年教育部决定课本实行信用预订制;1953年出版总署要求各地新华书店克服发行工作的盲目性,贯彻计划发行方针。从此,征订供应方式成为主要的发行方式。征订供应的图书品种主要有:(1)学校课本、教材和其他教学用书。一年两季的课本预订制已坚持40多年,逐步改进完善。这是保证课前到书,人手一册的重要措施。(2)学习文献。此类书需要面广量大,通过系统征订,可以请各系统提出需要数,按需供应。(3)科技专业图书。此类图书内容专、读者面窄,一般采取对口发征订目录征订的办法,征订供应为主,门市供应为辅。(4)工具类读物或分卷分期出版读物。此类读物常采取普遍征订方式,发征订目录征订,并在门市贴广告征订。

订书方式一般以信用预订为主,少数读者对象专、定价高的图书和进口图书,则预收书款。

5. 邮购代办

新中国成立后,邮购代办业务受到各级新华书店的重视。1955年3月,江苏分店通知各支店从4月份起贯彻实施总店颁布的《邮购、代办简章和要则》。通知规定江苏由南京支店开展邮购业务,其他支店仅受理读者代办业务。南京支店设立了邮购组。该店专职邮购人员,对市店库存和各门市存书情况了如指掌,及时找书邮递,没有书也及时复信,并推荐相关图书,编印的新书目也经常邮寄老读者,成为沟通书店与读者之间信息的重要渠道,受到读者好评。"文革"期间,邮购业务萎缩。

新中国成立后,江苏各市县书店还办起了图书代办业务。凡是读者来门市部没有买到的图书,营业员就帮助办理邮购,读者填写代办单,预交书款,取书时多退少补,不收邮购费。读者对这一办法非常满意,不多花一分钱,即可买到迫切需要的书。1985年后,随着图书出版品种逐年增多,书店门市品种不断增多,读者购书得到相对满足,代办业务逐渐减少。

（二）储运发货

省新华书店建店初期，书库面积只有 100 多平方米，后来逐步进行了投资建库。1967 年省店投资在淮阴兴建发货站书库，面积 1 800 多平方米，至 1976 年，省店书库面积达 3 000 平方米。

新中国成立后，省新华书店的发货工作，坚持面向基层、面向订户，快速、优质服务，以统筹安排，合理调度，保证重点，兼顾一般为原则。

重点图书发货一般是指：（1）配合政治学习的图书。各地书店把发好政治学习图书作为重大政治任务去完成。省店发货要抢时间争速度，随收随发，优先运送，力求赶上各地学习时间。（2）年画、历书发货。江苏各地农民过年前一般都要采买年画、历书。省店确保在每年元旦前一个月把货发到销售店。（3）中小学课本的发货。自 1958 年文化部决定中小学课本由大区造货供应改为省造货供应以后，省店课本发货册数平均占总发货的 53%，金额占总发货的 47%。课本发货特点是品种多、数量大、时间紧、造货分散。

对于一般图书发货，也要根据需求缓急程度和批量大小，合理安排，及早发运，力求缩短发运周期。

为了减少运输环节，尽快将图书送至销售单位，从 20 世纪 60 年代起，就采用了委托发货的方式。委托承印图书、课本的印刷厂，代理省店直接向订货店发运图书。代发代运工作是从课本开始的。1960 年，江苏人民出版社筹划扩大本省的印刷能力，自力更生完成课本和图书的印制任务，选择 12 家规模较大印刷厂印制课本图书。为了加快发书速度、减少流转环节，省店与有关承印厂商定，除南京、淮阴两地印制的课本图书交省店设立的储运部门集中发运外，其余各印刷厂承印的出版物，均直接发运到收货店，做好印、发两道工序一条龙服务。1963 年以后，省出版发行部门大量出版发行毛泽东著作，印制任务猛增，印刷力量严重不足。省出版管理部门便把全省具备印书条件的印刷厂组织起来，一些县城的印刷厂也参加印制。从 1963 年到 1968 年的 5 年期间，江苏全省委托印刷厂代发图书发展到鼎盛时期，代印代发图书的印刷厂达到80 家。

新中国成立初期，区级（苏南、苏北）、省级图书发货机构，以向省内发书为主。运输渠道主要是通过铁路零担发运,数量零星的则发邮包寄运。那时铁路运输计划随报随批,待运期短。50年代后期,公路零担运输业务开通,省店发往苏南非铁路沿线书店的图书,一般都改用汽车零担托运。江苏的水运条件好、运价低,但运输速度缓慢,60年代前后,苏北地区书店预发中小学课本和时效性不强的图书常用水运。1968年9月,南京长江大桥通车,发往苏北的图书大部分用公路零担托运。

1950年,苏北地区在扬州、泰州、淮阴、南通4个中心支店所在地建立了4个发货转运站,凡苏北分店和华东总分店向苏北区发货,不能直接运达支店的,都由这4个转运点负责分转,转运点是苏北分店的直属机构。垂直发货转运业务,在全国新华书店系统,江苏是首创。

1953年初,新华书店总店为实施全国垂直发货,选择铁路枢纽站所在地的书店,积极筹划图书发运中转网点的建设。江苏分店建店初期有市县支店65个。其中能够直接收外省发货的店仅有铁路沿线的11个市县支店,占全省市县支店的18.5%;店址不在铁路线上的54个支店,图书包件不能直接运到,需要经中转店转运,少数店交通不便还需经二次中转。经过调查摸底,选择江苏分店(南京)、华东总分店(上海,主要转松江地区)和无锡、苏州、徐州、镇江、新海连市支店建立了图书中转店,同时确定淮阴、盐城、南通、泰州支店为图书二次中转店。到1954年,先后建立了11个转运店,根据运输条件划分中转范围,其中镇江支店中转范围最大,苏北地区大部分收书店都经镇江中转。全省图书中转网点的建立,解决了不具备直接收书条件的发货难问题。1962年江苏全省在原有中转店的基础上,又增设邳县、新沂、丹阳等4个中转店,共有15处转运网点。1975年1月鉴于镇江、无锡两个中转店承担的转运任务过重,需要分流,同时要设法解决地处非铁路沿线代发印刷厂向省外发运江苏版图书中转不畅的困难,省店决定在交通运输条件较好的常州建立中转店,以减轻镇江、无锡中转店的压力,又为代发印刷厂向外省发书增加铁路运输渠道。

第三章 "文革"时期与拨乱反正时期的江苏出版业（1966—1980）

连续十年（1966年5月至1976年10月）的"文化大革命"，把多年来文化和意识形态领域的"左倾"错误推向顶峰，使我国社会主义事业遭到中华人民共和国成立以来最严重的挫折和损失。这场浩劫是从文化领域的"批判"开始的。"文革"前半期，是中国文化事业大倒退时期。文化艺术界被说成是"一条与毛泽东思想相对立的反党反社会主义黑线"①。新中国成立后创作的小说、诗歌、戏曲、散文等各种文艺作品和翻译作品都被说成是"封、资、修"黑货，尽数封存或销毁。出版事业作为文化领域的重要部门首当其冲，受到的摧残和破坏也更为严重。江青反革命集团不仅搞乱了出版秩序（人、财、物），流毒最深的是搞乱了思想，混淆了是非。出版界的拨乱反正，必须等待国家、中央层面的部署。

1976年10月，中共中央一举粉碎"江青反革命集团"（当时称为"四人帮"），标志着"文革"十年动乱终于结束。10月18日，中共中央向全党正式发出了粉碎江青反革命集团的重要通知。消息传开，全国上下万众欢腾。10月下旬，江苏各地党政军民先后有2 000多万人参加庆祝集会和游行。25日，江苏省、南京市和驻宁部队的领导机关，在南京鼓楼广场召开有40万人参加的庆祝大会，热烈欢庆这一历史性的伟大胜利。

江青反革命集团虽已垮台，但他们所造成的恶劣影响有待批判和肃清，为此，中共江苏省委根据中央的统一部署，逐步深入开展揭发批判江

①《林彪同志委托江青同志召开的部队文艺工作座谈会纪要》，1966年。

青反革命集团的斗争。全省从 1976 年 10 月至 1978 年 12 月,历经两年时间,大致分三个阶段进行:第一阶段(1976 年 10 月至 1977 年 3 月),揭发批判江青反革命集团及其在江苏的帮派体系篡党夺权的罪行;第二阶段(1977 年 3 月至 9 月),揭发批判江青反革命集团的罪恶历史,清查其在江苏的帮派体系;第三阶段(1977 年 9 月至 1978 年 12 月),揭发批判江青反革命集团的政治纲领、反动谬论和极"左"路线。

中国的改革开放,以 1978 年 12 月召开的中共十一届三中全会为标志,党和国家的工作重心由以阶级斗争为纲转向以经济建设为中心的新阶段。但对地方出版业而言,改革是以 1979 年 12 月 8—19 日在长沙召开全国出版工作座谈会(后来被称为"长沙会议")为标志的。其后,出版业的改革则与国家的改革步骤相一致。

出版与政治的关系紧密,所以政治上有了风浪,出版界也会出现波动。"文革"前半期,江苏出版界的乱象达到高点,唯有印制毛泽东著作使印刷生产力有所提高,出版社的编辑业务陷于停顿。1971 年形势稍有好转,江苏出版业在夹缝中看到了一线生机,凭着出版人的智慧,抓住了用连环画的形式讲述革命故事的机遇,使江苏出版业逐渐进入恢复状态,其后虽然仍有崎岖,但毕竟从停顿中开始缓慢前行。"文革"结束后,社会的图书需求量猛增,又加上恢复高考,自学风潮迭起,使图书市场的供需矛盾日益凸现,这对出版业的恢复与发展十分有利,地方出版社摆脱了"三化"的束缚后,图书生产率大为提高。由此,江苏出版界开始了彻底的拨乱反正。

第一节 "文革"时期的江苏出版

一、动乱中的江苏出版业

"文革"期间,江苏出版业遭受到空前的厄运。中央发出"五一六通知"后,江苏省委于 6 月又派出工作组进驻江苏人民出版社,领导该社进行"文化大革命"。时任社长、党组书记杨秋宾因烧毁讲话稿、笔记等行为,被认定为"对抗文化大革命",被撤销党组书记、社长职务,并通报全省。7月,江苏人民出版社、江苏省新华书店、江苏新华印刷厂均成立了"文革小组","文化大革命"运动在江苏出版系统全面展开。运动中掀起了一股揪斗"走资派"的恶浪,出版系统各单位领导基本不能幸免。8月,红卫兵大破"四旧"(旧思想、旧文化、旧风俗、旧习惯),江苏人民出版社许多有价值的图书、文献资料被当作"四旧",送到造纸厂化浆销毁。全省各地书店也有大批中外书籍被视为"毒草",被销毁或封存处理。10月,江苏新华印刷厂、江苏人民出版社、江苏省新华书店先后成立了"革命造反组织",批判"文革小组"的"资产阶级反动路线",揪斗各单位的"走资派"。各单位的领导班子陷于瘫痪,正常工作、生产秩序、规章制度均被打乱。12月下旬,省委毛主席著作印制办公室在南京召开第二次毛主席著作印制工作会议,才开了半天,就遭到南京等地印刷系统"造反派"组织的冲击,被迫停开。1967年初,江苏人民出版社、江苏新华印刷厂和省新华书店的"造反派"组织先后夺取了本单位的领导权。不久之后,夺权者内部出现分歧,形成两个派别,长期对立纷争,"内战"不休。全省各级新华书店的领导班子,大多被"打倒"或"靠边站",正常的出版发行活动基本停顿,只有印制和发行毛主席著作工作没有停止。

由"造反派"组织夺权而引起的内乱愈演愈烈,1967年1月南京发生了大规模的武斗,即"一·三事件",其后又有"一·二六夺权",派系争斗愈闹愈凶。鉴于这种情况,中央对江苏实行军事管制。[1]

1968年6月,根据省革委会的部署,江苏出版系统进行清理阶级队伍的工作,由于敌我界限、是非界限严重混淆,又一批干部和群众遭殃。8月,省革委会向江苏人民出版社、江苏新华印刷厂、江苏省新华书店派驻"工人、解放军毛泽东思想宣传队",领导各单位进行"斗、批、改"。这次"斗、批、改"的对象是出版系统编印发的全体人员。10月,江苏人民出版社和省新华书店的大部分人员被集中到南京农学院,由"工人、解放军毛泽东思想宣传队"领导,参加省、市文艺界毛泽东思想学习班,进行"斗、批、改"。次年6月,所有人员被转至南京塑料厂参加生产劳动,"接受再教育"。10月又转到句容县桥头镇省"五七干校"参加劳动,进行

---

① 刘定汉主编:《当代江苏简史》,北京:当代中国出版社,1999年,第251页。

"斗、批、改"。11月2日，省革委会发出《关于动员干部下放，知识青年上山下乡的通知》，江苏人民出版社和省新华书店一部分干部及其家属被下放到农村插队落户，参加农业劳动；一部分人仍留在省"五七干校"搞"斗、批、改"；原单位只留少数人处理日常工作。

1970年，江苏各地根据中央通知，先后开展了"一打三反"和"清查'五一六'反革命阴谋集团"运动。在"清查"中，省出版、印刷、发行单位的部分人员受到错误对待，甚至有普通职工在"清查"中被迫害致死。

1976年粉碎"江青反革命集团"，给江苏出版业带来转机。经过"真理标准"的大讨论，江苏出版业拨乱反正，正本清源，同时对过去的冤假错案进行了平反纠正，为江苏出版业走向健康发展的道路准备了条件。

"文革"期间，除了1966年有些前期未完成的图书扫尾之外，新出图书只有"文革"文件和学习毛泽东著作的经验介绍。出版社的主要工作就是印制毛泽东著作。

二、陷入谷底的图书出版

1966年"文革"开始后，江苏人民出版社当时就停止出书。据《1953—1983江苏图书目录》统计，1966年出版新书62种，有61种是"文革"运动开始前出版的，另一种是1967年的历书。1967年新出26种，除2种历书外，有24种是配合"文革"的政治读物，如《无产阶级文化大革命文件选编》《紧跟毛主席永远干革命——学习毛主席著作积极分子顾阿桃在无产阶级文化大革命中的一份发言提纲》《用伟大的毛泽东思想破私立公——记江苏省太仓县洪泾大队活学活用毛主席著作的经验》《毛主席语录歌曲》等。1968年新出21种，1969年新出28种，内容大致与前两年相似。

1970年底开始，全国的出版形势有所好转。起推动作用的是周恩来总理多次对出版工作作出指示，这使极"左"路线仍占统治地位的出版界看到了一线曙光。江苏根据中央的指示精神，对出版工作作了相应的调整。

1970年江苏出版新书104种。从品种看，与前三年有了一点变化：（1）批判对象具体化，如《抓紧革命大批判》共七辑，分别批判反动电影、反动小说、"四条汉子"、洋奴哲学、孙冶方经济理论、凯洛夫教育学、修正主义卫生路线。（2）"学哲学，用哲学"的题材占了一定比例，《工农兵学哲学》共 5 辑，还有一本《学好用好毛主席的光辉哲学思想》。（3）"革命样板戏"新书 13 种。（4）实用技术图书开始冒头，如《一定要消灭血吸虫病》《常用中草药》《江苏验方草药选编》《体格检查手册》（供赤脚医生使用）、"农业生产参考资料" 4 种（《大力放养绿萍》《江苏省秋播作物主要品种介绍》《三麦高产经验》《中兽医诊疗选编》）。

1971 年 2 月 1 日，江苏省革委会政工组批转省出版发行局《关于1971 年创作计划的报告》，要求各地切实加强对创作工作的领导，迎接建党五十周年。报告中提出的创作思想是："进行思想和政治路线教育""提高警惕，保卫祖国""备战、备荒、为人民"。创作选题有 113 种：（1）活学活用毛泽东思想经验介绍和政治读物 10 种；（2）文学读物 39种；（3）美术作品 50 种；（4）科技读物 14 种。所列创作选题都是组织集体编写，无个人创作。恢复出版儿童文学故事集。这年先后出版的有《鱼水情深》《送鸭的故事》《水乡儿童团》等。但从出版的图书产品看，1971 年的新出图书还没有多大起色，这是由于从选题计划到图书出版需要一定的时间造成的。

1972 年 1 月 11—13 日，江苏省革委会文化局召开全省翻译外国历史书籍工作座谈会。江苏省军区政治部在全省范围内组织创作"抗日战争故事"，为纪念毛主席关于民兵工作"三落实"指示发表十周年预作准备。

1972 年，江苏恢复出版连环画，先后出版的有《号角》（盐城县《号角》连环画编绘组编绘）、《阿芳》（滨海县业余美术创作组编绘）、《生命线》（戚墅堰机车车辆工厂工人业余美术创作组编绘）等；恢复出版少年儿童读物，先后出版的有《角弓传友谊》（凌淦群画）、《小兄弟俩》（鞠伏强画）、《捕象的故事》（南通市创作办公室编绘）、《刘胡兰》（江苏展览馆供稿）等 8 种；开始出版短篇小说集《黄海长缨》（江海红编），盐城县革命故事集《船头上的哨兵》，江苏民兵革命斗争故事集《游击健儿》（江苏省军区政治部编）；先后出版油画《南京长江大桥》（南京艺术学院供稿，印数200 万张），版画《洞庭果熟》《绿树丛中万点红》《劈风斩浪》，中国画《韶山同》《南湖》《黄洋界》等。另外还出版了《中医学》（江苏新医学院编，分上篇——中医基础，中篇——中医临床，下篇——新医疗法）。

1973年年初，江苏人民出版社制定的《1973年编辑出版规划》，确定1973年的出版工作，要坚持出版工作为无产阶级政治服务、为工农兵服务、为社会主义服务的方针，更好地宣传马列主义、毛泽东思想，配合全省工农业生产等方面的需要，传播科学技术知识；坚持把印制马列著作和毛主席著作放在首位；规划出版一般图书230种。规划比较注意青少年读物的编辑出版，这类选题占整个选题的30%左右。除出版新书外，对"文革"前出版的好书，逐步进行修订再版，列入1973年规划的修订再版书有22种。还有国务院下达的出版任务——外国历史地理翻译著作7种也须完成。

1973年4月，为纪念毛泽东《在延安文艺座谈会上的讲话》发表三十周年和毛泽东主席关于民兵工作"三落实"指示发表十周年，江苏省军区政治部从数千篇群众创作的故事中，选出100多篇，约100万字，编成四本"江苏民兵革命斗争故事集"（《江海洪流》《长缨在手》《游击健儿》《遍地英雄》），后来又以此为素材，编绘、出版了一批连环画册。

1973年，江苏人民出版社开始出版内部读物《葡萄牙现代史概要》、《卢森堡大公国史》、《现代比利时》（上、下册）、《比利时史》4种，分别由南京师范学院外语系翻译组和南京大学外文系法文、英文翻译组译。另外还出版了《电子数字计算机》、叶桔泉编《食物中药与便方》、董健著《太平天国革命史》、海笑著长篇小说《春潮》，还有一些画家的作品。

1974年7月，国家出版管理局在北京召开"法家著作注释出版规划座谈会"。8月，经省委批准，省委宣传部主持召开法家著作注释出版座谈会。会后，成立了省法家著作注释出版领导小组，并确定了江苏第一批重点出版选题，有南京大学的《严复诗文选注》《韩非子校注》《曹操诗文选注》，南京师范学院的《龚自珍诗文选注》，苏州师范学院的《李贺诗文选注》，徐州师范学院的《刘禹锡诗文选注》等。作者队伍除专家学者外，还有南京军区、南化公司、苏纶纱厂等单位的"工农兵"三结合参加。这批选题除《曹操诗文选注》外，均在1975—1982年由江苏人民出版社出版。

1974年江苏开始恢复出版其他种类的图书,此后一段时间内,文化、教育类图书既有"左"的错误指导思想的产物,也有普及教育的基础读物,如《江苏省业余英语广播讲座》(上册、中册)。少儿读物增长较快,连环画出版了22种。科技读物更注重科学性和实用性,如《谈谈原子能和核爆炸》《蔬菜栽培手册》《麦类赤霉病的发生与防治》《水稻两段育秧栽培技术》《食用菌栽培技术》《油菜栽培问答》等。

1974年11月下旬至次年1月底,江苏省出版发行局举办文学审稿学习班,处理由省文化局移交的中长篇小说稿件60多部约1500万字。参加学习班的主要是工农兵业余作者,也有部分老作者,共20多人。

1975年2月,江苏人民出版社编制的选题计划确定全年编辑出版图书的重点是:(1)学习马列著作、毛主席著作的参考材料;(2)大力宣传党的基本路线和无产阶级专政的基本理论;(3)积极出版注释法家著作和批林批孔图书;(4)继续出版普及革命样板戏的图书以及反映社会主义革命和建设的文艺作品,特别是中长篇小说、演唱材料和革命故事;(5)编辑出版科技普及读物和卫生知识读物;(6)反映社会主义新生事物,社会主义革命和建设成就的读物。

1975年5月2日,省文化局、省出版发行局在扬州、启东联合举办年画、版画创作学习班。参加学习者主要是工农业余创作人员,也有部分专业作者参加。在学习班上,创作、修改了一批美术作品,并将部分优秀作品向全国美展作了推荐。

1975年5月6日,江苏人民出版社举办少年文学创作学习班,共有25人参加,大部分是工农兵业余作者。

1975年,江苏人民出版社出版图书332种,其中新书251种。文化教育类的英语广播读物继续出版,文学艺术类中地方小戏曲出版了12种,科技类注重农业生产技术和医药。

1976年1月,为纪念鲁迅逝世40周年,江苏人民出版社决定出版《鲁迅——中国文化革命的主将》一书,由南京大学等五所院校中文系联合编写。

1976年4月23日—5月10日,国家出版局在济南召开鲁迅著作注释工作座谈会,讨论制订鲁迅著作注释出版规划(草案)。江苏承担的注释任务有《野草》《集外集拾遗》。10月5—19日,江苏省出版发行局在南京召开了鲁迅著作《野草》注释审稿会。出席会议的有来自全省的工农兵代表、专业作者和领导干部,共43人。

1976年10月30日,省出版发行局和省文化局在南京联合举办"小戏和曲艺的审稿、创作学习班",参加者有业余和专业作者,通过这些活动,促进全省群众业余文艺创作和群众文化工作的开展。

1976年出版新书187种,较有价值的还是实用性的科技类读物,另外值得注意的是文化教育类读物中出现了《中学数学解疑》《古汉语基础知识》,这表明江苏的出版工作开始逐渐回归正常轨道。

三、夹缝中的连环画出版

"文革"后期,江苏的连环画出版比其他种类图书兴盛,这是多种因素合力而形成的。"文革"前期,"两报一刊"社论之类书刊,各级出版社只需印制发行,而出版社自己可以编创与之配合的读物,但在那时的政治态势下,文字作品极易触碰"高压线",不如宣传画、年画、门联等美术类相对稳妥而且容易造势,因而当时的图书种类里,美术类占了一半以上;其次是1971年周恩来总理对出版工作有过几次指示,出版业的形势有些许好转;其三是江苏抓住了一个契机。1972—1973年,江苏人民出版社出版了4本"江苏民兵革命斗争故事集"——《游击健儿》(图3-1,32开,初版197页,二版385页)、《长缨在手》(图3-2,32开,356页)、《遍地英雄》(图3-3,32开,380页)、《江海洪流》(图3-4,32开,420页)。当时一般的文学类图书都在32开100页左右,像这套书的厚度是不多见的。这套书由江苏省军区政治部组织编写,可谓"根正苗红",不会被人"揪小辫子"。这套书里面有100多个江苏民兵革命斗争故事,而且故事情节生动,很能吸引读者。在那个"书荒"年代,这样能公开出版的、有可读性的书实在太少了,所以《游击健儿》1972年初版首印21万册,1973年二版超过50万册;其他三本1973年首印都超过50万册。这套书出版之后,大受读者欢迎,书中有些故事在江苏地区可谓家喻户晓。江苏人民出版社根据这些情况,决定把这个选题的文章做足做好,1972年就启动了改编连环画的工作。1973年2月,根据《游击健儿》书中故事改编的第一本连环画《虎口夺粮》出版,首印100万册。1973—1975年间,这套连环画出版最多,直到1980年才结束,共23本。

　　1974年,又选编四本"故事集"的精华,出版了《京江怒涛》(图3-5)。

图3-1　《游击健儿》封面

图3-2　《长缨在手》封面

图3-3　《遍地英雄》封面　图3-4　《江海洪流》封面　图3-5　《京江怒涛》封面

这套连环画,前面出版的 17 本都带有"江苏民兵斗争故事"标记,其中 16 本的故事均取材于《江苏民兵革命斗争故事集》的 17 个故事(《芦港战斗》一册两篇故事);《江潮烈火》虽有相同标记,但故事情节与四本"故事集"无关。另外还有 5 本(《江防图》《高凤英》《新来的船工》《钟楼红旗》《智炸军火库》)封面上没有加标记,但故事情节取自四本"故事集"。

"江苏民兵革命斗争故事集"的影响还扩大到了全国,根据书中故事改编连环画的,除了江苏人民出版社,还有全国其他出版社。其中版本最多的是《水上交通站》,分别有江西、黑龙江、上海、浙江、辽宁、河南等多个版本(有的另起名为《智闯长江》,或《智闯大江》),《京江怒涛》也有人民美术、上海、辽宁等版本。人民美术出版社还将江苏版《水上交通站》(沈行工等绘)重新修订出版。上海美术出版社还改编了《金绣娘》(施大畏等绘)、《小向导》(冯远等绘),人民美术出版社改编了《战斗在岗河边》。

江苏人民出版社在 1973 年 9 月和 1975 年 3 月还精选了《水上交通站》《虎穴夺棉》《双喜嫂》《京江怒涛》等多幅画稿编入 16 开本的《连环画选页》出版,供美术爱好者和专业美术工作者参考、学习。

表 3-1　取材于"江苏民兵革命斗争故事集"的连环画出版情况简表①

序号	连环画书名	出版时间	改编自	原作篇名	印数(万册)
1	虎口夺粮	1973.2	游击健儿	夺粮的故事	100
2	芦港战斗、泥螺乡的故事	1973.4	游击健儿	芦港战斗、军械库	100
3	铁坝中队	1973.5	游击健儿	铁坝中队	112
4	钢铁联防队	1973.10	游击健儿	江安联防队	91
5	智取粮船	1973.11	游击健儿	卡住敌人咽喉	70

---

① 此表前 5 列据 http://www.shuqu.net/read.php? tid=4338 整理,印数据《1953—1983 江苏图书目录》。

序号	连环画书名	出版时间	改编自	原作篇名	印数（万册）
6	虎穴夺棉	1973.11	游击健儿	虎穴夺棉	140
7	双喜嫂	1973.11	游击健儿	"双喜临门"	140
8	江心跳板	1973.12	江海洪流	江心跳板	140
9	京江怒涛	1974.1	江海洪流	京江怒涛	90
10	水上交通站	1974.2	遍地英雄	水上交通站	40
11	斗川岛	1974.3	长缨在手	斗川岛	110
12	火烧竹篱笆	1974.8	游击健儿	火烧竹篱笆	100
13	一把军号	1974.12	游击健儿	抗日沟军号布疑阵	60
14	劈波远航	1975.1	长缨在手	劈波远航	60
15	缴枪记	1975.2	游击健儿	南阳镇上显身手	60
16	江防图（无标记）	1975.5	江海洪流	江防图	60
17	高凤英（无标记）	1975.7	游击健儿	水乡女民兵高凤英	60
18	劈风斩浪	1975.9	江海洪流	老艄公	60
19	新来的船工（无标记）	1976.9	江海洪流	新来的船工	60
20	钟楼红旗（无标记）	1976.7	长缨在手	钟楼红旗	69.3
21	湖边歼匪（无标记）	1979.2	红旗漫卷	铁掌	50
22	智炸军火车（无标记）	1979.12	长缨在手	智炸军火车	36
23	歼匪记（无标记）	1980.5	红旗漫卷	为了前线	35

"文革"后期，江苏的连环画出版可以说是以这套改编本为基础发展起来的。在出版这套改编本的同时，其他反映江苏人民革命斗争的连环画也开始出版。1972年有《船头上的哨兵》《英雄故事》《火红的战旗》等；1973年有《打不断的电话线》《渡口激浪》等；1974年有《红军的草鞋》《带响的弓箭》《无敌》等；1975年有《一支猎枪》《江防图》等；1976年有

《小铁头夺马记》《风雨夜空歼飞贼》等。1976年初,江苏人民出版社又出版了新的江苏民兵斗争故事集《红旗漫卷》,这本故事集里有两篇改编成连环画《歼匪记》《湖边歼匪》。那时出版的连环画,初版印数动辄五六十万,最多的达到140万册。1973年江苏人民出版社出版连环画15种,总印数1 250万册,平均每本83.33万册。

"文革"结束后,江苏连环画的题材较之以前大为扩展。

表3-2 1973—1976年江苏连环画出版简况

年份	种数	总画幅数	平均画幅/册	总印数(万册)	平均印数/册(万册)
1973	15	1 396	93.06	1 250.0	83.33
1974	19	704	37.05	1 167.4	61.44
1975	24	*	*	1 122.4	46.77
1976	26	*	*	802.6	30.87

*:说明1975、1976年,统计资料上无画幅数。

第二节 艰难的复苏

一、逐步恢复的江苏出版业

"真理标准"的大讨论,给江苏出版业带来转机;江苏出版业由此加大了拨乱反正、正本清源的力度,对过去一些冤假错案进行了平反纠正,为江苏出版业走向健康发展的道路扫清了障碍。

1977年,江苏出版业开始逐步恢复,出版工作状况基本上还是此前的延续。3月,为做好《毛泽东选集》第五卷的印制发行工作,省委决定成立毛主席著作发行领导小组。8月,省出版发行局在淮阴清江市召开全省印刷工作会议,进一步落实《毛泽东选集》第五卷的印制工作。12月,省出版发行局在扬州召开全省图书发行工作会议,传达国家出版局武汉图书发行工作座谈会精神,总结《毛泽东选集》第五卷的发行情况;交流开展学大庆、学大寨活动的经验。

本年,江苏出版新书245种,新书品种比1976年增长了31%,其中美术读物 113 种(宣传画、对联等 87 种,连环画 27 种)。选题较以前有了突破,出版了向中国人民解放军建军五十周年的献礼书——长篇小说《映天红》(作者群星)。小说以抗日战争时期反"清乡"为题材,歌颂毛泽东人民战争的伟大思想;反映中国人民解放军空军战斗生活的长篇小说《冲霄曲》。科技读物中除农业科技、中医药图书外,开始出版"七·二一工人大学"教材《数学》《机械制图》。

人们的思想还没有从"文革"禁锢中完全解放出来,"群众路线、开门办社"仍是出版方针之一,组稿、审稿大多采用会议形式,以单位或编写组的名义写稿。1977 年 1 月 21—25 日,江苏省出版发行局和省卫生局在南京联合召开《内儿科学》《妇产科学》《针灸推拿新医疗法》编写会议,成立了三本书的编写组。6 月 23 日—7 月 6 日,省出版发行局和省卫生局在南京联合召开《病理学》《药理学》《微生物及寄生虫学》《人体解剖学》《人体生理学》五种教材的审稿会。这样的编写会、审稿会 1977 年开了十多次,1978 年开了 13 次,其后几年仍在沿用。

1977 年 12 月 3—17 日,国家出版局在北京召开全国出版工作座谈会,批判了江青反革命集团炮制的"黑线专政",清算了他们全盘否定"文革"前十七年出版工作和出版队伍的罪行;讨论了出版工作的具体路线、方针、政策等问题,提出了 1978—1980 年的出书计划和 1978—1985 年的出书规划设想。江苏省出版发行局于 1978 年 3 月制订出《关于 1978—1985 年出版工作规划的初步设想》,提出到 1985 年的 8 年,在出书各类方面要具有一定规模的系统性,有一批影响较大的好书,初步实现出版事业的全面繁荣;出书品种要逐步递增,到 1985 年实现出书 500 种的规模。

1978 年 4 月,江苏省出版发行局成立了审干复查办公室。审干:审查干部。此词源于抗日战争时期中国共产党为保持组织的巩固和队伍的纯洁而开展的运动。延安整风运动期间,保安机关破获了一些特务案件。为了纯洁干部队伍,中央各部门和一些机关、学校开展了审查干部的工作,对审查多年未作结论的案件逐一作出了结论;对已作结论的案件,重新作了过滤复查,重点是"文革"中的案件。"文革"中的冤、假、错案得到了平反。同月,省出版发行局同意恢复扬州广陵古籍刻印社,以保护现存版片,补刻必需而又缺损的版片;有计划、有选择地印制国内各类图书馆、有关专业工作者迫切需要的古籍;积极做好雕版技术的研究传授工作。这使濒临灭绝的雕版印刷工艺得以延续。

1978年3月全国科学大会的召开,为江苏科学技术出版社的诞生提供了机遇。江苏省出版发行局立即着手申请创建江苏科学技术出版社,省革委会于5月批复同意;7月28日,国家出版事业管理局通知:中宣部批准同意建立江苏科学技术出版社。从8月1日起,江苏人民版科技图书用江苏科技出版社书号出版。9月23日,国家出版事业管理局转发了江苏、山东两省出版事业管理局(1978年6月30日,江苏省出版发行局改为江苏省出版事业管理局)关于贯彻国务院加强科技图书出版工作的情况报告。江苏省出版事业管理局提出的措施是:调整出版机构,建立江苏科技出版社;拟订1978—1985年江苏科技图书出版规划;加强科技图书发行工作等。11月6日,省出版事业管理局发出《关于加强我省科技书发行工作的意见》,提出按专业化方向充实力量,健全网点;大力开展预订工作;加强调查研究,提高出书水平;增加服务项目,提高服务质量;培养发行科技书的专业队伍;进行存书分析,提高管理水平等具体措施和要求。

1978年12月14日,国家出版管理局发出《1978至1980年部分重点少儿读物出版规划》。其中分配江苏人民出版社与福建人民出版社、科学普及出版社共同承担《科学文艺小丛书》的出版任务。这一规划是在当年10月全国少儿读物出版工作座谈会期间经有关出版单位商定的。12月15—22日,江苏省出版事业管理局在南京首次召开全省少年儿童读物创作出版座谈会,出席会议的有少儿读物的新、老作者,各地、市委宣传部及文化局负责人、省教育局、文化局、团省委、省妇联、省科协等单位的代表,共120人。会议传达了全国少儿读物出版工作座谈会精神,联系江苏实际批判了江青反革命集团破坏少儿读物出版的罪行,交流了创作经验,讨论了江苏人民出版社制订的《1978年—1980年江苏少儿读物出版规划》。

为了肃清江青反革命集团的余毒,江苏省出版事业管理局在1978年根据中央文件精神,发动群众对反映江青反革命集团反革命修正主义路线和各种反动谬论的图书进行清查。自 1973 年至 1976 年,江苏共出版图书 966 种,需清理作报废的有 178 种,占出书总数的 18.4%;作技术处理的有 11 种,占出书总数的 1.1%。在报废的图书中,报刊文章汇编本 56 种,占 31.5%;本版图书 122 种,占 68.5%。从内容看,政治读物占 30.3%,文艺读物占 20.5%,美术读物占 19.6%,少儿读物占 18.9%,文教读物占 10.7%。清理结果表明,江苏那几年的出版工作,成绩是主要的,但江青反革命集团思想体系的流毒和影响,也是相当严重的。

1978 年 12 月,中国共产党十一届三中全会确立了"解放思想、开动脑筋、实事求是、团结一致向前看"的指导方针,党的工作重心转移到社会主义现代化建设上来,江苏出版界看到了新的生机,鼓起了拨乱反正的勇气,拉开了迅速发展的序幕。

1979 年 1 月初,江苏人民出版社的《钟山》文学季刊正式创刊。此前的 1978 年,曾出过两期 32 开试刊。1 月 16 日,省出版事业管理局在南京召开《钟山》文艺丛刊编委扩大会议,40 多位专业作家、业余作家、文艺理论工作者参加了会议,与会代表们着重讨论了解放思想,把文艺工作的重点转到四个现代化上来等问题。11 月,江苏人民出版社又创办了外国文学丛刊《译林》杂志。《钟山》和《译林》都是面向全国的大型文学丛刊,在全国产生了巨大反响。《译林》创刊号连印两次,限量发行 50 万册。这标志着江苏已经开始冲破"地方化、通俗化、大众化"的束缚。

同年,南京外文书店改为江苏省外文书店;恢复苏州桃花坞木刻社和苏州吴门画苑;广陵古籍刻印社印制的古籍获得国家出版事业管理局的批准正式发行;省出版事业管理局开始筹建江苏印刷技工学校。

1979 年,江苏出版新书 370 种,重版 15 种,总印数 8 309.43 万册。出书品种上也有改观。适合学生使用的文化教育类图书明显增加,如《数学基础知识丛书》11 种,其中《一次方程与二次方程》印数 37 万册,其他单册印数也大多在 20 万册左右;另外还有《中学化学解疑》、《有机化学》、《中国现代文学史》、《中国古代文学作品选》(上下册)、《歇后语选编》、业余英语广播讲座《英语》(初级班下册),单本印数最高者达 70 万册。文学艺术类图书中,既有《江苏短篇小说选》(1949—1979)、《江苏散文选》(1949—1979)、《江苏诗选》(1949—1979)、《江苏小戏选》(1949—1979)等总结性作品,也有当时最流行的小说,还有翻译作品,如《李顺大造屋》(高晓声著)、《内奸》(方之著)等,如《人性的证明》([日]森村诚一著,王智新译)、《活下去,并要记住》([苏]瓦连京·拉斯普金著,南京大学外文系欧美文化研究室译)、《珍妮的肖像》([美]苏勃特·纳珊著,周熙良译)、《越界飞行》([美]弗郎西斯·加里·鲍尔斯等著,朱启平、李时强、梅杏岱译)、《尼罗河上的惨案》([英]阿加莎·克里斯蒂著,宫海译)、《医生》([美]亨利·登克尔著,南京大学外文系欧美文化研究室译)、《显克微支中短篇小说选》等。

全国少儿读物出版工作座谈会的精神为江苏加强少儿读物的出版增添了助力,全年共出版少儿读物4种,出书质量和题材也有了较大提高。"儿童科学文艺丛书"首批出版的有《圆溜溜的圆》(叶永烈著)、《梦》(萧建亨著)、《海底恐龙》(嵇鸿、缪士著)、《魔鬼湖的奇迹》(王川著)等12种;"儿童故事画册"15种。这些少儿读物深爱小读者的欢迎,有的品种连续加印,最高印数达50万册。美术读物161种,虽然宣传画、对联等占了半数以上,但连环画有67种,几占半数。科技读物冲破了"三化"的束缚,出版了《针灸学·推拿学》、《药理学》、《气象学》、《设计基础》(上下册)、《家畜寄生虫病的调查与防治》、《兽医常用中药及处方》、《水稻的抗病和抗虫育种》(国际水稻研究所 G. S. 库什著)、《农用正交试验法(核书名)》(方差分析)、《兽医原生动物学》([英]理查逊、肯德尔合著)、《数量遗传学原理》([澳]W. B. 马塞博士著)、《医学微生物学·医学寄生虫学》等61种。

1979年12月,国家出版局在长沙召开全国出版工作座谈会,提出了"为人民服务、为社会主义服务"的出版方针和"立足本地、面向全国"的地方出版工作方针,江苏出版生产力得到了进一步解放,走上了持续、健康、快速发展的道路。

拨乱反正时期,江苏出版业在江苏省委的领导下,逐步肃清江青反革命集团的流毒,解放思想,放开步伐前行。最有影响的是1979年创办《钟山》和《译林》两本面向全国的大型文学刊物。但由于十年"文革",长时间的动乱搞乱了人们的思想是非、路线是非,完全肃清江青反革命集团的余毒还有待时日,因而在这段时间内,江苏出版业的前进步伐还不敢迈得很大;社会上也时不时地冒出一些"左"的言论,对出版业的发展形成阻碍。好在江苏出版发行局的领导始终坚持党的基本路线和思想路线,奋力排除各种干扰,始终把握正确的方向,使得江苏出版业得以健康发展。

二、《我们这一代》的出版事件

《我们这一代》是江苏人民出版社于1976年春出版的一本小说。作者是江苏东辛农场插队知青卢群,内容写的是"文革"初期与"走资派"作斗争。这部小说创作于1974年,1975年江青反革命集团鼓吹"反击右倾翻案风",江苏省农垦局下属机构的一名科长,将这部小说书稿向江苏人民出版社推荐。那时流行出版"与走资派斗争"的文艺作品,出版社的编辑觉得小说的内容符合当前形势要求,于是决定接受出版。后经省出版局副局长兼江苏人民出版社总编辑鲁光审阅同意,江苏人民出版社将这部小说列入出版计划。1975年底江苏人民出版社举办《我们这一代》第一次审稿学习班时,省农垦局包括东辛农场都积极支持出版这本书。此书于1976年春公开出版,共印了16万册。出版后,江苏人民出版社还组织了三篇评论文章。

1977年9月,全国揭批江青反革命集团罪行进入第三阶段时,当初推荐出版这部小说的农垦局向省委报告,认为《我们这一代》是"反革命小说"。个别领导拿这位青年作者开刀了。他将《我们这一代》定性为"反革命小说",要求追查作者、责任编辑和出版社负责人,还召开了省级机关负责人会议,发动全省批判这部小说,并指令把批判《我们这一代》当作全省揭批江青反革命集团罪行第三战役的"突破口"。而这部小说出版时,他曾给予热情肯定,赞赏有加,作为自己的"政绩"很是宣传过一阵子。

全省批判《我们这一代》,对当时江苏出版界震动极大,省级机关和各地、市、县先后开展对这部小说的大批判,批判大会的气氛与"文革"无异。省出版事业管理局和江苏人民出版社首当其冲,一面参加大批判,一面检查自身工作,一时间气氛很是紧张。江苏省出版事业管理局遵照省委的指示,认真调查该书出版的每一个环节。1977 年 9 月到 11 月,省出版事业管理局进行了两个月的内查外调后,向省委写了第一次清查情况报告。报告中说,省委抓住《我们这一代》这本小说,要求出版部门揭批江青反革命集团的流毒,批判我们严重的政治错误,是正确的,坚决拥护。时任局长高斯还表示,在党组整风期间,他和此书终审的副局长鲁光同志,虽对有些问题是有不同看法,但通过批评、自我批评,党组对出版《我们这一代》这个严重政治错误基本上取得一致认识。他是党组一把手,理应承担领导责任。

1978 年 3 月,农垦局当初向出版社推荐《我们这一代》的那个科长到南京开会,并来到高斯家里。高斯告诉他,出版局正在进行调查,组织内部批判,并强调说明出版这本书,主要责任在出版局和出版社,请农场慎重对待作者,一旦调查清楚,就立即和农场联系,并请这名科长向农垦局领导如实反映。没想到这名科长于 1978 年 5 月竟写信给省委领导,说出版局在"对抗省委",于是引起了省委领导的第二次批示。这个科长之所以如此"积极",其实别有用心。因为批判《我们这一代》就是他挑起来的,他多次公开发表批判文章,牵强附会,无限上纲。他的这些行动,正合某些领导之需,后者在大会小会上一再动员批判《我们这一代》,还点名出版事业管理局思想不通,不抓批判。

省出版事业管理局又进行了第二次调查,从 1978 年 7 月到 11 月,搞了三个多月,并花了十天时间召集相关同志进行排查,听取批评,又写了小结上报。就在出版局进行第二次调查时,省委有关部门,拟将农垦局那名科长调到出版局当副局长,协助抓运动。高斯听到省委宣传部的通知,直接去找省委周泽书记说明情况,后来组织部也向周泽书记作了汇报,这才改变决定,把那名科长分到研究所去了。

1979 年 1 月 17 日在江苏省委工作会议上,高斯代表出版事业管理局,对这一事件做了直率的发言,主要谈了《我们这一代》这本小说,内容严重错误,把它作为反面教材是应该的。但是对于这本小说的创作与出版,也应该放在当时的政治形势下,作历史的、实事求是的分析。经查清,此书既不是江青反革命集团帮派所策划,作者、责任编辑、审稿签发的同志,也都没有发现与江青反革命集团帮派有牵连。批判这本小说固然应该,但是否一定要将它当作江苏揭批江青反革命集团的突破口,在全省大规模地公开批判,应当重新考虑。

1980年4月,有关领导在江苏省第四次文学艺术工作者代表大会上的讲话中明确表示,批判小说《我们这一代》不符合党的文艺政策,他"承担领导责任"。后来,省委同意了出版事业管理局党组关于《我们这一代》问题的报告,并转发省委各部委,各厅、局党组,各地、市委,对这场以"左"批"左"的错误,实事求是地作了纠正。①

三、《译林》杂志的翻译风波②

《译林》创办于1979年11月,其时因"文革"造成的全社会"书荒"还没有得到解决,国家出版局组织重印的35种中外文学名著也只能先供应大城市,江苏只有南京市有少量供应,每当新华书店有新书供应的消息,读者就会在半夜赶去排队。另一方面,国家出版局决定重印的外国文学图书目录中,依然仅限于托尔斯泰、巴尔扎克、狄更斯等名家作品,而这些名著毕竟反映的是历史社会生活,与现实有一定距离。可广大读者经过长期文化禁锢,迫切需要打开窗口,了解当代世界。

江苏出版业已经过两年多的恢复,基本上回到了正常轨道,1979年出书种数增长近20％,文化教育、文学艺术、少儿读物、科技读物全面发展。文学类已经开始出版当代国内外作者的新作,受到了读者的欢迎,形成了一个又一个的购买热潮。江苏出版事业管理局审时度势,决定由江苏人民出版社创办刊登中国当代文学创作的《钟山》和介绍外国文学翻译作品的《译林》。

筹办《译林》的任务交给了李景端。他凭着满腔工作热情,白手起家,团结一大批外国文学翻译界的专家学者,创办起了后来在海内外文化界有着巨大声誉的《译林》杂志。

当时,北京已有《世界文学》,上海也有《外国文艺》,《译林》在外国文学界将如何定位?经过一番征询调查,为了有别上述两本刊物,《译林》决定以"打开窗口,了解世界"为宗旨,以介绍外国当代文学、特别是健康

---

① 参见李景端《"反革命小说"〈我们这一代〉引发的风波》,共识网2016年3月23日,http://www.21ccom.net/html/2016/dushu_0323/2683.html.

② 此节系转录施亮《〈译林〉事件始末》,原文载于《炎黄春秋》2008年第六期。稍有改动。

的通俗文学为重点。1978年夏天，全国影院都在放映的英国侦探影片《尼罗河上的惨案》，受到广大观众们欢迎。李景端觉得若把小说原著译出，就能使观众们更进一步了解影片无法反映的许多细节。于是，他很快约请了上海外语学院的3位英语教师翻译，赶在《译林》创刊号上全文登载。1979年11月，《译林》创刊号面世，全文登载了《尼罗河上的惨案》，使得长期受到文化专制禁锢、多年未读西方当代小说的广大读者们引起不小震动，初印20万册，很快售完，立即又加印了20万册。《译林》第一期出刊后，就收到了读者来信1万多封。时任中国科学院副院长李昌还在一次大会上推荐了《译林》刊载的作品；广东省徐闻县勇士农场林伟等6名青年，及黑龙江涤纶厂与贵州凯山467信箱的一部分青年，还自发组织了读评《译林》的活动。

读者的反应如此强烈，使《译林》编辑部的人们既感到欣喜，也感到意外。但是，更出乎意料的是接踵而来了一场风波。

1980年4月7日，中国社会科学院外国文学研究所原所长冯至先生给胡乔木同志写了一封长信，对江苏的《译林》刊登了《尼罗河上的惨案》和浙江出版了《东方快车上的谋杀案》，提出自己的疑问，信中认为江苏人民出版社的《译林》用将及全刊一半的篇幅登载了英国侦探小说女作家克里斯蒂的《尼罗河上的惨案》，浙江人民出版社出版了同一作家的《东方快车上的谋杀案》。……为什么有的出版社置自己的责任于不顾，出那些"惨案""谋杀案"之类的书籍而沾沾自喜？

胡乔木同志收到信后，很快加批语转发给中共江苏省委和浙江省委研究处理。江苏省委对此事处理采取了十分慎重的态度，当时的省委负责人在来信上做了大意如下的批示：……《译林》还是应该办下去，但选稿应当坚持党的文艺方针，要办得更好，要认真做到为社会主义四化服务，这方面建议认真总结改进。还应开展文艺评论工作。接着，江苏省委政策研究室在《调查与研究》上转发了胡乔木同志批转冯至先生的长信，并加了语气缓和的按语，认为"对一些可资借鉴而内容不怎样健康的作品，可内部发行，主要供文艺工作者参考，而对于广大群众，则应当努力提供有益于心身的精神食粮。"并对《译林》提出期望，希望能够通过这封信，总结自己的工作，进一步把刊物办好。

在接到了省委转下来的上述文件后,江苏省出版局党组也进行了多次讨论。时任局长和党组书记的高斯同志态度鲜明,他认为在电影公开放映《尼罗河上的惨案》之后,《译林》将其原著加以翻译出版,更有助于使读者全面地认识这部作品,这不是什么错误。如果要算是"大错误"的话,他作为局党组书记,当然应负其责,撤职、党纪处分他都接受,但是,他还是要提出自己的看法和意见。省出版局党组经过一番严肃认真的讨论,尽管个别同志也有不同意见,但最终大家还是赞同高斯局长的观点,强调对《译林》应该实事求是,不要轻率地采取组织处理措施。随即江苏省出版局党组责成《译林》编辑部对照党的文艺方针,认真全面进行自查,并向省委写出自查报告。

《译林》编辑部在自查报告中坚持实事求是的原则,认为《译林》的办刊编辑方针还是正确的,得到广大读者和翻译工作者赞同和支持。《尼罗河上的惨案》既不诲淫,也不诲盗,《译林》登它没有错。唯一缺点是,在当时纸张紧张的情况下,印数多了一些。有选择地介绍一些外国比较好的"通俗文学"作品,也是符合党的"双百方针"的。

《译林》风波发生后,许多德高望重的翻译家对这场风波做了公正的评判,给《译林》以有力的支持,发表了要全面看待外国通俗文学的正确意见,期望刚创刊的《译林》继续办下去。

1980年5月上旬,中国作协在北京召开全国文学期刊编辑工作会议。与会代表对当时全国各刊物和出版社,介绍外国通俗文学进行了讨论,各抒己见。

5月9日下午大会闭幕,时任中宣部部长王任重作了大会总结报告,他在讲到不能认为党委领导同志过问文艺界的问题就说是粗暴干涉时,特别举出了《译林》做例子。他讲了冯至先生给胡乔木同志写信,后来批转给了江苏省委,以及江苏省委非常慎重予以处理的经过情况后,特别指出:"这些信和江苏省委转发时的按语,我和耀邦同志都看了。耀邦同志要我说一下,这件事就这样处理,就到此结束。我们认为,江苏省委对这个问题的处理是妥当的。"

30年后,江苏新闻出版局老局长蒋迪安先生在一篇文章中对这场风波作出了很有见地的评论:

现在来看,这桩公案的起因,除了门户之见、文人相轻,以及对地方出版刊物的鄙夷等等因素外,很重要的一点是对西方通俗文学存在不同看法,传统的评价受到了挑战。拨乱反正、贯彻"两为"方针以后,出版界思想空前活跃。加上出版社加速裂变,大量新鲜血液补充进来,带来了许多新的观念和视角。在这种情况下,思想、文化和出版理念的许多思维定式受到冲击,产生不同的看法是正常的。这场风波的启示是,对待不同看法的争论,不能无限上纲、打棍子,而应该沟通、理解、包容,这才是解决问题的正确方法。由此生发的另一些想法是,出版业历来是个不平静的领域,各种思潮在这里激荡,又要在市场经济里寻求发展,出书风波时有发生在所难免。对待这些风波的最主要办法是事前下大力气,做好细致的引导工作,把大家出书的积极性强有力地吸引到正确的方向上来。一旦出现了问题则要实事求是,着重总结经验,解决思想问题。要分清责任,但不要过分追究个人责任。这可能是出入风波里,最大限度地保护出版人积极性的较好办法。[①]

四、"长沙会议"与江苏出版业的"三化"突破

1979 年 12 月 8—19 日,全国出版工作座谈会在长沙召开,会议明确了新时期出版工作的基本任务,调整了地方出版社的工作方针。会议确立的地方出版社"立足本地、面向全国"的方针,对新时期中国出版业的发展有着深远的影响。

长沙会议原定的中心议题是提高图书质量,并围绕这一中心议题起草了《出版社工作条例(草案)》等几个文件提交会议讨论。但与会代表在讨论出版改革与发展问题时,围绕地方出版社"三化"方针展开了热烈的讨论。地方出版社执行"三化"方针是从 20 世纪 50 年代就开始的。那时地方出版社的数量不多,中央有关领导部门规定了地方出版社出书执行"三化"(地方化、通俗化、群众化)方针。根据这个规定,地方出版社只能出版一些"字大、图多、本薄、价廉"的通俗小册子;只能向本地作者组稿,不能任意向外地作者组稿。随着出版事业的发展,地方出版社数

---

① 蒋迪安《江苏出版业改革的四道坎》,载 2009/3/24《出版商务周报》。

量增多,许多地方出版社已有改变这一方针的要求,特别是在中共十一届三中全会以后,出版工作进入新时期,在解放思想、实事求是的思想路线的指导下,地方出版社要求改变"三化"方针的呼声更为强烈。

讨论时出现了两种意见。不少代表肯定过去执行"三化"方针是必要的,但在改革开放的新时期,"三化"方针已限制、束缚了地方出版社的积极性,应该解放地方出版社的生产力,"立足本省,面向全国",同北京、上海两地出版社竞争,这才有利于增加整个出版界的活力。另有一些代表则持相反意见。

主持会议的陈翰伯和国家出版局党组同志研究了代表的意见后,在12月11日的全体会议上讲话时说:这三年是解放思想、拨乱反正的三年。在党的十一届三中全会精神指引下,出版界解放思想已达到这样一个水平,不仅敢于突破江青反革命集团设置的禁区,而且也敢于突破"文革"前17年中形成的妨碍出版事业发展的条条框框,包括实行多年的方针政策。陈翰伯说:地方出版社的同志要求立足本省、面向全国或兼顾全国,可以试行。地方出版社出书不受"三化"限制。当然,首先要满足本省读者的需要,要发挥本省写作力量的积极性。他还说:要充分发挥中央和地方出版社两个积极性,目前要特别注意发挥地方出版社的积极性,同时树立全国一盘棋的思想。

长沙会议议题突然转变,会议上说"立足本地、面向全国"的方针可以试行,会后却一下子全面铺展开来,这种看似偶然的情况,其实有它的必然性。

其一,党的十一届三中全会已经吹响"解放思想、实事求是"的号角,有了思想基础。

其二,出版系统是"文革"时期的重灾区,许多"文革"前出版的图书被当作"封资修的毒草"批判、封存或销毁,出版从业人员遭到严重摧残。

1978年1月,国家出版事业管理局曾下达《关于1978年部分省市代中央级出版社印制图书任务的计划》,分配给江苏省出版发行局代印任务合计纸张1万令。

1978年6月上、中旬,全国中等卫生学校试用教材主编单位座谈会在山东泰安召开,将《化学》《无机化学》《分析化学》《生物化学》《有机化学》《生物化学及检验技术》《中草药化学》七种教材约 200 多万字分配给江苏编辑出版。同月下旬,为满足学校对教材的需要,做好"课前到书,人手一册",国家出版局召开北京、上海、天津、江苏、甘肃等 12 个省市出版发行部门负责人座谈会,落实增拨部分的教材用纸的印刷发行任务。会上安排给江苏代印大专教材合 8.5 万令用纸。

1978 年 10 月,全国少儿读物出版工作会议在庐山召开,决定组织全国出版力量出版少儿读物,也是时势使然。

其三,"文革"结束后,百废待兴,全国人民都以极大的热情投入社会建设,图书这种精神食粮也成为人民群众的迫切需要之一。与此同时,高校从恢复招生到扩大招生,高校教材供不应求,而全国范围内对知识重要性的认识上升到前所未有的高度。尽快缓解"书荒",发动地方出版力量,成为当时的不二选择。这样,改变原来的出版格局,解放地方出版业的生产力更是势在必行。

其四,"文革"后半期,原来执行"三化"方针的地方出版社,"群众化"手法被充分灵活运用:举办创作学习班,与相关部门联办组稿讨论会,组织审稿会议等多种形式,有效地避开了不少政治问题。

从表面上看,"立足本地、面向全国"的内容只是地方出版社组稿出书和发行范围的调整,但从深层次看,这次突破是在拨乱反正的基础上发展起来的,其意义超过了拨乱反正的范围。它是新中国出版业第一次对出版计划体制发起的冲击,其结果是促进了全国出版业生产力的大解放。

其实,江苏突破"三化"早于"长沙会议"。从江苏的情况来看,在1972 年完成周总理交办的翻译出版外国历史、地理书籍的任务中,在1975 年实施《中外词典出版十年规划》、出版各种外语词典和《汉语大辞典》等国内工具书的工作中,在 1978 年贯彻庐山少儿读物会议、组织全国力量出版少儿读物的活动中,都能看见江苏出版社积极的身影。在上述这些活动中,江苏不仅保质保量地完成了任务,更为日后发展做好了铺垫。

江苏出版的图书门类也逐渐挣脱束缚,个人作品开始出现。1976年,个人创作的文学作品仅 2 种:《青石堡》《战火催春》。1977 年,个人创作的文学作品有 8 种:如《冲霄曲》《映天红》等。1978 年,个人创作的文学作品有 5 部,署名作家的作品开始出现,如艾煊的《碧螺春讯》、菡子的《万妞》。

值得注意的是,江苏还出版了两部翻译小说:《北方的墓标》(图 3-6,[日]夏掘正元著)、《金融浊流》(图 3-7,[美]阿瑟·海雷著)。

图 3-6

图 3-7

1979 年,江苏出版的文学艺术类图书,作者属地范围已明显扩大,如《中国现代文学史》(图 3-8)作者是全国九院校编写组,《中国古代文学作品选》(上、下册)是十三所院校中文系古典文学组编写,蒋子龙(天津人)的《乔厂长上任记》(中、短篇小说集),陈登科的(在安徽工作)《淮河边上的儿女》。翻译文学作品出版 7 部。

这说明江苏出版业已开始有了突破"地方化"方针的迹象。1979 年初大型文学期刊《钟山》创

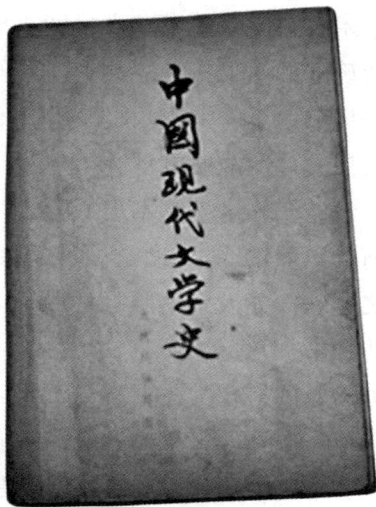

图 3-8

刊、1979 年底翻译文学期刊《译林》创刊,开启了地方出版社创办面向全

国的大型文学期刊的先例，实际上已经开始走"面向全国"之路了。

建立江苏科学技术出版社，也是江苏出版业突破"三化"的前奏。1978年3月，全国科学大会在北京召开，邓小平同志在大会上的讲话中阐明了马克思主义关于科学技术在社会发展中的地位、作用的基本原理，指出为社会主义服务的脑力劳动者是劳动人民的一部分，强调在我国造就更宏大的科学技术队伍的必要性。大会制定了《1978年至1985年全国科学技术发展纲要（草案）》。为了贯彻执行这个纲要的精神，江苏省出版发行局向国家出版事业管理局呈交了《关于贯彻国务院加强科技图书出版工作的情况报告》，提出调整出版机构，建立江苏科技出版社等措施。7月25日，中央宣传部批准建立江苏科学技术出版社。江苏科学技术出版社随即拟订出《1978年到1985年江苏科技图书出版规划的初步设想》，确定的根本任务是通过各种科技图书的编辑出版，使现代科学技术为广大干部、劳动者所掌握与运用，从多方面去促进社会生产力的发展，为加速振兴江苏的经济，特别是农村经济服务。首先列入选题的是推广本省农业传统技术与先进技术相结合的农业科技系列图书和工具书，如《农业高产技术新进展》《农业技术百科问答丛书》《农村副业丛书》《农业辞典》等。江苏科技出版社所确立的出书指导思想，完全符合当年12月召开的中国共产党第十一届三中全会上提出的全国工作重点转移的决策和大力恢复和加快发展农业的战略方针。

建立江苏科学技术出版社，并非心血来潮的灵感，而是江苏根据此前的出版实践，借助全国科学大会的东风适时提出的，实乃顺理成章之事。江苏人民出版社建立后，科技类图书，特别是农业技术和中医药图书，一直是主要产品之一。"文革"后期出版业务开始恢复时，江苏出版的科技类图书从1972年的9种逐年上升，1977年为32种，1978年36种，1979年64种。而在科技图书的品种上，除原先的农业科技和中医中药外，逐步向外拓展。1977年出版了《江苏植物志》（上册）（图3-9），此书由江苏省植物研究所编写，按植物分科，全面、详细地介绍江苏境内的植物分布、特性等，为迄今为止收录最全、规模最大、阐述最权威的省域植物志，是反映这一阶段江苏植物物种及其数目和分布的最权威、最可靠的志书。1978 年出版了《数字程序控制线切割机程序编制方法》、《计算机程序设计（360 系统）》（［美］伊凡·费劳利斯著）、《当接近光速的时候》（狭义相对论简介）、《断裂力学基础》，医学类图书也超出了以往的中医中药范围，出版了《人体解剖学》《生理生化学》《人工心脏起搏器的临床运用》等。1979 年出版的科技图书品种更为扩大，有《气象学》《中国化学史话》《CMOS 集成电路》《金属材料金相图谱》《儿科实用手册》《医学微生物学·医学寄生虫学》《药理学》《放射诊断》等。

从 1978 年党的十一届三中全会在思想领域的拨乱反正和改革开放起，江苏当代出版业经过恢复整顿后逐步进入快速发展时期，出版工作紧跟全党工作重心迅速向以经济建设为中心转移，出版机构数量不足的掣肘也逐渐显现。江苏于1978 年申请成立了江苏科学技术出版社。1980 年 5 月，省出版事业管理局又向国家出版事业管理局申请，由江苏人民出版社用副牌"金陵书画社"名义出版文史、艺术、书画等类图书；月底，又将苏州桃花坞木

图 3-9

刻年画纳入出版系列，整理出版民间艺术作品。

至 1980 年，江苏出版界抓住贯彻党的十一届三中全会精神和长沙全国出版工作座谈会精神的机遇，坚持为人民服务，坚持社会主义方向，解放思想，实事求是，大胆地冲破了地方出版社实行"三化"方针的束缚，创造性地执行了"立足本地，面向全国"的方针。积极开发利用省内外出版资源，扩大出书范围，提高出书档次，大力解决书荒，生产力得到复苏和发展。

1980 年 2 月初，江苏科技出版社召开《农业干部培训教材、农村青年自学丛书》组稿会，商定了丛书中《水稻栽培基本》等 23 本书稿由江苏

省农科院、江苏农学院等 10 个单位负责编写。该丛书于 1981 年出齐,总发行数 120 余万册,1985 年获得江苏省科技丛书奖。

江苏人民出版社出版了一批受读者欢迎的好书,如《关于民主集中制问答》,累计 1 版 3 次 9.25 万册;《论党性》,累计 1 版 3 次 9.95 万册;《青年自学漫谈》,累计 1 版 2 次 9.4 万册;《政治经济学入门》,累计 2 版 3 次 25.3 万册;《漫话经济规律》,1 版 1 次 7 万册。

第三节　独步发展的印刷业

一、《毛选》及政治读物的印制

"文化大革命"前期,江苏省与全国一样,正常的编辑出版活动被迫停止,只有印刷业还能勉强维持。因为印制毛泽东著作是压倒一切的政治任务,省里还成立了毛泽东著作印制办公室。至于印制一些文件汇编、学习材料小册子和活页文选等,则成了附带业务。

为了适应大量印制毛主席著作的需要,全省印制设备有了较大幅度的提升。铅印方面,1966 年有主机 1 598 台,年铅印印刷能力 70.3 万令,1969 年有主机 1 731 台,年铅印印刷能力 98.8 万令,比 1966 年增长 40.5%。胶印方面,12 个书刊印刷厂 1966 年有主机 43 台,年胶印印刷能力 15.8 万色令,1969 年主机 71 台,年胶印印刷能力 27.5 万色令,比 1966 年增长 74%。但印刷厂的经济效益锐减,江苏新华印刷厂 1966 年生产总值 572.6 万元,利润 60.71 万元,1969 年,生产总值 2 254 万元,亏损 28.47 万元。

1968 年 12 月,江苏新华印刷厂淮阴分厂下放给淮阴地区。

1969 年 5 月,江苏新华印刷厂划归省革委会毛主席著作印制办公室领导。同年 9 月划归出版发行局。

毛泽东著作的印制是一项极其严肃的政治任务。从领导到具体参加印制的工人都非常重视,从而使印制质量得到保证。与其他类书籍相比,毛泽东著作印制质量确属上乘,墨色均匀,字迹清晰,版面平整,折页偏差小,装订平整。曾经发生过这样一次事故。在"文化大革命"中某印刷厂在印制毛泽东选集第二卷时,有一处字迹模糊。工人为了保证质量,将印版挖补。续印一定数量后,检查印张,发现挖补错误。厂领导得知后,作为一件大事,查事故的责任。后来省革委会也责令检查,厂里为此还办了学习班。

"文化大革命"初期,彩色印刷设备也主要用于印刷毛泽东主席像及"文革"宣传画。1968和1969两年内,共印制毛泽东主席像及宣传画等18 628万份。1971年开始增印年历卡。1974年,一般图片(包括国画、年画等)的印刷量已大大超过马、恩、列、斯及毛泽东像。

江苏省对中央的指示精神均不折不扣地执行。

1964年6月底,江苏新华印刷厂成立印制《毛泽东著作选读》办公室,制订了印制《毛泽东著作选读》的具体措施。从第三季度开始承印《毛泽东著作选读》甲、乙种本共60万册。7月,江苏人民出版社租型印制的《毛泽东著作选读》甲种本15万部、乙种本30万册出版,在全省发行。

1966年1月,江苏人民出版社首批印制《毛主席语录》20万册,在全省新华书店公开发行。2月,江苏人民出版社成立毛主席著作印制小组,负责组织全省各印刷厂承印《毛主席语录》和《毛泽东著作选读》甲种本、乙种本工作。组长杨玄,副组长高纪言、徐坤基。3月26日,文化部安排上海、江苏、安徽共同印制《毛泽东著作选读》50万部,当年年底完成。江苏印第三卷,计用纸6 375令。

1966年8月,江苏省委决定成立"毛主席著作印制办公室"。主任包厚昌,副主任陈西光、王力行、邓洁、杨玄。办公室设在江苏人民出版社内,日常工作由杨玄、高纪言负责。10月,省委毛主席著作印制办公室在南京召开会议,部署毛主席著作印制工作,各地、市委宣传部、文教局负责人出席。12月下旬又召开第二次印制工作会议,但遭到南京等地"造反派"组织的冲击,被迫停开。

据1969年底统计,1967—1969年,江苏印制《毛泽东选集》513万部,《毛主席语录》6 000万册,单张语录10 085万张,毛主席像10 910万张。

1970年7月27—30日,省出版发行局召开省出版发行工作会议,讨论毛主席著作新卷本的发行准备工作,毛主席著作、毛主席像的印制和发行工作。12月底,省出版发行局统计,当年共印制了毛主席著作728万册。

1966年8月13日,中共中央发布《关于无产阶级文化大革命的决定》和《中国共产党八届十一中全会公报》,江苏先后印制发行《决定》400万册、《公报》350万册。

1969年4月,中共九大召开,随后江苏印制新党章900余万册。

二、课本的印制

1971年起,全省中小学课本都使用省编教材,增加了课本排版印刷任务。排版工厂除原来的江苏新华、淮阴新华、徐州、淮海、苏州、无锡、常州、镇江前进、扬州、泰州、盐城、南通韬奋、南京人民、7214、新海等15家印刷厂外,又发展了海门等11个县印刷厂。1978年秋,停止使用省编教材,又恢复租型印刷人民教育出版社编辑的教材。

"文革"期间,江苏电源和纸张十分紧张。为了确保课本印制用电和用纸,江苏省政府曾数次下文给有关部门。省政府办公厅《关于确保学生课本及教学配套用品正常供应的紧急通知》中着重强调,作为指令性下达的出版用纸计划并经省出版部门与各纸厂签订合同的必须坚决执行……今后凡未完成供货合同的一律不得自销,违者要追究领导责任。省政府的关怀和支持,使得课本能及时供应,连续10年做到"课前到书"。

表3-3 1966—1976年图书印制统计

年份	印书种数	总印数(万册)	总印张(千印张)
1966	223	13 929	232 492
1967	25	10 209	273 994
1968	56	19 964	237 649
1969	32	10 023	153 232
1970	137	13 004	123 536
1971	210	8 437	143 680
1972	284	9 312	253 059

年份	印书种数	总印数(万册)	总印张(千印张)
1973	364	13 847	351 133
1974	310	16 755	416 533
1975	332	18 011	441 492
1976	290	18 417	402 759

三、技术设备的更新

"文革"开始,毛泽东著作的印刷扩展到市、县印刷厂。各地拨专款给当地印刷厂添置印刷设备。有些市还组织机械行业搞会战,生产印刷机。常州人民印刷厂使用的4台二回转印刷机,其中3台就是当时会战的产品。

"文革"期间,江苏大量添置二回转印刷机,江苏新华印刷厂、淮阴新华印刷厂、7214工厂还购置了书版轮转印刷机。据14个主要书刊印刷厂统计,1966年,铅印有主机159台;1969年,有主机196台。胶印方面,12个主要书刊印刷厂1966年有主机43台,1969年有主机71台。

1970年代初,一些市、县印刷厂还添置了单面凸版轮转印刷机,总数达20多台,还有大量的对开平台印刷机。印、装设备得到更新。与此同时,胶印制版广泛推广使用蒙版工艺,软片开始替代湿片,照相分色制版工艺已趋成熟。国产J2106、J2108、J2203等型号胶印机,成为江苏彩色印刷的主要设备。

四、物资的供应

1969年4月,出版物资仓库归毛主席著作印制办公室所属省新华书店筹备组的物资组管辖。同年9月,省革委会出版发行局成立,仓库由省革委会出版发行局直接领导。10月,成立出版发行物资仓库革命领导小组,职工16人。淮阴纸库随之与省新华书店淮阴发货站合并。

1972年1月1日,省革委会出版发行局撤销,合并成立省革委会文化局。出版发行物资仓库改为江苏省文化物资仓库。同年,开始筹建小红山纸库。1974年7月2日,省革委会文化局与江苏人民出版社分开,成立江苏省革委会出版发行局。11月,物资仓库又划归省革委会出版发行局,作为出版物资仓库。

江苏出版用纸增长速度较快。1953 年仅用 13 299 令,至 1957 年增至 80 572 令。1958 年开始,出书品种急剧上升。1960 年,用纸达 234 544 令。以后几年,出版用纸量又开始逐年下降,1965 年,降至 155 750 令。

"文化大革命"期间,大量印制毛泽东著作,1967 年用纸 73 994 令。1970 年,江苏全年用纸 123 536 令。以后出版业逐渐恢复。1972 年,江苏省文化物资仓库进纸 1.4 万多吨(1 吨纸大约为 46.5 令正度纸),供应 12 791 吨。用于出版的为 6 431 吨,其中马、列、毛著作用纸 1 114 吨,领袖像及各种图片用纸 733 吨,课本用纸 2 196 吨,一般图书用纸 2 388 吨。至 1975 年,进纸增至 1.5 万多吨。用于出版的计 10 502 吨,其中马、列、毛著作用纸 1 543 吨,课本用纸 4 687 吨,一般图书用纸 3 291 吨,图片用纸 981 吨。

第四节 图书发行的政治化

一、毛泽东著作为主的图书发行

1966 年至 1976 年"文革"期间,各地新华书店利用发行毛主席著作的机会,发展了一批集镇门市部,至 1974 年达 192 个,1976 年又减至 123 个。全省各地供销社出于政治上的考虑,积极设点供应毛泽东著作,1968 年全省供销社售书点达 3 358 个,为历史最高点。在此期间,毛泽东著作的发行量超过了实际需要。

1966 年 1 月,江苏人民出版社首批印制《毛主席语录》20 万册,在全省新华书店公开发行。1967—1969 年的 3 年中,全省共发行《毛泽东选集》(1—4 卷)64 万部;《毛泽东著作选读》和各种单行本 13 591 万册;《毛主席语录》4 843 万册。1969 年江苏省总人口 5 118.63 万。

1967 年 2 月 1 日,中央毛主席著作出版办公室发出通知,决定降低毛主席著作的定价标准:新华书店向出版社进货折扣从 7 折改为 8 折;发货店给销货店的折扣从 7.8 折改为 8.5 折。9 月 20 日,省新华书店、省供销社联合转发新华书店总店、供销合作总社《关于进一步深入农村做好毛主席著作发行工作的通知》，要求各地供销社和新华书店必须扎扎实实深入农村，宣传毛泽东思想，供应毛主席著作，经常送书上门，送书下乡，深入社队宣传发行。

1968年1月10日，省军管会在沭阳召开专区、市宣传毛泽东思想、发行毛主席著作经验交流会，会议要求各地以最大热情、最快速度、最好质量、最高标准，采取各种形式，广泛深入地把毛主席著作送到广大工农兵手中去。2月14日，省财政厅、省交通厅、省供销社、省新华书店联合发出《关于发行毛主席著作、张贴语录、像、像章有关业务方面的通知》，规定各基层供销社向新华书店以经销、代销方式发行的毛主席著作、语录、像、像章自即日起取消差价和手续费。凡新华书店托交通部门承运的毛主席著作、语录、像、像章一律优先免费运送。各地书店、基层供销社发行毛主席著作、像、像章等所用信贷资金，银行一律不收利息，同时免缴工商统一税。2月27日，省军管会决定，像解放军发枪一样，发给全省每户贫下中农《毛主席语录》和《老三篇》（《为人民服务》《纪念白求恩》《愚公移山》）各一册。全省共赠发《毛主席语录》952.3万多册，《老三篇》952.4万多册，按成本价计算，由省军管会付书款365.68万多元。全省各地还先后掀起请"宝书""宝像"的群众运动。此后三年中，全省共发行《毛泽东选集（1—4卷）》64.6万部，《毛主席语录》4843万册，《毛泽东著作选读》和各种单行本11884万册，各种毛主席像16100万张。发行数量越过了实际需要，出现了重复供应和摊派现象。6月，省供销社为了进一步贯彻联合通知精神，在南通召开了基层供销社发行毛主席著作经验交流会。

据1969年底统计，近三年中江苏印制《毛泽东选集》513万部，外省调进550万部，发行933万部，库存130万部；印制《毛主席语录》6000万册，调往外省557万册，本省发行4843万册，库存600万册；印制单张语录10085万张，外省调进1323万张，发行9091万张，库存2317万张；印制毛主席像10910万张，外省调进10384万张，发行18697万张，库存2597万张。

1975年2月，全省各地新华书店大力发行第四届全国人民代表大会文件。《中华人民共和国宪法》《政府工作报告》《四届人大文件汇编》三种主要学习文件,全省共发行 1 245 万册。3 月起,全省大部分新华书店和部分集镇门市部普遍开展租书业务(主要出租连环画和文艺图书),此举受到广大读者尤其是青少年的欢迎。10 月 24 日,省新华书店向各地、市、县店发出《大力做好配合宣传普及大寨县的有关图书发行工作的通知》,要求各店重点做好江苏人民出版社出版的《普及大寨县》一书的宣传发行工作。此书印制了 320 万册。

1976 年 1 月,周恩来总理逝世后,全省各地书店冲破"四人帮"的禁令,配合当地的悼念活动,大量发行了周恩来遗像。9 月,毛泽东主席逝世,全省各地书店配合悼念活动,发行了毛泽东遗像、毛主席著作以及有关图片。

"文革"中,除了毛主席著作和一些政治读物,发行量较大的就是中小学教材。"文革"之初,全国大、中、小学都"停课闹革命"。1967 年 10 月 14 日(核准),根据毛泽东的指示,中共中央、国务院、中央军委、中央文革小组联合发出《关于大、中、小学复课闹革命的通知》,要求全国各地大学、中学、小学一律立即开学,一边学习,一边闹革命。但此前的乱象,已将出版业闹得百孔千疮,无法及时供应教材,因而出现了学生无书上课的现象。后又将数学、物理、化学、生物等课程改为"工业基础""农业基础",课本发行品种减少。

表 3 - 4　1966—1976 年江苏全省教材销售统计

年份	数量(万册)	金额(万元)	占图书总销售份额%
1966	3 210	581	23.38
1967	337	38	1.82
1968	2 159	275	10.33
1969	350	50	2.67
1970	479	77	4.13
1971	2 000	308	17.87
1972	4 329	573	29.01
1973	6 149	1 053	35.69

年份	数量(万册)	金额(万元)	占图书总销售份额%
1974	7 184	1 284	38.29
1975	7 735	1 359	36.97
1976	7 760	1 359	36.27

表 3-5 1966—1976 年全省新华书店经营实绩一览

年份	销售总额		利润(万元)	
	册数(万册)	总码洋(万元)	全省	其中省店
1966	18 343	2 432	212	78
1967	16 898	2 086	72	49
1968	24 139	2 662	186	45
1969	13 717	1 866	39	19
1970	12 335	1 826	92	42
1971	10 471	1 723	43	25
1972	12 312	1 975	107	42
1973	16 391	2 950	266	74
1974	18 795	3 353	390	112
1975	21 514	3 675	431	129
1976	19 801	3 746	422	127

二、新华书店系统的恢复

"文革"结束之后,全国图书发行行业进入了拨乱反正、恢复重建时期。这一时期的工作重心是拨乱反正,冲破和解决"左"的束缚,从整顿发行业务秩序入手,进行书店工作的恢复、整顿和建设。

1977 年,省新华书店和各市、县书店陆续调回了一批在"文革"期间被下放、调出的业务人员,调配充实业务骨干。省新华书店职工从 64 人增加到 127 人,省出版局贯彻文化部重新修订发布的《新华书店工作条例》和《新华书店图书进发货制度》先后发出关于加强科技图书和少年儿童读物发行工作的意见。在全省书店系统开展了工业学大庆、农业学大寨活动,组织了服务质量三好(服务态度好、宣传征订好、完成任务好)的"百日红"劳动竞赛。

1978年,全省新华书店开始恢复缺书登记,为读者找书、送书上门等传统服务。10月,南京市店中山东路门市部,率先试行部分图书开架售书,很快带动了不少市县书店从闭架逐步走向开架,受到读者欢迎。

1979年4月,在常州召开了全省书店进货业务经验交流和存书调剂会议,共调剂图书2 089种,近35万册,把"死书"变为"活书",对缓解十年浩劫后出现的"书荒"起到了一定的缓解作用。这一年常州市、徐州市和8个县店分别新建了图书营业大楼,省新华书店也兴建了图书仓储大楼,全省新华书店系统迈开了阵地建设的步伐。1979年省新华书店发货总额为20 634万册,5 316万元。

1979年12月,国家出版局在长沙召开全国出版工作座谈会,提出了"立足本地、面向全国"的地方出版工作方针,大大解放了出版生产力,也为图书发行业的发展提供了机遇。1979年1月省财政厅、省出版事业管理局按照财政部、国家出版局《关于恢复县(市)新华书店财务由省、市、自治区统一管理的通知》,联合发出通知,规定从1979年起全省各市县新华书店的财务管理重新收回省新华书店,由省新华书店统一管理。省新华书店采取一系列措施加强了基层店的财务管理。

第五节　波折中的期刊出版

"文化大革命"前期,江苏期刊遭受重创,原有期刊全部停刊,"文革"后期有所复苏。报刊注册登记工作1972年才恢复。下文所述期刊,凡1972年前创刊的,当时都是内部创刊。

东海民兵　1966年创办,16开本,月刊,南京军区政治部主办。该刊是反映民兵生活的综合性刊物,主要向民兵宣传党和中央军委的指示精神,引导民兵在生产建设、保卫国家中发挥骨干作用,交流民兵建设经验,并选登思想性、艺术性较强的文艺作品。

国外机车车辆工艺 1970年创刊,16开本,双月刊,铁道部戚墅堰机车车辆厂主办。该刊是介绍国外机车车辆制造及修理等工艺技术的专业性刊物,主要交流并引进国外有关机车车辆制造和修理方面的新工艺、新材料、新技术、新设备,为我国生产部门提供信息。

红小兵 1970年10月创刊,32开本,江苏人民出版社编辑出版。1978年7月改名为《江苏儿童》,长24开本,读者对象以小学中年级儿童为主。1984年起由江苏少年儿童出版社主办,1987年3月名为《儿童故事画报》,读者范围为小学低年级学生及儿童。

当代农业 1970年创刊,32开,月刊,江苏省农林厅主办。该刊为综合性农业科普期刊,以介绍当代农林牧副渔各项应用和实用技术为主,紧密配合农业季节和时令需要。

玻璃纤维 1970年创刊,16开本,双月刊,南京玻璃纤维研究设计院主办。该刊是玻璃纤维行业唯一的科技刊物,旨在促进我国玻璃纤维、矿物棉保温材料以及无机非金属特种纤维的发展,介绍有关技术成果和经验,介绍国外本专业的先进技术和发展动态。1983年,南京玻璃纤维研究设计院曾创办了姊妹刊《国外玻璃纤维》,后两刊合并。合并后,刊物仍注意国外、情报、信息等动态性报道。

临床皮肤科杂志 1972年创办。16开本,双月刊,江苏省人民医院主办。该刊是以临床治疗为主的医学学术刊物,主要交流我国防治皮肤病的经验,介绍国外皮肤病防治动态。

化工矿山技术 1972年2月创办,16开本,双月刊,化工部化工矿山设计研究所主办。刊址在连云港。该刊着重报道化工矿山的生产建设先进经验,科研设计的技术成果,生产管理的成熟经验,以及宣传国家发展矿山的各项方针政策。

文教动态 1972年9月创刊,南京师范大学主办。创刊时系该校中文系资料室为教学所需摘编的油印参考资料,同年12月第4期起改名为《文教动态简报》,铅印出版,32开,月刊。1974年第3期起改名为《文教资料简报》,1985年第1期起改为双月刊,1986年第1期起改名为《文教资料》。

硫酸工业 1972年2月创刊,16开本,双月刊,南京化学工业(集团)公司研究院主办。该刊报道范围以硫酸工业为主,兼及硫磺工业及硫酸延伸产品。该刊宗旨为传播与交流国内外硫酸、硫磺工业的生产管理经验,科研和设计成果,技术改造和技术革新经验,并介绍国外本专业的最新成就、发展动态,推动我国硫酸和硫磺工业的发展。

江苏丝绸 1972 年创刊,16 开本,双月刊,江苏省丝绸学会、苏州丝绸科学研究所主办,刊址设在苏州。该刊传播和推广国内外丝绸工业先进技术、工艺、设备,开展丝绸科技交流和技术争鸣。

塑料加工 1972 年创刊,16 开本,季刊,江苏轻工塑料公司主办。该刊介绍塑料成型加工、技术、设备,传递塑料科技信息,交流行业技术改造、管理经验,介绍科技成果。

江苏食品与发酵 1973 年创刊,16 开本,江苏省食品发酵研究所主办,内部发行。该刊反映江苏省和全国有关食品发酵工业科研生产和科技市场情况。

江苏农业科技 1973 年 3 月创刊,16 开本,江苏省农业科学院情报研究所主办。自创刊至 1978 年 10 月为不定期刊,1979 年 2 月改名为《江苏农业科学》,刊期改为双月,1982 年改为月刊。该刊为农业科技方面的综合性技术刊物,主要报道江苏省农林牧副渔各业的应用技术研究成果和生产技术经验,侧重于为大面积生产提供适用性技术和经验。

江苏冶金 1973 年 5 月创刊,16 开本,双月刊。江苏省冶金工业厅、江苏省金属学会主办。该刊为冶金工业的专业科技刊物,主要反映冶金行业先进科学技术及技术管理经验,交流科技情报,为提高冶金企业科技水平、企业现代化管理水平以及技术进步服务。

江苏林业科技 1974 年 6 月创刊,16 开本,季刊,江苏省林业科学研究所等主办。该刊旨在总结交流林业科技新成果、新经验,传播国内外林业科技新理论、新技术,提高本省和全国林业生产和科学技术水平。

苏盐科技 1974 年 4 月创刊,16 开本,季刊,江苏盐业科技情报站主办,内部发行。刊址设在连云港。该刊旨在传播交流制盐工业及盐化工、盐业水产养殖等科技成果,为发展海盐、盐化工及盐业水产养殖等行业服务。

混凝土与水泥制品 1974 年创刊,16 开本,双月刊,国家建材局苏州混凝水泥制品研究院主办。该刊是面向全国水泥制品行业的综合性技术刊物,主要报道国内外混凝土与水泥制品在生产、应用、科研、设计、管理等方面的新成果和新经验,解决生产和施工中的实际问题,传递技术经济信息。

徐州师范学院学报(哲学社会科学版) 1975 年创刊,徐州师范学院主办,16 开本,季刊。该刊为综合性哲学社会科学学术理论刊物。主要反映该院文科各专业教学和科研成果,具有淮海地区的地方历史、文化、风物特色。

文博通讯 1975 年创刊,16 开本,双月刊,南京博物院主办。1986年 12 月更名为《东南文化》。该刊是江苏有关文博及民俗学方面的专业学术刊物。注重从文物、考古学、民俗学和博物馆学角度,研究和探讨中国东南地区的不同时代、不同类型和不同层次的物质文化与精神文化。

土壤学进展 1975 年 7 月创刊,16 开本,双月刊,中国科学院南京土壤研究所主办。该刊是介绍国内外土壤研究动态和进展情况的综合性学术刊物。主要报道国内外土壤学、农业化学、生态环境等学科的发展趋势,引进新理论、新方法、新技术,促进我国土壤科学的发展。

江苏画刊 1975 年 10 月创刊,16 开本,双月刊,江苏人民出版社主办,后改由江苏美术出版社主办,月刊。该刊是具有时代感的美术专业学术刊物,试图从多角度探讨中国美术发展的方向,注重反映当代美术思潮,报道独具个性的新作品,促进美术领域的学术争鸣与创新。主要栏目有美术评论、画家评介、当代中国画研究、传统文化与现代文化、新潮美术评介、民间美术、外国美术、中外名画欣赏等。创刊之初,就发行到中国香港、新加坡、日本、美国和欧洲等地,为一些美术机构所收藏。

江苏医药 1975 年创刊,16 开本,双月刊,中华医学会江苏医学分会主办。该刊为综合性医学刊物,旨在反映江苏医药卫生方面的新成就、新进展、新经验及国内外学术动态,为医学科学事业服务。

江苏化工 1975 年创刊,16 开本,季刊,江苏省石油化学工业厅主办。该刊是化工行业的综合性科技刊物,主要反映江苏省石油化学工业的科技进展情况,传播新技术,推广新成果,开展学术讨论和情报交流。

电子工程师 1975 年创刊,16 开本,季刊,江苏省电子学会主办。

该刊为电子行业综合性科技刊物,重点刊载本省电子科技成果,报道本省电子工业发展的技术状况,同时介绍国内外电子工业先进技术,推动电子技术的研究应用。

少年文艺　1976年7月创刊,16开本,月刊。初由江苏人民出版社主办,1984年起改由江苏少年儿童出版社主办。该刊读者对象为初中、高小学生。刊物深受读者欢迎,多次获奖。

江苏煤炭　1976年12月创刊,16开本,季刊。江苏省煤炭科技情报中心站主办。该刊是有关煤炭工业科技、经营管理方面的综合性刊物,主要报道发展煤炭工业科技及管理方面的新成果、新技术和新动向,传播国内外煤炭工业建设的先进技术与管理经验。

江苏地质科技情报　1976年创刊,16开本,双月刊,江苏地质矿产局主办。该刊报道国内外矿床地质新理论、地球化学找矿新方法、矿产开发利用与市场动态及世界地学新思潮,以促进地质找矿和科研,繁荣我国地质事业。

钟山　1978年3月创刊,江苏人民出版社主办。初创时为文艺丛刊,大32开,1980年6月改为大型文学期刊《钟山》,当年共出4期。后又改为双月刊,16开本。

群众　改革开放后,江苏省委决定1979年1月5日《群众》杂志正式复刊,作为省委的机关刊物一直出版至今。《群众》杂志作为江苏省委主办的理论刊物,始终不渝地继承和发扬《群众》的优良传统,加强理论宣传,服务全党和全省的工作大局,在提高全省党员干部思想理论和政策水平等方面发挥了重要作用。自创刊以来,以新观点、新方法、新材料为主题,坚持"期期精彩、篇篇可读"的理念。《群众》内容翔实、观点新颖、文章可读性强、信息量大,栏目设置众多,被公认为是具有业内影响力的杂志之一。

江海学刊　哲学、社会科学综合性学术月刊。1979年10月以《群众论丛》之名复刊。

译林　1979年11月创刊,16开本,季刊,江苏人民出版社编辑出版,1988年起改由译林出版社编辑出版。该刊是以介绍当代外国优秀文学作品为主的综合性文艺刊物。刊物以"打开窗口,了解世界"为宗旨,通过译介内容健康的外国当代文学作品,使读者了解当代世界文学现状和社会现状。主要刊载当代外国优秀长、中、短篇小说,电影文学剧本,散文,诗歌,评介等,还辟有名人小传、历史传奇、新书介绍、外国文坛动态等栏目。该刊刊载了许多优秀的外国文学翻译作品,获得了许多奖励,深得国内外读者的好评,在中外文化交流活动中也作出了许多贡献。

第六节　特设机构的出版管理

一、特设机构的成立与变迁

"文革"初期,江苏新闻出版管理由省文化局负责。中共江苏省委于1966年8月设立"毛主席著作印制办公室",负责全省印制毛主席著作(包括领袖像)、语录及纸张、印制器材的供应和发行工作等。10月,"造反派"组织各级夺权,实际上无人管理,出版工作也陷于停顿。

1968年3月23日省革委会成立,5月,江苏省革命委员会设立"毛主席著作印制办公室",行使管理全省出版发行权力,但实际工作就是印制和发行毛泽东著作。领导全省毛主席著作出版、印刷、发行工作。主管全省书刊出版、印刷、发行。

江苏省革命委员会出版发行局1969年9月15日设立。原"江苏省毛主席著作印制办公室"的工作移交省革委会出版发行局。内设办公室、政工科、编辑科、出版科、财务科。其职能是:负责毛主席著作印制办公室的工作,管理全省书刊出版、发行以及出版物资供应等。1972年1月1日,省革委会决定撤销省革委会出版发行局,成立省革委会文化局,内设出版科,管理有关出版业务,并以江苏人民出版社名义出版图书。1974年6月,江苏人民出版社与省革委会文化局分开。同年7月2日,恢复省革委会出版发行局。其职能是:贯彻执行党的出版工作方针和政策,制定和实施本省出版工作计划;管理全省的图书出版发行工作,对报刊、图书、课本等出版用纸和某些印刷物资进行计划管理等。省出版发行局与江苏人民出版社实为同一机构,对外两个名称。为实行编、印、发、供统一领导,省新华书店、新华印刷厂、物资仓库由省文化局划归省出版发行局管理。

在此期间,江苏出版管理机关的名称变动频繁而权力有限,"文革"期间对市场上非法印刷品的查处和清理,都是相关部门联合执行。"文革"后期,为了编写几部词典,专门成立了中外语文词典办公室、《汉语大词典》办公室,但没有赋予它们管理出版事务的职能。1977 年 3 月 21日,为做好《毛泽东选集(第五卷)》的印制发行工作,江苏省委决定成立"毛主席著作印制发行小组"。这两个机构都是临时性的专项机构,不负责全省的出版发行工作。

表 3-6　1966—1977 年江苏省出版行政机关历届领导人任职表

江苏省委毛主席著作印制办公室	包厚昌	主任	1966.8—1967.1
	陈西光	副主任	1966.8—1967.1
	王力行	副主任	1966.8—1967.1
	邓洁	副主任	1966.8—1967.1
	杨玄	副主任	1966.8—1967.1
江苏省革命委员会毛主席著作印制办公室	韩寿贵	负责人	1968.5—1969.9
	顾洪瑞	负责人	1968.5—1969.9
	任远	负责人	1968.5—1969.9
江苏省革命委员会出版发行局	汤池	负责人	1969.9—1972.1
	韩寿贵	负责人	1969.9—1972.1
	刘定汉	负责人	1970.7—1971.4
	俞洪帆	负责人	1970.7—1972.1
	张建民	负责人	1969.9—1972.1
江苏省革命委员会文化局	韩寿贵	负责人	1972.1—1974.6
	汤池	负责人	1972.1—1974.6
	曹永安	负责人	1972.1—1973.
	张建民	负责人	1972.1—1974.6
	俞洪帆	负责人	1972.1—1974.6
	程茹辛	负责人	1972.1—1974.6
	范广礼	负责人	1972.1—1973.
	沈林仑	负责人	1972.1—1974.6
江苏省革命委员会出版发行局(1974.7 恢复,1975.7 正式任命局长、副局长)	高斯	局长	1975.7—1978.6
	李文	副局长	1975.7—1977.6
	鲁光	副局长	1975.7—1978.6
	俞洪帆	副局长	1977.9—1978.6

二、两个时期的出版监管

"文化大革命"期间,非法印刷品泛滥,品种数量众多,一些群众组织包括一些机关、单位随意自编、自印、自销各种非法出版物,粗制滥造,有的泄露党和国家机密,造成恶劣影响。据不完全统计,南京 7 个印刷厂共承印非法印刷品 20 余种,320 万册;苏州市共承印非法印刷品 50 种,35 万册;南京大学编印非法印刷品 25 个品种,37 个版本。1970 年初,中共中央《关于清查非法印刷品的通知》下达后,江苏采取果断措施,立即查封,责成检讨,并进行通报,基本上煞住了乱编、乱印的歪风。

1971 年 6 月,省革委会出版发行局对"文革"前 2 279 种江苏版存书进行了清理,经省革委会政工组和省委宣传部批准,认定可以继续发行的图书 423 种,报废图书 635 种,内容过时自然淘汰的图书 1 221 种。

1980 年 5 月,国家出版事业管理局在北京召开全国出版工作座谈会,讨论当前出版工作的情况和问题,研究如何贯彻党的出版方针,制止乱编滥印的措施,加强出版管理。江苏省出版事业管理局根据上述座谈会精神和"长沙会议"提出的地方出版社"立足本地,面向全国"的出版方针,制订了《江苏出版事业五年发展规划的初步设想(草稿)》,提出了江苏出版事业的发展规划。

第四章 江苏当代出版业的快速发展
（1981—1995）

　　自第六个五年规划（1981—1985）起，经过三个五年规划期的发展，江苏的出版机构数量激增；同时，江苏抓住了出版体制改革、出版社专业分工的机遇，进行了出版体制的改革；图书出版品种大幅增长，并陆续推出了一批"骨干工程"，在国内出版界产生了较大的影响。

　　江苏坚持"质量、特色、效益"的出版方针，为推动江苏出版业快速发展奠定了坚实的基础。

第一节　出版机构迅速增多

　　从1984年到1988年的四年之间，江苏的出版社增速最快。1984年从江苏人民出版社分离出江苏教育、江苏少儿、江苏美术、江苏古籍4家新的出版社。紧随其后，南京大学出版社、南京工学院出版社、河海大学出版社、中国矿业大学出版社、江苏音像出版社、江苏文艺出版社（恢复）、译林出版社等相继建立。至1992年底，江苏已有18家出版机构。仅从数字上看，当时江苏的出版机构数量超过了各省、区、市地方出版社的平均数（1992年底全国有地方出版社297家），但这并不能表示江苏的出版社增建有何特色，因为创建图书出版社的审批制方式，使图书出版社的结构（包括地域和规模等）都是按照中央的计划分布的，全国各省、自治区、直辖市都有一定数量的出版社，都是按人民、科技、教育、少儿、美术、古籍等专业分工设立的。1992年，江苏已有17家出版社，时隔三年，到1995年，江苏才增加了一个南京师范大学出版社。以下资料摘录于《江苏省志·出版报业志 1978—2008》第38—43页。

江苏人民出版社成立于1953年。社号214，中国标准书号ISBN7—214。1978年以后历任负责人为：高斯（江苏省出版事业管理局局长兼社长）、鲁光（副社长兼总编辑）、张渭英（副总编辑，主持工作）、佘孟仁（副社长兼副总编辑，主持工作）、吴源（社长兼总编辑）。

1978年前，江苏人民出版社系地方综合性出版社，执行地方化、大众化、通俗化的出版方针。曾设有理论、工业、农业、文化教育、科技、少儿、文艺、美术等8个编辑室，其间常有增设撤并。1978年后，该社立足本地，面向全国，呈现出版专业化趋势，在江苏出版社专业化进程中，该社发挥出了"母社"的作用。1978年，分出科技编辑室，建立江苏科学技术出版社；1984年，教育、少儿、文史、美术编辑室分出，分别成立江苏教育出版社、江苏少年儿童出版社、江苏古籍出版社、江苏美术出版社；同年，摄影组分出，成立江苏图片社；1985年，文学编辑室分出，恢复设立江苏文艺出版社；1988年，《译林》编辑部分出，成立译林出版社。

1990年起，该社设有政治、经济、青年读物、文化旅游、美术摄影、综合编辑室。主要出书范围为：出版马列主义、毛泽东思想理论著作；以马克思主义为指导的哲学、政治、法律、经济、历史等研究著作；上述各门类辞书、工具书；宣传党的方针政策读物和时事宣传读物，党史党建读物和通俗政治理论读物、青年思想教育读物、旅游读物等。

江苏人民出版社的图书以珍贵的价值和精美的装帧，多次被选送日本、朝鲜、苏联、美国、英国、芬兰、乌拉圭、巴西、委内瑞拉、法国、波兰、捷克斯洛伐克、德国、南斯拉夫及东南亚等国家和地区展出或发行，多次在国际上获奖。

江苏科学技术出版社成立于1978年7月。社号196，中国标准书号ISBN7—5345。地址初在南京市高云岭56号、中央路165

号,后迁到湖南路1号。历任负责人为:俞洪帆(社长,兼)、严世瑢(副社长,总编辑)、张崇高(副总编辑,主持工作)、王於良(副社长主持工作,社长兼总编辑)、胡明琇(社长兼总编辑)、黎雪(社长兼总编辑)。全国优秀出版社、国家一级出版社。

该社长期以来坚持以服务于经济建设、服务于科技进步、服务于全民科技文化素质的办社宗旨。1982年设有理科、工科、农业、医卫、科普5个图书编辑室和《祝你成长》《祝你健康》两个期刊编辑部。主要出版科技学术专著,实用科技类、社会教育类、技术培训类、大众生活类图书,科普读物及自然科学方面的教材教辅等。有数百种图书荣获国家及省部级以上各类图书奖和装帧设计奖。

20世纪90年代初,由江苏省科学技术委员会、江苏省出版总社及江苏科学技术出版社出资150万元,建立"江苏省金陵科技著作出版基金",资助一批高端科技基础理论和实用技术著作的出版。

江苏教育出版社1983年12月在江苏人民出版社原教育编辑室的基础上成立。社号351,中国标准书号ISBN7—5343。地址初在南京市高云岭56号、中央路165号、马家街31号,后迁入湖南路1号。历任负责人为:吴为公(总编辑)、赵所生(社长兼总编辑)、张胜勇(社长兼总编辑)。1994年,该社被中宣部、新闻出版署表彰为"全国优秀出版单位"。

该社是专业的教育出版社。建社前期,设有文科、理科、教育、理论、小教、美术等编辑室。出书范围:学校和业余教育的教材、教学参考书;教育科学理论、学术著作。主要出版任务是:出版中小学教师进修图书、中小学各科教学参考读物;同时出版大学、中师、职教、幼师及电大的辅助教材,教育科学研究的学术性专著及教育家的文集、全集、传记等;此外还出版中小学生阅读的刊物、工具书和其他图书。该社致力于高标准建设基础教育教材出版基地、优秀教育读物研发基地和海内外优质教育出版资源引进和开发基地,形成了教材、助学读物、助教读物、社科学术图书等较为完备的四大板块。

该社在中小学教材开发建设方面用力颇多。《小学语文》《小学数学》《小学科学》《品德与生活》《品德与社会》《初中语文》《初中生物》《高中语文》《高中数学》《高中化学》《高中生物》《高中通用技术》等12种国家课程标准实验教材通过教育部全国中小学教材审定委员会审查,在全国28个省份的2000多个实验区推广,使用人数达4000多万。

教育报刊是该社系列出版物的重要组成部分,也是该社国标教材和教辅读物的必要补充。该社拥有《全国优秀作文选》等教育报刊,在传播优秀文化,普及科学知识,指导学科教学,提高学生素质等方面发挥了重要作用。

由于具有教育类书刊出版的优势,在取得较好经济效益的同时,该社注重出版具有传承价值的图书。

江苏少年儿童出版社1983年12月在江苏人民出版社原少儿编辑室的基础上成立。社号352,中国标准书号ISBN7—5346。地址先在南京市高云岭56号、中央路156号,后迁入湖南路1号。历任负责人为:张彦平(总编辑)、石启忠(社长兼总编辑)。

该社以15岁以下少年儿童为读者对象,主要出版文学、低幼、动漫、知识、教育等各类少儿读物。建社初期,设有文学、知识、低幼及《少年文艺》《儿童故事画报》等编辑室。出书范围为:15岁以下少年儿童为对象的政治、思想、品德教育读物;儿童文学作品、连环画、科普读物;以及少儿工作者和家长培养教育少儿的辅导读物。经过多年努力,该社在大众和教育两大出版领域形成了特色。教育出版领域,打造了《美术》《音乐》《书法》等国标教材。

该社出版的图书多次获得国家大奖:《乌丢丢的奇遇》获中国出版政府奖提名奖;《高技术战争与当代青少年丛书(9册)》获中国图书奖。

该社外向型图书成绩斐然,版权贸易成绩突出,与海外版权交易活跃,数量众多。

江苏美术出版社1983年12月在江苏人民出版社原美术编辑室的基础上成立。社号353。中国标准书号ISBN7—5344。地址初在南京市高云岭56号、中央路165号,后迁入湖南路1号。历任负责人为:索菲(总编辑)、程大利(社长兼总编辑)、高云(社长兼总编辑)。

该社是专业美术出版机构,建社初期设有理论画册、《江苏画刊》、年画、通俗读物编辑室以及《江苏画刊》杂志编辑部。主要出版画册、连环画、挂历、宣传画、图片、书法、摄影等美术读物,以及美术理论、技法读物和美术工具书。经过20多年的发展,出版物形成了传承历史、学科建设和艺术普及三个出版集群和精品画册、实用技法、艺术理论、艺术设计、大众生活和艺术教育"六个板块"专业产品线。

多年来,该社以文化传承和积累为己任,在民族民间艺术的挖掘、整理、保护方面做出了贡献,在现当代艺术的推广传播上发挥了作用。打造了"敦煌""老房子""老城市""老古董"系列品牌图书;推出了"视觉文化艺术""开放的艺术"等现当代艺术理论丛书,产生较大影响。该社幼儿美术、古代建筑艺术、民族民间艺术类图书深受海外读者青睐,输出版权几十种,与国外多家出版机构建立了良好的合作关系。

江苏古籍出版社1983年12月在江苏人民出版社原文史编辑室的基础上成立。社号354,中国标准书号ISBN7—80519、80642、80729。地址初在南京市高云岭56号、中央路165号,后迁入湖南路1号。历任负责人为:高纪言(总编辑;社长兼总编辑)、薛正兴(社长兼总编辑)。

该社是一家以整理出版中国文、史、哲古籍及其研究著作为主的专业出版社。设有三个图书编辑室和一个期刊编辑部:一编室(古籍整理编辑室)、二编室(综合文化编辑室)、三编室(古典文学知识编辑室)、《古典文学知识》期刊编辑部。形成了古籍整理、历史文献、社会档案、学术研究、专业普及和地方文化等几大板块,出版了一大批既有专业特色、地方特色,又具有海内外影响的项目,在市场上产生了较大的影响。《清诗纪事》(全22册)、《版画纪程——鲁迅藏中国现代木刻全集》、《敦煌文献分类录校丛刊》(10种12册)获得国家图书奖提名奖;《康有为〈大同书〉手稿》、《唐刺史考》(全5

册)、《清诗纪事》(全22册)、《版画纪程——鲁迅藏中国现代木刻全集》《中国古文献研究丛书》(9种)、《袁枚全集》(全8册)、《明诗话全编》(全10册)获得中国图书奖。

该社编辑出版的《古典文学知识》,融学术性、知识性、趣味性于一体,雅俗共赏,在读者中较有影响。

江苏音像出版社1984年4月成立,隶属于江苏省广播电视总台。地址:南京市白下路235号1层。

该社是江苏最早成立的音像出版社,是专业从事音像制品出版发行的经营实体,经过多年的发展,已形成了一个集策划、编辑、制作、出版、生产发行、企划宣传、多种经营为一体的功能较齐全的综合型音像出版产业链,拥有多轨录音棚、高速音像复制生产线。

该社录制出版的品种有民族音乐、中国戏曲、古典交响音乐、通俗音乐、少儿节目、电视剧、科教片等。形式有音带、像带、CD、VCD、DVD等。该社较有影响的作品有:与南京电影制片厂联合摄制的电视连续剧《严凤英》盒式音带《孟姜女》《玉春堂》《牡丹亭》以及音像制品《七品村官》《血悍长空》《苏韵》《昆曲——长生殿》等。

南京大学出版社成立于1984年5月,是国家教育部所属高校出版社。社号336,中国标准书号ISBN7—305。地址在南京市汉口路22号。历任负责人为:时惠荣(社长)、任天石(社长兼总编辑)、周宪(社长)、左健(社长兼总编辑)。

建社之初,该社出版范围是:该校设置的学科、专业、课程所需要的教材;该校教学需要的教学参考书、教学工具书;与该校主要专业方向一致的学术专著、译著;适合高等学校需要的通俗政治理论读物;根据学校主管部门确定的分工和安排,为尚未成立出版社的高校出版同一专业系统的高校教材。出版社下设编辑部、出版发行部、办公室等机构。

该社秉承"诚朴雄伟,励学敦行"的校训,着力铸造一流综合性大学出版社。在多年的成长和发展中,坚持"学术立社,品牌兴社"的出版理念,坚持文化积累和文化传播的使命,坚持高层次、高质量的出书品位,形成了自身在高校教材、高品位的学术专著、国外学术名著译介和传统思想文化等方面的出版特色。出版社成立以后,为社会奉献了一批优质的人文社科精品图书。《中国思想家评传丛书》《太平天国通史》《中国现代戏剧总目提要》《中国昆剧大辞典》《中国抗日战争史》《中华民国史》以及《南京民国建筑》《南京明清建筑》《南京明城墙》等具有重要学术文化价值的图书,有广泛的影响。

该社教材、学术著作的出版品种占60%以上。《中国思想家评传丛书》先后荣获首届中国出版政府奖、首届中国文化产业创新奖;《中华民国史》获首届中国出版政府奖·印刷复制提名奖;《诗词鉴赏》获第二届中华优秀出版物奖(电子类);《孔子评传》《中国读书大辞典》获中国图书奖。

东南大学出版社1985年3月成立,前身是南京工学院出版社,1988年6月随学校更名。国家教育部主管,东南大学主办。建社之初,社号为409,1993年采用中国标准书号后,先后为ISBN7—81023,81050,81089,5641。随着出版社发展的需要,办公地址虽几经迁移,但都在南京四牌楼2号东南大学校园内。历任社长为:史维祺(副院长兼)、刘仰贤、赵小东、洪焕兴、宋增民。

建社多年来,依托和传承百年名校东南大学的学科优势,秉承和践行"止于至善"的校训,坚持为教学科研和人才培养服务,为社会贡献高水平人文、科技精品图书的出版宗旨,凝心聚力出精品,集成创新促发展,坚持把社会效益放在首位,不断优化品种结构,塑造品牌,鼎新革故,把握机遇,实现了跨越式发展。

出版社下设土木建筑、电子信息、经管外语、医药卫生4个分社以及基础教育图书中心、营销部、出版部、财务部、文字编辑室、信息中心、行政办公室、总编办公室等多个职能部门,出版的图书形成了以土木建筑、医药卫生、电子信息、经济管理类图书为特色,以土木建筑类图书为品牌的出版格局,近400种图书获国家及省部级各类图书奖和装帧设计奖,40余种图书向海外实施了版权转让。其中《斗拱》获首届中国出版政府奖图书奖。

中国矿业大学出版社1985年3月成立,国家教育部主管、中国矿业大学主办。社号443,中国标准书号ISBN7—80140、81070、

81107。地址在徐州市中国矿业大学内。历任社长：戎志毅、孙树朴、解京选。

该社是我国唯一一所以矿业能源安全、环境、资源等教育和科技为专业特色的大学出版社。编辑出版理、工、文、管等各种教材和图书，担负本校及全国煤炭大中专院校的干部培训、成人教育等教学用书、教学参考书、科学著作的出版任务。设有高等教育编辑出版中心、高职教育编辑出版中心、职工教育编辑出版中心、安全教育分社、人文社科编辑出版中心、数字出版部、营销部等。

建社后，该社努力为教学科研服务、为社会、经济、文化发展做好出版服务，锐意改革，不断创新，取得了长足的进步和发展。该社所出的有关矿业领域内的教材、学术著作有相当的影响。《中国煤岩学图鉴》获国家图书奖提名奖；《华北南部的逆冲推覆伸展滑覆与重力滑动构造——兼论滑脱构造的研究方法》《中国东部煤田推覆滑脱构造与找煤研究》《中国煤矿通风安全工程图集》获中国图书奖；《中国煤矿采场围岩控制》《岩石混凝土损伤力学》获国家科技进步奖。

江苏文艺出版社 1958 年 1 月以江苏人民出版社文学编辑室为基础，宣布成立江苏文艺出版社，但并未分离独立。1960 年 11 月社名撤销，人员回归江苏人民出版社。

1985 年 6 月，以江苏人民出版社文艺编辑室为基础，恢复江苏文艺出版社，独立建制。社号 141。中国标准书号 ISBN7—5399。地址在南京市高云岭 56 号。主要领导人先后为蔡玉冼（总编辑）、吴星飞（社长）、刘健屏（社长兼总编辑）。

该社设有纪实文学、纯文学、通俗文学、文艺理论等编辑室，主要出版当代文学、现代文学和艺术作品，文艺理论和文学批评专著，古代优秀文艺作品，影视艺术图书和音乐歌曲图书。建社初期以出版当地作家作品为主，经过多年的努力，该社出版的作家作品已扩大到了海内外。在长篇小说、纪实文学、当代作家文集、人物传记、言情小说、散文、影视艺术图书等诸多门类形成出版特色。

河海大学出版社 1986 年 11 月成立，国家教育部主管。社号

499,中国标准书号为 ISBN7—5630。地址:南京市西康路 1 号。历任社长:梁瑞驹(兼)、王其超。

该社为水利领域的专业出版社,出书范围包括:水利、水电、电力、交通、能源、海洋、环保、建筑、机械、电子、力学、地质、测量、计算机、应用数学。出版社设有水利科技编辑部、高校教材编辑部、素质教育编辑部和总编办、综合办、生产部、营销部、财务部等职能部门。该社坚持为高校教学、科研和学科建设服务的办社宗旨,坚持"立足本校,面向全国;立足专业,面向大科技"的办社思路,依托河海大学的学科优势,竭诚为我国的水利教育事业、水利科技发展提供优质服务,出版了一大批学术价值高、实用价值广的精品科技图书和高校教材。其中,《中国海岸工程》《青藏高原地质景观摄影图集》《工程水力学反问题》《西北地区水资源与生态环境评价》《区域现代化的探索》《地质——生态环境与可持续发展》等出版物,产生了较大的影响。

南京出版社 1988 年 5 月成立,系南京市市属唯一的地方城市出版社。中国标准书号 ISBN7—80614、80718。地址初在南京市湖南路 8 号,后迁入南京市玄武区太平门街 53 号、南京市老虎桥18 号。

该社是以出版政治、文化、科学、教育类图书为主的综合性出版社。建社初期与南京市新闻出版局"局社合一",一套班子,两块牌子,历任负责人:张增泰(局长兼社长)、周玉锴(局长兼社长)。成立以来,内部机构设置几经调整。

该社成立以来,出版了许多面向大众的科普图书和学术精品专著以及一批具有名牌效应的教辅类图书,形成了浓郁的地方和时代特色,具有较高的文化品位。

古吴轩出版社 1988 年 11 月成立。中国标准书号为 ISBN7—80574、80733。地址在苏州市人民路 342 号。历任社长先后为张瑞林、吉克。

该社是专业美术出版社。出书范围:画册、画片、字帖、挂历、桃花坞木刻年画和反映苏州地方特色的美术作品,以及与吴文化相近相关的文字图片资料。该社的出版方针是:美术专业与苏州地方特色相结合,高档画册同普及性图书相结合,以图书为主,年画为辅,立足苏州,面向全国。2003年加盟苏州日报报业集团后,在保留和发扬美术类图书的特色和优势的同时,在文化、旅游、生活、少儿等领域作了些有益尝试,出版了一些文化类的图书。

该社所出的系列美术图书如《林散之书法集》、"当代名家中国画全集"丛书、"古今名画集粹"丛书、"古今书法精粹"丛书、"中央美院专业素描"丛书、"当代艺术新主张""经典碑帖导学教程"以及系列文化图书如《魔宙》《丑陋的中国人》《笛声何处》《中国后花园》《摄氏零度的寂寞》等都有一定的影响,其中《林散之书法集》获得中国图书奖。

译林出版社1988年6月组建成立。中国标准书号为ISBN7—80567。该社地址初在南京市中央路165号,后迁入湖南路1号。主要领导人先后为李景端(社长兼总编辑),章祖德(社长兼总编辑)。

1992年,出版社设有译林、译文、外文、词书4个编辑室,拥有英、法、德、俄、日等语种较强的编辑力量,主要出版外国文学作品及外国社科著作、外国文学及语言研究论著、外语工具书,中国学生外语教材及辅导读物,面向海外的外文版图书,逐渐形成了具有自己特色的外国文学、人文社科、英语教育、期刊四大板块。

该社具备较强的专业优势,所出图书受到读者的欢迎。外国文学出版方面,在世界名著出版领域拥有一流品牌和名列前茅的市场占有率,所译介的国外现当代文学作品形成优秀的口碑;《20世纪外国文学史》(共5卷)获首届中国出版政府奖;《尤利西斯》(精,上、下)、《世界英雄史诗译丛(16种)》获国家图书奖提名奖;《古希腊悲剧喜剧全集》获中华优秀出版物奖;《蒙田随笔全集》(3册)获中国图书奖。

该社出版的《译林》,期刊久负盛名,被列入全国百种重点社科期刊,荣获首届国家期刊奖。

南京音像出版社1989年5月成立。成立之初由南京广播电视局主管、主办,2002年底划归南京广播电视集团主管、主办,地址先后在(补充)江苏省南京市玄武区太平门街53号。负责人为金定国(补充)。

该社是一家集拍摄、制作、出版、发行为一体的综合性音像出版社,设有社长室、执行总编室、出版综合部和下属单位南京音像出版社经营部。出版综合部下设编辑部、企划部、营运部经营部等部门,出版制作的音像产品已形成了流行歌曲、民族音乐、地方戏曲、家庭百科、教育等五大系列。《中国民歌》获国家音像制品奖;《中华百年建筑经典》获中华优秀出版物(音像)奖;《赵季平影视歌曲》(CD)获中国唱片金碟奖。

苏州大学出版社1992年10月成立,江苏省教育厅主管,苏州大学主办。中国国际标准书号ISBN7—81037、81090、81137。建社之初,办公地点设在苏州大学本部蕴秀楼一楼,1993年5月迁至校本部原苏州财经学校图书馆。历任负责人:张云朋(社长)、侯星芳(社长)、吴培华(副社长、主持工作)。该社是以出版文史、外语、财经、法律、理工、医药、农林等为高校教学和科研服务的教材和学术著作以及地方文化研究等方面图书为主的出版社。从1992年创建初始的8名工作人员、一间半房起家,通过多年的努力,取得了长足发展,设有文科编辑部、理科编辑部、基础教育部、职业教育部等四个编辑部。

该社共有近百种(次)图书荣获国家及省部级以上各类图书奖和装帧设计奖。其中《扬州文化》丛书、《中华民族的脊梁》《中国丝绸通史》等多种图书获中国图书奖、国家图书奖、中华优秀出版物(图书)奖、中国出版政府奖。

江苏文化音像出版社1992年4月成立。隶属江苏省演艺集团。地址:南京市淮海路2号电影公司10楼。历任负责人:李大成、孙苏杰(完善)。

该社设有编辑制作部,发行部,企划广告部,制作中心等业务部门,依托江苏丰富的演艺资源,出版了千余种有鲜明特色的出版物,出版发行的音像制品涵盖了音带、像带、CD、VCD、LD五个大类,内容涉及歌舞、影视、戏曲、教育等门类。出版的《忆江南评弹音画——忆江南》《二泉映月》《桃花扇 1699》、沪剧《龙凤金曲》等作品较有影响。与扬子江音像公司合作出版了大量的戏曲类节目,形成了出版社的特色,出版的上海越剧院的电影版《追鱼》《红楼梦》等较受读者的欢迎。

南京师范大学出版社 1995 年 1 月成立,江苏省教育厅主管,南京师范大学主办。中国标准书号先后为 ISBN7—81047、81101、5651。历任负责人:张纯一、张留芳。

该社依托南京师范大学的学科优势,坚持"教字当头,以师为本,立足高教,面向大教育"的办社方针,恪守"为高校教学科研服务、为文化教育事业服务、为广大教师学生服务"的办社理念。

第二节　逐渐显现的出版"双效益"

江苏省出版行政管理机构虽然名称屡屡变动,但实际上都身兼管理与经营二职,经营的重点就是确定每年的出书指导思想和选题计划,在江苏省只有人民和科技两家出版社时期尤其如此。1984 年以后,随着省内出版社数量不断增多,省级出版行政管理逐渐向宏观调控过渡,每年都有选题"过堂"会,审查各出版社的年度选题。

1981 年 3 月,江苏省出版事业管理局制订的 1981 年工作计划中,关于出书指导思想的有三条:(1)出版工作要改变过去片面强调紧跟政治运动,服从中心工作的做法。要兼顾当前需要,统筹安排,结合建设四化的实际,坚持宣传马克思主义、毛泽东思想和党的路线、方针、政策,做好积累历史、文化遗产,推广科学技术知识的工作,贯彻执行出版为社会主义服务、为人民服务的基本方针。(2)肃清"左"的影响,解放思想,开辟新的路子,打开新的局面。考虑、确定选题,贯彻"立足本地,面向全国"的方针,努力出版一批高质量的保留书目,注意成套图书的设计和编辑,逐渐形成江苏版图书的特色。注意出版一些普及知识、开阔眼界、丰富人民精神生活的图书,包括介绍外国科技知识和文艺作品。(3)出版图书要重视质量,考虑社会效果,不要求在品种上过多地增加。在思想内容上,一方面注意拨乱反正,一方面注意防止从一个极端走向另一个极端。根据以上指导思想,江苏人民出版社、江苏科技出版社在图书选题上拓展思路。江苏人民出版社除坚持出版政治理论、思想修养、文化教育等原有门类的图书之外,新增了文史、青年、旅游等类读物,江苏科技出版社新增了中医、科普等门类的读物。

1983年6月,中共中央、国务院发布《关于加强出版工作的决定》,提出"必须坚持为人民服务、为社会主义服务的根本方针"。8月,江苏省人民出版社先后召开直属出版社、编辑室负责人会议,研究制订1984年选题计划和出书计划,提出"抓重点、抓质量、抓特色"的指导思想,从514种计划选题中列出67种重点书。

1984年6月,文化部在哈尔滨市召开全国地方出版工作会议,正式提出要使出版社由单纯的生产型逐步转变为生产经营型,用经济杠杆促进出版方针的贯彻;适当扩大出版单位的自主权,促进经营的积极性和主动性;出版单位要实行岗位责任制,编辑部门要坚决打破长期以来存在的吃"大锅饭"的现象,大胆落实知识分子政策,充分肯定知识分子的贡献,使贡献大的人先富起来;出版行政部门要做到"大的方面管住管好,小的方面放开搞活",严格掌握出书计划的审批权。

江苏抓住了出版体制改革、出版社专业分工的机遇,进行了出版体制的改革。为了加强编辑工作的中心地位,由社长负责制改为总编辑负责制。全省从2个直属出版社分建发展为8个直属出版社,新建了4个大学出版社和2个地方出版社。出版社在专业分工的同时,推行独立核算、自主经营、自负盈亏,加速了出版社从生产型向生产经营型的转变,大大调动了出版社的积极性,出版资源包括人才资源得到迅速开发,各出版社经常联系的作者达3 000多人。

1985年,江苏省新闻出版局、江苏省出版总社根据多年来工作实践中积累的体会,在贯彻执行出版方针问题上,提出了"质量、特色、效益"总的指导思想,要求每个出版社必须制订出每年有新变化而又有长期生命力的保留书目的选题计划,以体现"立足本地,面向全国"的方针;其次,在全部计划出版的图书中有重点地抓好一批高质量的图书,既有学术专著,也要有通俗读物;第三,图书内容必须坚持四项基本原则,有较高的科学性、艺术性,还必须具有建设社会主义物质文明和精神文明的鲜明的导向性,将社会效益放在首位,争取"双效益"。根据这一指导思想,江苏各出版社在选题计划中注意加重能反映自己特色的图书。江苏人民出版社在马列主义理论研究、江苏小城镇建设研究、经济理论读物方面形成特色;江苏科技出版社注重农业科学技术图书的系列化和层次化,以及乡镇企业管理系列图书,同时挖掘江苏自古至今中医典籍资源,形成较有影响的中医学术图书的格局;江苏教育出版社坚持为中小学教育服务,并有计划地出版现代和当代教育家、名人全集;江苏美术出版社侧重于介绍江苏著名画派、画家;江苏古籍出版社重点挖掘江苏有影响的古籍及古籍整理研究的新成果。

1986年2月,江苏省出版总社召开各出版社编辑室主任以上干部会议,提出今后几年的工作要点。总的要求是:坚持"为社会主义服务,为人民服务"的方向,坚持党的出版方针,坚持做好各项改革工作,多出好书,快出好书,为社会主义物质文明和精神文明的建设作出新的贡献。在工作中注意处理好经济效益与社会效益、出书质量与数量等关系。

1986—1988年,江苏各出版社在"质量、特色、效益"上狠下功夫,组织了一批"骨干工程"。以下内容摘录于《江苏省志·出版报业志1978—2008》第50—53页。

江苏人民出版社将经济类读物作为重点,组织人员对苏南农村经济发展模式进行调查研究,编辑出版了一套小城镇研究专著,如《小城镇,大问题》《小城镇,新开拓》《建设好社会主义小城镇》等,取得了良好的社会效益;围绕经济建设中心,着力开拓精神文明建设方面的图书,如《社会主义再认识丛书》《海外中国研究丛书》《乡镇企业管理人员须知丛书》等。

江苏科技出版社把出版科技读物以促进生产力的发展,加快经济建设步伐作为指导思想。坚持以农业为基础,大力组织出版了《农业干部培训教材·农村青年自学丛书》(24种)、《农村多种经营丛书》(22种)、《蔬菜杂交优势利用丛书》、《水产养殖丛书》、《果树栽培丛书》、《专业户万有问答》(华东六省一市科技出版社联合组织)、《立体农业》等系列丛书。为配合国家科委"星火计划"的实施,组织调查组深入苏州地区农村,对乡镇企业和农业科技工作进行综合调查,组织出版了全国第一套《星火计划丛书·乡镇厂长(经理)必读》(10种)、《棉花转运工必读》(10种)、《乡镇企业管理概论》、《农副产品加工技术丛书》以及《农村市场学》《农业经济管理》等图书。为向社会传播科学技术,该社还组织出版了《电子技术教育丛书》(9种)、《BASIC入门》、《微处理机三日通》、《CMOS集成电路》、《微电子电路》、《微型计算机技术应用丛书》、《现代生物学丛书》、《高科技知识丛书》等读物,并根据江苏中西医的优势,组织出版了《中医古籍小丛书》、《养生丛书》、《孟河四家医集》、《江苏医学丛书》、《江苏中医集》丛书、《外科手术并发症丛书》、《肾脏病学》、《皮肤病学》、《肝脏病学》、《临床胰腺病学》、《现代脾脏外科学》等图书。

江苏教育出版社坚持社会效益和经济效益一起抓,在保证出版好各类学生辅导读物和课外读物的基础上,集中力量出版了一批有影响、有学术价值的重点书,如《叶圣陶集》《朱自清全集》《陈鹤琴全集》《吴贻芳纪念集》《中国教育史简编》《高觉敷心理学文选》《马明数学教育论文集》《英语搭配大词典》等。

江苏少儿出版社紧密配合少年儿童的学习和精神文明建设,根据儿童的特点和需要,狠抓优化选题,逐步形成自己的特色,出版了高质量的《六年制小学词语手册》《小学作文词汇、语段手册》《小学生法律常识读本》《初中生词语手册》、《儿童图解字典》等,印数都在100万册以上,有的甚至突破了1 000万册。低幼读物《名著画库》改变了以往图画故事的老面孔,囊括了中国历代适合儿童阅读的中、长、短篇优秀文学作品,用彩色连环画的形式向儿童传播古典文学知识。

江苏美术出版社坚持图书高质量,通过市场调查,优化选题,取消平庸选题,取得了较好的成绩。该社根据江苏的特点,充分发挥江苏的优势,开拓年画出版范围,增加了中堂、横批和四条屏等品种。年画发行量由1 000万张增加到4 387万张,有些品种远销欧、美、日本等地。该社还重视书画理论书籍和名家专集的出版，其重点书有《中国现代绘画史》《欧洲美术鉴赏》《林散之书法集》《高二适书法集》《扬州八怪诗文集》《陈之佛画集》《中国现代绘画史》《中国油画》《中国民间秘藏绘画珍品》《中国古代闲章拾萃》等。

江苏古籍出版社努力挖掘江苏古代出版资源，并将目光投向全国和海外，将有学术价值和历史价值的图书作为重点。1986 年，为配合纪念孙中山先生诞辰 120 周年，集中力量出版了一批有关图书，如《中国国民党第一、二次全国代表大会会议史料》《中华民国档案资料汇编》《在中山先生身边的日子里》《中山陵档案史料选编》等，为配合苏州建城 2500 周年纪念，出版了一套《江苏地方文献丛书》(9 种)。另外还有《唐宋词鉴赏辞典》《唐刺史考》《中统内幕》《宛委别藏》《清诗纪事》《唐宋词史》《中国古文献研究丛书》等。

江苏文艺出版社在选题计划上，突出重点，形成系列，分别陆续推出了《中国当代青年作家长篇丛书》《中国现代中长篇小说选读丛书》《纪实文学丛书》《外国纪实文学丛书》《苏版曲艺丛书》《东方文化丛书》《中国古典文学鉴赏丛书》《东方文艺美学丛书》《20 世纪外国美学文艺学名著精义》《古文鉴赏辞典》《中国新诗鉴赏大辞典》等。

南京大学出版社坚持以出版教材为主，为学校教学和科研服务的原则，优化选题，提高质量，充分发挥自身优势，利用校内学科全、人才多、出版资源丰富的特点，出版了一批高质量的重点书。如《新知识词典》《苏南乡镇企业的崛起》《中国书法三千年》《实用语文知识词典》《反义成语词典》《现代西方社会思潮》《微型计算机 IBMPC 的原理及应用》《企业管理》等。

东南大学出版社坚持以出版教材为主，同时出版相关的有学术价值的图书，所出版的《李剑晨中国画集》《本草学》《C 语言程序设计简明教程》《社会主义初级阶段政治经济学》《外贸英语与外贸电传常用缩略语》《建筑安装工程定额预算入门》等，受到专业工作者的喜爱。

河海大学出版社根据学校所设专业，充分发挥自身的优势，立足本校,面向全国,努力出版高质量的,反映本校教学科研成果的教材、教学参考书和学术著作。所出《奥林匹克词汇大全》曾在联邦德国展出,受到好评,《全国机电设备产品目录大全》《水资源保护工作手册》《环境水力学》《教育学》等,均有一定影响。

1989年3月,江苏新闻出版局在全省出版工作大会上提出要求:通过深化改革,加强各项基础工作,进一步提高书刊质量,大力开拓海内外市场,在困难的外部环境中求得出版工作持续稳定的发展;加强后劲,更好地为两个文明建设以及广大读者需要服务;要求各出版社把精力集中放在优化选题、调整出书结构上,抓好重点书的出版,加强内部管理。为了发展本省的出版、发行事业,加快印刷技术的改造,江苏省出版总社与有关单位合作,分别设立了"江苏发行基金""江苏出版基金""江苏金陵科技著作出版基金",总金额1 310万元。当年出版图书2 356种,其中新书1 798种。

1990年2月,江苏新闻出版局、江苏出版总社根据国家新闻出版署提出的"优化选题、调整结构、压缩品种、提高质量"的方针,制订了《1990年工作意见》,提出的指导思想是:把加强新闻出版管理和搞好出版工作促进大局稳定放在首位,同时按照中央"治理整顿、深化改革"的要求,结合出版工作的特点,加强各项基础工作,力求做到"稳定、创新、繁荣",出书要继续坚持"质量、特色、效益",以保持江苏出版工作持续、协调发展的势头,争取再跨一个新台阶。当年江苏完成了调整出书结构、拓展海内外图书市场等主要任务;全省共出书3 167种,比上年增长34%,其中新书2 386种,比上年增长32.7%。

1991年,江苏新闻出版局将工作的重点放在解决出书品种过多、过滥、质量不高,特别是切合当前社会实际需要的图书不多等问题上。规定各出版社本年的出书品种不能突破1990年的数量。各出版社必须明确各自的出书指导思想和目标,认真执行新闻出版署批准的出书范围。结合制订"八五"选题规划,开掘反映社会主义主旋律,弘扬民族优秀文化,具有鲜明时代特色和地方特色的重大选题,努力提高图书质量。当年,全省的出书品种得到控制,选题进一步优化,图书结构趋于合理。全省共筛选出62个图书选题,作为本省"八五"期间的第一批重点选题,其中 9 家出版社的 29 个选题被列入全国"八五"重点选题规划。当年全省 14 家出版社共出书 3 416 种,在全国获奖图书 40 多种;8 家省局直属出版社共出书 2 300 种,其中新书 1 300 多种(内有重点图书和骨干工程近 70 种),品种比上年压缩了 25.5%,重印书近 1 000 种,约占总出书量的 43%,比上年有显著提高。当年全省共有 137 种图书在全国和华东地区评奖活动中获奖,是历史上获奖较多的年份之一。江苏古籍出版社的《康有为〈大同书〉手稿》获全国古籍图书评奖特等奖,《清诗纪事》获一等奖,《水经注疏》等获二等奖,《楚辞直解》等 3 种图书获 3 等奖。江苏教育出版社的《亚运 16 天》获第五届全国图书金钥匙奖优胜奖。译林出版社的《追忆似水年华》获第一届全国优秀外国文学图书奖一等奖。南京大学出版社的《孔子评传》获第五届中国图书奖一等奖,《百年国际风云》获第五届全国图书金钥匙奖优胜奖。江苏美术出版社的《敦煌》《中国工艺美术大辞典》获全国优秀美术图书银奖,《中国油画》《扬州八怪画集》等 8 种图书获铜奖,《中国工艺美术大辞典》同时还获得第五届全国图书金钥匙奖优胜奖。江苏人民出版社的《自然哲学》获第五届中国图书奖二等奖;《现代战争启示录》(王春芳、张晓林主编)获第五届全国图书金钥匙奖优胜奖。江苏少儿出版社的《世界童话名著精选》获第五届全国图书金钥匙奖优胜奖。

1992 年,邓小平同志视察南方的谈话发表,江苏新闻出版局组织省内出版社围绕如何深化改革,加快发展出版事业,更好地为经济建设和改革开放服务的问题,进行了多方面的探索和研讨,逐步明确了本省出版改革的目标和总体思路,即适应社会主义市场经济,加快出版体制改革,逐步由传统的出版业向现代出版产业转变,由封闭型、半封闭型向开放型转变,与国际出版业接轨,抓住机遇,争取江苏的出版事业再上一个新的台阶。全省图书出版工作继续贯彻执行新闻出版署提出的"调整结构、压缩品种、优化选题、提高质量"的方针,按照"八五"规划的要求,围绕经济建设这个中心,瞄准学科研究的前沿,组织重大题材的优秀选题。当年出版了一批直接为经济建设和改革开放服务、具有较高学术价值的图书,其中江苏少儿出版社的《爱我中华》丛书共 5 卷 20 册(孙家正主编)入选中宣部 1992 年度"精神产品生产五个一工程"。江苏科技出版社的《高科技知识丛书》(吴锡军等主编)是国内第一套向干部普及高科技知识的系列丛书(当年出版5册)。另外还有江苏人民出版社的《世纪之交丛书》和《漫话社会主义市场经济》,江苏古籍出版社的《文苑丛书》《中国古文献研究丛书》,江苏教育出版社的《当代教育新理论丛书》《世界历史名人画传》,江苏美术出版社的《中国民间绘画珍品集》,译林出版社的《中国现代文学文库·老舍卷》(英文),江苏文艺出版社的《钱锺书传》,南京大学出版社的《爱国诗词鉴赏词典》,东南大学出版社的《毫米波技术基础研究进展》,河海大学出版社的《平原地区小型水电站》,南京出版社的《中国散文精品分类鉴赏词典》等。

1993年,省新闻出版局在年初出版工作会议上强调出书的高品位、高格调,强调创新、特色和生命力,着重抓重大题材和项目,抵制平庸图书,积极挖掘国内外的重大出版资源。当年,江苏出版了一批重点图书,如巨型画册《敦煌石窟艺术》《中国三峡》等;《我的市场经济观》《高科技知识丛书》《中国思想家评传》《冯梦龙全集》《敦煌壁画摹本珍藏本》等。

1994年,根据新闻出版署的部署,江苏在出书上着重抓了三个环节:一是强调坚持正确的出书方向,突出经济读物、青少年读物、科技读物和高品位、高格调的文艺图书;二是强调出书结构的合理化,突出重大选题和畅销品种;三是强调高质量,突出精品图书。经过努力,各出版社都出版了重点好书。江苏人民出版社出版的《中国的一个小康市》,总结了太仓市在社会主义现代化建设中取得的成就和经验。江苏科技出版社的《高科技知识丛书》,为宣传、普及高科技知识和最新科研成果作出了努力。江苏教育出版社在叶圣陶先生诞辰100周年之际,出齐了25卷800万字的《叶圣陶集》,成为我国现代文化史和出版史上的一件大事。江苏少儿出版社推出重点图书《中华当代童话新作丛书》,为孩子们送上一份精美的精神食粮。江苏美术出版社超额完成了重点图书出书计划,《敦煌石窟艺术》等书赢得国内外读者的广泛好评。江苏古籍出版社承担的《中华大典》等国家重点工程图书的编辑出版工作取得阶段性成果。江苏文艺出版社的《原子弹四部曲》受到有关方面好评。译林出版社的《尤利西斯》在海内外引起强烈反响。南京大学出版社的《中国读书大辞典》、东南大学出版社的《建筑装饰材料》、河海大学出版社的《青藏高原地质景观摄影图集》、中国矿业大学出版社的《中国东部煤田推覆、滑脱构造与找煤研究》、苏州大学出版社的《漂泊的都市之魂》、古吴轩出版社的《当代名家中国画全集》、南京出版社的《金陵胜迹大全》等图书，都受到了社会各方面的好评。

1995年，江苏新闻出版局在部署年度出版计划时，特别强调社会效益与经济效益的结合，在坚持社会效益的前提下，追求良好的经济效益，努力多出精品图书。各社出版的主要重点图书有：江苏人民出版社的《共和国重大决策的来龙去脉》，江苏科技出版社的《实用手术图解全书》，江苏教育出版社的《早年周恩来》，江苏少儿出版社的《少年科学知识》《少年故事》《德育故事》《儿童故事大金库》，江苏美术出版社的《老房子》，江苏古籍出版社的《张謇全集》，江苏文艺出版社的《叶辛代表作系列》，译林出版社的《当代外国流行小说名篇丛书》，南京大学出版社的《当代社会科学大词典》，东南大学出版社的《电子测量仪器实用大全》，河海大学出版社的《水工建筑物》，中国矿业大学出版社的《中国煤矿通风安全工程图集》，苏州大学出版社的《现代数学和力学》，南京师范大学出版社的《心理学教程》，古吴轩出版社的《当代名家中国画全集》，南京出版社的《可爱的南京》等。

第三节　期刊出版如火如荼

20世纪80年代是江苏期刊第二个快速发展期。此前，为修复"文革"对出版业的摧残，国务院和中共中央宣传部分别发文，规定地方性期刊的创办，由当地省、区、市党委负责审批。首先是"文革"期间停办的期刊纷纷复刊，其后，中国实行改革开放后，新思想、新知识、新技术蜂拥而入，各项事业迅速发展，各种研究团体、研究院所纷纷成立，这为新期刊的诞生准备了条件。江苏的各个学科研究单位和学会，大专院校，各个政府有关部门，以及一些大实业单位，纷纷创办期刊。1979—1988年这十年间，新创刊的期刊有170家。这一时期新创刊的期刊，有两个明显的特点，一是创办的主体以研究团体、行业协会和技术研究院所为多；二是期刊内容的类型以工业技术类的为多。江苏创办的工业技术类的期刊种类,除了原子能技术,几乎涵盖了所有工业技术门类。

但快速发展的同时也难免泥沙俱下,"文革"期间停刊而后恢复的期刊,以及那几年新办的刊物中,有一些是没有经过审批手续,或者没有获批的,造成了正式刊物与内部刊物混杂的乱象。1984年,地方创办社会科学和文学选刊类期刊的审批权又归拢到文化部。

经过多次整顿,至1992年底,江苏的期刊形成了门类比较齐全、结构比较合理、布局比较恰当、特色比较鲜明的群体。全省共有各级各类期刊888种,其中持全国统一刊号的正式期刊361种(社科类124种,其中哲学社会科学类23种、经济类27种、教育类24种、文艺类29种、综合类21种;自然科学类237种,其中科普类21种、指导类100种、学术类45种、技术类71种),持江苏省内部报刊准印证号的非正式期刊527种,年发行量近1亿册。

1993年,书刊发行渠道放开,期刊市场出现局部混乱。为加强对书刊市场的管理,扼制非法出版活动,省政府办公厅、省委宣传部、省人大教科文委员会等13个部门组成联合检查组,对全省书刊市场和文化娱乐场所进行了检查整顿。这次整顿,打击了非法出版的期刊,为江苏的正式期刊发展带来了契机,期刊数量出现了连续三年的较快增长。1993年增加25种,1994年增加13种,1995年增加18种。至1995年年底,共有期刊930种(持全国统一刊号期刊404种,持省内部准印证号期刊526种)。

以下是部分期刊简介(以下资料选摘于《江苏省志·出版志》第278—368页和《江苏省志·出版报业志1978—2008》第64—92页)。

《人才》 1981年3月创刊,16开本,月刊,江苏省人才学会主办。该刊旨在向读者提供人才理论、人才成长、人才培养、人才管理的研究成果和经验、信息。主要栏目有江苏英才、名家萃苑、人才纵横、百家言、秦淮漫话、校园之角、人际纵谈、企业人才等。该刊是反映江苏社科领域中新兴学科人才学的专业刊物。

《南京社会科学》 1984年创刊,16开本,双月刊,南京市哲学社会科学联合会等主办,社会科学理论刊物。主要研究南京改革开放、经济建设、文化建设中的新情况、新问题,介绍国外社会科学的新学科和新成果。刊物积极组织和发表具有开拓创新精神和理论内涵的科研成果,培养了一批中青年理论新秀。

《钟山》 1984年2月28日,江苏省委宣传部决定将《钟山》移交中国作协江苏分会主办,出刊至今。该刊是以发表中篇小说为主的大型文学刊物。注重作品的艺术性和探索性,追求题材、表现手法的多样化。主要栏目有小说世界、作家之窗、钟山论坛、报告文学、散文等。《钟山》创办初期刊载了许多有影响的作品,赢得了很高的声誉。多年来,《钟山》首发的作品先后获得茅盾文学奖、鲁迅文学奖、国家图书奖,小说"百花奖"等近百项文学大奖,在文学界赢得了较高的声誉。比如,1982年第二期的长篇叙事吴歌《五姑娘》,被专家认为是继民歌《阿诗玛》和《刘三姐》后,又一部优秀的民间文学巨作。1981年第二期赵本夫的《卖驴》获全国优秀短篇小说奖。1981年第1期颜海平的剧本《秦王李世民》获全国优秀剧本奖。1982年第6期王安忆的中篇小说《流逝》获优秀中篇小说获。

《江苏改革》 1988年10月创刊,16开本,月刊,江苏省经济体制改革委员会主办。这是经济体制改革开放的产物,也是江苏改革进展的写照。创刊目的在于反映改革进程,研究改革方案,探讨改革热点、难点,介绍改革新人新事,引导群众理解改革、支持改革、投身改革。主要栏目有改革论坛、调查研究、改革经验、方案选登、企业改革、分配改革、农村改革、改革人物、改革信息、他山之石、国外考察等。

《外经导报》 1988年12月创刊,大16开本,月刊,江苏国际经济技术合作公司主办。该刊宗旨是为适应发展外向型经济的要求,积极宣传对外经济方针政策,传播信息,探讨国际经济理论,增进江苏与世界的相互了解。主要栏目有本刊专论、外经百家谈、三资企业、世经了望、信息纵横、知识小品、对外交往等。

《民国春秋》 1986年创刊,16开本,双月刊,江苏古籍出版社主办,该刊系普及民国史知识的综合性刊物,旨在实事求是地介绍民国时期的重大历史事件、著名人物以及政治、经济、文化、军事、外交等方面情况,介绍民国史知识和研究成果,及时传递海内外民国史研究信息。主要栏目有民国论坛、民国史事、人物志、社会百态、史事辨析、回忆录、文化集萃、传记文学、民国要案、中华儿女等。由于刊物生动精彩,不仅深受普通读者欢迎,而且也颇得学术界好评,1992年被列为全国历史专业类32家核心期刊之一。

《中国美术教育》 1980年10月创刊,16开本,双月刊,南京师范大学主办。该刊旨在贯彻德、智、体、美全面发展的方针,加强对学校艺术教育理论及实践的研究和指导,提高美术教师思想业务素质,促进我国艺术教育事业发展。主要栏目有理论探讨、教学经验交流、教材教法研究、教学参考资料、外国美术教育、中国美术教育家介绍、读者信箱等。刊物既具有美术专业刊物特点,又是一个教育类杂志。

《江苏教育(小学版)》 1984年复刊,16开本,月刊,江苏省教委主办。该刊是面向小学教育工作者的综合性刊物,主要介绍本省各地发展普及初等教育的成果,报道提高初等教育质量的经验和做法,传输国内外小学教育改革的信息,反映广大教育工作者的呼声和要求。

《江苏教育(中学版)》 1984年复刊,16开本,月刊,江苏省教委主办。该刊是面向中学教育工作者的综合性刊物。旨在开展教育理论、教育思想、教学观点与教学实践问题的研讨,交流本省中学教育教学改革的成果,传播国内外教育信息。

《全国中学优秀作文选》 1984年10月创刊,32开本,月刊,江苏教育出版社主办。该刊是为中学生提供作文范例的专业性刊物。旨在对中学生进行作文方面的系统指导,帮助他们提高作文水平。所选文章,切合学生实际,题材新颖,风格多样,文质兼优。有初中、高中、美文精粹三个版本。

《初中生数学辅导》 1984年11月创办,32开本,月刊,江苏教育出版社主办。该刊旨在帮助初中学生正确理解数学概念,领会课堂知识。主要介绍解题思路方法、训练基本技能,分析教材中的疑点和重点,提供典型习题和思考题。1992年刊名更改为《初中生数学学习》,办刊风格未变。

《青春》 1978 年 2 月创刊,16 开本,南京市文学艺术界联合会主办。创刊之初名为《南京文艺》,1979 年 10 月改名《青春》,1978 年初办时为双月刊,1979 年改为月刊。1980 年第 2 期起刊名附有副题"文学月刊";同年第 8 期起副题改为"青年文学月刊",表示该刊是以刊载青年题材作品为主的文学刊物。刊物注意发现和培养文学新人,并以此在全国文学期刊中产生了影响。主要发表短篇小说、纪实文学、散文和诗歌,力求深刻地、多侧面地反映青年的精神风貌。

《当代外国文学》 1980 年创办,16 开本,季刊,南京大学外国文学研究所主办。该刊是以发表当代外国文学译作和评析为主的学术性刊物。主要发表具有一定学术价值的中短篇小说、散文、诗歌、剧本并附评析,还设有论文、中国当代作家谈外国文学、国外对当代中国作家的评论、当代外国作家专访等栏目。

《垦春泥》 1980 年 8 月创刊,起初为农村文化丛刊,1981 年改为双月刊,后又改为月刊。该刊是面向农村的综合性文化刊物,以农村知识青年、社队工厂工人、中小学教师、社队干部和农村文化工作者为主要对象。主要栏目有故事、小说、社会纪实、法律咨询、致富门路、世界农业窗口、文化娱乐、每期一歌、美术、摄影、文学欣赏、企业家传奇等。《垦春泥》曾屡获嘉奖。1986 年 6 月在中国新故事学会首次年会上被评为新故事活动先进集体。1994 年 1 月,刊物更名为《东方热土》,使读者面变得更宽。

《东方纪事》 1987 年创刊,16 开本,月刊,江苏文艺出版社主办。1989 年停刊。该刊是以发表纪实文学作品为主的文学刊物。主要反映改革开放形势下人们的精神风貌,具有鲜明的时代感,在读者中有较大影响。

《江苏画刊》 1975 年 10 月创刊,16 开本,双月刊,江苏人民出版社主办,后改由江苏美术出版社主办,初期为双月刊,1985 年改为月刊。该刊是具有时代感的美术专业学术刊物,关注美术变革中出现的新思潮、新成果、新信息,推出新的艺术群体、青年画家及美术理论家,报道外国当代美术,在业内有一定影响。刊物试图从多角度探讨我国美术发展的方向,注重反映当代美术思潮,报道独具个性的新作品,促进美术领域的学术争鸣与创新。主要栏目有美术评论、画家评介、当代中国画研究、传统文化与现代文化、新潮美术评介、民间美术、外国美术、中外名画欣赏等。创刊之初,就发行到中国香港、新加坡、日本、美国和欧洲等地,为一些美术机构所收藏。刊物中的一些专论曾引起社会的极大关注。如:1985 年第 7 期上发表了南京艺术学院青年教师李小山的文章《当代中国画之我见》,激起了全国美术界的强烈反响。

《艺苑(美术版)》 1978 年创刊,16 开本,季刊,南京艺术学院主办,初名为《南艺学报》,1982 年改刊为《艺苑》,1986 年《艺苑》分出音乐版和美术版两种。该刊是绘画、工艺美术教育方面的学术刊物。主要反映该校教学水平和科研创作成果。主要栏目有中外绘画,工艺美术理论研究,绘画创作与技法探讨,民族民间工艺美术研究,优秀作品选载,国外美术译文及信息,世界美术与工艺美术优秀作品介绍,工艺绘画,工艺雕刻,服装、染织、装潢创作设计与制作研究等。

《青春之声》 1981 年创刊,32 开本,双月刊,南京市文学艺术界联合会主办。该刊是以青少年为主要读者对象的音乐刊物,向青少年普及音乐知识和音乐美学教育,为青少年提供健康、优美的歌曲。主要栏目有歌曲新作,最新影视歌曲、中外名曲、民歌介绍、中外音乐家介绍、中外音乐信息、音乐知识教学、音乐趣闻等。

《光与影》 1981 年 12 月创刊,16 开本,江苏人民出版社主办。初创时不定期,1983 年 9 月起出季刊,此后又改为双月刊。该刊是摄影艺术方面的综合性文艺刊物,以发表富有时代感和生活气息的摄影艺术作品为主。注重用摄影这一视觉艺术手段反映现代化建设成就和现实主义生活。主要栏目有摄影理论、艺术技巧、暗房经验、作品欣赏、摄影书简、摄影随笔、人物介绍、大学生作品选等。

《祝您健康》 1980 年 7 月创刊,16 开本,江苏科技出版社主办。初为季刊,1981 年 5 月改为双月刊。该刊是面向家庭的医学保健科普读物,旨在普及医学保健知识,增进人民身心健康。刊物注重科学性和实用性,主要栏目有名医谈病、中医保健、科学育儿、心理咨询、健美常识、妇女生活、健康纵横谈、临床一得录等。该刊在办刊过程中,多次获得嘉奖。1981 年获江苏省医药卫生科普优秀书刊奖,1983 年获全国优秀卫生科普报刊三等奖,1990 年获省科委优秀自然科学图书期刊三等奖、编辑特别奖,1990 年获中国健康教育协会"全国优秀报刊奖"。

《江海学刊》 哲学、社会科学综合性学术月刊。1982 年 1 月复名《江海学刊》。1986 年以《江海学刊》(文史哲版)和《江海学刊》(经法社版)分别出版。1990 年两刊合并出版。双月刊,大 16 开本。该刊始终坚持正确的办刊方向,为改革开放和社会主义现代化建设服务,为社会主义物质文明、精神文明和政治文明建设服务。多年来,牢固树立精品意识,以反映时代精神为己任,关注与探索社会发展中的重大理论与实践问题,倡导标新立异,引领学术争鸣。该刊重点发表经济学、社会学、政治学、法学、哲学、文学与历史学等学科的研究成果。该刊先后发表了大量体现哲学社会科学最新研究水平的学术论文,形成了凝重、扎实、新颖、严谨的刊物风格,发表论文的二次文献率一直居于全国领先地位,是江苏省重要的学术理论期刊。该刊被历次《中文核心期刊要目总览》收录,是中国人文社会科学引文索引来源期刊。

《江苏陶瓷》 1985 年创刊,16 开本,季刊,江苏省陶瓷研究所等主办。刊址在宜兴丁蜀镇。该刊反映陶瓷工业生产的经验、国内外陶瓷先进技术和最新成果,开展技术交流,介绍国内外陶瓷科技动态和信息,以促进江苏陶瓷工业的发展。

《风流一代》 该刊为 1980 年复刊的共青团江苏省委的机关刊物,初名《江苏青年》,1984 年第 11 期起改名为《风流一代》,16 开本,月刊。该刊为对青年进行思想政治教育为主的综合性刊物。主要反映当代青年在现代化建设中的业绩,展示青年一代的精神风貌,引导青年加强思想修养,培养高尚的道德情操,维护青年的合法权益。

《未来》 1981年11月创刊,16开,不定期刊。初由江苏人民出版社主办,后由江苏少儿出版社接办。该刊以繁荣儿童文学创作、活跃儿童文学研究为己任,刊登中长篇小说为主的儿童文学作品,发表各家儿童文学创见,引进外国儿童文学名篇,介绍中外儿童文学动态。《未来》杂志在刊行中逐渐扩大了自己的影响,赢得了良好声誉。1986年8月7—10日中央人民广播电台《星星火炬》节目中连播了《未来》第二辑上的中篇小说《抓来的老师》。1983年12月《未来》第8期上发表的《事情发生在我们班上》(中篇小说),被中央儿童电影制片厂拍成电影《十四五岁的时候》。1986年5月30日,《人民日报》海外版通讯《异彩纷呈——少儿出版社掇英》一文中,称该刊为"大少年小青年的知音"。1988年11月,在第五次华东六省出版社社长会议上,《未来》总第14辑与另外两种书同获第二届华东六省优秀少儿读物编辑奖一等奖。

《莫愁》 1985年创刊,16开本,月刊,江苏省妇女联合会主办。该刊是反映妇女工作和生活的综合性刊物。刊物多侧面、多层次地展示当代妇女的精神风貌,提倡文明、健康和科学的生活方式,提高妇女的思想和文化素质。主要栏目有一代英姿、浅浅的脚印、万家灯火、家教篇、存在与思考、罪与法、家庭纪事、环球一览、妇女窗口等。

《银潮》 1991年创刊,中共江苏省委老干部局主办、主管。ISSN1008—1880,CN32—1385/C。出版地:南京市。月刊,大16开本。该刊系综合性文化生活期刊,致力于弘扬积极高尚精神、传播高雅先进文化、建设温馨和谐家庭、引导老人积极养老。主要阅读对象为中老年读者。

第四节　印刷生产力与时俱增

中共十一届三中全会以后,出版业获得快速发展。为适应新的需求,江苏书刊印刷厂又一次进行设备更新和技术改造,激光照排技术开始运用,生产能力大有提高。

一、印刷生产能力

1981 年,为了加强对书刊印刷业的管理,江苏省政府确定江苏新华印刷厂及 12 家地、市属印刷厂由省出版事业管理局归口管理。1984 年,江苏省出版总社收回淮阴新华印刷厂,徐州印刷厂也划归江苏出版总社直接领导。

1982 年后,江苏省出版总社的直属印刷厂实行经济责任制。1988 年,又实行了厂长负责制和厂长任期目标制,实行经营承包,印刷厂由生产型转向生产经营型。

1990 年 8 月,新闻出版署批准江苏新华印刷厂等 15 家为书刊印刷国家定点企业。

1992 年,15 个书刊印刷国家定点印刷厂职工总数达 9 313 人,工业总产值(不变价)合计 3.26 亿元,创历史最高水平;书刊排字 5 亿字,其中激光照排 1.15 亿字;书刊印刷 855 487 令,其中胶印书 353 483 令;胶印 1 785 094 对开色令,书刊装订 64.98 万令。书刊印刷用纸总量共 132 万令。

江苏新华印刷厂 中共十一届三中全会以后,全厂恢复健全各项规章制度;扩建厂房 3 854 平方米,于 1980 年投入使用;加快技术改造的步伐,新增胶印轮转机,引进电子分色机、全张双色胶印机、对开四色胶印机、平装联动机、全套激光电脑照排机等先进设备。逐步发展胶印书,使印刷生产力向高速多色方向发展。采用新工艺、新技术,生产能力不断扩大。1980 年被国家出版事业管理局评为全国书刊印刷业增产节约运动先进单位。1982 年印刷的中堂年画《松鹤长春》,在沈阳召开的全国经验交流会上,被评为全国优质产品之一。1990 年铅印 19 万令,胶印 27 万色令,产品合格率 100%。物资消耗、经济效益、印刷周期指标均达到省先进企业标准。企业管理、安全生产、计量、节能降耗、会计达标等也都符合升级要求。省人民政府批准该厂为省级先进企业。新闻出版署批准该厂为书刊印刷国家定点企业。

在 1981 年至 1991 年的历届全国书刊印刷产品质量评比中,有 113 种产品被评为优质品。其中 1990 年彩色胶印优质品印张数在全国各印刷厂中名列第 14。在 1981 年至 1992 年历届中小学课本印制质量全国评比中,有 33 种产品被评为优质产品。

1992 年,全厂有职工 920 人。总产值达到 5 597 万元,利润 199 万元。排字 8 809 万字(其中激光照排 3 734 万字),书刊印刷 189 093 令(其中胶印 56 716 令),彩色胶印 348 601 色令,装订 103 875 令,全员劳动生产率达到 60 836 元。

1992 年 10 月,江苏新华印刷厂与香港麒麟湾有限公司合资成立了江苏华星印刷有限公司,投资额 1 000 万美元,注册资本 520 万美元,其中江苏新华厂出资占 75%,港方占 25%。合资期限 20 年。利润按各自的出资比例分配。

江苏淮阴新华印刷厂 在 1981 年至 1991 年历届全国书刊印刷产品质量评比中年历《风韵》等 6 种产品被评为优质产品。在 1981 年至 1992 年历届中小学课本印制质量全国评比中有 10 种产品被评为优质产品。

1990 年,该厂的图书印刷量占全省图书印刷总量的 8.3%,占出版系统图书印刷总量的 8.9%,其中印刷省出版总社系统本版图书 35 396 令,占全厂图书印刷量的 35.8%,占出版总社系统本版图书总量的 5.5%,胶印 20 089 色令。为本版图书排字 1 737 万字,占出版总社系统排字总量的 9.8%。产品合格率 99.9%。年退书率为 10 万分之 1.04。1990 年,新闻出版署批准该厂为书刊印刷国家定点企业。

1992 年,全厂有职工 522 人,排版 1 534 万字,书刊印刷 119 643 令(其中胶印书 44 471 令),胶印 155 536 色令,装订 99 968 令。工业总产值 2 931 万元,利润 76 万元,全员劳动生产率 56 150 元。

江苏徐州新华印刷厂 1980 年以后,工厂以印刷书刊为主,兼印社会零散件。1984 年 1 月划归江苏省出版总社。同年 6 月,更名为江苏徐州新华印刷厂。划归江苏省出版总社后,扩建厂房,添置了一批具有现代先进水平的设备,包括对开双面双色胶印轮转机、全张薄凸版轮转机、进口海得堡凸版印刷机、订包烫联动机、骑马订联动机等,已发展成为一个设备配套,工艺先进,具有一定规模的现代化新型印刷企业。

1990 年,该厂的图书印刷量占全省图书印刷总量的 5%,占出版总社系统图书印刷总量的 5.3%,其中印刷出版总社系统本版图书 21 939 令,占全厂图书印刷量的 37.3%,占出版系统本版图书印刷总量的

3.4％,并为本版图书排 460 万字,占出版总社系统排字总量的 2.6％。在 1981 年到 1992 年历届中小学课本印制质量全国评比中有 7 种产品被评为优质产品。在 1981 年至 1991 年历届全国书刊印刷产品质量评比中,图书《魅力》和《实用儿童故事大全》(下)被评为优质产品。1990年,新闻出版署批准该厂为书刊印刷国家定点企业。

1992 年,全厂有职工 621 人。工业总产值 1 676 万元,利润 52 万元。主要产量:排字 4 289 万字(其中激光照排 1 222 万字),文字印刷70 323 令(其中包括胶印 29 089 令),胶印 85 330 色令,装订 90 658 令,全员劳动生产率 26 988 元,成品合格率 99.96％。

中国人民解放军第 7214 工厂　前身是 1940 年 10 月 30 日在江苏省东台县富安镇天龙庵成立的新四军苏北指挥部政治部印刷厂,有职工40 多名。1949 年 8 月,随解放军从上海迁入南京童家巷 10 号;9 月迁至南京市汉口路 2 号时,接管一批国民党党政机关的书刊印刷厂。先后更名为华东军区印刷厂、南京军区印刷厂。该厂是南京最早照相制版和胶印的厂家。1958 年 7 月改名为南京东海印刷厂,1965 年称中国人民解放军第 7214 工厂,隶属中国人民解放军南京军区后勤部工厂局。1955 年 2 月对社会经营。1975 年 10 月,采用照相排版工艺;1984 年 5月,采用电子分色技术。1990 年,成为书刊印刷国家定点企业。1993 年8 月,实现激光排版,全部胶印,为全国印刷百强企业。1998 年,电子分色机升级为高端联网系统,实现计算机桌面系统创意制作彩色版。1999年,全厂固定资产 4 490 万元,基本实现排版电子化、制版电分化、平印多样化、装订联动化,是南京书刊印刷大户。

1991 年至 1999 年,有 109 种产品获国家新闻出版署优质产品称号;1994 年至 1999 年,有 160 种产品获军优产品称号。至 1999 年年底,该厂曾印刷《抗敌》《苏中报》《七大文献》《人民前线》《人民前线报》《毛主席语录》《解放军报》《红旗》《刘少奇选集》《周恩来选集》《邓小平文选》等 40 余种书刊报。

南京人民印刷厂　1950 年年初创办,地址在南京市中央路傅厚岗 5号,国有企业,隶属南京市包装总公司。利用民国政府仓库的印刷设备进行生产。不久同《新华日报》零件分厂和无锡邮电印刷厂等合并,1958

年南京前进印刷厂(为 70 多个印刷小业主的公私合营企业)并入,时有
职工 2 000 多名。1961 年 8 月,更名为地方国营南京人民印刷厂;后将
并入的集体所有制企业分离出去,成为独立经营的长江印刷厂、五四印
刷厂、南京第三印刷厂、南京彩色印刷厂等。1965 年,由铅印向胶印转
化;1986 年,采用激光电脑照排工艺排版,以胶印为主,胶印铅印并存,
是南京市属最大的印装厂家。1989 年印刷的《幻境》在第四次全国书刊
印刷产品质量评比中获优质产品称号。1990 年,为书刊印刷国家定点
企业。1998 年印刷的《高中思想政治》获全国中小学课本优质品称号。
1984 年至 1999 年,有 75 种产品获国家新闻出版署等优质产品称号,32
种产品获江苏省新闻出版局优质产品称号。1999 年,全厂固定资产
2 916 万元,厂房面积 21 661 平方米,职工 562 名,实现产值 1 455 万元。
该厂曾印刷《毛泽东选集》《邓小平文选》和中小学课本等书籍。

表 4 - 1　1990 年江苏省 15 家书刊印刷国家定点企业名录

江苏新华印刷厂	常州人民印刷厂	淮海印刷厂
淮阴新华印刷厂	苏州印刷总厂	新海印刷厂
徐州新华印刷厂	扬州印刷总厂	南通韬奋印刷厂
南京人民印刷厂	泰州人民印刷厂	中国人民解放军第 7214 工厂
镇江前进印刷厂	盐城市印刷厂	海门县印刷厂

表 4 - 2　1990 年江苏省书刊印刷省级定点企业名录

太仓印刷厂	如皋印刷厂	沭阳县印刷厂
昆山市印刷厂	东台印刷总厂	赣榆县印刷厂
张家港市印刷厂	建湖印刷厂	东海县印刷厂
常熟印刷厂	滨海县印刷厂	宝应印刷厂
常熟市印刷二厂	阜宁人民印刷厂	高邮县印刷厂
吴县文艺印刷厂	大丰人民印刷厂	江都印刷厂
金坛印刷厂	大丰县印刷二厂	兴化印刷厂
溧阳县印刷厂	新沂印刷厂	泰兴印刷厂
武进印刷厂	丰县印刷厂	江宁县印刷厂
丹阳人民印刷厂	江阴人民印刷厂	六合县印刷厂

扬中县印刷厂	无锡县人民印刷厂	高淳印刷厂
句容县印刷厂	无锡市锡沪印刷厂	溧水县印刷厂
丹徒县印刷厂	无锡市春远印刷厂	江浦县第二印刷厂
南通县印刷总厂	宜兴印刷厂	南京市京新印刷厂
如东县印刷厂	宜兴市第二印刷厂	南京玉河印刷厂
启东市印刷厂	淮安市印刷厂	南京五四印刷厂
海安印刷厂	宿迁印刷厂	射阳印刷厂

注:本表所列常熟市印刷二厂、吴县文艺印刷厂、大丰县印刷二厂、无锡县人民印刷厂、无锡市锡沪印刷厂、无锡市春远印刷厂、宜兴市第二印刷厂、淮安市印刷厂、江浦县第二印刷厂、南京市京新印刷厂、南京五四印刷厂为集体所有制企业。

二、技术设备更新

改革开放促使江苏出版事业迅速发展,书刊印刷能力再显不足。据1982年统计,全省书刊印刷设备586台都是铅版印刷机,其中一次双面印刷32页64面的轮转印刷机6台,一次单面印刷16页32面的平台、平轮印刷机80台,一次单面印刷8页16面的对开印刷机200台,一次单面4页8面的四开机300台。排字、装订基本上还是手工劳动。

全省书刊印刷业彩印设备,只有1台70年代生产的印刷机,24台60年代产品,其他均为50年代或更老的产品。南京人民印刷厂还有日本产昭和元年(公元1926)的印刷机。全省书刊印厂没有一台电子分色机,而当时全国书刊印刷厂已有29台。

从1984年起,江苏省出版总社、江苏省出版事业管理局确定了"电脑排版、电子分色、多色印刷、装订联动"的策略,进行以引进设备为主的第二次设备更新和技术改造。江苏新华印刷厂等企业扩建和翻新厂房。到1992年底,15家国家定点书刊印刷厂共有电子分色机13台,电子照排系统11套,其中有日本森泽202ZWT系统2套。江苏新华印刷厂、爱德印刷厂、7214工厂、苏州印刷总厂、南京人民印刷厂等单位都是全套配置。照排设备总的生产能力已超过铅排。胶印机更新规模更大,1992年,15个国家定点书刊印刷厂有单色、双色、多色胶印机121台,书刊胶印轮转印刷机12台。胶印的发展为缩短图书印刷周期,提高图书印刷质量,创造了良好条件。在装订方面,引进了 5 套平装和精装联动线。

从 1981 年至 1992 年,江苏引进设备的数量位于全国第六,总投资超过前 30 年的投资总和。引进的设备均属国际 80 年代的先进水平。这使江苏印刷技术设备向现代化迈出了一大步。

三、印刷工艺

胶印制版

1979 年,江苏新华印刷厂引进联邦德国克里姆西明室照相机,使照相工人免于暗房操作之苦。同时,还引进了明室拷贝软片,产品质量大为提高,已可与电子分色机产品媲美。1985 年引进 CP341 电子分色机,速度与质量又上了一个台阶。不久,新的 CP345 和整页拼版机投入生产,赶上世界较先进的水平。晒版的板材也从锌皮改为 PS 版,使制版的层次再现网点还原提高到一个新的阶段。市属印刷厂也陆续引进了电子分色设备。

1986 年,江苏书刊印刷企业开始使用激光照相排版技术。1989 年,华光Ⅳ型电子照排系统投放市场后,江苏立即停止购进低版本的激光照排系统,改为购置华光Ⅳ型电子照排系统。其后,电子排版的比重不断增加。电子排版瓶颈突破后,书刊内页的胶印率才再次上升。1992 年,江苏省内书刊印刷厂拥有胶印打样机 28 台,整页拼机设备 14 台。

电子分色

20 世纪 90 年代后,电子分色机已成为印刷厂的必备设施,省内稍有规模的书刊印刷厂也陆续购进了电子分色设备。到 1995 年,江苏书刊印刷厂有电子分色机 12 台。

铅印

20 世纪 80 年代,全张书版轮转机、全张双面轮转机、全张单面轮转机已在省、市一些印刷厂中用于书刊印刷,但就全省而言,书刊印刷仍以全张和对开平台机为主。据 1987 年统计,江苏新华印刷厂等 13 个省、市属书刊印刷厂,铅印总计 84 万令,其中轮转机所印为 26.5 万令。90年代末,铅印已开始逐步被胶印取代,2003 年江苏彻底告别铅印。

胶印

20 世纪 90 年代后,结合激光电脑照排的兴起和普及,文字书刊也改用胶印。据 13 个省、市属书刊印刷厂统计,1988 年胶印占全部文字印张的 14.9%,1990 年达 16.3%,1992 年达 41%以上。

平装

20 世纪 80 年代,江苏出版的书刊平装以铁丝平订为主,并逐渐增加无线胶订的比例。1985 年,江苏新华印刷厂使用马天尼无线胶订机后,课本、锁线平装逐步改用胶订,生产效率显著提高。1991 年又采用马天尼胶订联动线,使江苏书刊装订进一步向自动化、联动化发展。

骑马订装

1978 年,省内开始采用骑马联动订书机,使期刊装订的配、订、切等工序一次完成,缩短了出书周期。90 年代初,江苏地区书刊印刷国家定点企业共有骑马联动订书设备 14 台,有的印刷企业采用电脑控制骑马联动订书机,效率更高。

精装

江苏新华印刷厂从 20 世纪 70 年代开始精装工艺技术革新,使用自制敲脊架、电热压槽机等,精装工艺开始向机械生产迈出第一步。

1985 年,江苏新华印刷厂利用国产精装联动机后面的四台单机,使精装外圆起脊工序改为机器生产。

1987 年,引进联邦德国柯尔巴斯做壳机,精装做壳工序摆脱了手工操作。1988 年,又购进精装联动机,使精装本工序全部实现机械化。

南京爱德印刷厂的柯尔巴斯精装成套设备,1991 年最高月产量突破 20 万册。

装订设备和技术的进步,使江苏版的精装书籍大为增长,如《陶行知文集》(纸面方背)、《唐宋词鉴赏词典》(布面圆背)、《中美关系十年》(英文本)等,质量和外观可圈可点。

表 4-3　1995 年江苏书刊印刷厂主要装订设备　单位:台(套)

年份	全张折页机	对开折页机	锁线机	骑马联动订书机	平装无线胶订联动机
1995	8	121	115	89	13

第五节　图书发行改革方兴未艾

1980 年至 1992 年是中国出版改革的启动期，这一阶段，发行系统是最先进行改革的领域。1993 年之前，江苏发行业相继推进了"一主三多一少"和"三放一联"的改革。全省新华书店实行了经营承包责任制，市、县新华书店成为自主经营的经济实体，省新华书店管得过多、统得过死的局面得到改观。民营书店和出版社自办发行的出现，为发行业引入了竞争机制，实现了"组成多种经济成分，多条流通渠道，多种购销形式，少流转环节的图书发行网"的改革目标。

1993 年以后，发行业的改革进入到全面深化期。新华书店系统谋求规模化经营，再发展到连锁化经营。民营书店进入快速发展阶段。

一、新华书店系统销售网点建设

1982 年 3 月，国家出版局报经中宣部批准，发布了《关于图书发行体制改革问题的报告》，第一次明确提出图书发行体制的目标是构成以"一主三多一少"为形式的图书发行网络。1983 年 6 月，中宣部在北京召开全国图书发行体制改革座谈会，重申了改革目标是构建一个"以国有新华书店为主体，多条流通渠道、多种经济成分、多种购销形式，少流转环节的图书发行体制新格局"。

江苏根据文化部当年召开的全国图书发行体制改革座谈会精神着手改革，一方面继续加强新华书店的网点建设和开展出版社自办发行业务；另一方面扶持供销社售书点，发展集体书店、个体书店（摊），很快形成了多种发行渠道，改变了长期以来由新华书店独家经营的局面。全省的 11 个省辖市店，64 个县（市）店、1 个单列计划店，实行市管县的新的体制。新华书店城乡门市 451 个，其中县以下 202 个。社会网点总数 5 148 个，其中供销社售书点 2 832 个，其他国营售书点 325 个，公社文化站售书点 262 个，集体书店 1 362 个，个体书店（摊）367 个。至 1992 年，全省城乡共有各类图书发行网点 5 283 个。

新华书店系统加大基础建设力度，省内县以上城市新华书店的综合门市部，1976 年为 107 个，1992 年增至 214 个。南京市新华书店于

1983 年建成 13 层营业大楼,无锡市新华书店于 1990 年建成 9 层营业大楼。县(市)新华书店综合门市部处于各地城乡图书发行网络的中心地位,1992 年时一般都建有 4 层以上营业楼,在城区一般有 1—3 个综合门市部。

随着经济文化的发展,各行各业对专业图书需要的增加,中等以上城市新华书店先后建立了各种专业图书门市部。原来的专业图书门店只有古旧书店,后来扩展到少儿、教育、交通、财贸、军事、工具、音像等专业门市部。南京市最多,已建 12 个专业门市部,个别县(市)书店也建了专业门市部。

二、新华书店系统的改革

1979 年,市、县新华书店的财权上收至省新华书店,市、县新华书店利润上缴省新华书店,亏损亦由省店弥补。财权的归拢,为其后的一系列的改革准备了条件。

1981 年起,全省各级书店开始探索分级承包和联销计酬等经营责任制。

1983 年,江苏省新华书店系统开始实行责、权、利结合的经营承包责任制,省新华书店与南京等 10 个店签订了经营责任制承包合同。

1984 年,全省书店推行承包经营型责任制,劳动人事、工资奖金分配、业务管理等配套改革同步进行。

1985 年对省店内部原科室建制进行了改革调整,试行选聘用人制度,明确了各级领导的职责范围和职能,一改以往统得过死、包揽过多的状况。

1986 年,国家出版局发布《全国新华书店改革试行方案》,包括改革进货发货业务、发展横向联合、促进图书销售和推行经营责任制四个方面的内容。

1987 年,江苏省新华书店提出了"服务两头"的指导思想,经营思想从原来的管理型向服务型转化:对基层书店,加强宏观管理,把原由省店管的大部分财权放给市、县书店,扩大了基层书店自主经营权;对出版社,加强联合,走店社联合发展之路,并不断探索各种联合形式,如社店共商选题,共同投资联合出书,试行代理制、推行经销包退制等,参与图书市场竞争,扩大经营规模。

江苏省新华书店首先加强自身建设,在省店内部实行"放权科室,活跃中层"的改革尝试,调动了中层干部积极性;在全省范围开展了大力弘扬企业精神的竞赛活动,明确提出奋斗目标——把全省书店办成以"多发好书、优质服务、规范管理、双效显著"为标志的,具有江苏特色的新型图书发行企业。

1988 年 5 月 6 日,中宣部、新闻出版署发出《关于当前图书发行体制改革的若干意见》,要求在继续完善和发展"一主三多一少"新格局的基础上,推进"三放一联",即:放权承包,搞活国营书店;放开批发市场,搞活图书市场;放开购销形式和发行折扣,搞活购销机制;推行横向联合,发展各种出版发行企业群体和企业集团。

江苏从自身实际出发,重点推行了承包经营责任制,实行"两包一挂",即包上交所得税,以前 3 年平均数为承包基数,每年递增 4%;包固定资产增值;工资总额与经济效益挂钩浮动。省新华书店与省新闻出版局签订了为期 4 年的承包合同。由省新闻出版局授权,省新华书店与各市、县新华书店签订了承包合同。

自此,江苏形成了省新华书店、出版社和基层店共同发展的局面。省新华书店在转换职能、为两头服务的同时,继续加强对基层店的管理工作,抓经营导向,强化业务、财务、国有资产管理,组织队伍培训等。还在省出版局的领导下,积极参与和争取了许多国家文化经济政策支持基层店,并在书店系统实行了承包经营责任制和目标管理责任制,有力地促进了基层店的发展。

1988 年,江苏省新华书店系统的图书销售总额 3.36 亿元,比 1978 年 5 031 万元增长 6.6 倍,比 1982 年 1.13 亿元增长 2.9 倍,比 1987 年增长 30.46%。1989 年又比 1988 年增长 25%。在全国新华书店系统跃居第 2 位。到 1991 年第一轮承包期末,省新华书店的利润额、利润率、费用率、劳动生产率 4 项主要指标列全国同行第一,全省书店 12 项主要指标,有 8 项名列全国第一和第二。

在 1989 年至 1991 年承包期间,省新华书店年年获得省出版系统特等奖;1991 年、1992 年《管理世界》中国企业评价中心和中央 11 个部的

联合评价,江苏省新华书店进入 1991 年度全国 500 家最大服务企业
行列。

1992 年江苏省新华书店被评为全国新闻出版系统先进集体,被新
闻出版署和人事部授予先进单位称号。江阴市政府荣获全国百县农村
图书发行红旗单位称号,如皋市委、市政府,荣获全国百县农村图书发行
工作先进单位称号,南京市和铜山、仪征、吴县县店荣获全国新闻出版系
统先进集体称号。

三、规模化连锁经营

20 世纪 80 年代中后期,在探索图书发行体制如何适应社会主义市
场经济体制的过程中,全国发行界一度出现了取消省级新华书店的话
题,认为省级新华书店是一个多余的中间环节。由此,出版社和基层书
店中出现了踢开省新华书店各自为战、互相竞争的现象。江苏新闻出版
局与省新华书店经过多方面的调研和综合考量,作出了自己的选择:省
新华书店的职能不应削弱而应加强;省新华书店应在社会主义市场经济
中找准自己的位置,转换职能,深化改革,确立由计划经济下中间管理环
节向大批发环节过渡的战略。

1992 年以前,江苏新华书店销售省外图书须向外省省级新华书店
进货。1992 年 12 月,省店在北京召开社店业务合作座谈会,中央及外
省出版社的图书由省店直接向出版社进货,为批销中心的成立打下了
基础。

1992 年在成都举办全国第 5 届书市,江苏首次采取店社联合参展、
联合宣传、联合推销的举措,开各省新华书店社联合组团之先河,取得了
订货总额 568 万元的好成绩。当年,省新华书店发货 31 542 万册;全省
有 13 个县(市)店图书销售突破 1 000 万元,占书店总数的 20%;出版社
自办发行 8 124 万元,比 1990 年增长 86.3%;省外文书店销售超 1 000
万元,有 1 000 余种 32 万册江苏版图书进入海外图书市场。

1995 年 9 月,江苏省新华书店图书批销中心建成并投入运营。营
业面积 5 000 平方米,是当时华东地区最大的图书批销中心,图书流通
由"计划征订、隔山买牛"转变为"现货批发、看样进货",提高了市场覆盖
率和销售增长率。批销中心的建立是图书商品流通体制改革的重要一

步。批销中心打破了省店传统的业务分工和运转模式,从方便基层书店出发,重新设计了新的业务流程和规章制度。将期货供应、现货批发、流动供书、推销、零售、储存运输、财务结算和计算机管理等功能有机融合在一个机构里,减少了工作环节,加快了图书流转速度。新成立的批销中心以客户为中心,取消上下班时间限制,当日业务当日处理完毕,节假日连续运转,应客户要求开辟了水运、客车带货等快捷运输方式,极大地方便了基层书店,迅速在客户中建立了信誉和口碑,安徽、山东、江西和浙江的客商慕名而来。批销中心对江苏版图书辐射华东起到了重要作用。

四、组织各种展会

20 世纪 80 年代初开始,书市展销订货比较时兴,全国的出版和发行单位都很热心参加全国书市和各类书展,实际效果也确实不错。一直到 21 世纪初,以书市带动出版和销售仍在发挥其作用。

江苏全省出版和发行单位对每届书市和各类订货会都特别重视,但80 年代大多数是出版社和市、县新华书店各自为战,90 年代开始,江苏省新华书店组织全省参展单位组团参会,收到了远胜于以前的战果。省新华书店精心组织,出谋划策,参加或自己组织展会,为苏版图书走向全国起到了功不可没的作用。

1991 年 8 月,省内各出版社组团参加全国第四届书市。8 家直属出版社和南京大学出版社、中国矿业大学出版社、南京出版社共展出图书500 余种。收获订货码洋 156 万元,居全国省(区、市)第五位。

1992 年 3 月,省新华书店和华东六省少儿出版社在徐州联合召开春季看样订货会。来自 14 个省市、101 个书店的业务人员到会订货,共订图书码洋 570 万元,其中江苏少儿版图书 208 万元。10 月 11 日至 22日,省新闻出版局组团参加第五届全国书市,入市图书 1 415 种,零售总额 14.7 万元,订货 568 万元。江苏人民出版社的《我的经济观》一书,被书市组委会评为"最受读者欢迎的书"。

1993 年 10 月,省出版总社和中华书局(香港)有限公司在香港联合举办了"江苏书展"。共展出图书 3 000 多种,同时展出《情系三峡》摄影图片、《敦煌壁画临摹本》精选原件、"江苏国画选萃"以及"古法雕版印刷术"现场表演。书展销售图书 21.3 万港元,促进了江苏出版界与我国香港、台湾地区和新加坡、马来西亚出版界的合作，达成版权贸易协议图书44种，签订意向合同63个，取得了良好的社会效益和经济效益。

1994年6月，加拿大"江苏书展"在多伦多市举行，共展出各类图书和电子音像读物3 000余种，1.5万多册（盒），展销总收入5.5万加元。10月，省内各社组团参加第六届全国书市，订货码洋突破900万，名列全国第四。

1995年6月，江苏出版代表团一行24人，赴台湾举办'95台北·江苏书展，共展出近年来出版的新书3000多种，洽谈了合作出版事宜，考察了台湾出版业。7月，'95悉尼华文书展在悉尼中国书店举办，共展出近年来出版的新书3 200种，1.6万册，以及部分音像制品和文具，在当地华人中形成了较大的影响。10月，'95全国新华书店订货会（华东地区）在省新华书店举办。全国2 000多名代表参加了订货会。订货总码洋突破1亿元。省新华书店订出图书总额1 420万元，全省基层书店订进图书总额3 000多万元。

表4-4　1908—1995年全省新华书店销售实绩简表

年度	市县书店销售		省店发货	
	数量（万册）	金额（万元）	数量（万册）	金额（万元）
1980	29 343.75	9 617.69	22 286.25	6 642.31
1981	30 967.77	10 261.76	21 145.23	5 971.24
1982	33 833.5	13 724.34	23 926.5	5 533.66
1983	37 275.35	14 021.67	25 073.65	7 958.33
1984	39 484.79	16 841.81	25 881.21	8 691.19
1985	37 026.71	20 665.15	25 226.43	11 790.7
1986	35 435.54	23 807.73	27 087.55	14 067.04
1987	35 619.63	26 473.4	25 102.24	14 771.52
1988	36 716.03	33 602.2	26 332.48	19 270.26
1989	36 600.93	41 988.27	27 556.53	28 384.08
1990	38 880.49	49 155.6	32 410.28	32 153.75
1991	38 320.15	56 436.2	35 026.6	37 199.97

年度	市县书店销售		省店发货	
	数量(万册)	金额(万元)	数量(万册)	金额(万元)
1992	39 274.68	64 480.69	31 542.43	38 409.15
1993	43 085.11	86 345.77	35 733.98	51 106.22
1994	41 138.20	99 031.98	33 668.53	61 110.61
1995	46 442.08	143 930.15	36 682.28	88 886.61

五、民营书店

民营书店,主要是指新华书店系统之外的集体、个体、私营书店(摊)。在 20 世纪 80 年代以前,新华书店系统是中国图书发行的唯一渠道。民营书店出现后,很长一段时间内被称为"二渠道"。

1982 年改革开放的春风吹进了图书发行业。这年 3 月,国家出版局《关于图书发行体制改革问题的报告》第一次提出了"积极发展集体书店,适当发展个体书店"的举措。民营书店的诞生为新华书店分担了解决十年动乱造成的"书荒"的压力,但民营书店经营的不规范,也出现了一些不良后果,给管理者带来新难题。

1985 年、1986 年,文化部、国家出版局先后针对民营书店作了具体规定:"对各种集体、个体图书发行单位,要切实加强指导,不能放任自流,集体、个体发行网点只能向国营书店和出版社批进公开发行的正式出版物,不得办理租型造货、翻印书刊和代理出版等业务"。1986 年,国家开始实施"一主三多一少"的图书发行体制(即"逐步形成以新华书店为主体的,多种流通渠道、多种经济成分、多种购销形式,减少流通环节的图书发行网"),为民营书店开辟了更广阔的舞台。1988 年 5 月,中宣部、新闻出版署联合颁布了《关于当前图书发行体制改革的若干意见》,决定实行"三放一联"的发行政策。1989 年 11 月,新闻出版署、国家工商行政管理局联合发布《关于加强集体、个体、私营书店(摊)管理的暂行规定》,初步界定了民营书店的经营范围,规定:"民营书店不得向出版社和期刊社承揽书刊的总批发(总发行),不得以任何形式批发由新华书店包销的党和国家领导人著作、重要文献、党和政府统一规定学习的政治理论书籍、中小学课本和大中专教材。"

江苏对民营书店的放开比较滞后,20 世纪 90 年代以前,相关部门的主要力量用在"严管"上,没有一个省级文件明确鼓励民营书店的发展。进入 90 年代才有所改观。

1984 年 2 月,江苏省出版总社、文化厅、公安厅、工商行政管理局联合下发《关于加强对个体租书铺摊、书贩的管理工作的通知》,作出六项具体规定。

1987 年 12 月 19 日,省六届人大常委会第二十九次会议通过了《关于加强文化市场建设和管理的决议》,其中也有关于民营书店的条款。

1992 年 1 月初,南京市鼓楼区工商局与军人俱乐部合作,决定在山西路军人俱乐部内建立长三角文化市场。早在长三角文化市场建立以前,军人俱乐部就是一个租书、淘书的集散地。创业之初,进场的经营户只有 20 户左右,其中卖书的只有 7 户。

1992 年年底,全省图书销售网点 6 122 处,除江苏省出版总社直属的江苏省新华书店、江苏省外文书店、江苏省图书进出口公司等综合性发行机构外,市、县新华书店发行网点 645 处,出版社自办发行售书点 25 处,基层供销社售书点 2 374 处,集体、个体书店 1 150 个,其他社会发行力量售书点 1 928 处。其中,图书总发行单位 17 家,二级批发单位 100 家。

第六节　出版管理不断加强

20 世纪 80 年代后期至 90 年代中期,江苏出版(版权)行政管理不断加强,逐步形成省新闻出版局、省版权局、省出版总社三位一体的行政管理体制。

一、出版管理机构

(一)省级管理机构的名称变动

1983 年,多出了一个事业性质的江苏省出版总社;1994 年 8 月,省新闻出版局增挂江苏省版权局的牌子,承担全省著作权管理工作。

表 4-5　江苏省出版行政管理机构历届领导人任职表（1978—2008）

机构名称	姓名	职务	任职时间
江苏省革委会出版事业管理局（1980年4月改为江苏省出版事业管理局）	高　斯	局　长	1978.6～1983.7
	鲁　光	副局长	1978.6～1983.7
	俞洪帆	副局长	1978.6～1983.7
	海　啸	副局长	1978.8～1980.4
	陈　戈	副局长	1978.10～1982.12
	陈立人	副局长	1979.3～1983.7
	卢　政	副局长	1979.3～1982.12
江苏省人民出版社	高　斯	社　长	1983.7～1984.3
	俞洪帆	副社长	1983.7～1984.3
	蒋迪安	副社长	1983.7～1984.3
	王传明	副社长	1983.7～1984.3
江苏省出版总社（1987年2月恢复为江苏省出版事业管理局）	高　斯	社　长	1984.3～1985.3
	蒋迪安	社　长	1986.7～1987.12
	俞洪帆	副社长	1984.3～1987.12
	蒋迪安	副社长	（1985年3月后主持工作）
	王传明	副社长	1984.3～1987.12
	高介子	副社长	1985.11～1987.12
	戴金生	副社长	1985.3～1987.12
江苏省新闻出版局（江苏省出版总社）	蒋迪安	局长、社长	1987.12～1996.3
	俞洪帆	副局长、副社长	1987.12～1990.10
	王建邦	副局长、副社长	1987.12～1994.7
	高介子	副局长、副社长	1987.12～1990.10
	王传明	副局长、副社长	1987.12～1996.2
	戴金生	副局长、副社长	1987.12～1990.12
	朱载文	副局长、副社长	1990.6～
	石启忠	副局长、副社长	1991.6～1996.2
	徐汉言	副局长	1993.8～1996.2
	王於良	副局长	1995.8～1996.2
	张佩清	副局长	1995.8～1996.2
	邵其中	纪检组长	1993.12～1996.2

（二）市级、县级管理机构

1987年以前，市、县以下未设专门的出版管理机构，相关事务由市、县文化局管理。1988年以后，省辖市先后在文化局（或市委宣传部、市政府办公室）内设立新闻出版处（科），承担所辖区域内新闻出版管理职能。

二、出版社资质管理

资质管理包括出版社登记和年检,以确定其出书范围,发给相应的资质证书,并对出版活动实行动态监管。

（一）登记

自国家对出版单位的建立采取分头审批制起,江苏依规新建了江苏科学技术出版社、江苏教育出版社、江苏少年儿童出版社、江苏美术出版社、江苏古籍出版社、南京大学出版社、南京工学院出版社（后随校名改为东南大学出版社）、中国矿业大学出版社、江苏文艺出版社（恢复建制）、河海大学出版社、南京出版社、译林出版社、古吴轩出版社。

1989年12月,新闻出版署发出《关于出版社重新登记注册的通知》,要求出版社在全面检查整顿的基础上重新登记注册,并对重新登记的条件、程序、时限作了明确规定。江苏省新闻出版局对当时省内的9家出版社进行了核查验收,呈报新闻出版署核准,为9家出版社办理重新登记注册手续,发给重新登记证书。新发的证书上,对出版社明确规定了出书范围。自此以后,出版社按专业分工出书成为规定。

（二）年检

年检是年度检验的简称。这是常态化的资质管理。

1994年7月27日,新闻出版署颁发《出版社年检登记制度（试行）》,明确自1995年起,每逢双数年,出版社自行检查总结工作,开展历时一个月的办社宗旨、遵守国家出版法规的自我教育活动。学习检查结束后,出版社写出工作总结报告,经上级主管部门审核并提出意见,于每年12月15日前报新闻出版署。每逢单数年,出版社在自查年检的基础上,进行登记换证工作。登记换证的基本条件是:必须有明确的办社宗旨,必须遵守专业分工和出书范围,必须有明确的切实负责的主办和主管单位,必须有健全的领导班子和编辑机构,必须具有与出版社规模、业务需要相适应的保证资金。出版社必须有固定的办公场所,除中央部门主管的少数出版社外,一般出版社必须与主管或主办单位在同一城市。对条件不完全具备的出版社将缓期登记,并视情况分别作出批评警告、没收利润罚款、停止某编辑室或某一部分图书的出版权、全社停业整顿等处理。出版社缓期登记期为六个月。在延缓登记期间,受全社停业整顿处分的出版社除教材、在制品图书和期刊可继续出版外,其他出版经营活动一律停止。缓期登记六个月仍未达到登记的基本条件的,由新闻出版署通知停办。江苏从 1995 年起,即严格按照规定进行年检。

三、图书出版管理

图书出版管理的任务是贯彻执行出版管理法规和各项规定,以提高图书质量。而选题管理和图书质量管理最为重要。

（一）选题管理

选题管理是出版管理的重点。包括中、长期出版规划、年度选题计划和重大选题备案。

1. 中长期出版计划管理

在江苏新闻出版局与江苏省出版总社两位一体时期,出版总社属内出版社的中长期选题基本都是出版局亲自参与制订,对省内的大学出版社和城市出版社的中长期选题也是关心甚切。

1978 年,出版秩序恢复正常后,为解决"书荒"问题,省出版局制订了《关于 1978—1985 年出版工作规划的初步设想》,提出了突破"地方化、通俗化、大众化"的束缚,丰富图书品种的构想。其后的中期出版计划都是五年制订一次,正好与国家的"五年计划"重合。

江苏省出版总社在制订"七五"计划（1986—1990）时明确提出"稳定、创新、繁荣、质量、特色、效益"的战略,瞄准全国最高水平,努力使每年出版的新书有一部分能长期适应读者需求,引导出版社在专业分工的基础上,更加贴近生活、贴近时代,开阔视野、勇于创新,获得了一批重要的出版成果。这一时期,出版规划着重阐述出版方针原则,调整和把握出版方向。

编制"八五"计划（1991—1995）之时,正值中央提出"一手抓整顿、一手抓繁荣"的新要求,首次编制国家重点出版规划项目。江苏省新闻出版局以申报国家重点出版规划项目为牵引,引导出版单位把工作重心放在繁荣出版、多出好书上,全省共有 33 种选题入选国家重点出版规划。与此同时,江苏又投入 2 800 万元,加大对重点出版项目的扶持力度。

2. 年度出版计划的管理

年度出版计划是中长期出版规划的细化,体现出版社出书的思路、结构、重点和规模,关系出版社的发展和形象。

省出版管理部门对各出版社年度选题计划高度重视,每年第四季度,根据形势任务和国家出版行政部门的要求下发通知,明确制定年度计划的指导思想、原则和重点内容,并进行动员和部署。在出版局与出版总社未分开之前,省新闻出版局相关领导和处室每年都深入每一个出版单位,参加选题论证,加以引导和具体指导;严格计划备案制度,组织专家对出版社年度计划逐个论证,撰写年度选题分析报告,帮助出版社优化选题结构,落实重点项目,提升"两个效益"。

20世纪80年代中后期,针对图书质量下滑的态势,新闻出版署规定地方出版社的选题,由省新闻出版行政部门审批,大学出版社选题由所在地新闻出版行政部门审核后,报主管部门审批。其后,新闻出版署陆续发布《关于出版计划管理若干问题的通知》,国务院颁布的《出版管理条例》,新闻出版署在依据《出版管理条例》制定的《图书质量保障体系》和《图书、期刊、音像制品、电子出版物重大选题备案办法》,都对选题计划做出具体规定。

根据上级相关政策的精神,江苏省出版行政管理部门坚持关口前移,每年参加出版社选题论证会,逐社审核把关;组织专家深入论证,写出有质量的分析报告,上报国家新闻出版行政管理部门依法进行备案,下发出版社。

3. 重大选题备案

20世纪90年代初,国家新闻出版署明确规定,对涉及国家安全、社会安定等方面内容的重大选题实行专题报批,对引进版选题、超专业范围选题和内容难以把握的选题实行专项报批。江苏严格遵守上述规定,对相关选题一律报国家新闻出版主管部门备案,坚持先批准后出版。根据重大选题备案具有开放性的特点,划定敏感选题,一一进行甄别,对把握不准的选题,坚持组织专家进行论证。同时,要求出版社在报选题时,详细填报图书作者、内容等相关信息,信息不全不予审核,最大限度地防止或减少漏报重大选题。省局每年对出版单位落实重大选题备案制度进行检查,强调严格按照专业分工范围出书,自觉履行备案手续;要求各主管部门要切实负起责任,要对书稿内容进行审核,写出具体的审核意见,依照有关规定严格把关。

(二)书号管理

1982年,中国正式加入国际ISBN组织,并成为国际ISBN中心顾问组成员,在ISBN系统中争取到一位数字组号"7"。

1986年1月,国家标准局批准并颁布了中国标准书号。7月14日,国家出版局发布《关于实施中国标准书号的通知》,1987年1月1日以后发稿的图书,从征订目录稿到版本记录一律采用"中国标准书号";同时保留"全国统一书号"。1988年1月1日以后发稿的图书,一律取消"全国统一书号",只用"中国标准书号"。

20世纪80年代末90年代初,国内图书市场已转为买方市场,普通图书的单册印数不断下降,出版社大多采用"广种薄收"的策略,因而每年出书种数逐年上升,书号使用量激增,超出了出版社编辑出版和图书市场的承受能力,影响了图书质量。与此同时,书号也被暗中非法买卖,使"协作出版"出现了偏差。新闻出版署于1989年7月发出《关于在全国出版社整顿协作出版、代印代发的通知》,禁止买卖书号,对经查实的买卖书号或变相买卖书号的,除没收卖书号所得利润和从重罚款之外,对出版社给予停业整顿或撤销登记的处分。中共中央宣传部、新闻出版署于1993年10月联合发出禁止"买卖书号"的通知。新闻出版署于1994年5月26日颁发《关于对书号总量进行宏观控制的通知》,对出版单位使用书号的总量进行宏观调控,各个出版社年度书号使用总量按每位编辑一年发稿不超过5种计算,总量一般不得超过前三年出版新书的平均数,从此书号成为重要的调控手段。

遵照上述通知、规定的精神,江苏认真把好每道关口,与此同时,开始围绕建立适应社会主义市场经济的出版体制,繁荣出版事业,实现出版工作从规模数量增长向提高质量效益转变的目标,摸索建立科学有效的宏观调控体系:出版社年度书号使用总量原则上按有发稿权的编辑年人均不超过5种计算,省局在总量中提取3%—5%作为机动,根据各出版社出书情况作适当调整。新闻出版署评定的优秀出版社、良好出版社,按人均5种进行分配。不足部分由出版社提出申请,经省局审核后报新闻出版署追加。各出版社应控制好新书出版的总量,在给定的书号指标中,优先保证重点书、学术图书和"双效"书。

（三）图书质量管理

江苏图书出版界对书稿一直严格实行"三审",对保证图书质量起了重要的保证作用。随着出书品种增加,终审压力增大,江苏省新闻出版局对相关规定作了调整,明确重要书稿由总编辑负责终审,一般书稿由总编辑聘请副总编辑或具有较高政治政策水平和丰富编辑工作经验的编审、副编审承担终审任务。同时,加强图书审读工作,倒逼"三审"制度的落实。与此同时,组建了审读员队伍,加强对审读人员政策法规的培训,结合图书评奖、编辑职称评定、出版物市场检查等进行专题审读。各出版单位也成立相应管理机构,配备专门人员抓出版物质量建设。

五、期刊管理

中共十一届三中全会以后,国内政治经济形势逐渐好转,江苏期刊业也由此步入持续、稳定的快速发展时期。这一时期的启动标志就是1978年3月创刊的《钟山》(文艺丛刊),以及1979年11月创刊的《译林》(外国文学丛刊)。这两份刊物的创办在全国产生过较大影响,它们是江苏出版人冲破"文革"时期思想禁锢的产物,体现了当时江苏的出版事业管理局决策者的勇气。

20世纪80年代初,针对擅自办刊问题,江苏省政府批转省出版事业管理局《关于进一步制止滥编滥印和加强出版管理工作的意见》,强调未经批准的各种期刊一律不得出版发行。1982年2月,根据国家出版事业管理局《关于期刊登记问题的通知》要求,省委宣传部、省出版事业管理局对全省公开出版发行的刊物进行了清理,核准登记期刊45种。1984年,省委宣传部下发《关于整顿报刊和加强出版管理工作的意见》,着重解决文艺、理论期刊重复出版、粗制滥造和格调低下问题。

1986年,省科委、省新闻出版局联合下发《关于检查自然科学期刊的通知》,对全省科技期刊进行普查整顿,核准登记科技期刊83种,暂缓登记的5种。

1987年,根据《中共中央关于坚决妥善地做好报纸刊物整顿工作的通知》精神,省委、省政府两次部署报刊整顿工作,召开全省整顿报纸和社会科学期刊工作会议,下发《关于认真整顿报纸和社会科学期刊的通知》,要求省委宣传部、省新闻出版局对报刊合理布局制定规划,做好重新登记、换证的工作,实施精简报刊。明确规定地级市原则上只办一种报纸,有条件的市可以办一种刊物;地级市之局一级不办报纸刊物。要求主办单位党委(党组),严格"谁主办谁负责"的原则,下功夫提高采编人员的政治、业务素质,负起完全政治责任;各市由市委指定一两个部门负责报刊管理工作。江苏省新闻出版局增设"报纸期刊管理处",依法对期刊出版实施行政监督。经过整顿,全省发放正式期刊登记证的105种,临时期刊登记证的180种。同年10月12日,省委宣传部、省科委、省新闻出版局联合印发《关于内部准印证的若干实施意见》的通知,对内部报刊准印证发放的原则、申请领证具备的条件、准印证的审核发行等作了明确规定。

1989年10月,省委宣传部、省政府办公厅、省新闻出版局发文,决定压缩社会科学期刊11种(其中停办9种,调整2种)。

1990年8月,根据中宣部、新闻出版署《关于压缩整顿内部报刊的通知》要求,将全省内部期刊由502种压缩为399种。

六、出版物印刷复制管理

(一)印刷市场管理

1981年,省政府决定江苏新华印刷厂及12个地、市印刷厂由省出版事业管理局归口管理。1982年8月,省出版事业管理局颁发《关于12家地市印刷厂归口管理暂行办法》。

1987年,针对印刷业发展过快、管理混乱、违章经营等问题,省委宣传部、省科学技术委员会、省新闻出版局颁发《关于发放内部报刊准印证的若干实施意见》,实行报刊印刷许可制度。

1988年6月23日,省第七届人民代表大会常务委员会第三次会议通过了《江苏省书刊、音像出版发行管理条例》,将许可证制度扩大到整个印刷业。11月5日,新闻出版署、公安部、国家工商行政管理局、文化部、轻工业部下发《印刷行业管理暂行办法》,印刷许可证上升为国家行为。11月7日,省政府办公厅转发省新闻出版局《关于进一步加强书刊出版发行管理的意见》(苏政办发〔1988〕137 号),将印刷业上升为特种行业管理,对全省印刷业进行全面普查和清理整顿。12 月 5 日,省政府办公厅转发省新闻出版局等部门《关于加强印刷管理的意见》,对实行《图书期刊印刷许可证》等进一步作了细化,明晰了管理范围和具体办法,要求各地新闻出版(文化)管理部门、工商行政管理部门和公安、轻工部门,按规定程序审批,发给特种行业经营许可证。

1989 年 2 月,省新闻出版局、公安厅、工商行政管理局联合召开了全省印刷业、书刊发行业清理整顿工作会议,集中时间集中精力,对全省印刷、书刊发行业进行清理整顿。对合格的印刷厂,由新闻出版(文化)管理部门发给《印刷业许可证》,公安部门发给《特种行业经营许可证》,工商行政管理部门发给《营业执照》,取缔无证经营。

1990 年 9 月,省新闻出版局颁发《关于加强出版物进出江苏省印制的暂行规定》,将省外出版单位来江苏印制正式出版物纳入省印制管理渠道。同年 12 月,实施书刊印刷定点制度。经批准,江苏新华印刷厂等15 家印刷厂为国家书刊印刷定点企业,江宁县印刷厂等 52 家印刷厂为省书刊印刷定点企业。全省共有 400 家印刷企业具有书报刊印刷许可证。

1994 年,本着"控制总量、调整结构、提高效益"的总思路,统一编制了企业代码,换发综合或单项印刷许可证。当年,全省共有书刊印刷国家定点企业 15 家、省级定点企业 50 家,具有《江苏省书报刊印刷许可证》的印刷厂 433 家。

1995 年,对国家、省两级定点企业进行质量监督检测,并作为年检的前置条件,开始实行书报刊印刷许可证副本制度。

(二)印制质量监督管理

江苏出版行政管理部门对书刊印刷质量的管理,主要采取质量检测、岗位培训等多种方法,以期提升书刊印刷品质。

1991 年 3 月 8 日,省新闻出版局颁发《关于加强图书印制质量管理的意见》,采取八项具体措施,推动书刊印刷质量进一步提高。

1992,新闻出版署发布《书刊印刷标准》,江苏举办三期学习班,培训书刊定点印刷单位有关人员 250 名。同年 9 月,全国书刊印刷品质座谈会决定停止"评优"升级,变"评优"为"治劣",改"送评"为"抽查",11 月,新闻出版署公布了《书刊印刷产品质量监督管理暂行办法》。

1993 年 1 月,江苏成立省书刊印刷产品质量监督检测站。按照边建设边工作的要求,当年抽查春季中小学课本印制质量 166 种,秋季中小学课本 247 种。在全国中小学课本印制质量检测中,江苏被抽检 50 种,优质品 8 本、良好品 20 本、合格品 22 本,总分列全国第四名。

七、出版物发行管理

1984 年 2 月,省出版总社、文化厅、公安厅、工商行政管理局联合下发《关于加强对个体租书铺摊、书贩的管理工作的通知》,作出六项具体规定。经营书刊个体摊贩、书贩必须有营业执照,持证经营,无营业执照者,一律取缔。

1987 年 12 月 19 日,省六届人大常委会第二十九次会议通过了《关于加强文化市场建设和管理的决议》。

1988 年 6 月 23 日,江苏省第七届人民代表大会常务委员会通过《江苏省书刊、音像出版发行管理条例》,这是新中国成立以来江苏制定的有关书刊、音像出版发行管理的第一部地方法规,为依法监管提供了法律依据。11 月 7 日,省政府转发省新闻出版局《关于进一步加强书刊出版发行管理的意见》,要求各级政府新闻出版行政管理部门会同工商行政管理部门对全省所有图书期刊发行网点进行一次全面清理和整顿。

1989 年 6 月,省教委、省新闻出版局联合下发《关于进一步做好中小学教材、教参、教学资料出版、发行工作的通知》,重点整顿教材教辅发行秩序。

1993 年,根据省委办公厅、省政府办公厅《关于进一步加强社会文化市场管理工作的指示》精神,省新闻出版局下发《关于认真做好 1993 年度书刊发行网点年检工作的通知》,全面治理整顿书报刊发行网点。全省有 36 家书刊发行单位或个人被吊销《江苏省图书期刊发行许可证》,41 家发行单位被责令停业整顿。

1994 年 9 月 15 日,江苏省书刊发行业协会成立,行业自律由此起步。

在 1995 年书刊发行网点年检工作中,各级新闻出版(文化)管理部门悉心探索、勇于创新、成果显著。全省依法取缔无证经营的书刊销售点 429 家,有违章经营行为被责成停业整顿的 92 家,41 家有严重违法经营行为的书刊销售点依法吊销《江苏省图书期刊发行许可证》。

第七节　版权保护与版权贸易

中华人民共和国成立时废除了国民政府的"六法全书",但没有颁发自己的著作权法,只有一些针对出版的保护和付酬规定。1978 年中共十一届三中全会后,文化界拨乱反正,打破禁锢,迎来了出版业的春天。其后,著作权日益被重视。

首先是恢复在"文革"中被废弃的稿酬制度。又于 1980 年发布了提高稿酬标准的规定。其后,著作权保护工作也开始受到重视。

1986 年,《中华人民共和国民法通则》颁布实施,其中第四十九条规定:"公民、法人享有著作权(版权),依法享有署名、发表、出版、获得报酬的权利。"这是新中国成立后第一次以法律的形式规定了对著作权的保护。

1990 年 9 月,《中华人民共和国著作权法》经全国人大常委会审议通过并颁布,于 1991 年 6 月 1 日起施行。1991 年 5 月 30 日,国家版权局发布了《著作权法实施条例》。

江苏的著作权保护工作,也是随着国内大气候的变化和中央的部署而展开的。

一、稿酬

1984 年,文化部颁布了《书籍稿酬暂行规定》,并于同年 12 月起施行。它明确了我国的付酬制度是稿酬制(基本稿酬加印数稿酬),著作稿稿酬每千字 6—20 元不等,翻译稿 4—14 元不等。印数稿酬:1—20 000 册则每万册为基本稿酬的 5%,翻译稿为 4%。与 1958 年的规定相比,基本稿酬标准提高了,但印数稿酬降了很多。如果加上物价上涨的因素,稿酬标准实际上是下降了。

这个规定颁布后,江苏没有出台新的或修订稿酬规定。正好这时候江苏新成立了几家出版社,各出版社都按文化部的规定执行。

1990年6月15日,国家版权局发布《书籍稿酬暂行规定》,决定提高基本稿酬50%,印数稿酬率不因印数增加而递减,每万册付基本稿酬的8%。江苏与各地一样,均照章付酬。

二、版权管理

1988年,经江苏省人民政府批准,江苏省新闻出版局正式设立版权管理处,与图书管理处合署办公。1989年,两处分开办公。版权管理处负责图书、期刊的版权行政管理和版权贸易管理工作。同年,版权贸易工作划归新设的对外合作出版办公室管理,对外仍使用版权管理处名称。版权管理处的主要任务是,宣传普及著作权法律知识,培训著作权管理干部,参加全国和地方的版权研讨,处理著作权纠纷,审核版权贸易合同等。在此期间,版权管理处重点在新闻出版系统内开展了著作权行政管理工作,增强了图书、期刊出版工作者的著作权意识,调整出版单位与作者、作者与作者之间的关系,使著作权关系的混乱状况有所改善,为著作权法实施在组织、思想、理论上做了大量工作。

1990年《著作权法》、1991年《著作权法实施条例》颁布后,江苏省人民政府1994年8月16日以苏政发[94]76号文件,同意江苏省新闻出版局增挂江苏省版权局牌子(与省新闻出版局一个机构、两块牌子)。

同年11月,江苏省政府贯彻《国务院关于进一步加强知识产权保护工作的决定》,建立江苏省人民政府知识产权办公会议制度,并对各知识产权部门职责分工作出规定,明确省版权局负责全省各类作品包括计算机软件和音像制品著作权的行政管理,基本理顺江苏省著作权行政管理体制。

1995年,苏州、常州、盐城3个省辖市经当地市政府批准,先后建立了市版权处。其后两年内,其余省辖市版权管理机构相继成立,其中南京、苏州、无锡、常州、镇江、南通、泰州、盐城、徐州、淮阴、宿迁等11个省辖市建立市版权局,扬州、连云港2个市开始筹建,人员编制逐步到位。省、市版权行政机构的建立,为全省依法实施著作权法律、法规提供了组织保证。江苏省版权保护工作取得突破性进展。

三、地方版权法制建设

中共十一届三中全会后,全国人大、国务院及有关部门陆续颁布著作权保护的相关法规和行政规章,江苏在认真贯彻实施的基础上,结合本省实际,制定有关版权保护的地方法规和行政规范性文件,积极推动地方版权法制建设。

1987年12月,江苏省第六届人民代表大会常委会通过《关于加强文化市场建设和依法管理的决议》,把文化市场纳入法制轨道,依法严厉查处非法出版活动。

1988年6月江苏省第七届人民代表大会常委会第三次会议通过《江苏省书刊、音像出版发行管理条例》,其中第十四条规定:"任何单位或个人不得违反版权规定,不得侵犯版权所有者的合法权利。如发生侵权行为时,版权所有者可在侵权行为发生地提请当地新闻出版(文化)管理部门、广播电视管理部门调查处理,也可直接向法院投诉。"

1993年11月,江苏省新闻出版局制定《出版物鉴定规则》,其中第四条规定:"本省出版单位正式出版物由省新闻出版局有关处室负责组织鉴定;非国家出版单位擅自印制、发行的出版物由省社会文化管理委员会办公室负责鉴定,外省正式出版单位出版的违禁出版物由我局提出初步鉴定意见,提请新闻出版署或出版单位所在地省级新闻出版管理部门认定。"

1995年7月1日,江苏省版权局根据国家版权局发布的《关于作品自愿登记试行办法》,正式制定《江苏省作品自愿登记暂行办法》,进一步明确了著作权的归属。

四、版权服务

(一)普及《著作权法》

《中华人民共和国著作权法》正式颁布实施前,江苏进行了多方面的准备工作。1983年起,江苏分批派出40多名干部参加国家出版局、国家版权局等组织的专业培训8次。1985年11月,国家版权局和世界知识产权组织在南京举办的第二次版权培训班,江苏全省30余人参加版权培训。1989年4月,江苏举办"第一届江苏省版权培训班",省内司法单位、作品使用单位、作协、文联以及各市新闻出版处(科)的负责人共

120余人接受培训。1991年5月,省出版工作者协会、省新闻出版局在苏州市举办著作权法培训班,对省内各出版社负责人和版权管理人员及各市新闻出版处(科)干部进行著作权法的系统培训,在苏州市观前街新华书店门前举办著作权法咨询,还利用各种场合宣讲著作权法近40场,约3 000人听讲。

1991年6月1日,《中华人民共和国著作权法》正式施行,版权行政管理范围超越图书、期刊,扩大到工程设计图纸、影视、音像以及计算机软件等诸多领域。省新闻出版局及时发出通知,要求各出版社、期刊社、报社、各市县文化局及所属单位认真组织学习,宣传和执行《中华人民共和国著作权法》,依法办事。同时利用各种形式,印发宣传材料,开展街头咨询,并通过广播、电视和报刊等传播媒体,广泛宣传《著作权法》。

其后,与版权相关的活动每年都会在全省各地举行。特别是每年的6月1日,即著作权法颁布纪念日,省版权局和全省各市的新闻出版部门都集中力量开展社会宣传活动,大力普及著作权法,增强社会大众对版权保护的关注和了解。

(二)著作权登记等服务工作

1995年1月,国家版权局颁布实施的《作品自愿登记试行办法》规定:"各省、自治区、直辖市版权局负责本辖区的作者或其他著作权人的作品登记工作……应每月将本地区作品登记情况报国家版权局。"7月,江苏省版权局制发《江苏省作品自愿登记暂行办法》规定:"江苏省版权局负责江苏省辖区内的作者或其他著作权人的作品登记工作。""在本省申请作品登记的作者或著作权人应当具备下列条件:1. 作者或其他享有著作权的公民,其身份证登记住所为本省所属辖区;2. 合作作者及有多个著作权人情况的,其受托登记者身份证登记住所为本省所属辖区;3. 法人或者非法人单位的营业场所为本省所属辖区。""本省作品登记由江苏省版权局直接受理,每月向国家版权局报告一次作品登记情况。江苏省版权局可以委托有条件的省辖市版权管理部门代理作品登记工作。"全省范围的作品自愿登记工作从此开始,具体工作由省版权局版权处承担,当年登记数为10件,其后每年以30%—40%的速度逐年增长。

五、版权贸易

江苏图书版权贸易起始于 1985 年。在此之前,江苏也尝试过版权贸易,但因中国尚未加入国际版权公约,条件尚不成熟,致使多笔版权贸易落空。1985 年,江苏人民出版社将《实用汉英词典》版权转让给香港三联书店,开版权贸易之先。江苏版权贸易自此起步且逐渐扩大,最初以出售版权为主,1988 年后逐步购买版权,但数量较少,且开展版权交易、合作的出版社仅限于省出版总社直属出版社。1992 年《著作权法》实施后,江苏版权贸易进入发展期。"七五"(1986—1990)期间,江苏出版总社 8 家直属出版社对外合作出版 2 种,输出版权 41 种,输入版权 26 种。"八五"(1991—1995)期间版权贸易发展加速,合作出版达 38 种,输出版权 289 种,输入版权 105 种。

"七五"(1986—1990)期间,全省出版业对外开放程度,与国际出版业接轨的步伐有长足发展。其间,江苏各出版社主要与我国台湾、香港地区以及新加坡、美国、苏联等 3 个国家建立合作出版或版权贸易关系,但版权贸易对象 80％为我国台湾、香港地区的出版商;读者 90％局限于华人范围;成交品种多属具有民族特色、地方特色的儿童图书、古籍图书、中医中药保健图书、工具书、生活类图书和美术画册等,主要有江苏古籍出版社的《雨花石珍品集》《苏州桃花坞木版年画》、江苏少年儿童出版社的《中华民间故事大画库》,江苏科学技术出版社的《饮食治疗指南》、江苏美术出版社的《中国工艺美术大辞典》、江苏教育出版社的《英语搭配大词典》等。

"八五计划"(1991—1995)期间,江苏各出版社与 11 个国家和地区开展了合作出版和版权买卖业务,尤其拓宽购买美国、英国、联邦德国、加拿大、日本等西方国家版权的渠道。"八五"期间全省输入版权达 105 种,占总量的 24.3％,改变只出不入的状况,合作出版、售出版权和购入版权三方面结构日趋合理。江苏少儿出版社向东南亚地区输出《资治通鉴故事》《二十五史故事》《现代汉语用法词典》《中华儿童故事丛书》《中华民间故事大画库》《唐诗三百首》等,从英国 DK 公司引进《最新世界百科图典》《自然百科图典》等。译林出版社引进《沉默的羔羊》《麦田里的守望者》等书,影响巨大,其中《麦田里的守望者》一书,成为树立译林品牌的超级畅销书。其间,江苏少儿版权贸易发展迅速,总数达 231 种,占全省成交总量的 53.5%,其中合作出版 34 种。江苏文艺出版社一改"七五"期间只入不出的状况,"八五"期间有出有入,达到 51 种,占全省版权贸易总量的 11.8%。译林出版社在"八五"期间积极探索买卖版权的新途径,先后与美英等七个国家和地区达成买卖版权协议,在数量上有较大突破,达到 47 种,占全省总量的 10.8%。江苏科技出版社"八五"期间版权贸易达 46 种,占全省总量的 10.8%。

表 4－5　1988—1995 年江苏省版权贸易情况简表

年份	输出图书(种)	引进图书(种)
1988	3	
1989	4	
1990	13	
1991	42	
1992	69	8
1993	112	5
1994	50	19
1995	35	

第五章　江苏当代出版业的现代转型
（1996—2008）

　　1996 年 7 月，时任中共中央总书记江泽民参观中国出版成就展，兴致勃勃地巡视了整个江苏展厅，听取时任江苏省副省长张怀西等领导对《我的经济观》《中国思想家评传丛书》《朱自清全集》《敦煌壁画摹本珍藏本》《敦煌石窟艺术》《老房子》《南极探秘》等精品图书的介绍并不时翻看，高兴地对陪同在身边的江苏省领导及出版人说："江苏的书好，尽在不言中。"①

　　这是党和国家领导人对 1978 年以来当代江苏出版业的最高肯定与赞许。

　　1996 年 10 月，党中央召开十四届六中全会，明确提出新闻出版业要"树立精品意识，实施精品战略"。1997 年 1 月，国务院发布《出版管理条例》，对我国出版事业的方向、指导思想、任务，以及对出版单位的设立与管理，出版物的出版、印制（复制）、发行等作了明确的规定。

　　据此，新闻出版署确立了"从规模数量向优质高效的阶段性转移"的出版方针，先后出台《图书质量管理规定》《图书质量保障体系》《关于印发〈图书、期刊、音像制品、电子出版物重大选题备案办法〉的通知》《电子出版物管理规定》等涵括编辑出版责任机制、出版管理宏观调控机制到社会监督机制的系列法规制度，全面实施精品战略，推动全国出版业向规模质量要效益，开启了中国出版业向出版大国迈进的新征程。

---

① 陈飞主编：《江苏出版年鉴 1996》，南京：江苏人民出版社，1997 年 11 月。

1999年11月,中美两国签署关于中国加入世界贸易组织双边协议,2001年12月中国正式加入世界贸易组织,标志着中国改革开放进入历史新阶段。中国出版物分销服务领域逐步放开,极大地推动了中国出版业向改革的深水区前进,中国出版业的产业化、全球化转型升级自此起步。

从"九五"到"十一五",中国出版业无论是思想观念,还是体制改革、产业结构、经营管理乃至国际化等诸方面都发生了深刻变化。中国出版业的产业化、规模化、市场化步伐加快,出版物品牌化、媒介多样化日益显现,出版企业集团化、多元化、股份化、资本化成为潮流,出版供应链的稳定与产业链的延长对支撑出版业发展的重要性越发显著,出版企业经营管理的精细化、公司治理的规范化成为可持续发展的基础,中国出版业进入了经济全球化的新时代。

遵照党和国家的出版大政方针,江苏省新闻出版局先后制发《图书选题管理规定》《书号管理规定》《图书质量审读管理规定》《进一步加强和改进报刊审读工作的意见》《关于加快发展我省电子音像产业的意见》《江苏省设立印刷企业暂行规定》《江苏省2003—2005年出版物发行网点设置规划》等文件,从出版业的微观环节促进江苏出版业由规模数量向优质高效转移;随着国家出版体制改革步伐的加大,1999年4月,江苏新华发行集团成立;2001年7月,根据省委、省政府《关于省级党政机关机构改革实施方案》的部署和要求,江苏省新闻出版局与江苏省出版总社实行政事、政企分开和管办分离。

江苏省随即成立了积聚省内优质出版资源,集结强势出版机构,国内规模最大、实力最强的文化产业集团——江苏出版集团有限公司(与江苏省出版总社合署);省内非江苏省出版总社直属出版社自发成立了"江苏大学城市出版社联合体",江苏出版业的集群化趋势明显。不久,江苏出版集团率先启动了江苏省新华发行集团的"事转企"与股份化,集团所属文化地产板块实施了ST耀华的借壳上市,并进一步设立跨国及外资合资公司等一系列市场化举措。江苏出版集团作为江苏出版业的主力,常年保持在国家级出版大奖及国内出版市场份额的全国前三位,常年位居全球出版集团实力榜的国内领先地位。2008年,集团及下属九家出版社完成事转企改制,江苏凤凰出版传媒集团首获"中国文化产业 30 强"称号并名列第一……

在此期间,江苏出版业面对政策、治理、文化等各方面的变化与挑战,守正笃实、久久为功,基本完成了从传统走向现代并融入全球化的时代使命,繁荣发展之势已然形成。

第一节　江苏精品图书生产的总体格局

一、布局——江苏"精品战略研讨会"与精品图书工程

1996 年,江苏提出聚焦精品图书、"双效"图书的生产,实施精品战略。1997 年初,在中宣部、新闻出版署的支持下,江苏省委宣传部与省新闻出版局联合召开了精品战略研讨会,广邀全国出版界的专家、学者,省委副书记顾浩,省委常委、宣传部部长王霞林到会发言,着重探讨精品图书和精品战略的内涵,以及实施精品战略的策略与保障。

通过研讨,江苏出版人一致认为,精品图书对各社发展具有牵引带动作用,各社应集中优势力量,从人力、资金等各个方面给予保证,在出版工作的各个环节上给予支持,统筹策划、系统开发精品图书项目,凡是列入国家重点图书出版规划的图书选题,争取获"五个一工程"奖、国家图书奖和中国图书奖三大奖。

研讨会上时任江苏省新闻出版局主要负责人石启忠提出江苏出版业"九五"期间应设定主攻方面,强调系列化,并参照国家"九五"重点图书规划做法,在科普读物、少儿读物、长篇小说、电子出版物 4 个子规划上先行布局,以期形成精品群;主要思路是科普读物打造实用科普精品系列,少儿读物是形成 24 开低幼彩图、少年文学、卡通精品系列,长篇小说则是突破"五个一工程"奖优秀长篇文艺作品缺席的局面;电子出版物更是战略趋势性布局,作为世纪之交新的增长点,以出版 CD-ROM"伟人系列"领衔,为江苏电子出版物精品群作开路先锋。

研讨会上,江苏出版人同时提出江苏省新闻出版局作为全省出版业的主导者,应落实对组织出版精品图书的单位和个人,在工资、资金、职

称、住房以及出国考察、进一步培养深造等方面给予倾斜的配套措施,充分调动江苏出版人实施精品战略的积极性;实施精品图书战略所需书号、资助等出版资源,江苏省新闻出版局应加强宏观调控,政策倾斜,以优化出书结构、提高投资效益,使资金配置真正为出精品服务。

本次会议,江苏出版人认识到,精品图书战略的本质是"提高质量",这不仅是战术性任务,更是战略发展方向;这既包括提高出版单位的综合质量,也包括提高全省出版业的总体质量;只有把"提高质量"与"加强管理"、"调整结构"两大战略任务并列提出,江苏的出版业竞争力才能得到真正提升①。江苏由此在全国率先提出了实施精品战略的路径方略,成果丰富,对推动江苏出版业繁荣发展意义重大,以务虚推动务实,进而演化成江苏出版业抓精品图书生产的行动,在全国也引起了较大的反响。

1996 年江苏出版总社牵头,八家直属出版社和省新华书店参加,联合出版了《跨世纪农村书库》(第一批),开创了运用集团优势社店联合出版重点图书的先河,取得了较好的社会效益和经济效益,成为之后策划运作其他大型书库的范本。

"九五"期间,在江苏精品战略研讨会精神的引导下,江苏省出版总社直属出版社依据主攻方面,率先明确了各社出版思路。江苏人民出版社提出"创通俗精品,抓大众品牌";江苏科技出版社提高全民科技素质的科普图书选题比重;江苏教育社遵循"狠抓两头、压缩平庸、控制数量、确保质量、引进外版、争创名牌"的方针;江苏文艺出版社,以当代作家文集系列的品位与规模并重,力推先锋派原创长篇小说精品力作,名家选编名人名作的传记文学与社会热点的纪实文学齐头并进;译林社扩大引进丛书选题,推出"世界文学名著"丛书 200 余种,成为国内同类丛书中最大的一套。

2001 年,江苏省新闻出版局与江苏省出版总社政事分开、管办分离,这是江苏当代出版业历史上一次极其重要的、标志性的体制改革。出版管理部门的新角色由运动员回归裁判员,执行统一出版政策、维护

---

① 王於良:《"提高质量"与提高出版业的竞争力——关于出版发展战略思考之四》,《江苏社会科学》2000 年第 2 期,第 162—167 页。

省内公平竞争的市场环境与合法经营的出版业态成为其首要职能。江苏省新闻出版局从江苏出版业的微观层面退出，在中观层面给予指导与调控。江苏省新闻出版局据此提出了"精品图书""期刊方阵""提速强社"三大工程。作为一种政策导向，省出版管理部门加大了对全省出版社重点图书和品牌工程项目的资助力度，强化了省级五年规划的整体框架制定，增加了江苏品牌重点项目、"三农"、"走出去"、"教育"等子规划内容，增强了江苏省优秀图书奖评选与奖励；但同时也放宽了各出版社的出书范围，省内几乎所有出版社都开始涉足基础教育教辅类图书市场。江苏出版业精品图书注重社会效益、教辅图书意在经济效益的分化趋势开始显现。①

作为江苏出版业龙头企业的江苏出版集团（2004 年改名凤凰出版传媒集团），在所属出版社内大力提倡、扶持学术出版，每年资助集团出版社的重点图书超千万元，极大地提高了所属出版社出版精品图书的积极性；同时，集团为打造"内容生产国内出版第一品牌"的形象，加大了内部出版社资源整合的力度，集各社之力，启动了大型系列图书《凤凰文库》这一标志性工程。各出版社在精品图书工程的引导下，瞄准出版资源的战略开发与稀缺资源的战略储备，从系列化、战略制高点上做起了精品图书的大文章。

江苏出版业在"精品战略研讨会"及精品图书工程的积极推动下，精品图书的生产得以持续深入地推进。江苏省新闻出版局 2005 年又适时推出《关于加强图书审读工作的实施意见》，进一步加强对图书"出版前、出版后"②的全面审读，建立了反应灵敏、掌握及时、监管有力、调控得当的全省图书质量检查管理和信息预警机制，保障了江苏版图书的整体质量，由此大幅提升了江苏精品图书在国内外的品牌影响力，成为省内各出版社走品牌建社的原动力。

---

① 江苏省地方志编纂委员会编：《江苏省志（1978—2008）·出版　报业志》，南京：凤凰出版社，2020 年 12 月。

② 注："出版前审读"主要指出版单位对拟出版书稿的审读，以及出版行政部门对年度选题计划，尤其是对重点选题、重大敏感选题及书稿的审读核准。"出版后审读"，主要检查图书的政治等方面的导向是否正确，是否违反《出版管理条例》有关规定的内容，评判图书质量的合格与否及优劣。

二、领先——江苏精品图书的产品与排名

为明确未来一段时间中国出版业发展的指导思想、基本原则、目标要求、重点任务、保障措施,为描绘中国出版业发展蓝图和工作方向,国家新闻出版总署每逢"零或五"的年份里部署各省出版界制订下一个五年出版规划,以引领带动中国出版业健康有序高效发展。

国家重点规划图书是出版业各项规划的重头戏,体现了国家级精品图书生产的规划性与战略性。规划是精品图书的"蓄水池",能有实力项目入选国家重点规划项目,成为业内各出版社出版精品图书的一个重要标尺。

"九五"国家重点规划项目共 1 200 种,江苏省 53 种,比"八五"期间增长 56.7%,占全国重点规划项目总数的 4.4%,排名第四。"十五"国家重点规划项目共 1 683 种,江苏省 66 种,占 3.9%,排名第五。[①]"十一五"前期,国家重点规划项目共 1721 种,江苏省前期 49 种,占 2.8%,排名第四;[②]同时,有 43 种图书入选首批"中国图书对外推广计划"重点推荐书目。

中宣部"五个一工程"图书奖以主旋律作品为主,获奖的图书侧重于国内原创的文艺、文学作品。1996—2008 年间,中宣部共举办了六届"五个一工程"奖评选,江苏出版业大获丰收,共有 10 种图书获奖,位居全国第二。无论是"九五"期间江苏连续三届 2 种图书同时获"五个一工程"奖,还是每届都不缺席,这个现象在全国出版界极为少见。

其中,江苏少儿出版社是获奖主力,独得 7 次大奖,全部是少年文学:《中华当代少年小说丛书》《我要做好孩子》《草房子》《今天我是升旗手》《芝麻开门》《青铜葵花》《亲亲我的妈妈》;江苏科技出版社的《世界科技发展史画库》、江苏教育出版社的《早年周恩来》、南京出版社的《南京百年风云》以其题材独特各获 1 次大奖。

在江苏少儿出版社的 7 种获奖图书中,以曹文轩《草房子》《青铜葵花》、黄蓓佳《我要做好孩子》《今天我是升旗手》《亲亲我的妈妈》为代表

---

① 数据来源:1996—2008 年《中国出版年鉴》,中国出版年鉴社编印、出版。
② 注:"八五"国家重点规划项目共 1 163 种,江苏省 43 种,占 3.7%,排名第六。

的少年文学作品，以"多元化叙述直面历史的厚重和人性的幽深，为看似单纯的'纯美'叙事开辟着越来越开阔的艺术空间，为当代少年文学创作带来丰富的启示和方向性的指引"①，开中国少年文学之先河，长期引领了中国少年文学的走向。

国家图书奖，2005年之前，每两年举办一届；2007年，新闻出版总署在原分散进行的全国22个出版行业评奖奖项基础上整合为中国出版政府奖，每三年评选一次，为中国出版业的最高奖。2005年之前设荣誉奖、图书奖和提名奖三种，2003年增设抗击"非典"特别奖；2005年之后改为六种奖项，分别是图书奖，音像制品、电子出版物、网络出版奖，毕昇优质印刷复制奖，装帧设计奖，先进出版单位奖，优秀出版人物奖。1996—2008年间，国家新闻出版总署举办了四届国家图书奖和首届中国出版政府奖评选，江苏共有34种（474册）图书获得国家图书奖或中国出版政府奖，位居全国第二。

江苏省出版总社及直属八家出版社是江苏出版业获此殊荣的主力。江苏省内各出版社获奖情况如下：

江苏教育出版社的《朱自清全集》（12册）、《现代汉语方言大词典》（41册），江苏美术出版社的《中国美术分类全集·中国民间美术全集》获荣誉奖；

江苏人民出版社的《中国现代化历程（3卷）》，江苏教育出版社的《中国著名特级教师教学思想录》《中国书法史（7卷）》《现代汉语方言大辞典（综合卷）》，江苏少儿出版社的《草房子》，江苏美术出版社的《敦煌石窟艺术》分获各届国家图书奖；

江苏省出版总社及其八家直属社联合出版的《跨世纪农村书库》（第一批），江苏人民出版社的《走进马克思》，江苏科技出版社的《蓝天绿地丛书》《中国北方旱区农业》《运动稳定性量化理论》，江苏少儿出版社的《天棠街3号》，江苏美术出版社的《中国砖铭》，江苏古籍出版社的《敦煌文献分类录校丛刊》，译林出版社的《埃达》《世界英雄史诗译丛（16种）》

① 李东华：《论曹文轩的文学选择——以〈草房子〉〈青铜葵花〉〈蜻蜓眼〉为例》，《中国现代文学研究丛刊》2016年第9期。

等图书获国家图书奖提名奖;江苏科技出版社的《非典型肺炎防治手册》获国家图书奖特别奖。

江苏少儿出版社的《青铜葵花》,江苏美术出版社的《中国传统器具设计研究(2卷)》,凤凰出版社的《册府元龟(校订本)(全12册)》,江苏文艺出版社的《江南丝竹音乐大成(2卷·CD)》,译林出版社的《20世纪外国文学史(共5卷)》获首届中国出版政府奖图书奖;江苏科技出版社的《中华针灸学》,江苏少儿社的《乌丢丢的奇遇》获首届中国出版政府奖图书奖提名奖;江苏美术出版社的《徐悲鸿》获装帧设计奖。

其他获奖单位全部是江苏省内的大学出版社。东南大学出版社的《江南理景艺术》,中国矿业大学出版社的《中国煤岩学图鉴》获国家图书奖提名奖;苏州大学出版社的《中华民族的脊梁——记战斗在抗击"非典"第一线的人们》获国家图书奖特别奖。

南京大学出版社的《中国思想家评传丛书(200部)》、苏州大学出版社的《中国丝绸通史》、东南大学出版社的《斗拱(上下)》获首届中国出版政府奖图书奖;中国矿业大学出版社的《中国煤矿灾害防治理论与技术》获首届中国出版政府奖图书奖提名奖。

这些获奖图书涵盖哲学社会科学、文学、艺术、科学技术(含科普读物)、古籍整理、少儿、教育、辞书工具书等门类。从综合奖项等次与品种数来看,江苏教育出版社获得两种荣誉奖、三种图书奖及一种联合提名奖,综合排名第一,其次为江苏科技出版社。江苏的获奖图书,或填补空白,或抢救性挖掘,或集大成于一书,或极具科技与经济价值,或原创性强、开少年文学新风,其社会影响较为广泛,作品大都传之当下。

在这35种获奖图书中,规模达6 000余万字的《中国思想家评传丛书(200部)》是江苏当代出版史上的扛鼎之作。这部由著名学者匡亚明先生生前设计、指导并担任主编,由南京大学中国思想家研究中心组织撰写,由南京大学出版社历时20年才完成全部出版的作品,收录了从孔夫子到孙中山270个传主(含附传传主),展现了中国从春秋末年到20世纪初年2000多年间各方面代表人物思想发展的历程。"它不但集合了中国思想史上影响最大的思想家,同时也把文学、文献、科学、军事、宗教、政治等领域内我国文化历史上的杰出人物汇集到思想家的行列中以壮行色。它全面总结从孔夫子到孙中山的中国思想演进历程,生动展示中国文化多元发生、多极并立、多维互动的发展图景,是总结中华传统思想的集大成式的史传著述,也是记叙中华灿烂民族文化、俯瞰中华思想文化发展进程的一部文化史纲"。[①] 它是迄今为止我国规模最大的中国传统思想文化研究工程。

中国图书奖的评选主要依据图书的内容质量和发行数量、技术指标,兼顾印刷质量、装帧水平,全面综合评比,同时参考读者反映和书评文章的评价。2006 年,中国出版工作者协会将中国图书奖改为中华优秀出版物奖。1996—2008 年间,中国版协举办了六届中国图书奖和两届中华优秀出版物奖,江苏共有 45 种 253 册获得历届中国图书奖或中华优秀出版物奖,位居全国第三。

江苏获得中国出版工作者协会主办的出版大奖的,仍然是凤凰出版传媒集团直属八家出版社占最大权重,共有 36 种图书。其中,江苏教育出版社、江苏人民出版社均有 8 种图书获奖(其中 1 种为联合出版),排名并列第一。

江苏人民出版社的《张家港人》《邓小平理论研究书系(其中 3 册)》《中国诗性文化》《走进马克思》《纯粹哲学丛书》《西方哲学史》《中国近代通史(10 卷)》,江苏人民出版社和江苏教育出版社联合出版的《拉贝日记》,江苏科技出版社的《实用手术图解全书》《中国民族建筑》《临床皮肤病学》《光合作用原初光能转化过程的原理与调控》《中国农业发展理论与实践》,江苏教育出版社的《科学认识思想史》《朱自清全集》《金苹果文库(第三辑)》《世界教育大事典》《成语源流大词典》《中国昆曲艺术》《母语教材研究(10 卷)》,江苏少儿出版社的《德育故事大金库》《世界文化与自然遗产》《文明之旅丛书(4 册)》,江苏美术出版社的《刘海粟》,江苏古籍出版社出版的《明诗话全编》《中华大典》(文学典分典),江苏文艺出版社的《山楂树之恋》《坚强的理由:北川中学幸存学生手记》以及江苏文艺出版社与西藏人民出版社合作的《藏汉之子——优秀援藏干部任国庆》,

---

① 金鑫荣:《思想地理的历史变迁——从中国思想家的地域分布谈起》,《南京大学学报(哲学社会科学版)》,2007 年第 6 期。

译林出版社的《蒙田随笔全集》《古希腊悲剧喜剧全集(8册)》获正式奖;

凤凰出版社的《全元文》《陆士衡文集校注(上下册)》,江苏美术出版社的《徐悲鸿》《中国当代百种曲(9册)》,江苏文艺出版社的《平原》获中华优秀出版物奖提名奖;江苏美术出版社的《向生命敬礼》获特别奖。

其他9种图书分别是:南京大学出版社的《中国马克思主义理论的丰碑》,中国矿业大学出版社的《中国煤矿通风安全工程图集》,苏州大学出版社的《扬州文化丛书》《中国丝绸通史》《爱在燃烧:汶川诗草》,古吴轩出版社的《林散之书法集》,南京出版社的《明南京城墙砖文图释》《中国南京云锦》获正式奖;广陵书社《清名家诗丛刊初集(6册)》获提名奖。

上述每一本获奖图书的编辑出版过程都非常艰辛,历尽困难,《拉贝日记》尤其如此。1996年12月,《人民日报》相继发表五六篇报道,介绍拉贝外孙女莱茵哈特女士在纽约公开家族保存的拉贝日记原件的新闻。身为党社的责任感和地处南京的使命感,使得江苏人民出版社认识到出版《拉贝日记》意义重大、势在必行,但由于当时交通、通讯不便,财力难以独立支撑,跨洋交流的过程困难重重,在中国大使馆的帮助下,才成功与拉贝之孙托马斯·拉贝取得了联系,德方开出巨额版税价,江苏人民出版社不放弃出版,一方面与江苏教育出版社合作,一方面向上级汇报。从购买版权到翻译出版,都受到陈焕友等省委、省政府领导同志的高度重视和大力支持。在成功购得版权并在南京大学德语系多位老师组成翻译组的帮助下,该书于南京大屠杀遇难同胞60周年祭前夕——1997年12月,完成了《拉贝日记》首个中文版、同时也是全球首家的出版。《拉贝日记》在长春全国书市一经面世,立即引起极大轰动。这是一部具有重要历史文献价值和现实政治意义的图书,也是海内外专家公认的之后各种译本中最好的一本,在国际上得到好评,被拉贝的外孙女赖因哈特夫人誉为世界上"最好的版本",更被有关新闻单位评为1997年全国十本最有影响的图书之一。[1]

综观江苏获得的国家三大奖图书,大部头、大而全的套书、丛书占较大比重,这是"九五""十五"期间江苏精品图书的特点;这其中有专业学

---

[1] 《〈拉贝日记〉这样被发现、出版、传播》,《现代快报》2021年8月15日。

术类占较大份额的因素,体现稀缺性、制高点的战略意图,"大书"是一种认可度较高的路径,还因为当时江苏的各出版社以资助补贴的形式开发重点图书项目,获奖图书需要投入的人、财、物较大,以社会效益为主目标,经济效益就很难兼顾了。教育类精品图书的内容主要集中在教育思想上,在品种数上次于学术类。大众类图书获奖品种更少,往往是少儿类,或体现重大现实意义的图书。系列化开发是江苏精品图书呈现的另一共性特征。以入选数量等综合统计,江苏少儿、江苏教育、江苏科技、江苏人民等出版社是江苏省内"九五"到"十一五"前期获得国家三大图书奖较多的出版机构。

这三大奖是国家级的图书最高奖,每次每种奖项是从全国数十万种图书中评选出一百余种图书入围。能够有图书入选其中,是每个出版社、每位作者最大的国家荣誉,而入选的图书必然堪称精品,它体现了图书出版的示范性与榜样性。

江苏的精品图书不仅是入选国家重点规划图书项目,以及国家级三大奖获奖图书,还包括"三个一百"原创出版工程、国家科技进步奖中设立的图书奖、"中国最美的书"、"世界最美的书"、"年度10本好书"、冰心文学奖、最佳畅销书奖等,各部委举办的各种全国性图书评奖,以及江苏省"五个一工程"奖、江苏省优秀图书奖等等。

其中新闻出版总署着力推动的"三个一百"原创出版工程,一定程度上衡量着各省市出版业的原创能力、出版视野与创新水平,成为出版业竞相逐鹿的新平台。到2008年底,江苏前后有32种项目入选两届国家"三个一百"原创工程,主要包括人文社科类的《西方哲学史》《中国近代通史》《中国丝绸通史》《中国古代建筑雕刻》《宋登科记考》《宋代美学史》《苏州古版画》《南京城墙志》《生活美学与艺术经验》《儒学与艺术教育》《朴素物理理论与儿童科学教育》《西班牙文学——黄金世纪研究》《20世纪美国黑人小说史》《明清商事纠纷与商业诉讼》《现代新闻出版编校实用手册》,科技类的《名中医论方药》《营造法式解读》《大坝与坝基安全监控理论和方法及其应用》《地下空间科学开发与利用》《临床性病学》《煤矿灾害防治的技术与对策》,文学类的《曹文轩纯美小说系列·细米》《黄蓓佳倾情小说系列·亲亲我的妈妈》《"我喜欢你"金波儿童文学精品系列·追踪小绿人》《笠笠非常图本小说(4 册)》《彭懿精灵飞舞幻想小说集·我捡到一条喷火龙》《程玮至真小说散文系列·少女的红围巾》《"我知道"幼儿科学童话系列》《血泪忆衡阳》《山楂树之恋》《所有的》《蚁呓》等图书。

从入选品种数、项目主题以及著作者的专业学术地位或影响力看，江苏图书出版业的原创作品出版工作在系统性与顶层设计上略显不足，五年重点图书规划的作用未能充分显现。

此外，从 1996 年到 2008 年，仅江苏省优秀图书奖就举办了五届，评选出荣誉奖 21 种、特别奖 21 种、精品奖 21 种、优秀图书一等奖 72 种、二等奖 145 种、畅销书一等奖 26 种、二等奖 35 种。需特别说明的是，除内容质量外，江苏省新闻出版局对参评本省优秀图书奖的图书的编校质量提出了极为严格的标准，不仅明确编校质量不合格的图书一票否决，还对不同等次的奖项提出了对应的更细的编校质量指标。同时，江苏在全国出版界首次将编辑的职称评审与其编校质量记录挂钩①，极大地提升了江苏出版业整体的图书质量。1996—2008 年期间，江苏图书累计近千种图书获奖或入选，无论是获奖数量，还是获奖等次，均持续名列全国省市前列。这些图书形成了江苏出版的精品图书矩阵，支撑着江苏出版业的品牌影响。江苏抓精品图书生产的成绩，在这个洋洋大观的矩阵中得到了充分的证明，精品图书的规模效应基本形成。

三、开放——江苏版权贸易的兴旺与成效

江苏当代出版业的版权贸易，1981 年起开始尝试，但直到 1985 年江苏人民出版社《实用汉英词典》成功转让版权于香港三联书店，同年引进的《日本散文选》获首届全国优秀外国文学图书二等奖，方才起步。1990 年国家颁布《著作权法》，自此江苏的版权贸易逐步发展。1996—2008 年间，江苏版权贸易进入高速高增长阶段，在全国处于领先地位。

1996 年，江苏首次实现与西方发达国家版权贸易的交易数超过半

---

① 注：从 1996 年起，江苏逐步开始把编辑职称评审与图书编校质量挂钩，并与省职称办协商，在《江苏省出版专业编审、副编审资格条件》里明确了申请者所编图书编校质量合格的要求。之后每年编辑人员申报职称评审前，都必须提交由省局统一组织检查合格的质量结果。此在全国属首创，得到上级领导机关肯定和权威媒体宣传。2005 年 1 月 13 日中国图书出版网以《江苏省局把图书质检结果纳入职称申报工作》为题报道此举，在全国产生较大反响。

数,表明江苏的版权贸易对象突破早年局限于东南亚国家与地区的格局。1998年江苏省出版总社首次单独组团去美国举办书展,首次自行组团参加香港书展,均取得良好成绩。这些举措积极推动了全省的版权贸易,在国际出版业产生较大影响。"九五"期间,江苏全省输出图书164种,引进图书731种;无论是引进、还是输出的版权数量,江苏均紧随北京排在全国的第二位。

"十五"期间,随着中国加入世界贸易组织,版权贸易在国内引起高度重视,竞争激烈。江苏全省输出264种版权,引进1046种版权,增幅分别达61%、43.1%,处于全国版权引进的第六位,版权输出的第四位。随着江苏图书的品牌影响的扩大,版权贸易和合作出版业务大幅增长,特别是引进版权显著增多。"十一五"前三年,江苏全省输出213种图书,引进1076种版权,全省处于全国版权引进的第四位,版权输出的第三位。

由于资料所限,仅分析2000—2008年江苏版权贸易数量及其在全国的排名情况。在此期间,江苏的版权输出数量位居全国前列,贸易逆差尽管存在,但逐年缩小;引进输出比江苏年平均水平(4.7∶1)低于全国年平均水平(7.2∶1),其中最低的是2002年,为3.3∶1,版权贸易总体质量好于全国水平。这一维度反映了江苏的图书具有较强的海外传播力与影响力。

表5-1　江苏"十五"以来版权贸易数量及全国排名情况①

项目 ＼ 年份	2000	2001	2002	2003	2004	2005	2006	2007	2008
输出（江苏/全国）	41/638	26/677	64/1 297	48/811	61/1 314	78/1 517	60/2 050	92/2 571	120/2 440
全国排名	3	6	5	3	4	3	3	2	3
引进（江苏/全国）	221/7 343	150/8 090	213/10 235	273/12 516	390/10 040	313/10 894	387/10 950	424/10 255	426/15 776
全国排名	5	6	7	7	3	5	4	3	5

① 数据来源:新闻出版总署财务司编《中国新闻出版统计资料汇编2008》,北京:中国统计出版社,2008年11月;貌晓星、张洪波:《2008年全国图书版权贸易分析报告》,《出版营销》2009年第8期。

2004年起,江苏出版业紧紧抓住国家推动实施中国出版"走出去"的战略机遇,更受2006年在南京召开全国新闻出版业"走出去"工作座谈会的鼓舞,积极利用两种资源、两个市场,在更大范围、更广领域、更高层次上参与国际出版业的合作与竞争的主动性更强。江苏出版"走出去"步伐加快,成为中国出版"走出去"的主力军。

"十一五"前三年,江苏入选"中国图书对外推广计划"首批推荐目录117种,名列各省区市前茅;江苏少年儿童出版社获评"全国图书版权输出先进单位",该社的儿童文学和低幼读物、江苏科学技术出版社的中医中药图书、江苏文艺出版社的当代小说、译林出版社的中国传统文化,成为江苏"走出去"的核心产品。

江苏出版业与国际著名出版集团开展战略合作。凤凰出版传媒集团与美方同行共建"中美出版研究中心""中美出版文化交流论坛",与美国教育考试服务中心、美国麦格劳·希尔教育集团、美国佩斯大学进行项目或战略合作;与法国阿歇特图书集团、加拿大灵通集团、新加坡大众控股集团进行资本或战略合作;成功举办第三届"海外同仁嘉宾招待会";集团下属译林出版社与联合国教科文组织合作出版期刊《国际博物馆》。

江苏出版业融入全球化的趋势明显。德国法兰克福书展、法国巴黎书展、英国伦敦书展、意大利博洛尼亚国际儿童书展、芝加哥美国书展、美国BEA书展、日本东京书展、新加坡世界华文书展、俄罗斯莫斯科书展,是江苏出版业版权贸易的国际主阵地,而北京国际图书博览会则是国内同行竞争的主战场。江苏出版界定期参加各类版权贸易平台,与世界各地出版商建立了广泛且实质性的合作关系,促进了江苏版权贸易的高增长。

在高增长的同时,贸易的不均衡现象也较为明显。1995—2008年,凤凰出版传媒集团所属出版社占江苏省交易总数的86.1%,各高校出版社占13.6%,城市出版社只占0.3%。

同时,贸易对象仍存在区域局限。以2006至2007两年江苏图书版权输出为例分析,江苏图书输出仍主要集中在东南亚华人密集的国家和地区,我国台湾、香港地区占总输出量的50%以上。这表明:港台地区在江苏开展版权贸易中扮演着重要的角色,它是输出量的第一名,是江苏最大的版权输出地。这显示出我国港台地区在输出中华民族传统文化上起到很好的桥梁作用和传播扩散源作用。除这两地外,江苏版权输出的辐射面有所扩大,开始往欧美及日韩等国家输出版权,呈现出多元化的趋势。但是从贸易数量来看,江苏向欧美输出版权尚在起步阶段,要真正在世界范围内产生江苏图书的全球化影响力与传播力尚需时日。

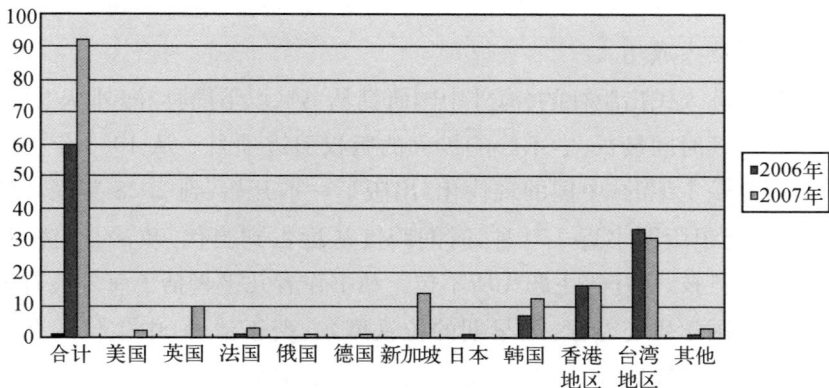

图 5 - 1　2006—2007 年江苏图书版权输出情况统计①

　　江苏有两家出版社的版权输出颇为出色。一是江苏少儿出版社,2006 年起,版权输出国已至墨西哥、法国、英国、德国、韩国、日本等多个非华语国家。二是译林出版社,尽管该社图书以引进版权为主,但并不妨碍其策划的图书盛销海外,或许是该社已达到"知己知彼"的境界,2008 年 6 月出版的《符号中国》系列丛书是其中代表。该书成功输出英、韩、法、俄等文版,被中央电视台、《中国日报》、《环球时报》、新华社等强势媒体广为介绍,被外媒评价"最适合外国人了解中国的十大图书之一",成为中国图书输出全球的典范。

　　江苏版权贸易不仅输出有影响,项目引进更不乏成功范例,多次引领国内阅读市场潮流。江苏文艺出版社 1999 年引进的中国台湾地区作家席绢的言情小说系列等 50 种,掀起港台"言情热""席绢热"。江苏教

① 据 1995—2008 年《江苏出版年鉴》自行统计。

育出版社 2002 年引入中华人民共和国成立以来规模最大、门类最全的教育学科教材译丛——《教育科学精品教材译丛》。译林出版社引进的叶利钦回忆录《午夜日记》、希拉里·罗德姆·克林顿回忆录《亲历历史:希拉里回忆录》(注:该书由于"技术性"编辑导致版权纠纷,引起巨大反应,曾是外交部答记者问涉及的热点外交事件,后美国版权公司收回原书中文版权)、比尔·克林顿回忆录《我的生活》等名人传记系列,一领风骚;《麦田里的守望者》《当代外国流行小说名篇丛书》等同样在国内图书市场取得巨大成功。

而江苏人民出版社的《海外中国研究丛书》(以下简称"海外丛书"),更堪称持续时间最长、学术影响极大的版权引进项目。从 1988 年美国学者罗兹曼主编的《中国的现代化》出版第一本开始,到 2008 年底,"海外丛书"已出版图书近 150 种,时间跨度从远古到当代,政治、经济、社会、文化、科技、医疗等主题无所不包。丛书作者几乎囊括了海外最有影响力的中国学研究专家,如早期的拉铁摩尔、费正清等,中生代的孔飞力、魏斐德、周锡瑞、伊沛霞、贾志扬等,当今的中坚力量高彦颐、薛凤等,另外还有旅居海外的华裔著名学者如萧公权、杨联陞等①。"海外丛书"始终立足于中国的发展·从他者的角度反观自身的历史和现实,应和时代的节拍,回答时代的提问。继《中国的现代化》后,丛书推出《中国:传统与变革》《寻求富强:严复与西方》等,契合了当时改革开放的宏大主题;伴随着生态文明建设的推进,适时推出《工程国家:民国时期(1927—1937)的淮河治理及国家建设》等。"海外丛书"因其学术前沿性而成为许多学者、学生的"案头书""枕边书",为中国的研究者开了一扇窗,"他山之石,可以攻玉,这些不同的研究方法、研究角度甚至不同的议题,对我们国内的研究非常有启发"②。像杜赞奇的《文化、权力与国家》、周锡瑞的《义和团运动的起源》,都提供了相当新颖的研究范式和独特的研究视角。如今,国际学术交流更为便捷,"海外丛书"与海外中国学研究同频共振,也推动了中国学术走出去,让世界更加全面认识中国。

---

① 《坚守与创新:"海外中国研究丛书"的 34 年》,新华网,2022 年 4 月 26 日。
② 王保顶:《"熬"出来的品牌(做书者说)》,《人民日报》2018 年 11 月 13 日。

就江苏省的版权贸易情况看,在 1996—2008 年,全省版权贸易总量达 3 494 种,其中版权输出 641 种,引进 2 853 种;江苏少儿出版社输出 347 种版权,为全省输出之冠,译林出版社引进 1 192 种版权,为全省引进之冠。①

从国内出版业的现状看,版权贸易类图书的出版数量不可小觑。对于国内出版社而言,版权引进与输出同等重要。引进版权,考验的是出版社是否能准确预判国内图书市场发展趋势与读者的阅读倾向;而版权输出更显出版社的实力。版权引进的图书对国内而言并非原创,而我们通过版权贸易走向世界的图书大都是精品,甚至是精品中的精品。这些书不仅代表了中华文化与思想的传播力,还代表着中国的文化水平、编辑水平、印刷水平,反映了江苏甚至中国的形象,是中国"软实力"的重要体现之一。

图书通过版权贸易在国家与地区间进行交流,表面上看是各国出版机构的市场化选择,但由于输出国鲜明的地域性与民族性,这一行为本质上促进了不同文明与不同文化之间的交流与沟通。尽管版权贸易能够成功的图书不可能本本都是精品,但贸易双方无论在内容还是形式上都会以精品图书的高标准来衡量,因此,版权贸易的图书往往多为读者所喜爱,其贸易所及国家与地区的多少一定程度上也说明了这种图书在世界范围的影响与传播。因此,从理论上说,只有精品图书才能引进来与走出去。版权贸易的图书体现了精品图书的社会效应与共同价值。

四、不俗——江苏畅销书的出版与品牌影响

从历年的全国年度优秀畅销书排行榜看(该榜分五类,每类公布前10 名),每年江苏省都有图书入选,其中译林出版社最为突出。总体上江苏数量较少,最多的是在 1997 年,主要是文艺类、少儿类与文教类品种入选畅销书排行榜。

从江苏省新华书店历年的江苏版畅销图书发行,以及在各时期曾引起国内读书界、学术界较大关注与争论的情况看,江苏版图书中文艺类

---

① 江苏省地方志编纂委员会编:《江苏省志(1978—2008)·出版 报业志》,南京:凤凰出版社,2020 年 12 月。

的畅销品较多,少儿文学类的《我要做好孩子》《早年周恩来》《草房子》《程玮至真小说散文系列(5册)》,国内"名人传记"类的《巴金自传》《冰心自传》《老舍自传》《鲁迅自传》《郭沫若自传》《茅盾自传》,国际引进版中的"传记"《拉贝日记》《东史郎日记》《午夜日记——叶利钦自传》《东方的女儿——贝布托自传》《我的生活:克林顿回忆录》,以及纯文学的《孽债》《苏童文集(少年血)》《新乱世佳人》《池莉文集(1—6)》《左手的掌纹》《江山风雨情》《金粉世家(上、下)》《尤利西斯》《沉默的羔羊》《失落的世界》《蒙田随笔全集(上中下)》《追忆似水年华(1—7卷)》《魔戒》《兄弟连》《耻》《不存在的女儿》《金色笔记(典藏精)》等都曾一领风骚。①

其次是人文社科类,江苏版的图书有《老上海——已逝的时光》《老北京——帝都遗韵》《留学美国》《从清华园到未名湖》《收购中国》,引进版的有《教育科学精品教材译丛》《关于女人的答问》《好女孩上天堂、坏女孩走四方》《知识分子》《悲剧的诞生》《培根随笔全集》《电影是什么?》《父与子全集》《时尚女魔头》,也都引起大众读者的积极回馈。

此外江苏出版的实用知识类图书,《袖珍字海》《YOU:身体使用手册2——腰部管理》《想一分钟——生存智慧》《要做股市赢家》《地震应急防护手册》《古代诗歌鉴赏技巧》等同样曾获不凡的业绩。

从市场品牌看,无论是在江苏省内还是省外,译林版的外国文学名著类及人文社科类、东南大学版的建筑类、江苏教育版的新课标教材等图书板块均已形成一定的品牌效应。曾经影响一时的汉译大众精品(苏人版),以及延续至今的老城市、老房子系列以及敦煌系列(苏美版)因没有新的替代品种,影响力下降,但江苏人民社提出并实施的主旋律作品精品化的出版思路在学术界、出版界曾引起关注。原创类少儿文学是江苏少儿社的强项,但每年出版的数量有限,尽管与其他文学作品相比销量较大,但品牌影响力不彰。而科技类尤其是医药卫生读物虽销售不错,但仍未走出市场同类、同质竞争的困境。以反映最新经营管理理念及法律类图书的社科类引进版在江苏很难找到。而国内现代文学类图

---

① 江苏省地方志编纂委员会编:《江苏省志(1978—2008)·出版 报业志》,南京:凤凰出版社,2020年12月。

书出版江苏因缺乏系统策划,市场销售趋于平淡。

在中国出版业的"国内运动会"以及"奥运会"上,江苏拥有优良的成绩。"九五"以来的江苏图书出版,在党中央"实施精品战略"的出版方针指引下,以重点图书规划为基础,以全球化的出版视野审视中华传统文化与共同价值,以开放、包容的理念积极推动精品图书的大众化,展现了江苏品牌图书从起步、到形成一定规模、再到初步形成体系的发展面貌,诠释了当下江苏品牌图书在国内外拥有的品牌影响力的渊源。

第二节　江苏图书出版的板块结构与演变

一、专攻——江苏专业出版的特征与趋势

现代出版业分为专业出版、大众出版与教育出版。其中,专业出版指与行业和职业有关的出版,包括行业性专著、学术性专著和专业性工具书等,为行业人员从事专业工作、研究、教学等提供帮助,它是最深、最专、最细分的出版。[1] 而国内专业出版的形成首先是基于出版社在成立之初的专业分工设定,其次有赖于出版社在市场竞争中产生的专业比较优势。

专业分工虽然源于计划经济体制的制度安排,是对各出版社出版范围的限制,但同时也是对各出版社专业出版发展的引导与保护。多年来江苏各出版社的专业出版方向一直保持基本稳定,涉及的专业出版领域主要有农业、矿业、水利、城市土建、医药、电子信息、人文社科、美术、古籍等,江苏科技出版社及 7 家高校出版社是自然科学类的专业出版主要承担者,江苏美术、古吴轩出版社以专业美术出版为主,江苏古籍(凤凰出版社,下同)、广陵书社则是古籍专业出版,而涉足人文社科类的出版社较多,江苏人民、南京大学、译林等 3 家出版社是主体,其他各社都有该类图书的出版,但相比而言品种、规模及影响力有限。江苏除江苏教

---

[1] 钱明丹、张宏:《专业出版的由专而强之路——国际专业出版及其对我国出版业的启示》,《出版广角》,2009 年第 8 期。

育出版社曾有过一段十年左右的辞书古籍类专业出版外，其他各出版社即使有拓展的专业出版门类，也都在专业分工允许的范围内进行，江苏的专业出版总体上保持着持续的平稳与较明显的个体差异。

"八五"时期，江苏的专业出版主要反映在重点图书的出版上。其时江苏出版业率先在全国突破"地方化"出版方针的局限，投入了大量的扶持资金，在许多国家级战略出版资源的制高点上攻城略地，出版了诸多填补空白，或抢救性积累，或具较大传承价值的重点图书，在积聚高端出版资源的同时，也为后继的江苏专业出版发展积累了人才队伍与经验教训。因此，战略性、制高点、积累性、大部头是这一时期江苏专业出版的特征。

江苏的这种做法，得到了上级领导与部门的积极支持与高度赞许。1996年7月，中宣部出版局以《"八五"期间江苏出版部门加强宏观调控，投入2 800万元支持多出好书》为题，编发了第65期《出版动态》，分送中央常委和中央有关部门的领导同志参阅。7月15日江泽民总书记充分肯定了江苏这一做法，说："出版也要抓重点。"①

到"九五"时，江苏在过往偏重文化积累价值、高码洋大套书项目上有所收缩，压缩200万字以上规模的项目，增加了富有学术价值的著作出版。江苏各出版社都较为遵守并强调专业分工的规则，各专业出版社的专业图书品种占比较高，基本都在50％左右，高校出版社更高，有的到80％左右。各社原有求大求全的出版风格有所改变，量力而行的务实作风日益明显。此时江苏立项或出版的重点图书，对照今日专业出版的内涵，可谓部分出版社以专业立社思想的开篇之作。江苏的专业出版呈现出分层性、开放性与规划性的特点。

到"十五"期间，由于江苏进行了政事分开、管办分离的出版体制改革，江苏对各出版社的专业分工限制逐步松动，各出版社的专业出版品种所占比例明显下降。尤其是江苏专业出版的主力阵容高校出版社，由于均涉足基础教育出版，专业出版的比重大都维持在40％左右。而有趣的是，与积极尝试大众出版、积极争取基础教育出版的心态不同，江苏

---

① 陈飞主编：《江苏出版年鉴1996》，南京：江苏人民出版社，1997年11月。

少有出版社主动新增专业出版门类,各社的专业出版方向几无变化。

到了"十一五"之时,人文社科类的学术出版在江苏的专业出版中的比重越来越大,由于大众出版领域在出版业中的份额增加,江苏各出版社从专业出发,力求专业出版大众化、普及化,同时,专业出版的系列化、引进版、品牌化趋势增强。

江苏专业出版的发展,在不同时期所呈现出不同的时代特征,自然科学与社会科学的发展有着不同的发展规律,相应地投射到各自的专业出版,自然是各有辙道。

自然科学类专业出版

江苏的自然科学类专业出版主要涉及矿业、城市土建、水利、医学、电子信息以及农业等领域,中国矿业大学、东南大学、河海大学、江苏大学等理工类高校下属的四家出版社,以及江苏科技出版社,承担着这些领域的专业出版。其中,四家高校出版社依托母校的专业实力和影响力,将学科优势转化成专业出版优势,为其专业出版的"不可替代性"[1]提供了不懈的动能;无疑,母校是成就本校出版社专业出版强项与品牌的本源。但另一方面也应清醒地认识到,国内高校不同学科在国际学术领域处于不同的地位,不同学科对国内国民经济发展所起的作用不同,各学科从研究到技术再到应用的各级从业人员的规模、结构迥异,因此必然带来专业出版发展空间与实力的差异,因此,既依靠母校本源又不困于其制约,应成为观察江苏各高校出版社专业出版能力与发展脉络的一个维度。而江苏科技出版社作为科技综合类出版社,如何在专业出版上获得"本源"、发展"本源",突出强势"本源",成为考察其专业出版实力的一个视角。

矿业是我国国民经济中的支柱性产业,中国矿业大学在国内外享有较高声誉,中国矿业大学出版社是国内为数较少的矿业专业出版单位。作为高校出版社把图书出版与学校学科建设、人才培养紧密结合起来,把提高教学质量、繁荣学术研究,为教育科研服务、为学校教学改革与建

---

[1] 侯俊华、耿爽:《专业出版:大学出版社的核心竞争力——上海交通大学出版社专业出版工作纪实》,《出版广角》2012年第8期,第10—11页。

设服务作为根本任务,是该社的办社宗旨。长期以来该社的专业图书保持在70%左右,是江苏专业特色极为鲜明的高校出版社。

从"九五"到"十一五",中国矿业大学出版社长期遵循"少品种、高效益、强化特色"的出版方针,是教育部及国家新闻出版总署领导赞赏的"专业生存不动摇、特色经营求发展"的典型专业出版社。

中国矿业大学出版社的专业性主要体现在三个方面:

一是其专业出版全方位覆盖了煤炭行业普通高校、成人高校、高职高专、远程教育等系列教材,从本校本科及研究生的规划教材起,到教育部及全国煤炭矿业类院校本科、高职高专"十五""十一五"规划教材,再到初高中毕业生上岗技能工程系列培训教材的建设与出版,出版社主动参与、全程融入,实现了教材的多样化、专门化和系列化。

二是从教材延伸至行业,依托本校能源工程、安全技术等学科优势,把煤炭企业生产经营的需要作为开发选题的"风向标",顺应国家安全生产监管总局对煤矿行业安全管理的要求,先后出版了"煤矿安全培训统编系列教材"、"煤矿生产技术干部职工培训系列教材"、全国煤矿安全生产AB类初训、复训教材,全国第一套煤矿安全技术培训(复训)系列教材、第一套煤矿安全基础管理图书和一批符合地方煤矿特色的安全培训教材。面向煤矿一线工人的"煤矿安全操作口诀丛书",面向班组的全国第一套《煤矿班组安全管理培训丛书》以及《煤矿重大安全生产隐患认定办法图解》《中小煤矿安全培训系列教材》等专业图书,对国内煤矿全行业从业人员从干部到班组再到一线工人、从大型矿务局到中小煤矿进行全覆盖式的专业出版,对煤矿安全生产的被动局面得以根本扭转起了积极的作用,也为该社在国家煤矿安全标准的修订与解读工作中扮演重要角色奠定了基础。同时,在国家狠抓安全生产的大背景下,出版社顺势将"煤矿安全"延伸至化工、烟花爆竹等非煤行业的大安全图书出版上,尤其是出版了《全国应急科普丛书》(共6册,分别为《应急避险指南》《火灾应急避险》《地震应急避险》《交通运输应急避险》《煤矿灾害应急自救》《突发传染性疾病应急处置》),被国家新闻出版总署遴选为"第四次向全国青少年推荐百种优秀图书"及"十一五"国家重点出版项目。

三是在学术出版上,从入选"九五""十五""十一五"国家重点图书规划项目的数量，到荣获"国家图书奖"、"国家科技进步奖"、全国优秀科技图书奖、"煤炭工业第十六次科技进步奖"等各奖项与奖次的总数，中国矿业大学出版社都不输江苏省内各出版社。更为突显该出版社专业图书学术价值的是，除了出版反映建国以来我国煤矿生产技术重大成就的精品图书，其还出版了类似《中国煤矿采场围岩控制》以及"十五"国家科技攻关计划——"煤矿瓦斯涌出治理技术集成与示范"项目成果等系列丛书，为我国煤炭行业直接创造经济增值达数百亿元，成为学术出版推动国民经济显著进步的一个丰碑。

2007年9月初，教育部和国家新闻出版总署联合在北京召开了第六次全国高校出版社工作会议。中国矿业大学出版社社长解京选在会上作了题为《坚持专业优势，着力塑造品牌，走特色发展之路》的发言，教育部李卫红副部长、国家新闻出版总署邬书林副署长在讲话中对中国矿业大学出版社"专业生存不动摇、特色经营求发展"的做法给予了充分肯定和赞扬。

"九五"以来，东南大学出版社的专业出版主要在城市土建、医卫、电子类等本校学科优势的领域，为利于各学科实施规模化、集群化发展，出版社成立了土建、电子、医卫、外语、经管、综合等六个分社，到"十五"时，都取得了"倍增"的发展态势。

在这些学科中，土建为主打板块。中央一直强调我国要加快城市化与新型工业化道路的发展，这个发展模式不是简单重复发达国家发展的老路，而是实施良性的可持续的中国道路。出版社认识到吸取西方城市化成功与失败的经验教训，为我国城市化服务、为国家的良性可持续发展服务的现实价值，依托本校的学科品牌影响，加强在城市、土建板块方面的版权引进，同时组建由多位院士组成的学术委员会，设立出版基金，确保专业出版的内容质量过硬，由此带动和促进出版社图书专业结构的优化。该社先后完成了国家"十五"规划重点图书——《城市空间设计理论与空间分析》、《城市规划与历史文化保护》和《城市形象设计》，《江南理景艺术》、《中国山水文化与城市规划》等分别获国家图书奖提名奖和全国科技图书二等奖。

东南大学出版社坚持走专业零售市场，尤其是在城市及城规类图书上,瞄准我国城市化发展过程中面临的规划、建筑、社会、经济、管理、文化、生态等各方面问题,以综合性视角和多学科交融方式,从理论和实践两个方面进行全面、系统的解析,作全方位、多层次拓展,在"十一五"期间再推出"中国城市化建设丛书""新世纪中国城乡规划与建筑设计丛书""中国城市文脉丛书""中国城市规划·建筑学·园林景观·博士文库"等汇集当前中国在建筑及其相关领域的最新研究成果,成为出版社的核心专业品牌。在土建品牌带动下,设计类、建筑类、人文类、景观类等行业相关相联领域的图书也陆续集聚成群,形成围绕核心品牌的专业出版圈。

在医卫领域,东南大学出版社借原铁道医学院与母校合并契机,顺应我国医疗制度的改革,探索社区医生(全科医生)、实用医学科技以及生命科学大科普等医学板块市场型选题的策划与出版;以开发与维护医卫类新老教材为主体,同时积极拓展保健科普、医学人文类图书的出版。

在计算机电子信息领域,出版社依托华东及江苏省计算机教学研究会,在教材建设为主体的基础上,积极寻求拓展"亚计算机技术"。借助外部力量寻找计算机高端技术图书领域的突破口,选择美国专门出版计算机类高端图书的出版公司,在中国独家影印该公司的图书,创制精品名牌,获得了巨大成功。东南大学出版社的专业出版立足市场,追求当下性、实用性,特色与效益明显。

河海大学出版社把为教学、科研服务作为中心工作,出版的本校和兄弟院校教学、科研成果教材和学术专著占年出书总量的80%以上,其专业出版突显本校水利专业的学科优势,同时在土木、资源、环境、交通等科技类图书领域也有一定的市场份额。出版社在有关水质、水环境、水库、污水净化、库区资源开发与综合治理等方面,汇聚出版了一批水利科学领域最新研究成果及进展的学术专著,在学术出版上取得一些成绩,但与之配套的亚学术、泛学术出版较弱,其专业出版的层次性还不明显。

江苏大学出版社成立时间较晚(2007年),其专业出版活动有限。该社出版发行了一些本校各学科专业所需教材及相关学术著作,其专业出版定位有待形成。

江苏科技出版社是一家综合科技类的专业出版社,但与高校出版社相比,在学科"本源"上先天不足。同时,众多的自然科学学科都需要专业出版,如何处理打造特色专业出版板块品牌与兼顾各方之间的关系,如何掌握根本性内容资源进而建立综合类科技出版社的"本源",江苏科技出版社进行了积极的探索:专业出版首先要放在宏观环境中来考量,分析形势,借势发展;其次,专业出版要立足经济、科技发展,有效聚集资源;第三,专业出版要与大众出版、教育出版有机互动;第四,专业出版的发展要有更强创新意识;第五,专业出版发展需要长效机制保障。[①]

"九五"以来,江苏科技出版社一直坚持"为社会主义经济建设服务、为科技进步服务、为提高全民科技文化素质服务"的出书方向,到2008年,在坚持"姓科名实"的宗旨下,进一步实施"走下去""走上去""走出去"战略,创新"章鱼模式",推动"专业出版大众化""大众出版专业化",在发展过程中形成了"板块化生产线"运作机制。

江苏科技出版社出版了一批产生国际国内较高学术影响的精品力作,其中既有"八五"国家重点《中国民族建筑》,也有"十一五"前期立项的《中国长城志》;有《临床皮肤病学》《发育和行为儿科学》《方药传真》《现代循证心脏病学》《中华针灸治疗学》《名中医论方药》等医学研究成果,还有《中国农业发展理论与实践》《南京直立人》《运动稳定性量化理论》《动物世界的黎明》《中国生态资产概论》《光合作用原初光能转化过程的原理与调控》《地下空间科学开发与利用》等涉及人类学、动物学、生态学、植物学等各学科的重大学术研究,更有《500kV阳城电厂送出输变电工程》《油气预测与油气藏描述——地震勘探直接找油气》等科技含量高、与国民经济重大建设密切相关的科技专著,这些鸿篇巨制奠定了江苏科技出版社在国内学术出版的领先地位,并在发展中逐步聚焦,形成了在医学与农业出版的竞争优势,进而成为该社的专业出版品牌。

华东地区的医学发展水平在我国相对较强,江苏科技出版社依托地域优势,以贴近临床、贴近市场、贴近读者的出版策略,先后推出了"手术图解"系列、"世界权威医学图谱"系列、"影像"系列、"医师"系列、"临床"

253

---

① 黎雪:《专业出版——掌握根本性内容资源》,《中国新闻出版报》2007年8月27日。

系列等多层次、全方位的医学图书;在"十一五"前期将作者资源拓展到北京及周边地区,着眼于全国一流的医学图书出版资源,力求打造全国性医学图书品牌。由于其出版的医学专业图书实用性、适用性和针对性较强,深受领导、同行、读者的普遍好评。此外,出版社拥有《祝您健康》杂志,尽管期刊定位于科学健康养生的大众普及读物,但杂志组建了由两院院士、全国人大常委会原副委员长吴阶平任主任、8位院士及国内一流医学专家组成的"本刊专家委员会",中国工程院院士骨科专家葛宝丰、中国工程院院士手外科专家顾玉东、中国工程院院士肿瘤外科专家汤钊猷等众多国内专家发表的重点文章,在国内医疗界产生极大影响,同时,杂志进一步创办官方网站等互联网新平台,促进了出版社、医疗专家、学者及读者间持续深入的互动交流。

农业是江苏科技出版社专业出版中的重头戏,出版社以每年中央的"一号文件"为依据,以江苏省委、省政府的"科教兴农"战略为目标,围绕农业科技自主创新能力、大力发展特色农业、培养新型农民等主题组织出版了大量"三农"图书。这其中,除了有《中国特色农业丛书》《中国银杏》《世界生态之最——三北防护林体系工程》等学术研究著作,更多的是让农民看得懂、用得上、买得起、买得到的《跨世纪农村书库》《农民"金口袋"丛书》《农民致富新道道丛书》《"金阳光"新农村丛书》《放心菜篮子工程生产配套技术丛书》《棚室花卉栽培技术丛书》等深受农民欢迎的普及实用读物。这里有以江苏省委书记陈焕友为指导委员会主任,由江苏省出版总社牵头,组织8家直属出版社和省新华书店,联合编辑出版的大型丛书《跨世纪农村书库》;有请农业专家到当地举办科技讲座,回答农民提出的有关问题,向农民读者赠送的《农民致富新道道丛书》;还有国家新闻出版总署署长柳斌杰同志亲自询问出版情况并作重要指示的《"金阳光"新农村丛书》。

出版社坚持"政府支持、市场推动、长效机制"相结合,将"三农"出版与政府推动的"农家书香"工程建设结合起来,与"三农图书调研基地"建设结合起来,与农技培训、农业专家讲座及"农民读书节"结合起来;积极参加"农家书屋共建单位",积极组织"百万农民学科技知识竞赛"活动;进而开发配套系列视频光盘,建设主题网站,提供网络资源服务平台,开展技术、资源服务等；充分延伸、拓展了"三农"品牌的效应。可以说，江苏科技出版社以专业的农业知识信息出版的"三农"图书，对江苏乃至我国的农业科技进步、农村经济发展和广大农民的素质提高起到了直接与强大的推动作用。

此外，正如江苏科技出版社的实践所证明的①：在专业出版发展的过程中，特别是规模化的初期，应有相应的政策倾斜和扶持，如政府资助、专项基金等，确保专业出版的顺利成长。"金陵科技著作出版基金"，专门资助优秀科技专著出版，自成立以来，先后资助了《20世纪中外科技与社会大事总览》《信息革命》《抗疲劳制造原理与技术》《江苏省实施星火计划的实践与探索》《汽车操纵动力学》《中国旱区农业》《濒危珍稀动物科考手记丛书》等百余种学术专著的出版，在科技界出版界产生了很大的反响。

随着市场经济向各个领域的渗透，金陵基金靠企业高利息的赞助已成为过去，出版社只有靠自己的多投入来支撑基金的运作和增长。因此，如何调整基金选题，增加基金图书的含金量，在现有的基础上做好基金图书的出版工作，并通过基金图书的创利给基金输血，成为亟待解决的课题。1999年，委员们在基金管委会的例会上就此问题进行了讨论，提出了基金图书的选题也要精选。一方面提倡资助面向全国，资助国内一流作者具有国内先进水平或达国际水平的著作；另一方面，对能够把科技成果转化为生产力，并能取得经济效益的图书，或对国家经济建设有帮助，使国家能够得益的图书，也将重点列入基金资助的范围。这进一步加强了江苏科技出版社与科技"本源"的链接，进一步形成了专业出版的集聚效果，其中，受资助的项目中有六成以上获国家图书奖、中国图书奖等省部级以上奖励，长尾效应明显。

值得注意的是，江苏科技出版社在"十一五"期间提出发展的"章鱼模式"，在北京、苏北、苏南、苏中等地设立分支机构，并在科研院所及高校内设立出版分社，开展对口服务，积极挖掘区域、学科出版资源，出版的《苏通大桥——世界工程难题的破解与实践》、国家重点工程《南水北

255

① 黎雪：《专业出版——掌握根本性内容资源》，《中国新闻出版报》2007年8月27日。

调东线工程——中国水资源的优化配置》等图书,汇聚了我国在重大工程项目上创下的多项世界之最的成就,具有重大的科技价值;同时,这种发展模式不失为解决综合类科技出版社学科本源先天缺失问题的一种创新路径,成为其掌握"根本性内容资源"的抓手。

社会科学类专业出版

江苏历史悠久、文化底蕴深厚,为江苏的古籍专业出版提供了得天独厚的先天资源优势。在"十五"之前,江苏只有江苏古籍出版社一家专业古籍出版单位,广陵书社尽管已经于1999年成立,但一来非独立出版机构,二来每年用江苏古籍出版社的书号出版;而江苏科技、江苏教育出版社虽有过传统中医方剂与医案、辞书出版或在中国历史气象资料等方面介入过古籍领域,后来要么数量有限,要么已中断。2002年,广陵书社正式获得国家新闻出版总署的批准,成为江苏古籍出版的又一支力量。

从"八五"起,江苏古籍出版社在多项具有重大文化积累与传承价值的古籍出版项目上投入了大量的资助资金,出版了一批具有全国性影响的国家级古籍整理重点图书规划项目,为江苏成为国内古籍出版的重镇打下基础。"九五"伊始,江苏古籍出版社的新班子对"八五"时期的出书思路作了调整,在抓文化积累重点图书的同时,更强调实事求是、量力而行。该社一边出版具有现实意义的历史题材,一边挖掘地方资源,注意发挥古典文学、民国史、影印等出版特色与优势,同时以《古典文学知识》杂志为抓手,注意链接与国内古籍专业学人的学术交流,一定程度上形成了品种多样化的出版格局。

进入"十五",江苏古籍出版社延续"九五"期间形成的出版思路,出版了一些填补空白或具文献价值的古籍整理图书,以及少量的学术研究型著作,同时关注对中国历史产生过巨大影响、充满处世哲理和人生智慧的古代典籍,加以注释、翻译和评点,古籍出版保持恒态。但2003年,凤凰出版传媒集团将原江苏古籍出版社改为凤凰出版社古籍部,其后再改称凤凰出版社,使得江苏的古籍出版受到一定影响。凤凰社古籍部主要任务是完成各级重点古籍整理类图书项目,尽管仍定位古籍整理、普及与学术著作的出版,但重点项目积压较多,且人手削减,只能以完成任务为首选项，整理与影印成为该社的符号，虽有过"古典小说""名家注评"等古籍普及化尝试，但毕竟大众出版市场风险较大，未能持续开发新品。凤凰出版社成为以古籍整理为主的专业出版社。

"十一五"期间，凤凰出版传媒集团领导提出了"民族性、经典性、系列性、时代性、特色性"的古籍出版思想，要求凤凰社在"特色性""标志性"的专业重点项目上力求系列化、规模化，要求在"民族性、时代性"上谋求古代经典的当代转换，谋求将地方历史与当代社会现实相结合，谋求以当代视野及创新理念出版古籍专业图书。凤凰出版社提出了古籍整理、学术研究、普及读物和地方文化四个板块的发展思路，试图达到集团提出的古籍出版高度，因限于出版社已经形成了古籍整理出版的路径依赖，无论是学术性著作，还是古籍普及读物，虽都有涉足，但品种及产品的延续性较弱，成效不显。

除江苏古籍出版社外，江苏教育出版社从"八五"期间介入辞书出版，一直持续到"十一五"，前后约十年时间。先后出版了《现代汉语方言大词典》及综合卷、《成语源流大词典》、《通鉴大辞典》等一批具有较高学术价值与实用价值的辞书，并延伸到《中国书法史》《中国三千年气象记录总集》《中国昆曲艺术》等艺术与气象古籍的出版，获得了国家级多项大奖，在国内产生过较大影响。该社出于回归并专注教育出版的战略，"十一五"前期彻底退出古籍出版。

广陵书社在古籍出版中颇具特色。2002年，广陵书社获新闻出版总署批准成立，确立了资料汇编、学术图书影印与乡邦文献整理为古籍出版方向。2005年前，其与广陵古籍刻印社（印刷厂）二位一体，拥有传统的活字排版印刷技术，珍藏了大量古籍版片，使其在雕版、活字印刷和线装书等特色古籍出版上独具优势，其间以珍藏的版片出版的图书，具有极高版本价值和学术参考价值，使雕版和活字印刷这一传统文化奇葩得以发扬光大。2007年3月，国家新闻出版总署署长柳斌杰视察该社，鼓励书社"保持特色，发挥优势，不断创新"，更坚定了书社"弘扬传统文化、挖掘地方古籍资源、保护传承雕版技艺"的办社宗旨。2008年广陵书社设立了雕版印刷技艺传习所，通过新雕古籍版片、研制恢复古代活字工艺、出版活字本经典线装图书等方式，培养了一批雕版专门人才，成为传承中国古代雕版技艺印刷的重要基地。

江苏的古籍出版在国内排名居前,从专业出版的角度看,江苏做到了保持定力、坚守专业的境界,为古籍从业人员提供了大量行业性、专业性工具。但从专业出版中包含的学术出版层面看,江苏的古籍出版未能深入纯学术研究领域,未能提出或引领古籍专业出版的潮流,更不用说以平台型思维建立古籍专业数据库等新型专业出版模式的探索;从学术的普及化出版看,尽管有走向市场的立意与尝试,但总体成效不彰。广陵书社在雕版与活字工艺的保护与传承上为弘扬传统文化作出了贡献,但江苏整体以整理与影印为主的古籍出版。中华书局早在"十五"期间就启动了古籍数据库及平台化建设,对照之下,也只能看到怀抱资助、埋首案头的一个个江苏古籍出版人的剪影了。

与古籍出版不同,美术出版由于艺术与生活的密不可分而显现出较强的社会性,江苏是文化大省、美术大省、艺术强省,这为江苏的美术出版奠定了立体丰富、色彩斑斓、影响广泛的基础。

江苏的美术专业出版社有两家,一是江苏美术出版社,一是在苏州的古吴轩出版社。"九五"之初,"办成全国第一流的专业美术出版社"是江苏美术出版社的目标。经过前后 5 年左右的艰辛努力,终于完成延期的"八五"国家重点规划项目。随着市场经济的发展及"大美术"出版概念的提出,江苏美术出版社以"精品普及化、普及精品化、美术生活化"的发展思路,将出版的视野扩大到社会的各个层面,图书选题不再限于传统画册、技法类图书等传统强项,艺普读物、通俗读物、图说类读物所占比例大幅上升,映应了国内出现的美术与社会结合、美术与历史结合、美术与文学结合、美术与科技结合的潮流。尤其是该社以发掘优秀民族文化遗产为目的推出的"图说"系列,首开国内"图文本"出版之先河,成为"美术生活化"的有力推手。到"九五"期末,该社进一步明确"向大众文化艺术出版社靠拢"的中期发展目标,在保持品牌、注重文化积累、发掘民族文化遗产的同时,以期通过美术的普及化赢得更大份额的市场覆盖率。

"十五"期间,江苏美术出版社借鉴国际通行做法,创新地编辑出版了具有国际声誉的艺术大师画册,为本社及凤凰出版集团赢得了声誉;

同时继续保持图文书品牌优势，重点组织设计类研究性著作、引进美国水彩技法、欧洲设计界权威作品，首次在国内出版发行唯一得到外国画家本人直接授权出版的原创性图书，在寻找中国现代设计艺术的新起点的同时，为中国艺术界提供新理念；还介入高等职业教育（艺术类）领域，形成了高职高专"四大学程"与"高等职业艺术教育"系列教材，除此之外，苏美术版的挂历也一度是市场抢手货，形成了全方位、立体化的美术出版。

　　进入2006年，江苏美术出版社在与著名专家学者研讨论证的基础上形成了国家和省"十一五"重点出版规划，突出了以"担负视觉传承、优化视觉传达、关注视觉传播、推进视觉文化传递"为目标、以视觉文化为中心的出版子规划，并与国内知名院校、艺术研究机构共同建立"凤凰视觉文化艺术图书出版基地"，出版了中央美术学院大视觉实验教学等最新教研成果，邀请陈逸飞先生访社，与逸飞集团合作打造中国视觉图书第一品牌——《逸飞视觉》系列丛书，均获得成功。在图书产品上强化"专精、品牌、差异"，在内容集成上形成传承历史、学科建设和艺术普及等三个出版集群，精品画册、实用技法、艺术理论、艺术设计、大众生活和艺术教育等六个板块的专业产品线。

　　而真正在国内美术界有较大影响力的，是江苏美术出版社拥有的《江苏画刊》杂志。1998年第一期《江苏画刊》刊载的《从后现代主义、后殖民主义到网络时代》一文，准确把握当时国内当代艺术的现状，在艺术界产生重要影响。通过这个美术学术平台，杂志举办了各类国内有影响力的专业活动，为该社保持与美术学术界的联系、促进专业美术各层面的交流、扩大其专业品牌影响起到了不可或缺的作用。在江苏美术出版社建社二十周年及《画刊》创刊三十周年之际，先后举办"中国水墨画大展"、"中国当代优秀艺术家巡回展"、"中国画名家百人展"、"'南北对话'优秀艺术家邀请展"、"北大荒版画展"、"2005年度邀请展（南京）"、"中韩国际绘画展"（韩国釜山）、"上海春季艺术沙龙"、"上海艺术博览会"艺术批评家年会、上海国际画廊博览会、由陈丹青等著名艺术家参加的"水墨粉墨"首发式暨马得画展、中国当代著名女性艺术家作品展、首届美术出版界美术家作品展等艺术大型活动，享誉业内。

江苏美术出版社从"九五"到"十一五",囊括了"五个一工程"奖、国家图书奖、中国图书奖三大奖项,名列全国第二位;尤其是历届"中国最美的书"、"世界最美的书"、中宣部"三个一百"原创图书出版工程,以及中国出版政府奖装帧设计奖、"金牛奖"的评选中屡获殊荣,这些奖项的获得不仅反映了该社在美术专业出版上的准确把握与不凡实力,更代表着江苏出版界的专业实力。江苏美术社出版的重点图书在版权转让、国家级礼品采购及国际书展中屡获佳绩,在国内新闻界、国家有关管理机关及外国驻华机构中具有广泛影响,位居全国美术出版社前列。

曾被新闻媒体誉为"自由奔腾的黑马"的江苏美术出版社,秉承"传承中华民族优秀传统文化,弘扬中华民族整体素质的提高"之宗旨,努力在更深层面上挖掘中国优秀民族民间艺术文化,拯救和整理中国宝贵的文化遗产,打造"民族优秀文化"品牌图书,长期坚持并发挥了专业优势,推动了中国现代美术的多元化探索,体现出江苏美术专业出版的品质与实力。

古吴轩出版社作为江苏美术出版的地方军,除画册、字帖、挂历出版外,桃花坞木刻年画、苏州地方特色美术作品及与吴文化图书是其主要特色,在传承与发展苏州"吴门画派"及桃花坞木刻年画上起了重要作用。2003年该社加盟苏州日报报业集团,在原有美术出版基础上,介入文化、旅游与生活领域,是江苏美术出版中以"小而精、小而优、小而特"为发展目标的样本。

人文社科领域的出版是国内出版业高度关注且竞争激烈的所在,业界也往往以出版的此类图书具有怎样的全国影响来衡量各出版社或集团的出版地位。"中国思想家评传丛书""海外中国研究丛书""人文与社会译丛""凤凰文库"是江苏出版业在人文社科出版领域倾心打造的精品力作,在国内享有极高声誉,是南京大学出版社、江苏人民出版社、译林出版社以及凤凰出版传媒集团的标志性品牌。这四套大型丛书从立项、到产生影响、再到结项,模式各异。其中,最早的从"六五"开始立项,之后梯次启动,一直延续至"十一五",呈现出江苏专业出版承接有序、后有来者的格局。四大丛书组织稿源的方式虽有所不同,但丛书的编纂出版核心要素基本一致。

最早立项的是《中国思想家评传丛书》。80多年前,毛泽东在延安与匡亚明有过一次具有历史意义的谈话,毛泽东同志指出:"从孔夫子到孙中山,我们应当给以总结,承继这一份珍贵的遗产。"①由此,编纂《丛书》成为匡亚明一个宏大的心愿,也是这套丛书的缘起。

1982年,匡亚明退居二线后的第一件事,就是给胡耀邦打了书面报告,要实现毛泽东在延安时期的夙愿。胡耀邦批转胡乔木:请乔木同志协助匡老完成当年中央的决定。接到信后,胡乔木在北京召集了专题会议,拟将《丛书》出版交中华书局。中华书局测算了一下成本,每部需要1万元。当时《丛书》计划不是出200部,而是2 000部,而2 000万元的经费一时无着落,出版任务于是转交齐鲁书社,但齐鲁书社的经费压力也很大。于是报告转到教育部。教育部长蒋南翔批示,成立中国思想家研究中心(以下简称"中心"),由匡亚明同志亲自领导。成立中心的最直接任务,就是编纂《丛书》。中心成立之初,遇到的第一个问题就是经费缺乏。后来,《丛书》由南大出版社陆续出版,江苏省新闻出版局陆续特批了几个畅销书书号给南大出版社,营利补贴《丛书》的出版。刚开始,匡亚明坚持《丛书》要请一流的学者撰写,后来,他提出一个更具发展意义的思想即《丛书》要出书,还要出人,就是通过《丛书》,发现人才,培养人才。②

1996年5月国家古籍整理出版规划小组、中共江苏省委宣传部和南京大学,联合在北京人民大会堂召开了50部《中国思想家评传丛书》新闻发布会。《丛书》受到了中央领导同志及首都各界人士的高度重视。中共中央总书记、国家主席江泽民为《丛书》题词:"总结与继承民族优秀传统文化,繁荣和发展社会主义精神文明。"③

1996年《丛书》推出50部,1999年推出100部,到2006年完成200部整体出版工程。没有匡老,就没有《丛书》的立项;没有南京大学中国思想家研究中心,就不可能持续产生200部的学术研究成果;没有江苏省新闻出版局的政策扶持,《丛书》很难能在2006年顺利结项;没有南京

---

① 《毛泽东选集》第2卷,北京:人民出版社,1991年,第534页。
② 左元:《匡亚明与〈中国思想家评传丛书〉二三事》,《周末》2006年9月14日,第4—5版。
③ 陈飞主编:《江苏出版年鉴1996》,南京:江苏人民出版社,1997年11月。

大学出版社当年的担当,就没有之后位居中国人文社科专业出版领域前列的荣光。

一套书可以支撑出版社一段时间的品牌影响力,但不可能一劳永逸。南京大学出版为提升南大学术水平和最新科研成果,"九五"期间共拿出 50 万元作为南京大学教材出版资助金,支持本校教师的教材专著出版;同时建立"南京大学学术顾问制度",在全国范围内(以南京大学为主)遴选若干著名学者担任南大出版社的学术顾问,协助南大社组织出版了《南京大学学术文库》和《南京大学博士文丛》,到"十一五"时已连续出版八批。此外,出版社依托"中美文化研究中心"等国内一流的科研机构,以及学校的重点学科与人才优势,先后推出《当代学术棱镜译丛》《中国戏剧总目提要》《西域文明史》《西部研究与开发丛书》《社会冲突与控制丛书》《中华民国史》等重大图书规划项目,策划出版了学校新兴学科《商学院文库》《法学文库》等重点图书。这些入选的图书保持了校内一流、国内领先的学术标准,出版以来,受到学术界和读者的广泛关注和欢迎,并进一步巩固了该社在人文社科方向上的专业出版品牌地位。

1987 年下半年,刘东做博士论文时参考了很多"海外中国研究"方面的书,江苏人民出版社编辑周文彬当时很兴奋。周文彬认为,从发达国家的视角来看中国的历史、文化和现状,对改革开放和现代化建设启发很大,而当时全国还没有这一类的书,但社领导的意见不太统一。反对者认为,一是出版社经济薄弱,出版这种大部头的系列丛书,未必有好的市场预期;其次,中国人应该立足于自己的研究,外国人研究中国是隔靴搔痒,没有什么价值。力主出版的时任副总编辑史家骅认为,80 年代,我们党和国家的工作重点转移到经济建设上来,亟须了解国情。我国社会科学研究停顿多年,不知道在国外已经兴起了一门新学叫"中国学",对我们有一些独到的看法。这对我们来说是值得借鉴的,所以这套书的价值恰恰在这个地方。①

秉持"借鉴海外汉学,促进思想解放和改革开放,推动我国的社会主义现代化建设"之宗旨,1988 年"海外中国研究丛书"第一本书《中国的

---

① 陈曦:《世界见证,他者眼中的中国事物》,《现代快报》2018 年 10 月 19 日。

现代化》出版。据刘东回忆,丛书还在立项时,南京大学中美文化研究中心的沈宗美就已经在翻译《中国的现代化》,等到他们译完,很自然地就做成了"海外中国研究丛书"的第一本书。有趣的是,虽然当时中国还没有加入"世界版权公约",但这本书是买了版权的。当时南大中美文化研究中心实行双主任制,美方主任认为要遵守美国的法律,于是象征性地收了50美元的版权费。

起初,"海外中国研究丛书"原计划出版三辑,并没有打算一直出下去。1989—1992年出齐的第一辑10种图书,包括《中国的现代化》(罗兹曼主编)、《中国:传统与变革》(费正清等著)、《中国思想传统的现代诠释》(余英时著)、《寻求富强:严复与西方》(史华兹著)、《儒家思想新论》(杜维明著)等。很快,这些著作赢得了一片喝彩。到20世纪90年代末,"海外中国研究丛书"在读书界已经耳熟能详,成为最能代表江苏人民出版社形象的品牌。

就学术出版而言,能否长期坚持,很大程度上与经济压力有直接关系。在30年的时间里,"海外中国研究丛书"的出版并非一帆风顺,也曾停滞不前,最少的时候每年仅出了两三种新书。2003年开始丛书情况已经大有好转。社会各界反响很好,市场营销也不错,重印率90%以上,几乎所有的学术专业书店,都把这套丛书当成看家书,设有专柜。2005年之后进入快速发展阶段。此时,丛书开辟了两个子系列:"女性系列"和"海外学子系列",同时酝酿第三个子系列——"环境研究系列"。丛书的学术地位得到了普遍公认,其规模效应也开始凸显。2008年,江苏人民出版社所在的凤凰出版传媒集团组织出版"凤凰文库",将"海外中国研究丛书"整体纳入其中,实行资金补助,推动了新书的出版,当年是历史上出书最多的。

系列产品的规模效应提升了江苏人民出版社发展专业出版的信心,出版社先后策划了"科学与人文的对话丛书"、"社会主义市场经济体制建设丛书"、"女性新热点"丛书(李小江主编)、"女性新视野"丛书和"性别论坛"、"大众文化批评"丛书(李陀主编)、"纯粹哲学"丛书(叶秀山主编)、"资本主义专题研究"丛书(钱乘旦主编)以及中国社科院近现代史研究所编著的《中国近代通史》等品牌图书,形成了苏人版人文社科专业学术出版集群。

　　除"海外中国研究丛书"外,刘东还在1996年与译林出版社合作,策划并推出了"人文与社会译丛"。其时,时任译林出版社负责人为打破译林出版社只出外国文学的局限,提出拓展新的战略发展方向,向刘东等人提出在文化学与社会学领域开展合作的愿望,并承诺长期扎根、不计经济得失。双方研讨后确定引入政治、经济、文化等领域国外有突破有创见的理论,每批十种集中出版国外学界公认的当代社科权威著作,暂定丛书名为"文化与社会译丛",后发现与国内其他出版丛书雷同,改为"人文与社会译丛"。1999年第一批"人文与社会译丛"推出,作为纯学术经典丛书,很快在思想界和学界造成相当影响,受到普遍关注和高度评价,被评为"20世纪90年代以来十套最佳人文科学译丛"之一。之后,译林出版社在人文社科领域深耕,与北京大学、南京大学等合作,相继推出"政治、历史、哲学译丛""现代乌托邦译丛""万花筒译丛""设计文化译丛""文学批评名家精选""西方政治思想译丛",以及"外国文学史系列"等,尤其是《德国文学史》与《20世纪外国文学史》,前者被歌德学院北京分院阿克曼院长高度评价为"在今后的五十年甚至更长的时间,中国不可能出现第二套无论是学术价值或是质量都能与本套书相媲美的德国文学史著作",后者是中国社会科学院列为国家社会科学规划重大项目,获得首届中国出版政府奖图书奖,深受学术界肯定。译林出版社由此在人文社科专业出版领域站稳了脚跟。

　　2006年,凤凰出版传媒集团新的领导班子为打造集团更强的文化影响力和市场竞争力,决定在集团层面推出《凤凰文库》,与中国出版集团的《中国文库》、上海世纪出版集团的《世纪文库》及中南出版集团的《湖湘文库》一道,共建中国学术出版新高地。其时恰逢凤凰出版传媒集团下属八家出版社的部分社长到龄卸任,集团于是成立了文库办公室,挽留并延聘原江苏人民、江苏科技与译林出版社社长为专职顾问,采取与中国文库"借版权"、湖湘文库"地方化"不同的策略,依托下属八家出版社的出版力量,以集团出版部为实际协调推进部门,采撷当今世界优秀文化成果,"十一五"期间推出"马克思主义研究""政治学前沿""纯粹哲学""宗教研究""人文与社会""海外中国研究""历史研究"等7个系列

300种图书,并继续开发历史研究、法政科学、科学文化、经济学前沿等系列,以增强文库的思想活力和学术的丰富性,到"十二五"实现600种左右的总体出书规模,使《凤凰文库》真正成为中西文化交流的桥梁。为此凤凰传媒制定了《"十二五"凤凰文库出版规划》,并要求:全面调整文库的装帧设计,每个系列一种封面,既突出文库整体的品牌,又突出每个系列自身的品牌。

《凤凰文库》是继《中国文库》《世纪文库》之后的又一个大型的综合性文库,其规模宏大,志向高远。文库立足于中国现代化背景下的文化创新,展现中国现代化的新实践和新总结,成为中国学术界、思想界和理论界的创新平台,是江苏省的标志性出版工程,是凤凰集团建立全国一流的学术出版基地,培育内容创新能力和文化影响力的核心产品,显示了在国内出版界经济实力处于最前列的凤凰集团在文化积累和学术创新方面的魄力和抱负。

此外,南京师范大学出版社、苏州大学出版社也出版了一些人文社科类学术著作。其中,南京师范大学出版社先后筹措近300万元设立"南京师范大学学术著作和优秀教材出版资助金",为学校教学、科研资助出版70余种学术著作和教材,相继推出《随园文库》《青年学者文丛》《金陵法学论丛》《21世纪班主任文库》等人文社科领域的系列图书,产生了较好的社会效益。

苏州大学出版社依托学校,推出"现代政治学研究丛书""英语语言文学博士论丛"等图书,体现了优势学科特色,同时该社还十分重视《苏州大学学报》哲学社会科学版、自然科学版、工学版(原《苏州丝绸工学院学报》)、医学版(原《苏州医学院学报》)的编辑出版工作,积极发挥学报为教学科研服务、为师资队伍建设服务的作用,相继开设了一些有特色、有创意的学术专栏,编发了大量反映最新科研成果的学术论文,不断提高学报的"二次文献率"。文科学报开设的"邓小平理论研究"、"明清近代诗文研究"和"吴文化研究"等专栏都因其特色鲜明而受到读者的好评。该社在"江南文化"与"现代出版学"等方面的研究,成为江苏人文社科领域的一个补充。

从"六五"到"十一五",从原创的"中国思想家评传丛书",到引进的

"海外中国研究丛书"与"人文与社会译丛",再到综合的《凤凰文库》,稿源的组织方式在变化;从出版的事业化推动,到出版的市场化营运,再到出版的集团化集成,出版的运作模式在变化;从南大的匡老,到北大的刘东,再到凤凰集团的主要领导,首创(推)者的身份在变化,其中既有时代烙印,又突显了江苏出版业在推动社会科学领域的进步上立意高远、成果丰硕。

人文社科、美术与古籍是江苏专业出版涉足的三个主要社科领域,在教育理论研究的出版上,南京师范大学出版社、江苏教育出版社都曾发挥过引领或推动学界发展的作用。我们看到,无论是江苏的专业出版社,还是具体的一套专业系列丛书,其背后都离不开专业学术机构或院校学科组织的身影。同时我们还发现,学术机构的学术地位与学术视野,又在很大程度上决定了专业出版的层次与地位;另一方面,有影响力的专业出版又对专业机构的学术研究起到积极的引领与推动作用。因此,构建专业学术机构与专业出版社的紧密协同关系成为出版业发展专业出版的有效手段。总的来说,江苏的社科类专业出版无疑站在全国出版业的前列。

二、演进——大众传媒视角下的江苏大众出版

随着中国加入世界贸易组织以及市场定价体系的建立与完善,国内出版业文化体制改革加快,国内大众图书市场逐渐成为出版业竞争的焦点,大众出版的概念随之兴起,并成为现代出版业至关重要的一部分。大众出版是指与大众的日常生活、休闲阅读以及文化体验相关的出版,由于专业分工及出版社发展战略的限制,在江苏,涉足这一领域的主要是凤凰出版传媒集团下属的八家出版社,江苏的高校与地方城市出版社涉及不多。

"九五"期间,江苏出版业称大众出版为一般图书出版,每年的全省图书出版工作会议上,政府职能部门与各出版社都会重点提到"下功夫抓一般图书出版,压缩平庸书,抓好'双效书'"。作为"内容知识的生产者",江苏各出版社围绕"双效",出版了诸多映应热点,或顺应潮流的一般图书、畅销书,尽管江苏的大众出版刚刚起步,但各出版社在一般图书的开发上态度积极,江苏人民出版社架构"大众精品文库"的同时积极思考"精品"与"大众"、"通俗"与"品牌"间的关系,江苏科技出版社努力提高综合科普在选题中的比重,江苏少儿社实施培育一般图书的"骆驼计划",江苏古籍社提出要走专业古籍普及化通俗化之路,江苏美术社确立了"精品普及化、普及精品化、美术生活化"定位,江苏文艺社以"重当代文学、荟百家精英、推名家力作、求品位高雅"为宗旨出版了大规模原创文学作品,译林社更是江苏最早确立市场导向并制定品牌战略的单位,该社1999年就认识到"品牌的制造是一个动态的过程,不但需要努力塑造品牌,还需千方百计保护品牌,发展品牌,用品牌开拓市场,把品牌战略当作一个长期综合积累的过程来对待"。[①] 而高校与城市出版社中,只有河海大学出版社与南京出版社在"九五"期末国内兴起健康生活热时出版了一些"图文"生活类系列图书,省内其他出版社基本未涉及大众出版。

需特别提及的是,在国内"图文书"以及曹文轩"纯美文学"的开发上,江苏出版业开国内同行之先河。

江苏美术出版社"图文书"的开发过程颇有无心插柳的情景。"八五"期间江苏美术出版社就开始了大规模专业美术类图书——《老房子》系列的规划出版,这套书作为国家及省、社重点项目,一直延续至"九五"。在此期间江苏曾多次将《老房子》系列中的大幅精美照片运用到全国及江苏各种大型出版成就展、汇报展场的巨大背景墙上,使江苏出版业的展馆极具冲击力、震撼力,电视及各类媒体争相报道,一时,《老房子》系列名声大起。该社顺势将《老房子》扩展到《老城市》《老照片》《老古董》等一系列"老字号"上,进而推出各种"图说"系列,在业界再次引起反响。这批图文书代表了当时图书市场上图文互动图书的发展趋势和潮流,被出版界同行誉为"开'图说一切'之先河,发'读图时代'之新声。"[②]

图文书感性、直观、形象、通俗,尽管文化性与学理性相对较弱,但因能满足轻阅读与浅阅读、提供消遣性愉悦体验的需求而兴起,反映了出

---

① 陈飞主编:《江苏出版年鉴1999》,南京:江苏人民出版社,1999年。
② 陈飞主编:《江苏出版年鉴1997》,南京:江苏人民出版社,1998年。

版业受大众传媒视觉化、图像化的影响,以往文字为主、图片为辅的一般图书逐渐被越来越多的以各种"图说""画传"等以图画为主的出版物所取代成为趋势。遗憾的是江苏美术出版社在之后的图文书开发上有所弱化,虽再次重视"视觉文化"的出版,但出版的视觉文化图书进入了专业出版领域。

另一个值得记录的是1998年江苏少儿出版社推出曹文轩成名作《草房子》。此书一经出版,立即引起少儿文学界的轰动,"给少儿文学界吹进一股清新之气",自此,江苏少儿出版社确立了"纯美儿童文学"的出版方向,并进一步发展成"曹(曹文轩)黄(黄蓓佳)金(金波)"名作家系列的跨世纪品牌建设工程,为江苏少儿出版社打造标志性、支柱性产品板块,构建苏少版儿童文学品牌奠定了基础。此外,江苏文艺出版社继"八五"期间推出"八月丛书"之后,又于"九月"期间推出了更具影响的"九月丛书"。

"十五"期间,江苏人民社在引进版人文社科类、通俗实用经济类、历史读物类、综合文化类等方向的大众出版上均作过尝试,《世界贸易组织与中国》《"金融时报"工商管理译丛》等经济类图书曾产生一定影响;江苏科技社着重出版综合科普图书;江苏古籍社在"通俗与白话读本系列"上用力,但这些社都未能最终形成持续稳定的产品线或板块。而译林社的外国文学名著、江苏美术社的"老字号"系列、江苏少儿社开发的新儿童文学、大型动画与卡通系列,以及江苏文艺出版社持续推出铁凝、叶辛、格非、刘震云、舒婷、叶兆言等规模空前的当代作家文集系列,成为热销产品。这几家出版社的大众图书产品线清晰明确,在省内外率先形成了较大的市场影响力。

"十五"期间,受江苏出版体制改革与教育改革新政的影响,江苏省内各出版社的工作中心主要在教育出版领域,江苏新出的大众图书只有新书总量的五分之一左右,远低于教育出版。在大众出版思路上,各社基本延续"九五"期间形成的大众出版理念,江苏人民社聚焦引进版;江苏科技社主打"原创精品大科普,健康时尚新生活";江苏少儿社突出儿童文学名家系列,并向知识类、低幼类延伸;江苏古籍社尝试古代典籍注释、翻译与评点本,将"古籍普及"提上日程;江苏美术社在技法类、图文互动类、连环画漫画类和挂历年画类上多点开发,强调一般图书的营销与宣传作用;江苏文艺社走多元化大众出版,涉足大众音乐领域;译林出版社已进入译林品牌的巩固与深化期;而江苏教育出版社在北京投资成立社科图书中心,引进社科策划人才,推出一批内容广泛的人文社科图书,引起各方关注。

"十五"期间,值得关注的还有国内出版业出现影视图书出版热的现象。不时有出版社与影视媒体合作,推出的影视热点大卖,大众传媒一时成为大众出版畅销书的策源地。其时,电视是大众传媒中最为强势的媒体,代表着社会的第四种权力。相比而言图书的媒介地位较弱,因此出版界公认做畅销书的最佳捷径就是电视上流行什么,就出版什么,电视栏目、影视、影视名人等图书项目成为出版业争相竞购的对象。

江苏也出版了不少有较大影响力的影视图书。其中,江苏人民社有体现新闻联播中楷模的主旋律"双效书",也有《大家》栏目的名人传记丛书;江苏少儿出版社既有大型动画、卡通、动漫影视系列丛书外,也有《CCTV10"走近科学"精品文库》这样的知识类读物;江苏美术社有与影视明星联手推出的原创动漫图书《真情告别》;还有译林出版社的《魔戒》《蜘蛛侠》;江苏古籍出版社有追随"百家讲坛"的历史图书。到"十一五"时期,江苏文艺出版社有"影视同期声"丛书、《山楂树之恋》、《情海星空》(刘德华前女友喻可欣所著关于两人相识相知相恋直至分手的回忆录)、《与李敖打官司》(通过李敖与《文星》主编萧孟能的一场官司记叙了两人之间的恩恩怨怨)等影视或名人作品;以及凤凰集团北京出版中心出版的《梅飞色舞》等等。这些图书有的是来源于影视剧,有的与同名青春偶像剧同时推出,有的是将电视栏目内容重新整合撰写,成为各社大众图书中具有特色的亮点。

这种与电视媒体联姻的出版方式,贯穿各时期的江苏大众出版。但总体上说这类出版属追随、跟风型,影视图书是否被市场认可,一看影视节目的影响力与持续时间,其中连续播出的电视栏目或影视的图书,往往会为出版社带来较好的收益,因此其竞争更加激烈。二看出版社是否充分考虑了图书信息传播的特征而对影视资源进行了创新利用,否则一样会受到读者的冷落;从长远看,仅与影视媒体进行项目的合作出版社很难形成持续的产品线。

"十一五"之际,国内大众出版在现代出版产业中所占份额越来越重,相比而言江苏的大众出版较弱,凤凰出版传媒集团召开集团内容创新大会,提出"做强教育出版、提升大众出版、做精专业出版",并作了系列部署:江苏教育社吸收江苏文艺社的教育出版项目,专注教育出版;江苏文艺社向大众出版转型;集团在北京成立出版中心计划专做大众图书,实施跨地区经营。

"十一五"期间,江苏少儿、江苏文艺与译林等三家出版社的大众出版可圈可点,其中江苏文艺出版社的转变较大。

2007年,江苏文艺社向凤凰出版传媒集团递交了《文艺社转型论证报告》,提出把该社现有教辅品种全部转移到相关专业社,一心一意谋划大众出版;着力打造文学、文化、生活等核心板块和优势品牌,努力提高凤凰长篇小说丛书、现代作家经典小说丛书、"新锐女作家长篇小说丛书"、纪实文学,大家散文文存及其延伸产品"百合文丛"、"艺术大家随笔"、"轻阅读丛书",通俗大众经典北斗文丛,以及健康保健类图书在细分市场上的占有率和品牌影响力。凤凰集团迅速批准了这个报告,并积极支持该社的全面转型。经江苏文艺出版社上下努力,《儿童经络手册》《30岁小美女美容圣经》《不生病的智慧》《温度决定生老病死》等健康保健类图书在市场引起极大反响,《温度决定生老病死》当年累计印数已达40万册,打响了该社运作超级畅销书的第一炮;其他原创单本作品《山楂树之恋》《恍若情人》《虹》《真相》《乔冠华传》《听老吴韶韶》等均现实销售万册以上。据开卷2007年的统计,江苏文艺出版社在全国图书零售市场的排名从2006年的第276位上升到第148位,新书码洋占有率排名第57位,多点开花的局面下,该社成为凤凰大众出版的排头兵。

江苏少儿出版社专门设计了《大众读物选题构思板块》,优先发展列入凤凰集团重点板块。其中,文学读物板块"曹文轩纯美小说""黄蓓佳倾情小说""金波儿童文学精品"等系列日臻丰满;"程玮至真小说散文""冰波童话""彭懿幻想小说""金曾豪动物传奇小说""当代实力派作家文学精品"等系列开局良好;文学名著的"名家小说拼音版""传世经典必读文库""名著早早读"等系列已成规模。动漫卡通板块包括重点项目《中华小子》发行超过 10 万套,居开卷少儿卡通类系列动漫书前三名;引进世界著名卡通品牌形象,结合国情深度开发各类低幼产品。低幼读物中低幼启蒙、游戏益智、少儿艺术、幼儿阅读等细分板块均有建树,极大地丰富了产品结构,凸显了少儿出版社的专业特色。骨干品种如《巧手大王手工系列》、"苏少迷宫"系列、《十万个找不同》等,长期位居开卷图书分类排行榜细分零售市场的前十名。知识读物板块推出了"小博士漫画百科"等全新科普读物,并形成了少儿科普、知识百科、成长励志等特色选题板块。该社开卷排名从 2006 年的第 28 位到 2008 年的第 8 位,反映了其大众出版进入良性快速发展的通道。

"十一五"之时,译林品牌家喻户晓。出版社在不断强化品牌的过程中,形成了一套行之有效的方法论,从创造热点,为单品种新书打造个性化营销活动,积极拉动销售;到为重点出版项目举办大规模活动,加强译林品牌的影响力;进而延伸运作超级畅销书,以点带面推动板块成长;最终整合资源,抓准时机推出名家作品,获得品牌和市场的双赢。出版全过程环环相连,一气呵成。

然而大众出版毕竟是市场风险最大的,江苏的其他出版社仍处在单本书偶发畅销的层面上。江苏人民出版社提出"以市场为导向,努力将专业出版优势转化为大众出版资源,坚持走文史哲等专门知识普及化之路"的思路上,仍在定位上游离;江苏科技出版社进入新增的健康养生类出版;江苏教育社遵循集团战略注销了此前成立的北京两家人文社科图书公司,回归教育出版;凤凰出版社努力开发了"古典名著系列""古籍经典注评系列""古籍图文系列""儿童经典诵读系列"及古籍专业基本读物,提出了"以创新的理念从事当代视野中的古籍出版,谋求古代经典的当代转换,试图使古籍出版物更加适应当代读者的阅读需求与审美习惯",但未形成持续的古籍大众化板块;江苏美术社有发行达 60 万册的大型卡通动漫图书系列,但出版社的品牌形象迟迟未能彰显。

江苏的高校与城市地方出版社进入大众出版领域的节奏较慢,总体处于尝试期,其间南京大学出版社出版的"杨百万股票赢家"丛书短期取得不错业绩,南京师范大学出版社出版了人文社科类图书,南京出版社出版了青春类小说、少儿动漫、生活类、励志等多类别图书,古吴轩出版社出版了"南怀瑾系列""经典柏杨"等传统经典名家系列图书,尽管品味不差,但大都浅尝辄止,未成气候。

回顾"九五"以来的江苏大众出版,可以发现各社都有从引进版中寻找大众出版定位规避市场风险的做法。然而,同样是引进,江苏最终脱颖者是译林出版社。译林出版社在引进之外的其他门道值得记录。

译林出版社以引进版图书立社,"九五"初,该社就加快了外国古典名著的编辑出版工作,同时推出国内唯一的《当代外国流行小说名篇丛书》,又增加了《现当代外国文学名著丛书》、注释本原版《外国名著丛书》等系列图书,使《世界文学名著·现当代系列》在较短时间内形成规模;同时出版社采取精装、平装、简装3种版本同时发行的策略,成为国内最大一套系统介绍外国文学的丛书,畅销至今。

译林出版社在引进的同时,不仅做"内容知识的生产者",更做"信息服务的提供商";这种角色的转变使得译林社更加注重来自读者方面的变化,更加注意把握市场动向,更关注大众出版各环节各细节的把控,从出版理念、信息收集、寻找市场热点,到图书选题、装帧、开本、宣传形式直至出版时机、销售思路等,在每一个节点上都进行了认真反复的推敲,形成了一套完整的大众出版方略。

首先作为内容知识的生产者,译林出版社密切关注海外出版动态,及时寻觅新鲜有用的出版信息,以畅销、独家中文版权为首选对象,体现了出版社的主体性。

其次,在内容及主题的选择上,译林出版社有计划、有结构、有节奏地推出产品,从外国古典文学名著系列,衍生至当代、现当代丛书,从纯文学到流行小说梯次展开;以译林为品牌,设计"名著译林""传记译林""双语译林""生活译林"等各产品线或板块,纵横交错,体现了该社大众出版物内容的普遍性、大众性以及主题的可选性、题材类型的丰富性,反映了出版社对大众出版特质的深刻把握。

第三,在媒介及渠道的推广上,该社更是整体策划宣传、与媒体有效互动。出版社既请著名作家、学者和评论家撰写译林版书评,也发表各类新闻稿,还通过包含新书发布、评论、信息、各类专题论坛及外国文学知识库的"译林"网站链接读者;既借《亲历历史》作"事件营销",又办研讨会、讲座、主题派对、作者读者见面会等各种活动培育市场,还积极开发网上书店、图书馆团购等新渠道推动销售。这些做法突显了译林社的整体品牌形象,对大众读者而言,译林社已然成为大众传媒的一部分,译林版图书也成为大众传播的品牌媒介。

第四,在读者及效果研究上,出版社在装帧上求新求变,同时以"精装的封面,平装的价格"让利于读者;在推出新系列丛书的同时,不忘老品牌系列的拾遗补阙与整体包装出新,以不同版本、不同定价产品覆盖读者的全方位需求。图书出版后,译林社跟踪市场,跟踪第三方数据,及时掌握读者阅读口味的变化并适时调节新书推出时机与节奏,把握并闭环管理着大众出版的各环节。

译林出版社摸索出的"以优势品种促进板块成长,以良好的销售业绩提升品牌影响力"的大众出版思路,为其成为江苏当代大众出版的领头羊、具有全国影响力的大众出版著名品牌奠定了基础。

大众出版是现代出版业中令人捉摸不透又令人流连忘返的领域。随着社会的进步和互联网内发展,大众出版更体现出其具有大众传媒的内涵。无论是"图文书",还是影视图书,都呈现出大众出版与媒体传媒间的密切关联。从译林等出版社较为成功的案例看,现代的大众出版早已从出版社定位、内容选择进化到媒介、受众与效果分析的环节上,这与拉斯韦尔传播过程的五要素理论十分契合,难怪学术界认为大众出版是大众传媒的一部分,大众图书就是大众传播媒介。① "十一五"期间,许多民营书业借助网络新媒体也在国内大众出版领域取得了成功,这为江苏出版业进一步研究大众出版规律提供了新样本。也许未来的大众出版品牌,正是借助新型的大众传媒,将有学术品味和文化价值的图书从少数人圈子中解放出来,成为大众所能共享的精神财富。

---

① 于殿利:《论媒体融合与出版的关系》,《现代出版》2020 年第 2 期,第 59—65 页。

三、瞬变——政策调整下激烈竞争的江苏教育出版

在中国,教育出版分为教材出版和教辅出版。前者包括幼儿园教材、中小学教材、职业教材、高教教材。后者主要是指中小学教辅,大学教辅(主要有英语类、考研类),还有如公务员、律师、会计考试等职业考试类教辅等。

江苏的教育出版是江苏出版业的主体与支柱。据江苏新闻出版业统计资料数据分析[①],2005—2007 年江苏教育出版的品种比重呈下降趋势,但仍高于 50%(表 5-2)。

表 5-2　2005—2007 年江苏省各类图书出版分类统计

项目　年份	专业出版（品种）	占当年出书总量比	大众出版（品种）	占当年出书总量比	教育出版（品种）	占当年出书总量比
2005 年	173	3.60%	1101	23.02%	3509	73.36%
2006 年	277	6.54%	894	21.10%	3066	72.36%
2007 年	972	19.50%	1398	28.04%	2615	52.46%

以江苏教育类图书新出版品种最少的 2007 年为例(表 5-3)[②],该年江苏教育类新书品种数只占总数的 52.46%,但其印数却占总数92.03%、总印张的 84.67%、总定价的 78.61%。江苏出版业以教育出版为主体的特征非常明显,江苏图书产品结构的不均衡性可见一斑。

“八五”以来,由于出版社专业分工的限制,江苏省出版总社下属的八家出版社只有江苏教育、江苏科技、江苏少儿、译林等 4 家出版社可以出版地方中小学教材与教辅,而高校出版社只允许高等教育教材出版,城市出版社则在符合出书范围的前提下只允许个别品种的高等教育教材出版。根据国家“一纲多本”的教科书政策,江苏有自编大纲本中小学教材近 20 种。

---

① 数据来源:《2005—2007 年江苏新闻出版统计数据》(内部资料)。
② 数据来源:《2007 年江苏新闻出版统计数据》(内部资料)。

表 5‑3　2007 年江苏省各类图书出版分类统计

类别	新版（种）	占总数比	印数（万册）	占总数比	印张（千印张）	占总数比	总定价（万元）	占总数比
马列主义、毛泽东思想	2	0.04%	11.92	0.02%	1 815.62	0.06%	199.94	0.05%
哲学	56	1.00%	50.26	0.10%	7 485.73	0.24%	1 249.88	0.33%
社科总论	29	0.52%	27.14	0.05%	4 463.11	0.14%	697.95	0.18%
政治法律	76	1.36%	385	0.78%	51 837.53	1.64%	8 730.82	2.30%
军事	5	0.09%	32.33	0.07%	5 642.54	0.18%	678.29	0.18%
经济	196	3.51%	144.64	0.29%	24 859.96	0.79%	4 179.05	1.10%
文化、科学、教育、体育	3 061	54.89%	45 566.96	92.03%	2 670 084.5	84.67%	298 751.05	78.61%
语言、文字	174	3.12%	327.5	0.66%	42 792.92	1.36%	6 037.17	1.59%
文学	432	7.75%	639.57	1.29%	100 098.16	3.17%	13 600.79	3.58%
艺术	389	6.98%	871.15	1.76%	44 828	1.42%	10 822.53	2.85%
历史、地理	174	3.12%	165.65	0.33%	26 961.04	0.85%	5 752.66	1.51%
自然科学	3	0.05%	6.1	0.01%	671.69	0.02%	116.05	0.03%
数理化学	81	1.45%	207.71	0.42%	40 861.03	1.30%	5 158.42	1.36%
天文地球	18	0.32%	8.04	0.02%	1 393.27	0.04%	220.9	0.06%
生物科学	10	0.18%	20.85	0.04%	4 306.33	0.14%	592.3	0.16%
医药卫生	172	3.08%	247.6	0.50%	41 000.05	1.30%	6 488.1	1.71%
农业科学	82	1.47%	53.9	0.11%	3 375.92	0.11%	751.42	0.20%
工业技术	476	8.54%	393.37	0.79%	65 693.25	2.08%	11 622.33	3.06%
交通运输	21	0.38%	12.23	0.02%	1 682.95	0.05%	285.8	0.08%
航空航天	0	0.00%	0	0.00%	0	0.00%	0	0.00%
环境科学	14	0.25%	5.08	0.01%	890.35	0.03%	195.28	0.05%
综合	27	0.48%	12.31	0.02%	1 872.12	0.06%	467.72	0.12%
图片（非标准书号）	79	1.42%	323.98	0.65%	10 930.07	0.35%	3 419.67	0.90%

"九五"期间,个别大学出版社因特殊原因获得少量基础教育教辅品种的出版许可,同时,教育部实施"减负"新政,江苏基础教育出版的固有格局由此改变。

1995 年 6 月南京师范大学出版社成立,作为以服务师范类母校的教学与科研为中心的大学出版社,该社的出版范围天然地与教育领域紧密相连,包括基础教育。起初该社推出的有学术著作类、高校教材类、教育教学类、艺术教育类图书,之后向系统教育教学用书衍生,出版幼儿教育课程指导丛书、幼儿园教师学历培训教材、自学考试教材系列等,向"系列化、规模化、特色化"的教育出版方向发展。尤其是该社又陆续出版了《向四十五分钟要效益》、"点击高考"等中小学素质教育教辅图书,大受市场欢迎,自此占据了江苏教辅出版的部分市场。①

为支持南京大学出版社的发展,江苏省新闻出版局从 1993 年起,每年特批南京大学出版社十个左右中小学教辅选题,该社因此进入基础教育出版市场。

2000 年 1 月,教育部颁布《关于在中小学减轻学生过重负担的紧急通知》,国内教育图书市场因此大幅调整。

江苏教育出版社是江苏教育出版的主体,在"九五"期间不仅获得"全国新闻出版系统先进集体""全国优秀出版社"等一系列荣誉称号,还从 1995 年起一直保持图书发行码洋稳居全国第一的成绩。但"减负"政策的实施,对该社的教育出版形成了冲击。尽管该社采取开辟环境、活动课等教材新领域,开发素质教育新品种,与发行渠道商利益捆绑等策略,力图降低损失,但该社码洋仍下降两个亿。

"十五"期间,国家连续推出若干教育新政,教材教辅出版在"减负"、限价之后又面临 B 表取消、教材招标、教育行政部门治理乱收费等一系列新形势,国内基础教育出版市场波动加大。

2001 年初,教育部颁布了基础教育新课程标准,标志着新一轮课程改革进入实操阶段;当年秋季,国家开始按新大纲制订新的课程标准,打破了过去教材研制、开发、生产、发行垄断的局面,教材出版自此走上了

---

① 宋洁:《转企背景下江苏教育出版社发展战略研究》,南京师范大学硕士论文,2006 年。

市场化与专业化相结合的道路。同期，"一费制"政策开始在部分国家扶贫重点县的中小学进行试点，2002年在所有国家扶贫开发工作重点县全面试行，2004年秋，经国务院批准同意，在全国义务教育阶段学校全面推行。

巧合的是江苏出版体制改革与新课程改革同期，出版体制的管办分离、政事分开，使得江苏省新闻出版局脱离运动员角色、回归裁判员身份。为构建省内公平竞争的出版业态，江苏逐步放松了高校城市出版社基础教育教辅图书的出版限制。教育行业与出版两大监管政策变化相叠加，江苏教育出版市场可谓风起云涌。

教材出版既是江苏出版业的优势所在，也是其主要经济支柱。江苏使用的教材主要是苏版教材和人教版教材，其中人教版教材历来由江苏省出版总社租型发行。

2001年之前江苏只有不到20种苏版大纲本教科书，其他基本均使用人教版教材。教育部制订新的课程标准，对江苏出版业是一个巨大的考验。国家课程标准实验教科书建设，是一项耗时耗力、投入巨大，从审查、立项、实验区域、学生使用情况等各环节均不确定的重大出版工程，在2001年那个时点，下决心参与建设，非一般人、非一般出版社能为、敢为。江苏教育、江苏科技、江苏少儿、译林等4家出版社经审慎研究，决定积极参与新一轮课程改革。这一决策，对江苏教育出版的发展影响深远。

"十五"期间，江苏4家出版社开始了有关课程标准实验教材的开发与推广，从最初的13种教材通过审查、7种教材正式立项，到之后的14种教材通过审查并投入使用、16种教材通过立项，进而拓展到6种高中教材首轮通过立项、之后获得17种高中教材通过立项。其中，江苏教育出版社是江苏教材出版的第一主力，仅其一家先后共有12门107种教材通过教育部审定，据此，该社成为国内有较大影响的教材研发和出版基地；苏教版课标教材的研制、出版，呈现出多品种、成系列、高质量的特色，成为全国性的有较大影响力和知名度的品牌教材。

在新课标的推广上，从2002年秋开始，苏版教材进入200多个试验区试用，占全国省级课标教材试验区的五分之二，在全国各省、市中处于先进地位。江苏的 6 种高中教材进入高中课改的广东、山东、海南、宁夏四省区，并占有一成以上的市场。

到第 8 次国家课程标准实验教材建设之时，江苏教育出版社义务教育阶段课标教材进入全国 28 个省，1 000 多个县（市、区）的 2 000 多万名学生使用苏教版教材，2005 年秋季省外教材及课标教辅发行码洋已达到 1.9 亿元，年度发行总码洋可望接近 5 亿元。江苏科技社以初中物理、初中数学、初中生物等中学理科课标教材为主导，打造苏科版精品教材品牌，并积极拓展创新职业教育新领域；译林社完善了牛津中小学英语教育网，为一线教师提供高质量的教学课件与备课资料，新课标高中英语教材在省内推广、使用率达 90％以上，并向省外进一步推广。江苏随后又完成了规模空前的高中、九年义务教育阶段教材的教师培训工作，受训教师达 12 000 余人次。

长期以来，一直负责教材租型印制的江苏省出版总社既租型人教社的教材，也租型下属出版社的苏版教材。从 2002 年起，面对教材市场的竞争，尤其是 2005 年江苏省高中教材进入课程标准实验，九年制义务教育教材的版本和市场比例再次面临结构调整，江苏省出版总社与人民教育出版社的教材租型合作出现问题。但凤凰出版传媒集团仍做到了逐年增加教材租型品种，连续 26 年高质量完成"课前到书，人手一册"政治任务，租型教材销售码洋屡创新高的成绩。

在稳住本省教材市场并逐步扩大苏版教材全国发行之际，江苏的教辅图书市场则进入"山头林立，群雄割据"之势。

我国"入世"后出版物分销服务领域逐步开放，尤其是中小学"一费制"政策出台，促使民营出版企业迅速介入教辅图书，直接瓜分原有市场份额，重组新的市场格局；同时江苏省新闻出版局推动省内各高校及城市地方出版社"提速强社"，"倍增过亿"，实际上放松了对教辅出版的限制，给江苏教辅出版带来了全新的局面，以往靠政策垄断保护的江苏教育、江苏少儿等出版社面临前所未有的竞争压力。

新形势带来的冲击波促使江苏教育出版社举起了"建设基础教育教材出版基地，建设优秀教育读物研发基地，建设海外精品教材引进基地"的旗帜，确立主攻"教师读物"，确立着重发展"社会英语读物"，确立开发

"素质教育"教辅读物,确立打造报刊集群化;同时在市场上同步推进教材教辅出版,改造、整合教辅品牌,市场维护与开发并举,一系列努力后,该社重回江苏省教辅市场的主导地位。

以南京师范大学出版社、南京大学出版社、东南大学出版社为代表的高校与地方出版社,借此机遇,蜂拥进入基础教育出版。

南京师范大学出版社以符合素质教育改革方向的文教图书打头,继而立体开发幼教类图书,实施"基教图书向高教图书拓展、学生图书向教师图书拓展、文教图书向大众图书拓展"的选题策略,全面参与江苏教育出版竞争。

基于江苏出版集团的成立,以及省内教育类图书市场出现的波动,2002年河海大学出版社提出组建江苏高校出版社联合体的设想,得到了江苏省新闻出版局的支持;同时,河海大学出版社在与江苏省新华书店继续合作的同时,介入民营图书发行市场。南京大学出版社组织召开了全国知名民营书店合作联系会议。东南大学出版社积极与省内民营书店合作出版文教图书。江苏各高校地方出版社在此期间推出了不少具有品牌影响力的教辅图书,成为各社经济收入及效益倍增的主要来源。

"十一五"期间,基础教育出版形势更趋复杂。江苏教辅市场因省内学生人数持续下降而自然萎缩;因各级政府出台的教辅限费和限量新政而政策性萎缩;因免费教材扩大发放,过去跟随教材发行的教辅品种再也无法收费征订;此外,民营书商及江苏省内不少出版社以贴牌、放水、克隆等方式分割现有的教辅市场,同质化竞争愈演愈烈,造成教辅市场的竞争性萎缩;各地教育行政部门对教辅品种区域化的诉求越来越强烈,为了保住市场份额,各出版社不得不增多教辅品种、成本攀升、利润减少。多重因素叠加导致教育出版市场萎缩,竞争空前激烈。

为了在战略上掌握教育出版竞争的主动权,凤凰出版传媒集团决定由5家出版社合股成立承担省外教材推广使命的凤凰教育发展有限公司,集团同时加大内部品种整合、市场整合力度,积极推进核心教辅建设,遏制新的"贴牌"教辅,支持开发职业教育教材新品,向教育出版领域集团化进程迈出了重要一步。

然而，与人民教育出版社租型教材的合作陡生变数，2008年5月双方中止了合作，人教社与南京师范大学出版社签订了《代理协议》，自此人教社中小学教材在江苏省的宣传推广、印制发行、师资培训以及售后服务等相关事宜，均由南京师范大学出版社全权代理。凤凰出版传媒集团一统江苏教材供应的格局就此打破。

在此情况下，江苏各出版社更是各显所能、全面开花。

2006年江苏教育出版社再传佳绩，又有17种选修教材通过审查，销售收入超过10亿元，报刊系列初具规模，增长势头迅猛。其中《时代英语报》年销售增幅高达223.68%；江苏科技出版社将课标教材产业链延伸至职业教育教材开发；江苏少儿出版社对幼儿课程教育进行二次建设，少儿刊群初具规模；江苏文艺出版社"中小学生阅读年选"迅速成型。

最终，凤凰出版传媒集团所属的出版社成功开发23种课标本教材、29种地方课程教材。到2008年，江苏使用的中小学教材中本省编写出版的约占三分之二，人教版教材约占五分之一，剩余为其他省版。凤凰品牌的教科书涵盖小学、初中和高中，语文、数学、英语三门核心学科和各科齐全的国家课程标准系列教材，教材年总发行量达1.9亿册，全国已经有3 000多万名学生使用凤凰版教材；高中语文、通用技术、化学等教材在全国占有率均达到30%以上。

江苏的基础教育出版领域一直是备受关注、竞争激烈的所在；起初只是几家出版社分享基础教育出版的蛋糕，之后南京师范大学出版社从幼儿教材切入并发展至中小学教辅出版，南京大学出版社亦跻身中小学教辅出版资质单位；到2002年因局社分开，江苏省内所有出版社均不同程度介入教辅出版，江苏民营书业也纷纷入场，在市场竞合中各有所获，形成了江苏中小学教材教辅市场的新格局。

与此同时，受教育市场激发，江苏的幼儿教育出版市场迅速发展，引起各利益相关方重视关注。以低幼教材为例，"九五"期间江苏的幼儿教育出版，江苏少儿出版社、南京师范大学出版社联合出版的一套《幼儿园课程指导》教材主导了全省的幼儿教育市场；到"十五"期间，江苏少儿出版社与江苏省教育厅教研室合作，又推出一套《幼儿园综合活动课程》新教材，并逐步成为市场主体，而南京师范大学出版社借助本校幼教学科优势，自编了一套《幼儿园渗透式领域课程》新教材，并成板块地开发了幼教系列产品，在江苏省外形成巨大影响力，成为出版社的强势品牌产品；同时，江苏教育出版社加强幼教图书的出版，也推出《幼儿园综合教育课程》。四套幼儿教材逐鹿江苏幼教市场，其中，江苏省教研室编撰的所占份额最大。

南京师范大学出版社在幼儿教育领域形成的国外教育理论图书、国内教育理论图书、各种教师培训图书、幼儿园教学课程指导图书和幼儿园教学用书"五大板块"，其出版的幼儿教育前沿理论图书，引领国内幼儿教育潮流，逐步成为江苏幼儿教育出版的强势品牌产品。

江苏的基础职业教育出版同期悄然兴起，成为又一具有巨大挖掘潜力的出版阵地；江苏美术出版社重点规划艺文类文教图书出版，在高职高专教材、美术绘画技法等领域谋求新的增长；凤凰出版传媒集团各直属出版社研发出版的职业教育教材面广量大，其中语文、数学、英语、理科综合、文科综合等基础职教教材在江苏覆盖率达 90％以上；职教专业课教材出版 250 余种，在医疗护理、机械电子、财经金融等专业方面的优势明显。

其间江苏数家出版社的教育、少儿类报刊爆发式发展，并向集群化演变，成为基础教育出版的又一道风景线。

与基础教育出版的起伏式发展相比，江苏的高等教育出版看起来要平静得多。由于高等教育出版往往与学科门类紧密相联，笔者在前文的科技类江苏专业出版中，已按学科门类将各高校出版社的高等教育出版作了介绍，在此只讨论"九五"以来江苏高等教育出版的市场化发展脉络，不再赘述学科出版的具体情况。

"九五"起，江苏的 7 家高校出版社均不同程度、不同力度地成立或出台了扶持本校教材出版的专项资助基金或政策措施。1999 年教育部实施扩大普通高校本专科院校招生人数的教育改革政策，大学开始扩招，这刺激了全国高等教育出版的发展，江苏各高校出版社的高校教材出版品种大幅攀升，自办发行码洋成两位数增长，尤其是各高校图书代办站的收益增长明显。南京大学出版社的图书代办站 1999 年发行码洋创记录地达到 1 600 万元,居全国高校图书代办站之首。在此期间,通识学科及部分公共课成为各高校出版社策划组稿的主要目标,大学语文、大学外语和计算机等教材的出版争夺激烈。各高校出版社都组织开发了针对本校优势专业学科的部级"十五"规划系列教材,同时积极培育新兴学科特色教材品种;"九五"初期以单本高教教材出版为主的局面,逐步被成系列、有配套、具规模的规划教材体系所替代;部分出版社开始建立分学科联系制度,标志着以院校代表为依托的关系营销在高教出版中已得到运用。

进入 21 世纪初,国内高等教育出版市场化起步,多媒体教学逐渐在高校普及。江苏各高校出版社一边忙于拓展基础教育出版,一边在增加系列化、规模化的高教产品,对于一些大面积使用的教材,多采用局部地区多高校合作编写的方式;创办区域性教学研究会平台或合作教材编写越来越广泛,以期形成稳定的局部市场;江苏各高校出版社出于配合本校创建世界高水平大学的需要,出版了不少高质量的"985"或"211"工程建设规划教材。在此期间,南京大学出版社率先成立电子音像出版社(分社),为传统高校教材教辅作配套电子出版。总体而言,江苏各高校出版社打造的具有本校学科优势的、较完整的、立体化的高等教育教材体系推动了本校的教学科研的提升,确立并夯实了本社高等教育出版的产品结构与发展基础。①

2006 年以后,我国高校招生录取人数增长速度大幅放缓,高校类型结构也发生较大变化,一些学校大幅度压缩学时,使得大学教材市场增长趋缓。在经历了"十五"时期基础教育出版异常残酷的市场竞争后,江苏各高校出版社回归高教出版的态势明显,以优势学科为"龙头",以高等教育出版为"龙身"的出版思路成为大多数高校出版社的共识。各高校出版社加大了多学校联合使用教材的开发力度,同时从参与课程改革开始,将应用型本科与高职高专教材的开发作为出版重点;立体化教材

---

① 石磊:《管窥中国高等教育出版的市场化转型之路——〈大学物理〉25 年探索与实践》,《出版广角》2014 年第 6 期。

建设兴起,南京大学出版社入选了教育部"新世纪高等教育教改立项项目",有全编本、简编本、教师用书、学生用书、"网上课程 CAI 课件"、"音像教材"等,成为系列化打造大学教学资源整体解决方案的范式;东南大学出版社、河海大学出版社相继正式成立电子音像出版社(部),保障了本版图书电子配套出版的需求;中国矿业大学出版社在深入煤炭教材、安全培训教材出版的同时,为周边高校开展教学科研的教材定制服务。各高校出版社相继启动或完成"事转企"工作,高校出版社市场化转型迈出实质性步伐,在企业的经营模式与组织架构上作了相应的调整,为更好地发展高等教育出版打下了坚实的基础。

第三节　江苏当代期刊业的演进

一、趋稳——各时期江苏期刊的结构变化

江苏是期刊大省,2008 年有 439 种期刊,数量居全国第三。1996 年至 2008 年,江苏的社科类期刊从 138 种增长到 183 种,科技类期刊从 243 种增长到 256 种,科技类期刊占了近三分之二的份额。

从十一届三中全会到"八五"期末,江苏期刊业经历了复苏期、激增期的发展阶段,在这段时间内,研究团体、行业协会和技术研究院所是江苏新创办期刊的主体,到 1995 年底,江苏已有 397 种期刊。

在爆发式增长的惯性下,"九五"期间,江苏期刊品种仍保持高增长,共新增了 87 种期刊,其中社科类 46 种、科技类 41 种;同期,分别有 14 种社科类、13 种科技类期刊更名。从两类期刊新增与更名的情况看,存在一定程度的同频共振、齐头并进现象,而在办刊方向的调整上均变化有限。

"十五"期间,江苏期刊业高速增长的势头明显减弱,但其内部结构调整的幅度显著提升;江苏期刊业进入了波动调整期。其中社科类期刊新增 6 种、科技类期刊 21 种,社科类更名的达 59 种、科技类 61 种。数据背后呈现了期刊主办方大幅调整办刊宗旨的动向。"十五"新增总数的大幅减少,以及科技类与社科类期刊新增数之间的差异,反映出中国

加入世界贸易组织后,社会主义市场经济体制的确立对期刊的生存和发展,尤其是对社科类期刊的主办方提出了新挑战,创办新期刊的冲动得到一定程度的抑制;而科技类期刊多为学报,主办方能提供一定程度的事业补贴成为新增期刊的原动力。更为重要的是,此间中央对期刊散滥进行的坚决整治,使得江苏期刊业数量型增长成为历史。

"十一五"前三年,江苏两类期刊没有新增,各有14种期刊作了更名,仅从品种数量看,江苏期刊业进入稳定发展期。

按期刊的内容分,江苏的社科类期刊主要有时政及工作指导类、学术理论类、教育及教辅类、文艺及文化生活类等4类。江苏的科技类期刊除专业技术类外,还包括大量高校自然科学类的学报,在学科门类上包括自然科学总论、数理科学和化学、天文学、地理科学、生物科学、医学、卫生、农业科学、工业技术、交通运输、航空、航天、环境科学、安全科学等15种,门类较为齐全。但从江苏期刊的门类范围以及主办单位分布看,江苏期刊集中度低,办刊方向散,期刊出版大都不是期刊主办方主业,期刊集约化经营较弱。

从市场竞争的角度来说,改革开放以来,我国的期刊业走过了"产品探索、商品探索"①期,"九五"以来进入"品牌探索"期。但分析439种江苏期刊的刊期,发现双月刊、季刊、年刊占66%②以上,周刊、旬刊、半月刊、月刊只占不到34%;进一步看,高校学报、学术理论性刊物在江苏占近六成,而全国的这一占比平均只有四分之一;江苏面向大众读者、纯市场化的期刊品种只占12%左右。与同期江苏图书出版业相比,江苏期刊业呈现出"小、散、弱"的境况。以2005年为例,江苏省期刊当年销售总收入仅2.61亿元、广告收入才0.84亿元,且"十五"期间年平均增长已分别为9.52%、13.09%,江苏期刊业整体规模可见一斑。

二、整顿——江苏期刊业的"治散治滥"

自"九五"起,江苏期刊业经历了四次有一定规模的治理调整,其中"九五"期间的调整较为频繁,"十五"后期开始归于稳定。

---

① 陆静高:《认准发展空间 加快发展步伐——做大做强江苏期刊业的思考》,《出版发行研究》2011年第1期,第66—69页。

② 根据《江苏省志(1978—2008)·出版 报业志》中的资料自行统计。

1997 年,江苏根据中央两办文件要求和新闻出版署的具体部署,通过对全省当年 380 种期刊的排队摸底,压缩了《江苏历史档案》《江苏政工研究》《艺苑(音乐版)》《东方热土》《知识与时代》《淮海文汇》《人才》《南京宣传》《投资经济》《江苏保险》等 10 家社科类期刊,同时将《江苏年鉴》《南京年鉴》更改为特殊系列期刊;新创办社科期刊《江苏政报》。同年,经国家科委批准,江苏新创办《江苏实用心电学杂志》《化学教与学》《江苏通信技术》《兽药饲料添加剂》《江苏电视教育》《肠内与肠外营养》《微电子技术》等 7 种科技期刊。

1998 年,新闻出版署针对高校内刊性学报问题进行治理,下发了新出期〔1998〕109 号文件,对原暂予保留省内刊号的高校学报,如其当年底不能申请到全国统一刊号的,将停止出版。为此,江苏多次为省内各高校、职业学校学报申请公开刊号,最终 41 家江苏地方高校学报、19 家部队院校学报获批新增国内统一刊号。

在国内计划经济向市场经济转轨的驱动下,国内期刊业成为出版业竞争的主体之一,期刊市场非常活跃。江苏出现了要求缩短刊期、扩大开本、增加页码的期刊出版现象,期刊刊载的内容和容量在增加;同时,个别区域还发生了期刊办刊中报、报纸开专刊、"一刊两版",报刊之间相互渗透、恶性竞争的行为。

针对此类问题,2000 年江苏再次停办 4 家期刊,划转 18 家期刊,拉开了解决"政报不分"期刊业顽疾的序幕。在江苏省内形成了厅局不办报纸、只保留一份工作指导性期刊,省辖市各部门(除文联、社联、广电学会)不办报刊,政府部门逐步退出具体出版业务,期刊资源向省内党报、出版社划转的局面。江苏期刊资源的集结度有所提高。

2003 年 9 月,针对党政部门报刊散滥和利用权力向基层与农民摊派发行现象严重的问题,中央下发了《关于进一步治理党政部门报刊散滥和利用职权发行,减轻基层和农民负担的通知》。江苏依据中央文件精神,上报的《关于江苏省报刊治理工作方案》获得了中央的批准。江苏一次性停办了省级党政部门主办的《火警》《江苏税务》《婚育之友》《江苏财会》《双拥》《警方》《治安》《工作与学习》《江苏宣传》《江苏绿化》《人事管理》《行政与法制》《挚友》《江苏交通》《党建导刊》《江苏劳动保障》《法治时代《倡廉》《江苏质量》《市场与执法》《环境导报》《县乡财政》《污染防治技术》等 23 种期刊,划转了《江苏统计》《江苏物价》《江苏审计》《视听界》《江苏外事》《江苏经济》《江苏改革》《江苏国土资源》《金陵瞭望》《江苏企业管理》《新企业》等 11 种期刊,将《党的生活》与《江苏通讯》合并为 1 种后划转;对《江苏年鉴》《科学大众》《江苏中医药》《南京年鉴》《常州年鉴》《江苏农机化》《江苏劳动保护》《剧影月报》《江苏教育》《江苏高教》《江苏卫生事业管理》等 11 种期刊实行管办分离,原主管部门不变,由部门所属符合条件的单位主办。

经此次治理,江苏党政部门办刊总量得到大幅压缩,为其后江苏期刊业的稳定打下基础。由此,经过多轮的治理,江苏期刊业的结构得以调整、优化,期刊资源趋于集中,党对报刊事业的领导得以加强,报刊质量和效益明显提升。

三、品牌——江苏的获奖期刊、核心期刊与"期刊方阵"

江苏当代期刊业,在经历"治散治滥"风雨冲刷的同时,在党和政府、市场经济的双重支持与推动下,涌现出诸多品牌名刊。就历届国家级期刊奖及核心期刊等获奖、入选的情况看,江苏居全国前列。

从"九五"以来,由新闻出版总署举办或参与的国家级期刊奖项主要有:国家期刊奖、国家期刊奖提名奖、国家期刊奖百种重点期刊奖,全国优秀科技期刊,全国百种重点社科期刊。

1996 年,国家科委、中宣部和新闻出版署联合评选第二届全国优秀科技期刊,江苏有 14 种科技期刊获奖,其中《环境导报》获一等奖(注:连续两次),《临床皮肤科杂志》《江苏农学院学报》获二等奖,《祝您健康》《江苏消防》《江苏农业科学》《临床检验杂志》《江苏中医》《江苏林业科技》《江苏煤炭》《植物资源与环境》《江苏农业学报》《临床神经病学杂志》《老年实用医学》等 11 种期刊获三等奖,总数居全国各省之首。

1997 年,《译林》《警方》入选全国百种重点社科期刊。

1999 年至 2008 年间,国家期刊奖共举办过三届评选。江苏的《译林》《江海学刊》获首届国家期刊奖,《环境导报》获得首届国家期刊奖提名奖。

江苏的《电力系统自动化》杂志荣获第二届国家期刊奖,《南京大学学报(哲学社会科学版)》《警方》《译林》《环境导报》荣获第二届国家期刊奖提名奖,《江海学刊》《苏州》《南京农业大学学报》《南京大学学报(社科版)》《东南大学学报(自然科学版)》《江苏农业科学》等获第二届国家期刊奖百种重点期刊奖。

《东方娃娃》获第三届国家期刊奖,《电力自动化设备》《江苏农业科学》《中国血吸虫病防治》《南京财经大学学报》获第三届国家期刊提名奖,《南京大学学报(哲学社会科学版)》《苏州杂志》获第三届国家期刊奖百种重点期刊奖。获奖总数列全国第三位。

与此同时,北京大学图书馆与北京高校期刊工作研究会1992年发布《中国核心期刊要目总览》(第1版),这是国内衡量人文学术期刊的又一个权威标尺。《总览》每四年更新一次,到2008年的第五版《总览》,江苏累计有64种期刊136次入选,其中23种社科类期刊有48次入选,41种科技类有88次入选;历次均入选《总览》的科技类期刊有6种,均属专业性很强的杂志;社科类期刊有《译林》《江海学刊》《民国档案》《南京大学学报(社科版)》《南京师范大学学报(社科版)》等5种。[①] 2002年新创刊的《语言科学》2008年入选第五版《总览》,是"九五"之后新创社科类期刊中唯一品种。

1998年由南京大学中国社会科学研究评价中心开发研制的中文社会科学引文索引,英文全称为"Chinese Social Sciences Citation Index",缩写为CSSCI,是用来检索中文社会科学领域的论文收录和文献被引用情况的数据库,是我国人文社会科学评价领域的标志性工程。CSSCI遵循文献计量学规律,采取定量与定性评价相结合的方法从全国2700余种中文人文社会科学学术性期刊中精选出学术性强、编辑规范的期刊作为来源期刊。自1998年到2008年间,CSSCI做了7次筛选,江苏省内的人文社会科学类的期刊累计有39种入选CSSCI,其中10种期刊连续7次入选。

进入21世纪,新闻出版总署推出"中国期刊方阵",从我国8 000多

---

① 数据来源:江苏省地方志编纂委员会编《江苏省志(1978—2008)·出版 报业志》,南京:凤凰出版社,2020年12月。

种期刊中分"双效""双百""双奖""双高"四个层面选拔出 1 518 种优秀期刊,构成以 1 000 种、200 种、100 种、50 种左右的,从多到少的宝塔结构方阵,作为中国精品期刊的示范。江苏入围"中国期刊方针"的有期刊 59 种,位居全国前列。

2002 年,江苏省新闻出版局与江苏省科技厅参照"中国期刊方阵"的运行模式,对全省期刊进行质量评估定级,从一级期刊中选取部分优秀期刊,组建首届"江苏期刊方阵",作为江苏期刊的标杆。

江苏先后组织了两届"江苏期刊方阵"评定工作,首届共评定 246 种一级期刊、138 种二级期刊、11 种三级期刊;评出《江海学刊》《电力系统自动化》等 110 种期刊组成"江苏期刊方阵",并分别入选方阵的"双十佳期刊""双效期刊""优秀期刊"等三个层面。第二届评定 60 种社科期刊进入期刊方阵,其中 10 种获双十佳期刊奖,20 种获优秀期刊奖,30 种获优秀期刊奖提名奖。

总体来看,入选"江苏期刊方阵"的期刊整体质量较高,不仅能坚持正确的舆论导向和办刊宗旨,追求高品位、高格调,而且在编排、装帧、印刷等方面追求创新,以质量、特色、品牌赢得读者。特别是入选方阵最高层面的"双十佳期刊",更是江苏同类刊物中的"排头兵",代表了江苏期刊的最高水平,部分已达到或接近国内一流期刊水平。

"江苏期刊方阵"实行滚动式管理。对已经入选"方阵"的期刊,如质量明显下降或严重违反新闻出版管理规定,将予以淘汰出局;对质量明显提高、符合入围条件的期刊将吸收进入"方阵"。这一举措一定程度上提高了江苏期刊品牌的影响力。

四、迅猛——江苏科技类期刊的发展

在经历过改革开放复苏期、科技大会激发期的发展阶段后,江苏的科技类期刊进入了"九五"之后的迅猛发展期。江苏期刊中有近三分之二是科技类期刊,中国加入世界贸易组织,江苏科技类期刊进一步走向世界,在吸收国际领先科研技术信息的同时,也产生了一批具有国际顶尖影响的江苏科技期刊。

《电力系统自动化》是其中代表。这本由国电公司电力自动化研究院主办的杂志,在科技部公布的综合评价指标中,一直名列全国同类刊物第 1 名,先后被美国《工程索引》(EI)等 11 种国内外权威数据库或文摘期刊收录,是全国 30 种获国家自然科学基金专项资助的重点学术期刊之一。

此外还有《土壤圈》,由中国科学院南京土壤研究所、中国土壤学会主办。该刊是中国出版的土壤学科唯一外文版国际性学术期刊,也是我国土壤学领域唯一的 SCI 源刊、中国自然科学核心期刊和"中国期刊方阵"期刊。

江苏科技类期刊大都由研究团体、行业协会和技术研究院所主办,其中学报类期刊达 120 种,占科技类期刊的 47%。在"十五"之前,国内科技类期刊的申办,主要由国家科委审批,新闻出版行政部门负责审核备案。因此,江苏省内学报的创办高潮期有两次,一次是"九五"之前,一次是 1998 年底。

江苏的高校学报大部分自然科学版与社会科学版,主要以反映高校科研和教学成果为主,在国内外颇具声誉。其中,《南京大学学报(自然科学版)》相继被中国科技论文与引文数据库(CSTPCD)、中国科学引文数据库(CSCD)、中国核心期刊(遴选)数据库、中文科技期刊数据库、中国学术期刊文摘(中、英文版)收录。该刊的相关研究成果曾被俄罗斯文摘杂志(РЖ)、美国数学评论(MR)、化学文摘(CA)、德国数学文摘(ZM)等国外权威性数据库和文献杂志收录。曾被中国科学院文献情报中心评为学术影响范围最广的刊物之一,多次入选"百种中国杰出学术期刊"。

《南京农业大学学报》也是其中之一,其被美国化学文摘(CA)、史蒂芬斯全文数据库(EBSCO host),英国国际农业与生物科学中心全文数据库(CABI)、动物学记录(ZR)等 6 个国外数据库收录,并被中国科学引文数据库(CSCD)核心库收录,曾获"中国期刊方阵双效期刊"、"第二届国家期刊奖百种重点期刊"、"中国国际影响力优秀学术期刊"、"百种中国杰出学术期刊"(荣获 8 届)、"中国精品科技期刊"等荣誉。

改革开放之后,随着国门的打开,江苏高校开始创办英文报刊,其中江苏省创办的第一本英文版期刊是南京大学 1979 年创刊的《高等学校计算数学学报(英文版)》。该刊主要刊载关于计算数学的新思想、新方法。1984年起,江苏陆续有医学类、学报类英文版期刊创办,其中,中国药科大学主办的药学类学术期刊 *Chinese Journal of Natural Medicines*,[①]以发表天然产物活性化合物的发现与研究及其药效与药理作用机制为重点。曾获"中国最具国际影响力期刊"(连续六届)、"中国百强科技期刊"(连续三届)、"首届中国高校杰出科技期刊"、"中国精品科技期刊"、"教育部中国高校精品科技期刊"、"中国精品科技期刊顶尖学术论文(F5000)项目来源期刊"等期刊奖和荣誉称号,获得国家六部委"中国科技期刊国际影响力提升计划"和"江苏省文化艺术精品"等重点项目支持,在江苏省43种医药期刊评估中名列第一。

总之,在服务科技强省、提升各江苏各高校的科研教学水平以及国际交流等方面,江苏的科技类期刊做出了自己的努力。

五、起步——江苏社科类期刊市场化、集群化的探索

"九五"期间,重新焕发生机的江苏社科类期刊,进一步繁荣发展,呈现出文学期刊百花齐放、哲学社科期刊光芒展露、高校社科学报百舸争流的景象;"十五"期间,少儿与教辅类期刊强势崛起;"十一五"前三年,江苏社科期刊集群化起步,期刊数字化出版开题。

"九五"期间,江苏的社科期刊中党政机关主办的数量较多,其中在此期间曾被各方高度关注的《警方》杂志是代表之一。该刊曾因办刊方向正确、贴近实际、品位较高、发行量短期内迅速上升至20余万份在全国产生较大影响。新闻出版署副署长梁衡曾称其是"公安法制类报刊中一个难得的好典型",《人民日报》《光明日报》《新闻出版报》等曾发表长篇文章,全面介绍《警方》的办刊经验。中宣部、公安部曾发出通知要求全国公安法制类报刊向《警方》学习。然而,由于入世之后国内期刊市场竞争激烈,《警方》杂志因存在向基层摊派发行问题,在2003年与江苏省内党政厅局主办的其他23种期刊一起被停刊,关上了江苏期刊依靠权力寻租生存的大门。

---

① 赵赟:《期刊史视角下的江苏省科技期刊发展研究》,《江苏教育研究》2019年第17卷第10期。

"九五"后期,体制改革迫使更多出版单位被推向市场,期刊单位无法回避改制问题,江苏文化生活类、应用技术类等刊物开始作为独立的经济实体走向市场。

　　江苏文学期刊文体覆盖各种类型、品种齐全、多元互补,为江苏文学发展立下了汗马功劳。[①] 既有被誉为"中国当代文学的重镇"[②]的江苏纯文学刊物领头羊,包容小说、诗歌、散文、评论等主要文体的综合性刊物《钟山》《雨花》,也有专攻一体的《扬子江文学评论》《扬子江诗刊》,它们依靠政策扶持与财政支持一直坚守在纯文学的阵地上,始终保持一种探索和创新的前沿状态,编发了许多佳作,深刻、有力地表达和回应了新时期文学的历史要求。江苏省作家协会作为主办方坚持"立足江苏、面向全国"的刊物定位和"不厚名家、不薄新人"的选稿方针,培养了一批又一批文学新人,对推动"文学苏军"的发展和江苏文学事业的繁荣做出了显著贡献。

　　此外各地市的文学期刊也多有影响。陆文夫创办的《苏州杂志》以弘扬苏州文化为旨趣,成为全方位展示苏州文化的一扇窗口。而省内如南京的《青春》、镇江的《金山》等一大批其他文学期刊,开始走市场化之路。2000年,上世纪80年代影响巨大、曾名列青年文学期刊"四小名旦"的南京文联主办的《青春》建立了网站,创办了网刊,举办了第一届网络文学大赛,开始了数字出版的探索。有的文学期刊转型后还能生存,无锡的《太湖》和常州的《翠苑》都是老牌刊物,坚持多年,也办出了自己的特色,但《大风》《扬州文学》《湖海》[③]等杂志相继停刊。

　　陷入困境的不只是文学期刊,文化类期刊一样受到影响。《书与人》杂志曾是了解江苏出版人的"窗口",但最终休刊更名。

　　《书与人》是一本书文化刊物,是一家"为好书找读者,为读者找好书"的期刊,是想"针对当时文化市场媚俗之风盛行、社会生活中病态的拜金主义涌现"现象作出江苏出版人时代回应的杂志。有别于《读书》等

① 《文学史研究视野中的江苏文学》,《文艺报》2022年6月27日。
② 赵普光、汪注、刘佳贝:《江苏新文学期刊史编年》,《东吴文学》2022年第3期,第135—155页。
③ 张宁:《江苏社科期刊发展简史研究》,《南通职业大学学报》2019年第33卷第2期。

刊,《书与人》追求雅中显俗、俗中见雅之品味,颇得萧乾、冯亦代、姜清照、邵燕祥、金开诚等名家拥戴,读者称其"甚有气派、内容良佳、插图精心",为中国版协宋木文主席、《出版参考》副主编秋水等专业出版人的必读杂志。

杂志编发过《当今文学中的道德问题》《文学岂能与现实疏离》《对新时期少年小说的回顾和展望》《从当代外国流行小说谈批判现实主义》《人文不可无文》《女性研究者聚焦女性热点》《教育理论的新发展》《21世纪上半叶中国出版业展望》《"入世"之前话"社刊"》等文章,介绍过匡亚明、陈翰笙、陈伯吹、艾青、汪曾祺等老前辈,展示过铁凝、张抗抗、朱苏进、刘心武、刘醒龙等才俊的风采,举办过"中国当代藏书活动研讨会",组织过"江苏新华读者俱乐部"……无不是中国当代出版业潮头之举。

2000年底,中国人民大学复印资料统计显示该杂志被全文转载的有9篇,被选摘和作为标题索引的有32篇,先后被评为"全国社科类优秀期刊",蝉联了江苏省首届、第二届"双十佳期刊"等奖项。

《书与人》曾想同读书人交知心朋友,架起书与人的一座桥,把书与人生命运、时代社会、人的生活、人的心灵、人的感情世界链接起来。然而,由于其经济效益未显,市场化商业模式不明,2002年下半年起休刊,2003年更名为《钓鱼》。从此,《书与人》流星般消逝,令出版人扼腕,杂志的顾问高斯、俞洪帆先生,杂志历任主编江树廉、金海峰等及编辑团队以书文化关照现实、回应时代的初心,令后来者尊敬。

文学、文化类刊物的潮起潮落说明在市场化的道路上,江苏当代社科期刊必须找到并建立起现代期刊业的新模式。

1999年由江苏少儿出版社、南京师范大学出版社联合创刊的《东方娃娃》,作为中国大陆第一份用绘本理念编辑的幼儿期刊,创刊后即独立运作、自主经营。连续多年被新闻出版总署推荐为全国优秀少儿报刊,是同类婴幼儿期刊中获奖数量最多、奖项规格最高的刊物,在较短的时间里实现了两个效益双丰收。

《东方娃娃》的成功推动了江苏少儿类期刊向市场化、集群化方向发展,是江苏当代期刊业探索现代期刊商业模式的标本。

一直以来,江苏向新闻出版企业倾斜刊号资源,江苏出版总社、江苏教育报刊总社、新华日报报业集团等单位的期刊资源相对较多。

江苏出版总社有 23 种期刊,主要分散在八家直属出版社中,各出版社把杂志作为图书出版的附属品,按编辑部方式管理,无独立经营权、无人事权,因此,各社的期刊大都处于不温不火的状况。

2003 年,江苏少儿出版社还有《儿童故事画报》《少年文艺》《东方宝宝》等三种刊物,分管社领导提出期刊是战略资源,需走市场化、集群化的现代期刊发展之路,要独立经营,要建设刊群。①

江苏少儿出版社先以学前教育和中小学教育两大网络为支撑构建少儿读物刊群。2003 年模拟独立,2007 年调整整合,形成了婴幼儿期刊群、中小学期刊群,2008 年 1 月正式成立"江苏少年儿童出版社期刊中心",试行公司化运作,独立核算,集约化经营。2008 年总码洋接近4 000 万,成为江苏少儿出版社新的增长点。

从《东方娃娃》、江苏少儿出版社少儿类刊群走过的道路看,期刊市场化独立经营、集约化经营是提升大众类期刊市场竞争力的有效模式。同时市场化必然带来资本化,人力资源作为发展的第一要素,其价值创造的贡献越发显现,意味着现代期刊业的体制、机制改革有待向纵深继续推进。

此外,江苏还涌现了《江苏教育》《早期教育》《江苏高教》《阅读》《初中生世界》等优秀文教类期刊,成为"九五"以来成为江苏期刊业的另一个新亮点。

《新华日报》是江苏省委机关报,新华日报报业集团与江苏出版传媒集团同时成立,是江苏的四大文化产业集团之一,其拥有《传媒观察》《党的生活》《精品》《培训》《动漫界》《车秀》等六家期刊,其中五家期刊从原党政机关主办方划拨并更名。相比而言,这六家期刊中的《传媒观察》以"关注新闻前沿,追踪新闻发展,透视新闻热点"得到了学业两界的普遍认可,质量较高,品牌效应较大。2004 年、2008 年两次入选《中国核心期刊要目总览》;2007 年入选教育部全国新闻传播专业核心期刊目录,同时还入选江苏省第六届"双十佳期刊"等称号。除《党的生活》外,新华日

---

① 王泳波:《社办期刊的关键一步》,《中国编辑》2004 年第 1 期。

报报业集团的其他刊物大都未能与新华报业的产业发生较强的关联关系,尤其是《动漫界》《车秀》两刊,已无法正常出刊,显现出江苏期刊业的现代期刊发展之路任重道远。

哲学社会科学期刊是江苏期刊业的名片与品牌,"九五"以来,无论是老牌的《江海学刊》,还是各高校社科版的学报,涌现出众多领衔国内的学术期刊,其中有 4 种期刊获得中国出版政府奖提名奖,4 种社科期刊入选全国"百强社科期刊",56 种期刊入选第六届华东地区优秀期刊。

《江海学刊》作为江苏社科类学术期刊的领头羊,以"办传世名刊、载精品力作"为宗旨,以"新颖、深邃、凝重、厚实"为风格,以"敢为天下先"的精神,完成了从"旁观者"到"参与者"再到"引领者"的角色转变,其"创新旗帜"的期刊品牌和"学如百川归海"的学术地位,成为江苏社科学术类期刊的标杆,为江苏省乃至全国哲学社会科学发展繁荣作出了重要贡献。①

第四节　江苏数字出版的兴起与跌宕

一、前世——江苏音像制品出版的兴与衰

改革开放之后,国民生活水平逐步提高,国内科学技术发展加速,录音、录像等电子设备不断普及,音像制品热销,成为书报刊纸质出版物之外的重要出版物。

20 世纪 80 年代,国内的音像产业处于文化部、新闻出版署及广电局三家共管的格局,音像产业勃发的同时市场秩序却较为混乱,盗版现象层出不穷、屡禁不止。1991 年 2 月中办国办发出《关于压缩整顿音像单位的通知》,音像出版、复制、发行和进口工作归口新闻出版署统一管理。但 1994 年国务院颁布的《音像制品管理条例》中又明确文化部负责音像制品的市场管理,与新闻出版署共管全国音像产业发展,再次形成

---

① 李海中:《江流千里,海纳百川——〈江海学刊〉60 年办刊史回溯》,《江海学刊》2019 年第 5 期。

了双头管理的格局。新闻出版署 1996 年 2 月发布了《音像制品出版管理办法》《音像制品复制管理办法》《音像制品进口管理办法》等规制,对国内的音像制品除市场之外的环节进行了统一的管理。

　　江苏的音像业始于 1984 年成立的江苏音像出版社,该社为江苏省广电厅下属企业。之后陆续成立了南京音像出版社、东南大学出版社音像部、江苏文化音像出版社等音像制品出版单位,主要涉及歌舞、影视、音乐、戏曲、教育等内容,以音带、像带、CD、VCD、LD、DVD 为主要产品。在此期间,江苏拥有四家音像复制企业。其中,无锡江南磁带厂隶属中信集团,是江苏省内最大的磁带复制企业;其次为盐城燕舞磁带厂,主要为 20 世纪八九十年代享誉全国的盐城燕舞录像机厂复制生产配套的音像制品;另两家规模较小的一是江苏音像出版社磁带厂,隶属于江苏音像出版社,二是江苏省外文书店磁带厂,为省外文书店下属企业。

　　在 90 年代初国内音像制品出版高潮之时,江苏省的音像业甚是发达,除广东省排全国第一外,江苏紧随其后,其音像市场年流通总量一度占国内市场的 20%[①],江苏音像出版社曾有过原创作品单品种磁带发行量超千万的记录。1996 年初,江苏省广电厅组织了一次各音像单位"百万音像制品繁荣音像市场"的活动,受到国家有关主管部门的好评。

　　然而,国内音像市场于 1997 年达到顶峰后随着国家经济的调整开始了持续 4 年的滑坡。同时,由于音像制品运用的是模拟电子技术,复制的技术门槛很低,盗版如影随形,成为制约产业发展的主要障碍。以 1992 年为例,江苏全省出版了正版音带 30 种 108 万盒、像带 10 种 2 万盒,发行了正版音带 1 600 万盒、像带 10 万盒。但当年全省收缴违禁和非法出版的录音带就有 50 多万盒、录像带 8 千多盒,取缔非法批发点多达 300 个,合法经营的正版市场受到严重冲击。尽管从国家、省市到地方一直持续严厉打击音像制品的非法盗版行为,力度巨大,但盗版问题无法根除,成为音像制品业的顽疾。江苏省内各音像出版社大都进入亏损状态,经营陷入窘境。

---

① 徐毅英主编:《江苏省数字出版产业调研报告》,见《江苏出版年鉴 2009》,江苏人民出版社,2009 年。

直到 2001 年,随着国家经济调整期的结束,为了应对市场挑战,冲破困境,江苏各音像出版单位没有坐以待毙,从内容上改变一窝蜂上马流行音乐的趋势,而是依托本省地区资源优势,积极寻求市场出路,形成了音像出版与系统主营业务的融合。其中江苏音像出版社一度将电视连续剧作为主打产品,南京音像出版社时瞄准了生活类电视节目的转化,江苏文化音像出版社将舞台演出戏剧拍摄成戏曲光盘,江苏电子音像出版社则根据苏版教材大力开发教育类产品。各音像出版社针对市场需求,主打青少年文化教育类音像制品,以地方特色的音乐、戏曲类为辅,以版权引进为补充,加强拥有自主著作权的原创产品开发,逐步摆脱音像产品的进口依赖,同时各音像出版社相继在社内进行企业化、市场化改革,陆续实行"三项制度改革"与"事改企"身份转换,员工积极性有所激发,经济状况略有好转。

江苏文化音像出版社 2002 年起重新恢复运转,以精品戏曲出版为主体、音乐艺术出版和儿童教育出版为两翼,是江苏省在戏曲类出版物中最大最有影响力的,出版的《评弹音画——忆江南》《骆驼祥子》《引导孩子轻松学会宋词》等产品在江苏及至全国产生较大影响,连年滑坡以及亏损的局面有所遏制。

江苏音像出版社作为最早成立、规模最大的音像出版单位,曾作为苏州新广联光盘厂的董事长单位,也曾在无锡新广联光盘厂初创时拥有该厂 30% 的股份,因无锡新广联光盘厂全体股东约定前三年暂不分红,利润作为滚动投入。由于光盘厂在初期需不断追加投资,该社经济窘迫,无力增资,于是将其拥有的股份悉数转让给江苏省出版总社及中信投资控股有限公司,失去了之后光盘厂效益大增带来巨大分红的机会。其推出的精品《苏韵》《昆曲——长生殿》等产品,被喻为江苏文化界的一大盛事,获第六届中国金唱片奖;《中华雅韵》《童规》获得第三届全国优秀音像制品"双向奖"评比二等奖,《绣荷包》获三等奖。但该社之后转向投拍电视剧,在拍摄过程中发生火灾事故,造成青少年演员毁容,出版社投资失败,一度陷入诉讼与巨额赔偿的漩涡中,出版社最终陷入绝境。

相比之下,南京音像出版社是除江苏电子音像出版社之外经营状况较好的出版社,该社一方面紧跟市场需求,全力出击青少年文化教育类音像制品,另一方面与南京电视台长期合作,将优质电视资源转化为音像制品,先后推出养生系列、烹饪系列等群众喜闻乐见的市场产品。2002年该社再现利润过百万之情景,并持续保持了盈利局面。同时,南京音像出版社的《中国民歌》还获得国家音像制品奖,《中华百年建筑经典》获中华优秀出版物奖(音像类),《赵季平影视歌曲》(CD)获中国唱片金碟奖,《爱的港湾》《飘扬吧,五星红旗》获得第三届全国优秀音像制品"双向奖"评比三等奖。

除了市场挑战,新技术又带来新课题。

2002年之后,南京市珠江路电子一条街上出现了一种用HDVD的压缩碟的新技术的非法产品,以更大的容量、更低的价格再次冲击音像制品出版单位。就音像制品而言,消费者趋同盗版价格的心理,使得江苏各音像出版社撇开成本,压价竞争,利润空间急剧下降。与此同时,2004年我国开始了音像准入制度的施行,外商大量进入,民营音像全面渗透,国内音像市场再次战火纷飞。尤为重要的是,"九五"期间,电脑的普及与计算机数字电子技术的发展,催生了电子出版物,升级替代了音像制品。引进版、盗版、数字电子技术迭代,轮番冲击下的国内音像制品产业陷于绝境。

计算机数字技术的快速发展,加速了江苏各音像出版社的衰败,也使四家磁带厂陷于困境。无锡江南磁带厂、盐城燕舞磁带厂其后转向光盘复制业,而江苏音像出版社磁带厂、省外文书店磁带厂则以为江苏电子音像出版社生产教育类配套的磁带等音像制品为继。个别音像社在"十一五"期间开始申请电子出版权,但由于缺乏电子出版物所需的多媒体编辑与技术人才,同时在设备技术的数字化更新上不敢投入,内部体制机制上改革动作迟缓,在吃完最初的国家改革开放及垄断经营的政策红利后,经营再次陷入困境,传统音像制品市场进一步萎缩。随着数字化出版时代的到来,江苏以模拟电子技术存放模拟信号的音像制品产业走完了由兴而衰的旅程,自此基本退出出版舞台,成为时代的一个记忆。

二、先机——江苏电子出版与光盘复制业的悄然发展

在音像制品正大行其道的"八五"期间,一种基于数字电子技术的电

子出版物悄然兴起,并逐步崭露头角。它以数字代码方式,将有知识性、思想性内容的信息编辑加工后存储在固定物理形态的磁、光、电等介质上,通过电子阅读、显示、播放设备读取使用的大众传播媒体,包括只读光盘(CD-ROM、DVD-ROM 等)、一次性写入光盘(CD-R、DVD-R 等)、可擦写光盘(CD-RW、DVD-RW 等)、软磁盘、硬磁盘、集成电路卡等。

计算机技术的发展以及电脑的广泛应用为出版业带来了一次产业升级的新机遇。

1997 年 12 月新闻出版署在修订原暂行规定后正式发布《电子出版物管理规定》。与音像制品不同的是,电子出版物存储的信息是数字化的,而非模拟信号,因此它比音像制品的信息承载量更大,体积更小更便捷,价格更低廉,磁带、黑胶唱片等音像制品逐渐成为过去,电子出版物成为市场新宠儿。

1993 年 2 月,在作出计算机技术必将深刻改变我国出版业发展趋势的预判后,江苏省出版总社获批成立了全省也是全国第一家电子音像出版单位——江苏省出版总社电子音像出版部,抢得了江苏电子出版发展的先机。江苏省出版总社集中力量主要发展电子出版物,明确音像制品只作为辅助产品生产。当年就出版了一套 56 种儿童教育软件,成为江苏省首批正版电子出版物,并成功向新加坡胜利书业集团输出了版权。

1996 年依据新闻出版署《电子出版物管理暂行规定》,江苏对全省的电子出版物销售单位实行许可证制度,对电子出版物制作企业实行备案登记制度,全省共有 151 家零售单位、8 家出租单位、6 家批发单位、1 家进出口单位、1 家出版单位和 15 家制作单位经审核后予以登记。

"九五"期间,江苏省出版总社电子音像部从文化经济类开始,后形成文化、教育、综合、游戏四大产品门类。其间,完成了 20 个"九五"国家重点电子音像出版物出版规划项目;开发的《江苏大观》成为各地招商引资的"省长名片";发起并主办了南京"电脑文化节";以国内领先的界面设计与和技术框架协助新闻出版署组织了 30 个省共同开发多媒体光盘《辉煌五十年》。该部先后有 5 个品种入围国际多媒体大奖赛,其中《南京云锦》获第 15 届莫必斯大奖赛大奖。此外,该部还包揽了国内各项电子出版物大奖,成为国内电子音像出版界获奖作品总量最多、分量最重的出版单位(见表 5-4)。

表 5-4 "九五"期间江苏出版物获奖情况

获奖年份	级别	获奖名称	获奖等级	项目名称
1996	国家	首届全国优秀教育音像制品奖	二等奖	唱唱玩玩学英语
1996	国家	首届全国优秀教育音像制品奖	二等奖	美术欣赏
1997	国际	第六届"莫必斯"多媒体国际大奖赛	推荐奖	苏州园林
1997	国际	第六届"莫必斯"多媒体国际大奖赛	入围奖	中华国宝
1998	国际	第七届"莫必斯"多媒体国际大奖赛	推荐奖	国之瑰宝
1998	国际	第七届"莫必斯"多媒体国际大奖赛	入围奖	周恩来
1998	国际	第七届"莫必斯"多媒体国际大奖赛	入围奖	中国民族建筑
1998	国际	第七届"莫必斯"多媒体国际大奖赛	入围奖	中国历代钱币
1998	国际	第七届"莫必斯"多媒体国际大奖赛	推荐奖	侵华日军南京大屠杀
1999	国际	第八届"莫必斯"国际多媒体大奖赛	中国杯奖	世界文化与自然遗产
1999	国际	第八届"莫必斯"国际多媒体大奖赛	国际教育鼓励奖	中国书法大典
2000	国家	首届国家电子出版物奖	国家奖	侵华日军南京大屠杀
2000	国家	首届国家电子出版物奖	提名奖	中国历代钱币
2000	国家	首届国家电子出版物奖	提名奖	中国书法大典

获奖年份	级别	获奖名称	获奖等级	项目名称
2000	国家	首届国家电子出版物奖	荣誉奖	辉煌五十年·江苏
2000	国家	首届国家电子出版物奖	荣誉奖	辉煌五十年·西藏
2000	国家	首届国家电子出版物奖	荣誉奖	辉煌五十年·安徽
2001	国家	首届"中华杯"多媒体作品大奖赛	入围奖	财富与文化——海外华商
2001	国家	首届"中华杯"多媒体作品大奖赛	入围奖	笔顺
2002	国家	第二届国家电子出版物奖	提名奖	姑苏繁华图
2002	国家	第二届国家音像制品奖	国家音像制品奖	真相——侵华日军南京大屠杀
2003	国家	第二届"中华杯"多媒体作品大奖赛	特别推荐奖	昆剧
2003	国家	第二届"中华杯"多媒体作品大奖赛	艺术奖	昆剧
2004	国家	第三届国家电子出版物奖	国家奖	昆剧
2004	国家	第三届国家电子出版物奖	提名奖	信息技术(小学)
2004	国家	第三届国家电子出版物奖	提名奖	"三个代表"重要思想通俗读本
2004	国家	第三届国家音像制品奖	提名奖	义务教育课程标准实验教科书音乐配套参考资料(一年级上)
2004	国家	第五届全国优秀教育音像制品奖	三等奖	托儿综合教育课程
2004	国家	第五届全国优秀教育音像制品奖	二等奖	卡通奥数快乐学(三年级)

获奖年份	级别	获奖名称	获奖等级	项目名称
2004	国家	第五届全国优秀教育音像制品奖	一等奖	义务教育课程标准实验教科书音乐配套录音参考资料（一年级上）
2004	国家	第五届全国优秀教育音像制品奖	二等奖	义务教育课程标准实验教科书音乐配套录音参考资料（七年级上）
2004	国家	第五届全国优秀教育音像制品奖	二等奖	小学劳动与技术教学参考资料配套光盘（三下、六下）
2006	国家	首届中华优秀出版物奖	出版物奖	一游记
2006	国家	首届中华优秀出版物奖		铁的新四军
2006	国际	第五届"阿德露斯"青少年多媒体奖	多媒体奖	一游记
2007	国际	第十五届"莫必斯"多媒体国际大奖赛	艺术与科学奖	中国南京云锦
2007	国家	首届中国出版政府奖	音像电子网络奖	铁的新四军
2007	国家	首届中国出版政府奖	音像电子网络奖提名奖	新编本草
2007	国家	首届中国出版政府奖		一游记
2008	国家	第二届中华优秀出版物奖	电子出版物奖	中国南京云锦
2008	国家	第二届中华优秀出版物奖	电子出版物提名奖	长征——红军走过的地方
2008	国家	第二届中华优秀出版物奖	音像出版物奖	秦汉英杰
2008	国家	第二届中华优秀出版物奖	游戏提名奖	我知道
2008	国家	第二届中华优秀出版物奖	抗震救灾特别奖	我是共产党员
2008	国家	第二届中华优秀出版物奖		与你同在

江苏省出版总社电子音像部还首次在全国书市上设立中国书市网站并进行现场网络直播,首次设立书市网吧并开通网上书市交易,首次在国内提告伪造电子出版物复制委托书案件等等,是国内电子出版界多项"第一"的保持者,是新闻出版署表彰的对全国电子出版事业作出重大贡献的三个单位之一。

20世纪90年代,发达国家电子信息产业开始了结构调整,加快了向我国的转移,江苏省出版总社电子音像出版部抓住这个有利时机,联合省内信息产业,面向国内光盘市场,积极开发各类电子出版物。出版产业的多元化尝试使该部拥有了抢占先机的制胜法宝,其拥有无锡新广联光盘厂近5%的股份,在"十五"期间的分红丰厚。

2001年,随着江苏出版传媒集团(2004年更名为江苏凤凰出版传媒集团)的成立,江苏电子音像出版社在原江苏省出版总社电子音像出版部的基础上正式组建、挂牌。随着国家新批电子出版社增多,在不过几个亿的电子出版物市场上出现了110个同类出版单位。面对全国电子音像出版领域不断萎缩的市场容量与相对过剩的出版能力的结构性矛盾,国内音像电子产品领域中各行业竞相介入文教类产品。江苏电子音像出版社及省内其他已获得电子出版资质的音像出版社都大幅度转产教育类产品,江苏电子音像出版社60%以上的是文教类选题,借助其独有的"盘配书"资质及光盘生产的产业链优势,占据了近50%的江苏文教类电子出版物市场,并随着"凤凰版"教材教辅读物在全国的推开,"凤凰版"教育类配套电子出版物成为其生存发展的经济基础与依赖。

在深耕教育类产品的同时,江苏电子音像出版社完成了诸多列入国家"十五""十一五"重点音像、电子出版重点规划的项目,并在全国性及国际性评比中囊括了各种奖项,继续保持国内同行第一的地位。尤其是与法方合作并列入"中法文化交流年"的DVD-ROM光盘《一游记》的开发与发行,开我国电子出版物走出国门之先河。

江苏省内南京大学出版社、东南大学出版社以及河海大学出版社均先后成立了音像电子出版社,以为高等教育出版作配套产品为主。苏州日报报业集团2005年成立了江南电子音像出版社。各社依托本版图书或地方文化资源,出版了建筑、外语教学、医学类等盘配书的音像制品。除江南电子音像出版社精心打造的《昆曲六百年》获得第二届中华优秀出版物奖外,其他获奖作品数量不多,整体规模及在国内电子出版业中的影响不大。

到2008年底,江苏的8家音像电子出版社年出版音像、电子出版物1066种、1554万盒(张),销售(业务)收入0.27亿元。江苏电子音像出版社实现销售1892.81万元,实现利润239.52万元,其中教育产品销售1760万元,其他产品销售135万元。而从江苏电子音像出版社的收入结构看,教育类产品是其主要来源,盘配书是教育类产品的主要形态。

在电子出版物兴起之初,以江苏省出版总社为代表的江苏出版人看准了科技发展带来出版介质变化趋势,江苏出版业由此占据了战略先行的先机,江苏电子音像社拨的众多国内头筹;在其后的发展中,又再次抓住了国际电子信息产业转移江苏的先机,社厂联动,规模效益显现。一时间,电子出版从业者"告别纸、油、墨,迎接磁、光、电"的自豪与喜悦之情溢于言表。

然而,电子出版从本质上说是技术驱动的,80年代个人计算机的出现,使以软磁盘为载体的电子出版物风靡一时,90年代,只读光盘取代软磁盘成为封装型电子出版的主流载体,90年代中期,科技的发展使得网络开始普及,网络出版应运而生,计算机技术的加速迭代,对出版业的上游、中游均产生巨大冲击。尽管江苏出版业积极应对,努力推动传统出版与新业态的融合,但毕竟IT行业所要求的专业技术力量与投资规模非传统出版业所能承受,只能以传统出版的思维方式与路径依赖,尽可能多地谋取转瞬即逝的产业发展机会。当计算机技术从有形进化到无形之时,电子出版物不可避免地重演了其"前世"——音像制品的命运。

三、追随——江苏网络与数字出版的出局与入局

早在"八五"期间,一种基于互联网通信技术的计算机技术迅速崛起。1994年中国科学院建设了我国第一台WWW服务器,我国第一个网站诞生了,从此拉开了中国互联网信息服务及出版的序幕。1995年

《神州学人》杂志在互联网上推出电子版,成为我国第一份中文互联网杂志,诞生了通过信息网络向公众提供具有编辑、制作、加工等出版特征的数字化作品,中国出版业迎来了网络出版时代。

基于通信技术与计算机技术的联姻,网络出版使得 CD-ROM 等封装型载体在世界出版舞台上的风光不再,作为一种过渡型产品,新兴的电子出版物还没有来得及成为"新的经济增长点",就被销售商束之高阁。

2002 年,国家新闻出版署、信息产业部出台的《互联网出版管理暂行规定》中明确:互联网出版指互联网信息服务提供者将自己创作或他人创作的作品,经过选择、编辑、加工,登载在互联网上或者通过互联网发送到用户端,供公众浏览、阅读、使用或者下载的在线传播行为。

网络出版(也称互联网出版)包括传统出版的网络化和网络化的出版,强调"在线"与"在网"。从本质上说,电子出版、网络出版都是数字化的出版,可以说电子出版是数字化出版的萌芽期,而网络出版则已经进入发展期。

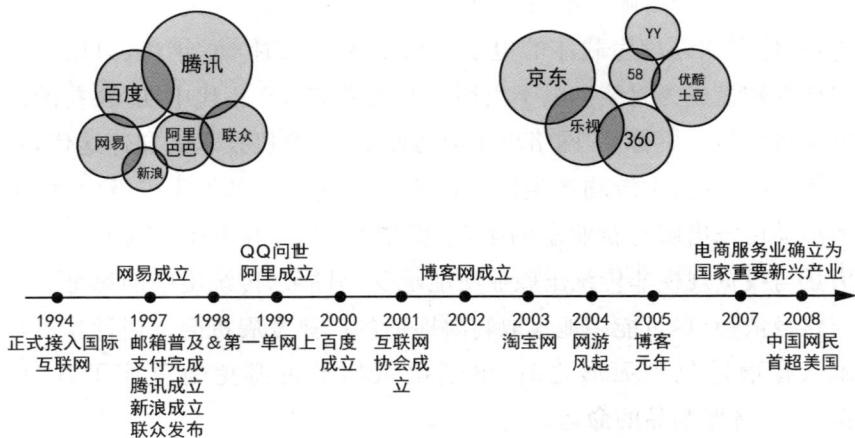

图 5-2①

---

① 辛初:《我国互联网出版产业现状和发展趋势》,《传媒》2004 年第 2 期。

"九五"以来,国内从学术文献的互联网传播,到文学、教学读物、游戏、音乐等互联网网站的涌现,传统出版业各内容领域均被网络出版所覆盖,而新浪、搜狐、网易等门户网站,以及上海盛大网络、金山公司等一批互联网出版领军企业已经进入了产业化发展阶段,不到十年,来势汹汹。反观中国传统出版业,虽然涉足网络出版的单位数量不少,但规模效益远不如那些互联网、电信与高新技术类公司。

江苏的网络与数字出版起步于"十五"前后,"十一五"期间江苏出版业陆续加大网络与数字出版参与力度。从时间上与国内其他发达省市对比,江苏网络与数字出版相对滞后,呈现出追随者的特点。

江苏网络出版首先开局的是江苏报刊业。

1998年6月,当时全国发行量最大的晚报《扬子晚报》在江苏第一个开通新闻网站——扬子晚报网,是以新闻为主的大型网上信息发布平台,也是江苏省首家获得国务院新闻办批准的新闻网站。开通后与全国多家重点网站建立了长期的合作关系,扬子晚报网所发布的信息被人民网、中华网、新浪网、搜狐网大量转载,转载量一直在江苏省名列第一,扬子晚报网成了宣传江苏的一个重要窗口。2001年,扬子晚报再进一步,推出手机报——短信版"扬子随身看",再次引领江苏报业网络出版。

南京文联主办的文学期刊《青春》杂志,于2000年建立了网站,创办了网刊,举办了第一届网络文学大赛,开始了网络出版的探索;此外,学术类期刊《中国家禽》杂志2008年申办了网络出版权,创办《中国家禽》期刊网,年收入近60万元。

2006年前后,南京日报报业集团也进入数字出版领域,集团领导高度重视数字出版的发展,制定了《南京日报报业集团2008—2010年数字报业发展规划》,明确了今后的发展思路,稳步推进数字报业的发展,其手机报在全国也名列前茅。

"十五"至"十一五"期间,由于江苏手机普及率的提高,加上强势的移动通信运营商,江苏省的大型报业集团发行手机报的积极性较高,各地级市报也大都开办了自己的手机报。对于大型报业集团而言,由于已基本完成了信息化建设与人才培养,同时网络运营的商业模式清晰,产业链简单明了,报业集团都能很清楚地认识到自己在整个产业链中的位置和盈利点,进入数字出版的步伐就相对快一些。

其次是江苏的民营企业,基于手机出版、网络文学出版成长较快、赢利较好,2001年起较多入局文学网站。

2001年江苏的潇湘书院、万爨松风书库两家网站上线,其中,潇湘书院是最早发展女生网络原创文学的网站之一,也是最早实行女生原创文学付费的网站。经过多年的辛勤耕耘,潇湘书院已发展成国内最大的女生原创网站之一,用户数量与日俱增,访问流量在国内文学类网站中名列前茅。到2008年,其会员付费收入超200万元。

2003年,逐浪网上线,其前身为国内著名的文学站点——文学殿堂,2006年6月,逐浪网归入大众书局旗下,被收购后的逐浪网发展迅猛,短短6个月时间已成功进入行业网站三甲位置。站点全球排名攀升至500位,截至2008年底,其签约作者约3 000人,签约VIP作品约4 000部,注册会员为4 592 303人,付费VIP会员为197 274人,日访问量为50万—60万IP,日均PV量(浏览网页数)为700万页(次),其2008年的会员付费为300.47万元,广告收入为58.6万元,版权运营收入为近60万元。

此外,还有连城读书、异侠玄幻小说网等江苏网站亦相继上线,并在全国网络小说网站排名中位居前列。到2008年,江苏有互联网文学网站64家(其中小说网站53家)、搜书引擎网站4家、文学论坛7家、小说论坛2家、电子图书网站4家,90%以上由民营企业经营。部分网站已具有一定的规模,互联网文学正在逐渐产业化,由中国出版业网站年会发布的统计资料显示,江苏逐浪网、潇湘书院和异侠玄幻小说网等3个小说网站进入全国同类网站的前15名,市场基础和知名度较佳。①

在全国各互联网企业为主体推动互联网出版蓬勃发展之时,新闻出版总署从2000年起,组织了数次全国性的网络出版调研,对国内传统出版业进入网络出版的现状深感担忧。为鼓励传统出版单位加快数字化转型,2005年7月,以"互联互通,共建共享"为主题,新闻出版总署主办了首届中国数字出版博览会,以期推动传统出版业形成全媒体复合出版

---

① 《江苏出版年鉴2009》,南京:江苏人民出版社,2009年。

新业态。中国出版业自此开始探索数字出版业态与盈利模式,数字出版由此登台亮相。

数字出版是指利用数字技术进行内容编辑加工,并通过网络传播数字内容产品的一种新型出版方式,其主要特征为内容生产数字化、管理过程数字化、产品形态数字化和传播渠道网络化。互联网出版属于数字出版,互联网出版物是数字出版物中当前在线或来自网络的那部分。

江苏出版业随着全行业数字出版的步伐,逐渐入局数字出版。译林出版社是江苏图书出版社中网站建立最早的,1998 年 6 月初由江苏省印刷科学技术研究所承担软件开发的译林出版社 INTERNET 网上书店开通,这是江苏出版系统最先开通的网上书店。2001 年起规划网站建设,通过互联网直观地、互动地宣传译林社图书,同时在内部建立起资源、信息共享的系统,该社编辑通过本社网站的国外网友获得《兄弟连》的版权信息后及时接洽并在国内畅销,更坚定了该社涉足网络的信心。2003 年起,译林社开始涉足网络出版,以平面、影音、网络三种平台为一体,以听说读写并用的新理念将时尚英语杂志《英语新世纪》推向市场,开国内的英语教学模式之先河。

凤凰出版传媒集团下属的江苏电子音像社,在集团及自身数字出版上做过许多工作。2003 年,其与新浪等著名网站一起,成为国内 50 家首批获得网络出版权的单位;江苏电子音像社主办了"凤凰出版传媒网站",整合了集团内信息资源,帮助并促进了集团内成员单位网站的互联互通与信息共享,新建了集团版教材的学科网站,自建了江苏省中小学信息技术教学网及音乐网;其中"凤凰出版传媒网站"在 2008 年全国出版网站评比中荣获优秀出版网站称号。

凤凰出版传媒集团是江苏出版业的龙头企业,在 2008 年之前,在网络与数字化上做了一点尝试,但动作不大。2003 年集团与北大方正公司签署网络出版战略合作,2004 年,凤凰出版传媒网站开通,购买了知网的镜像数据库,作为集团内部共享的检索资料库。2008 年,凤凰出版传媒集团决定加大数字出版投入,成立了数字出版中心,正式启动 ERP项目,按需印刷生产线投入运行。

此外,游戏动漫产业作为广义的数字出版,江苏的表现一般。尽管江苏有扬州扬子江音像公司、常州国家动漫产业基地、苏州好莱坞动漫公司和苏州神游科技有限公司等企业涉足游戏动漫产业,但到2008年之后,在国家划定的数个动漫基地名单里已没有江苏,在南京的几个网游企业倒闭之后,仅苏州尚存两家规模不大的游戏制作公司。总体上江苏的游戏动漫产业在全国仍有地位。

2007年以前,江苏的数字出版一直处于"内冷外热"的状况,一些IT技术服务商占据了绝大部分市场份额,成为网络数字出版的主角,只建有本单位宣传网站的江苏传统出版业,在犹豫徘徊中被边缘化。

从产业经济规模上看,江苏的数字出版产业实力较弱,2008年收入仅为3 500万元,与传统出版相比相距甚远。为拉动江苏数字出版业的发展,省财政"十一五"起每年安排专项产业引领资金用于重点的数字出版项目,其中2008年度投入约1 260万元,充分表明了政府支持数字出版产业发展的决心。

当电子出版来临之时,江苏出版业以"盘配书"作传统出版之补充;当网络出版开始蔓延时,江苏出版业追随"触网"、徘徊观望;当数字出版形成趋势时,江苏出版业方开始入局。由音像到电子再到数字,计算机技术已经深刻融入了出版业的发展,数据已是出版业的核心要素。

第五节　江苏当代出版业的改革与产业发展

一、脱胎——政企分开与江苏新华发行集团、江苏出版集团的成立

在20世纪七八十年代经历了拨乱反正恢复运转、排除干扰稳定发展阶段后,江苏当代出版业自"九五"起逐步走出封闭的传统出版,开始了建立适应社会主义市场经济出版体制的实践探索,这个过程丰富多彩而又异常艰辛。经过"十五""十一五"的接续奋斗,江苏逐步建立了现代开放的出版业。在这个不寻常的征途中,江苏出版业发生了广泛而深刻的变化,取得了从出版高原到出版高地的非凡成就。

延续"八五"期间"稳定、创新、繁荣、质量、特色、效益"的工作指导思想,"九五"开局之初,江苏首先从图书发行业进行改革探索。以"坚持方

向,扩大销售,强化辐射,争取市场最大化"为全省"九五"图书发行工作思路,江苏把图书发行改革的重点放在加强各形式的联合、开拓和市场占有率上,努力探索联合、联手与连锁经营的机制,围绕适应和开拓市场,进行进、销、存、管各环节和分配制度、管理制度的改革,在全省普遍实行了目标管理责任制。1997年,省新华书店与苏州、徐州两市分别联办的批销中心先后开业,转变经营机制、扩大市场份额、强化一般图书发行为中心内容的改革取得积极进展,经济增长势头良好。

1997年,江苏出版总社从增强江苏出版业宏观调控能力、强化集团意识、发展规模经营入手,对直属的九家出版社、新华书店及印刷厂等单位出台了新的管理制度。一是为规范中小学教材的出版、发行秩序,确保"课前到书、人手一册"政治任务的完成,对全省的中小学教材出版实行由各有关出版社编辑出版,省出版总社租型印制,总社教材办公室统一负责各方联系与协调的管理办法。二是为规范进货渠道、确保出版用纸供应,由省出版印刷物资公司负责承担各出版社80%的出版用纸任务,并在质量、价格、服务上作出了具体的规定和要求,对全省出版用纸进行集中统一管理。三是总社成立资金结算中心,模拟银行信贷职能、结算方式和管理机制,负责办理出版系统各单位对内对外的各类结算和资金调剂业务,对省出版总社系统各单位资金进行规范管理。

这些管理制度在集聚规模力量的同时展开了江苏出版业的规模经营,通过摸索集团构建的路径,逐步成熟集团的运作机制,江苏省出版总社的规模效益也越来越明显。

1998年,江苏省出版总社完成了出版系统的首次资产重组——江苏省出版印刷物资公司与江苏图片社合并、资产重组,为整个出版系统的体制改革提供了经验。年底,江苏省政府发文批复同意江苏省新华书店改制为江苏省新华书店集团有限公司,以其为核心,组建江苏新华发行集团,列入省重点企业集团行列。

1999年,江苏新华发行集团完成了由各市、县新华书店作为紧密层、吸收省内外其他出版发行单位参加的组建,以改制后的省新华书店集团有限公司为核心层,全省新华书店、外文书店、古籍书店共81家为子公司,组成控股层,资产总额20.1亿元,是江苏省首家大型文化企业集团,被国家新闻出版署列为全国重点图书发行集团试点单位。集团的成立,结束了长期以来江苏省基层新华书店人权、财权、经营权分离的现状,是出版体制改革的重大突破,标志着江苏图书发行工作进入了新阶段。

2001年,根据江苏省委、省政府《关于省级党政机关机构改革实施方案》,按照政事分开、管办分离的改革思路,停止原江苏省新闻出版局、江苏省版权局、江苏省出版总社三块牌子、一套机构的运行模式。江苏省新闻出版局、省版权局独立为省政府主管新闻出版和著作权事务的职能部门。原江苏省出版总社保留,为省政府直属的正厅级事业单位,在其基础上于2001年9月成立江苏出版集团,与集团公司两块牌子、一套班子。

江苏出版集团的核心为江苏出版集团有限公司,当年拥有江苏人民出版社、江苏科学技术出版社、江苏教育出版社、江苏少年儿童出版社、江苏美术出版社、江苏古籍出版社、江苏文艺出版社、译林出版社和江苏电子音像出版社9家出版社,江苏新华印刷厂、淮阴新华印刷厂、徐州新华印刷厂3家印刷企业,江苏省出版印刷物资公司,江苏新图进出口公司,江苏新华发行集团及其所属的省新华书店、省外文书店、古籍书店和各市、县共82家新华书店,以及江苏省出版总社报刊中心、凤凰台饭店、控股公司新广联光盘厂等共102个独立核算、自负盈亏的法人单位。集团公司注册资本7.2亿元,总资产52亿元。

作为国有独资公司,江苏出版集团有限公司经省政府授权,负责经营江苏省出版总社及其所属各单位的国有资产。江苏出版集团有限公司隶属省委宣传部领导,领导班子由省委管理。集团公司实行党委领导下的总经理负责制。集团公司党委书记兼任董事长和总社总编辑,暂不设董事会、监事会;集团公司总经理兼任党委副书记、总社社长,为法定代表人。

自此,全国规模最大、经济实力最强的省级出版集团之一诞生。江苏出版集团的图书印数、印刷用纸量、销售收入、人均销售额以及利税等主要经济指标均居于全国先进水平。2001年,集团销售收入达到68亿元,占全国出版系统销售总额的十分之一。集团公司所属各出版社先后有 10 种图书获中宣部精神文明建设"五个一工程"奖,20 多种图书获国家图书奖,40 多种图书获中国图书奖,位居全国各省市出版集团前列。

集团子公司江苏新华发行集团拥有新华书店图书发行网点 900 处,"四乡一点"的农村图书发行网点规划目标多数市、县已实现,具有一定规模的新华书店中心门市部各市、县至少拥有一处。2001 年,江苏新华发行集团的图书销售额达 57 亿元,已连续多年在全国名列前茅。

集团所属 3 家直属印刷厂均拥有较先进的排版、印刷、装订设备,书刊印刷质量较高,在全国印刷质量评比中连续多年获得金、银奖。集团所属江苏省出版印刷物资公司拥有总面积约 3 万平方米的纸库,2001 年销售收入突破 15 亿元,居全国同行业首位。

以江苏出版集团及其子公司江苏新华发行集团的成立为标志,江苏出版业建立了党委领导与法人治理结构相结合的具有中国特色的出版业新型领导体制。两大集团的成立,使得江苏出版的编印发供的出版产业链更趋完备,江苏出版业集团化、产业化的工作取得实质进展。政企分开是一次脱胎,在完成了以此为主要任务的体制改革阶段后,江苏出版业由此拉开了产权制度改革的序幕,开始了"事转企"、多元化、股份化、国际化的新征程。

二、蜕变——"事转企"与江苏出版业的产权制度改革

2002 年 11 月,党的十六大报告第一次将文化分成文化事业和文化产业,提出要"抓紧制定文化体制改革的总体方案"。2003 年 6 月,全国文化体制改革试点工作会议在北京召开,全国有 39 个宣传文化单位参加了改革试点,江苏新华发行集团是全国改革试点之一,这标志着我国以试点单位改革为突破口的文化体制改革全面启动。

新闻出版总署根据中央的要求,结合行业特点,制定了《新闻出版体制改革试点工作实施方案》,明确要求试点发行集团要完善现代企业制度,建立并完善法人治理结构;有条件的试点集团要进行股份制、公司制改造,在保证国有资本控制力的前提下,实现投资主体多元化;进一步深化所属新华书店的体制改革,使之成为适应市场的新型出版物发行企业;加快连锁经营和物流配送体系建设,组建区域性、全国性和跨国性的连锁经营总部,形成自主经营、自负盈亏、自我约束、自我发展的法人实体和市场主体;鼓励条件成熟的试点发行集团公司上市融资。

作为中央确定的全国试点单位,中央对江苏新华发行集团的试点工作十分关心并寄予厚望。江苏新华发行集团是开路先锋中的一员,它的企业改制所受到的重视,是前所未有的。

2004年6月,中央政治局常委李长春同志亲自视察江苏新华发行集团,现场提出了"割掉事业尾巴、整体改制、尽快上市"的要求。①

7月,江苏省委书记李源潮同志亲自召集会议,专题研究新华发行集团改制工作,明确提出了"增量改制、做大做强、保值增值、优进劣退"的要求。他要求发行集团要加大经营创新,实行多元化经营,加强资本运作,向全国扩张,形成跨地域、跨行业、跨所有制的全国性一流企业、一流集团。

江苏省委省政府专门成立了发行集团改制领导小组,省委副书记任彦申任组长,省委常委、宣传部部长孙志军和副省长张桃林为副组长,省"两办"分管秘书长和省各有关部门负责同志为成员。江苏省委省政府多次召开专题会议,对多种方案进行优选,对涉及的各方面政策反复研究、磋商,经七次修改、江苏省委宣传文化工作领导小组两次讨论后最终确定了《关于江苏新华发行集团体制改革实施意见》,并以省"两办"名义下发。领导小组着重研究解决发行集团改革中遇到的重大问题,指导、协调、检查、督促《实施意见》的贯彻落实,确保发行集团的改革顺利推进。

根据《实施意见》②,江苏新华发行集团的这次改革,必须做到"三个坚持"。一是坚持正确的政治方向,巩固国有经济在发行业中的主导地位。要确保党对文化工作的领导,确保马克思主义在意识形态领域的指导地位,确保社会主义先进文化的前进方向,确保党管干部原则的贯彻执行。要坚持国有控股,充分发挥国有发行企业的控制力、影响力和带动力,巩固江苏新华发行集团在全国的优势地位。二是坚持以产权制度

---

① 徐毅英主编:《江苏出版年鉴2004》,南京:江苏人民出版社,2007年。
② 徐毅英主编:《江苏出版年鉴2004》,南京:江苏人民出版社,2007年。

改革为重点,调整和优化产权结构,把企业改制与建立现代企业制度结合起来,进一步理顺产权关系,有选择地通过引进战略投资者和有竞争力的产业合作者,实现投资主体多元化。要实行增量改制,优进劣退,确保国有资本在重组中保值增值。三是坚持正确处理改革、发展和稳定的关系,保障职工的合法权益。要始终以发展为第一要务,以改革促发展,以发展保稳定。按照公平、公正、公开的原则,规范改制的操作程序。改革方案、政策、措施的形成,必须广泛听取意见,实行民主决策。同时,要积极稳妥地做好人员分流安置工作,确保各项权益落实到位,确保人心安定、社会稳定。这些要求,必须贯穿改革的全过程。

《实施意见》明确指出,发行集团要实行整体改制,转换机制,创新业态,力争上市。这是一个整体规划、分步实施的改革思路,先事转企,再企改股,最终争取上市。按照这一思路,《实施意见》确立了具体的改革目标,这就是"三个创新"。一是体制创新。通过改革,完善法人治理结构,建立现代企业制度,使发行集团真正成为面向市场的自主经营、自负盈亏、自我发展、自我约束的法人实体和市场主体。二是机制创新。通过改革,逐步建立既适应社会主义市场经济体制,又符合社会主义精神文明建设要求的管理体制和运行机制。三是业态创新。通过改革,构建以连锁经营为主要业态,以先进信息网络、庞大市场网络和强大配送平台为支撑,以全新营销服务体系为依托的现代出版物流通体系。在此基础上,对照国家关于股份制企业上市的有关法规要求,规范地进行企业的股份制改造,争取早日上市。改革的最终目的是促进发展,不断增强企业的活力、实力和竞争力。

《实施意见》明确要求,发行集团通过改革,在未来 5 年内图书主营业务年总销售保持 7％以上的增长速度,利润年增长 10％,集团总销售力争突破 100 亿元,争取首批进入全国 20 强流通企业行列。这一目标,是经过反复测算提出来的,通过努力是完全可能实现的。

《实施意见》中还突出强调了两项重点任务:一是整体改制,把发行集团所属的 43 个事业性单位全部改制为企业,并明确要求在 2004 年 10 月 31 日前基本完成。二是实施股份制改造,将江苏省新华书店集团有限公司整体改制为江苏新华书店股份有限公司。《实施意见》明确,以江苏出版集团有限公司为控股单位,通过引进战略投资者,吸引其他国有资本、民营资本、境外资本参股,建立规范的股份制公司,实现股权结构多元化,达到上市公司的法规要求,在资本运作的平台上进一步做大做强。

为保障江苏新华发行集团的改革试点顺利推进,江苏对发行集团改制提供了强有力的政策优惠。《实施意见》采取一企一策的办法,对发行集团改制中涉及的员工身份转换、分流安置、资产处置、土地出让、社会保障等一系列问题,都提出了明确的政策措施。为平稳推进发行集团的改制,创造了良好的条件,提供了有力的保障。特别是考虑到发行集团所属子公司遍布全省各市、县的特殊性,《实施意见》在配套政策的第一款,就明确了"集团事业单位转企工作,按照所在市市属事业单位转制的相关政策执行";对目前还没有制定事转企政策的个别市,可以苏办发〔2004〕20号文件为依据,参照相邻市的政策,制定相应的办法。这就明确了发行集团所属子公司事转企实行属地化的原则。所需要支付的成本全部由原主管部门承担,不给地方增加矛盾。省领导小组提出各地应按照《实施意见》的要求,做好衔接工作。

江苏新华发行集团的企业改制,极其复杂烦琐,涉及省市县各地,牵扯面极广。发行集团虽然是省属单位,但属省店总部的员工只有很小一部分,绝大多数在全省各地。具体到发行集团内部,体制差异性大,面广点多,资产和员工队伍庞大,涉及省市县各地。经过一年多的努力,到2004年10月,江苏新华发行集团完成改制工作。整体将发行集团81家成员单位全部纳入转制范围,全面实行事改企。所属43家事业子公司转为企业,集团各子公司人员分流安置和转换劳动关系工作也同期完成。集团提留费用4.07亿元,其中,事业单位安置离、退休人员(包括提前退休)费用2.74亿元,调整劳动关系费用0.38亿元,企业单位调整劳动关系费用0.95亿元;集团分流安置员工2 754人,其中提前退休640人,内退472人,解除劳动合同1 642人。转制后,企业员工全面实行双向选择、竞争上岗,进行全员身份置换。集团资产得到全面清理,进一步优化了资产结构,提升了企业价值。进入转制后企业的4 990人已全面转换了劳动关系,实现单位性质"企业化",职工身份"社会化",国有资产

"明晰化"。

"事转企"后江苏新华发行集团建立了规范的母子公司体制,通过领导班子的聘任制,全面更新了各子公司的领导班子,为集团的发展提供了可靠的组织保证;通过人事、收入分配和社会保障三项制度改革,在企业内部形成了新的竞争机制;这些都为现代企业制度的建立奠定了基础。

同年,江苏出版集团下属的江苏新广联光盘有限公司、江苏省出版印刷物资公司、江苏新华印刷厂的改制改造工作也同步有序推进。

2007年,江苏省22家图书、音像和电子出版社中,除江苏大学出版社1家成立时即为企业性质外,有12家完成或基本完成转企,9家正在推进。

2008年,凤凰出版传媒集团(注:2004年江苏出版集团更名)拟定《集团转企改制总体方案》,完成事业单位在编人员身份校核工作,为改制工作创造了重要的基础性条件。集团聘请华泰证券为集团转企改制的财务顾问,召开了事转企清产核资工作会议,各成员单位的资产清查已经完成。集团各直属出版社全部完成工商登记注册。

在此期间,江苏的《市场周刊》《服饰导报》等16家期刊完成转企改制,成为市场法人一级主体。

以江苏新华发行集团为代表的江苏出版业的这次改革,从根本上完成了体制转换,实现了事与企的剥离,完成了完全面向市场竞争的现代文化企业的蜕变。但改制仅仅是江苏出版业向现代出版业迈进的关键一步,江苏出版企业实现了所有权和经营权的分离,产权清晰、权责明确的现代企业制度和法人治理结构才初步建立,成为现代出版企业还需面对更多更大的挑战。

三、发轫——江苏出版产业生态圈的建立

随着江苏出版企业公司制改造、法人治理结构的完善以及产权制度改革等工作告一段落,各出版单位自主经营权得到真正落实,放手发展的积极性倍增,江苏出版业开始了一轮做大做强的新实践。

凤凰出版传媒集团成立之初在南京已拥有一家四星级的凤凰台饭店,因其具有较为浓厚的书香特色,在酒店业及出版界有一定影响。

2005年,凤凰台饭店在承包经营宿迁万源宾馆取得一定经验和效益后,先后租赁或承包经营了南京金陵会馆、明都凤凰台饭店、宿州凤凰大酒店,形成了5家酒店连锁经营的规模,在扩大了饭店知名度的同时,培养和锻炼了经营管理队伍集团化运作、连锁经营发展的能力。次年,凤凰台饭店在北京、扬州再设分店,凤凰出版传媒集团的酒店子集团呼之欲出。2007年,收购北京苏源凤凰饭店,接管半月,客房率从15%飙升到85%以上;原租赁经营的北京凤凰台饭店提前一年实现盈利。酒店板块业务稳步推进,"文化凤凰台"的个性品牌不断丰富,酒店子集团就此成形。

2005年,凤凰出版传媒集团高调宣布成立江苏凤凰置业有限公司,进军房地产业。从其公告信息中得知,该集团通过土地出让获得南京市中央路401号"南汽南地块",拟在该地段建设集商业、办公、高尚住宅及配套服务区为一体的综合社区。次年,该地段的"凤凰和鸣"高层楼盘开盘第一天销售率达90%以上,这令江苏凤凰置业有限公司信心大增,随后以10.1亿元通过招标成功拿下南京市所街地铁地块;与上海一家房地产公司合作,参与投资新街口铁管巷"金陵第一楼"房地产项目,并从南京铺开到省内苏州、淮阴等其他城市,投资3.6亿元购买了苏州新加坡工业园区土地,投资1.2亿元变更小红山土地为地产用地,投资8亿元收购了赛虹桥地块,为长期可持续发展做地产项目储备。面对金融危机冲击,集团的房地产业发展平稳,效益突出。在此期间,凤凰出版传媒集团资金优势得以进一步发挥,产业规模得以拓展,经营开发的效益日趋明显,凤凰地产板块成为集团利润的重要贡献者。

2006年,凤凰出版传媒集团再涉金融行业,投资6亿元成为江苏银行第二大股东,投资1.1亿元成为南京证券第二大股东。年内通过申购新股等积极、稳妥、有效的资本运作,盘活集团资金存量,获利2.16亿元。2008年在全球金融危机证券市场出现大幅度震荡的情况下,该集团仍然实现了1亿元的资本净收益。由此,集团的金融板块业务收益成为其核心利润的重要组成部分。

此外,作为集团多元发展的重要平台之一的江苏国际图书中心,2008年9月全面竣工,开启了新型文化贸系列项目的投资建设。集团通过资本运作,成功收购太平洋印务有限公司,迁址江苏新华印刷厂,发展高档印刷、彩色包装印刷,凤凰集团印刷产业基地初步成型;江苏新广联有限公司战略扩张广东东莞光盘厂,获新闻出版总署批准;下属江苏文艺出版社与中影集团、常州电视台联合拍摄电影《我要做个好孩子》,并荣获第11届中国电影华表奖优秀儿童片奖,凤凰出版传媒集团自此进入影视领域。

从酒店业,到地产业、金融业,再到影视业、印刷基地及文化贸等等,凤凰出版传媒集团多元化发展的动作不断,令人眼花缭乱。这些跨界、跨业的步伐,在国内各省市出版集团大都围绕出版主业激烈竞争之际显得另类而独特,作为国内出版龙头企业,其一举一动早已是业内关注的焦点,一时引起国内出版界对发展模式的热烈争论。

以上海世纪出版集团掌门人陈昕为代表的一些业内外人士,对凤凰出版传媒集团的多元化发展模式持不同看法。他表示,"凤凰的做法"对中国出版集团的品牌建设、核心竞争力的形成和长期发展是十分不利的;从国际出版集团的发展经验来看,这种跨领域的经营模式也大多以失败而告终。国际出版集团所理解的出版集团的多元化经营和范围经济并不是指跳出出版市场和内容产业的泛多元化,而是指在出版领域内的多元化。上海世纪出版集团选择面向一个更大的市场,所以强调专业化。因为从经济学的角度来说,当一个企业面向小市场的时候,它要做大,业务肯定是多元的,而当它开始面向大市场的时候,一定会走专业化的发展道路。比如,某出版集团的出版物如果仅仅面向省内,或者围绕教辅在做,这种情况下,为了要达到双百亿的目标,或者给它一个很大的指标的话,它只能多元发展,靠做其他业务试图做大。而跨国公司面向全球市场的时候,必须专业化。因为必须把自己的业务在某一个领域做到最强,才可能在全世界扩张。①

但时任凤凰出版传媒集团董事长谭跃在《人民日报》撰文说:"集团化的指向是产业化,产业化第一个特征是规模化、集约化;第二个特征是市场化和利益最大化。这要求我们持续不断地以市场为导向,以营销为

---

① 陈昕:《在 2005 中国出版发展高层论坛上的讲演》,2005 年 5 月 30 日。

中心,以绩效考核为抓手,重市场份额,重销售收入,重利润指标。总之,这两个特征一是要做大,二是要做强,这是转企之后必须谋求的两个硬指标。但这只是产业化的一个方面,作为出版产业乃至文化产业,它的另一特征是文化导向和政治导向。我们的社会责任是引导好社会的文化生活、政治生活和精神生活,这一责任不能在产业化中弱化甚至迷茫乃至消亡,而应在产业化中坚持弘扬,有效强化。在文化产业化中,文化是魂,产业是体,产业因文化而有魅力,文化也因产业而更具影响力。可以说,不管在哪个国度,哪个民族,出版乃至文化产业化中都存在着文化导向和市场导向相结合的产业化,这既是一种要求,更是一种趋势,顺之者文化昌明,逆之者文化衰亡。"①凤凰出版传媒集团的多元化发展有利于江苏出版业的结构调整。凤凰出版集团 2008 年的销售收入中主业占 85％~86％,但利润中主业只占 60％多一点,说明在坚持主业同时,不能把手脚捆住,当年营收 120 亿当中,利润最大的还是地产和金融两块业务。这两块看上去和出版没有关系,但凤凰传媒瞄准的是"文化地产",具有文化气质的商品房的开发,主要是以书城为基础的文化消费,以及终端文化网络的建设,这张网就是今后集团发行上市以后的主要目标。在金融领域,凤凰出版传媒集团已覆盖银行、证券、基金、信托、保险等金融全领域,金融业务平均每年给集团带来了 2 个亿左右的净利润。②

时任凤凰出版传媒集团总经理的陈海燕更将原来出版产业链的理念提升为产业生态圈的理念。③ 产业链的理念指的是业务有紧密相关性的,如编印发、出版上下游,而产业生态圈中,看起来有些产业与核心业务离得比较远,但其实是有关系的。以书业为核心产业链的文化产业生态圈,将涵盖文化创意、文化生产、文化资源供给、文化产品流通、文化物流、文化中介、文化科研、文化地产、文化金融等业态的产业集群。"在一些新的业态、新的领域,找到了与书业间接的相关性,我们才有优势。"

① 谭跃:《文化导向与市场导向相结合基础上的产业化》,《出版参考(业内资讯版)》2010 年第 13 期,第 6 页。
② 《谭跃 2009 年 12 月 30 日接受腾讯财经独家访谈》。
③ 陈海燕:《做强做响有凤凰》,《中华读书报》2012 年 12 月 16 日第 18 版。

同时,生态圈理念对核心产业起到强有力的支撑作用,能让凤凰的主营业务、核心产业链在一个肥沃的产业生态圈的土壤中健康成长。

秉承坚定不移、积极审慎、注重关联、反哺主业的多元发展思路,所有资金围绕主业,闲散资金投入辅业,绝不能让大量资金闲置,坐视诸多商机白白流失,凤凰出版传媒集团坚定地在产业多元化发展的道路上大踏步前进。

上海世纪负责人与江苏凤凰负责人在有关“多元化”方面的不同看法,在当时赢得上风的是凤凰集团,但在以后的更长岁月中,陈昕的很多担忧都变成了现实。凤凰集团在多元化道路上成功与失败的教训都很深刻。

多元化发展的同时,按照江苏省国资管理部门的要求,凤凰出版传媒集团所属85家企业完成了国有资产产权重新登记、评估核销,开始了股改上市的新旅程。为确保所属企业股改上市成功,实际上,三家候选企业同时筹备、齐头并进。

江苏新华发行集团是凤凰出版传媒集团的核心主业板块之一,其股改上市工作是集团首推对象。在此期间,发行集团在全面清产核资与资产评估的基础上完成了重组工作;组建了凤凰资产公司,剥离非上市的离退休人员和资产;对全省新华书店进行了公司制改造,并进行相关整合,优化资源配置,提高资源集中度;引进战略投资方,完成增资工作;股份公司IPO的筹备工作基本就绪。

其二是集团下属江苏凤凰置业有限公司,其主动抢抓机遇,参与耀华玻璃的战略重组、借壳上市。经过一年多艰苦努力,重组方案获耀华玻璃股东大会高票通过,正式报送证监会审批。

其三是江苏新广联股份有限公司,销售收入、利润迭创新高,作为战略扩张项目的东莞新广联公司获得总署批准,上市辅导期顺利完成,报送证监会审核。

对于股改上市,时任集团董事长谭跃认为:过去出版单位的竞争是一种资源的竞争、项目的竞争、品牌的竞争、人才的竞争,而当下又增加了体制机制的竞争和融资能力的竞争,这两者又是结合在一起的。出版集团转企改制面临表面、深层、根本三个层次的问题。从表面看,出版集团转企面临的现实问题是市场主体形成的问题,市场主体的形成包括出资人监管到位、人员身份转换等,其中主要的问题是人员身份转换问题。转企改制的深层问题是市场主体的建设,也就是基本制度建设,包括法人治理结构、股份制改造、发展战略制定、运营机制设计等,因此,董事会建设是形成市场主体的深层问题,它关系到企业的做强做大,关系到企业的长治久安和持续发展。转企所要解决的根本问题是如何发展市场主体。市场主体发展涉及的问题很多,最主要的是动力问题。[1][2] 所以说,出版业体制的转换不是以转企为标志,应是以股份制为标志。股份制又不应是单一的国有股份,而应是国有和民营相结合,这样才能够真正构建现代企业制度。[3]

积极吸纳社会资本和境外资本进行股份制改造,积极利用国内资本市场筹集资本,在股改上市、借壳上市中实现投资主体多元化,成为这一时期以凤凰出版传媒集团为代表的江苏出版业向现代出版迈进的主旋律。

跨行业、跨地区、跨境、跨媒体经营是构建统一、开放、竞争、有序的市场体系,解决条块分割、地区封锁、城乡分离等问题的根本措施,是现代出版市场体系建设的前提。但真正能够做到跨省域的、跨行政壁垒的发展,甚至做到跨行业的发展,"这个事情目前看难度还很大,你看我们很难设想某个省的领导会主动把自己已经发展得比较好的东西让你去并购,因为它已经几十年形成下来了。"谭跃同时称,大家最终还会回到市场游戏规则,最终还是资本来画圈。部分省份的发行集团走出去跨省发展,扩大了市场范围,开始改变"行政市场"的格局。

从 2006 年起与海南省发行网络的全面合作达成战略意向,到 2007 年 12 月与新成立的海南省新华书店集团公司正式签订合作协议书,最终于 2008 年 5 月江苏新华发行集团与海南战略重组成功,标志着凤凰集团的跨省拓展战略迈出了实质性步伐,成为中国书业发展史上的标志

---

① 文心:《对话谭跃:集团改制面临的三大问题》,《出版参考》2008 年 7 月上旬刊,第 11—12 页。

② 谭跃:《有容者,纳百川》,《出版广角》2011 年第 1 期。

③ 谭跃:《中国图书出版业的五个基本趋势》,网易财经,2009 年 12 月 30 日。

性事件。自此,海南发行网点建设纳入到集团"中国现代书业第一网"的建设规划之中,加快了海口书城和各地门店的建设。2008 年,海南凤凰公司总销售比上年增长 10％以上,利润增长 38％以上。与此同时,凤凰集团的发行网络已经延伸到贵州、浙江等地,与陕西签署了合作意向协议。这些跨省重组的实践,为凤凰出版传媒集团加快做大做强,创新产业发展方式探索了一条新路子;对建立全国统一开放、竞争有序的大市场,提高出版产业集中度,起到了积极的促进作用。

此外,凤凰出版传媒集团 2008 年 4 月在京注册成立了北京凤凰天下文化发展有限公司(集团同时内设北京出版中心,两块牌子一套人马),为集团直属单位;当年 9 月份起进入实际出版运营阶段,一批大众新书的编印发供均在京完成并顺利面世,显现出凤凰集团积极布局大众图书市场,站高地、补短板、抢资源、拼主业之进取状态及跨省经营的决心。无锡凤凰公司、徐州凤凰公司、新广联公司等莫不如此。

其间凤凰集团还与法国阿歇特图书集团进行了资本合作,洽谈在国内成立合资公司。集团与海外出版机构合作的多样化、出版的国际化趋势明显。

2008 年,凤凰出版传媒集团营收突破 100 亿,成为国内出版业第一个百亿营收集团。在 2008 年世界品牌实验室公布的中国 500 家最具价值品牌中,居第 251 位;在国家统计局公布的中国 1 000 家最大企业中,居第 504 位。

以凤凰出版传媒集团为代表的江苏出版业,在"十一五"期间,通过一系列改革,市场体系架构日趋完备,产业生态圈日益丰富,市场主体地位显著提高,出版生产力得到极大释放,经营业绩大幅提升。

四、同步——江苏出版产业的时代特色

江苏出版业随着政企分开、事转企、股份制等一系列体制性制度性变革,其产业结构、产品结构、区域结构及集约化程度随之而演变,形成了江苏独有的、与时代同步发展的出版产业格局。

"八五"期间江苏省出版总社领导班子果断抓住电子出版物兴起的机遇,在国内率先获得电子出版物的出版权,开始了江苏电子出版业的起步,为江苏开辟电子音像出版业、开拓光盘复制业埋下伏笔。

"九五"期间，江苏出版业保持了持续、稳定、快速发展的良好势头。1999年，江苏出版的主要指标首次超过山东，位居全国第一。2000年，江苏出版用纸与出版单位销售均约占全国的1/10，取得了与江苏经济在全国一样的应有的位置。

其间，江苏的电子音像出版业表现不凡，尤其是由电子音像出版物带动了江苏光盘复制业的快速发展，带来了江苏出版业产业结构的变化，成为"九五"期间江苏出版业发展的一个亮点，为之后的江苏出版业产业格局的完备打下基础。

"九五"期间，江苏3家光盘厂几乎与广东、上海同时起步，由于监管失控和违规操作，3家厂被关闭了2家，4条生产线被查封了3条，几千万资金一夜之间白白流失；江苏的光盘产业发展一度一蹶不振，险些成为全国光盘生产的空白省份。① 但1999年江苏抓住机遇抢建新广联光盘厂，同时抓住了国际电子信息产业转移的契机，成功促成排名世界第一、第二大光盘复制企业先后落户苏州、南通，江苏电子信息产业迅速崛起，一跃成为继广东、北京之后国家最大的光盘产业基地，成为当时江苏经济最具活力的新增长点。到2008年，江苏（无锡）新广联科技股份有限公司的只读光盘年产量（1.8亿片）、销售额、利税多年居全国同行业首位，江苏（南通）永兴多媒体公司和昆山沪铼光电有限公司是我国最大的两家可录光盘生产企业，可录光盘产量占全国的40%以上。"九五"以来，江苏光盘复制企业由2家增加到7家，注册资本11.12亿元、资产总额24.88亿元；光盘生产设备162条线、424个头；光盘年生产能力19.7亿片；销售总额14亿元。江苏光盘复制业成为我国四大光盘生产基地之一。

"九五"期间，江苏图书发行业是江苏出版产业发展的又一个亮点。江苏省新华书店启动的集约化、规模化经营取得成效，而江苏一些民营书业以合作出版方式进入图书出版领域，由此打破计划体制下形成的出版、发行分割局面，出版产业链开始贯通。

---

① 黄文虎：《抢抓发展机遇　加强政策引导——推进江苏和长江三角洲地区可录光盘生产基地建设》，2003年全国新闻出版局长会议经验交流材料。

1997 年,江苏新华书店图书批销中心与国内 230 家出版社建立购销关系,与华东 123 家民营书店建立批发关系,与全国 2 000 多家新华书店建立业务关系。同时苏州联合图书批销中心、徐州连锁批销中心成立,江苏图书发行主渠道的业务网络建设取得重大进展。1999 年,江苏新华发行集团成立,自此拉开了江苏出版业体制改革的序幕。

"十五"期间给江苏出版产业格局带来深刻变化的,是长期以来江苏省新闻出版局与江苏省出版总社两块牌子、一套人马的局社合一管理体制完成使命,政事、政企彻底分开,原有的行政管理、行业管理和经营管理混为一体的管理模式就此结束,公平竞争的政策支持与合规有序的市场环境成为政府职能部门的主要职责,政企关系重塑。江苏出版产业生态由此发生根本改变。

政企分开首先影响的是图书出版业。"十五"之前,江苏 16 家图书出版单位在专业分工上因享受不同的出版政策而被称为"内八家"与"外八家",其中或多或少有中小学教材教辅出版资质的"内八家"为江苏省出版总社下属的江苏人民、科技、教育、少儿、美术、古籍、文艺与译林出版社,而南京大学、东南大学、河海大学、中国矿业大学、南京师范大学出版社、苏州大学出版社及南京与古吴轩出版社为"外八家",除高校出版社允许出版高校教材教辅外,"外八家"一律不得出版中小学文教类图书(注:南京大学出版社因出版《中国思想家评传丛书》而例外),由此产生了"内、外八家"经济规模与实力的较大差异。

随着江苏省新闻出版局的政企分开,江苏更加重视图书出版管理的法制化与规范化建设,在全省推行统一的出版许可政策成为必然,由此带来基础教育教辅出版政策的松动。"大学城市出版社联合体"成立,南京大学、东南大学、南京师范大学等大学城市出版社均有不同程度的文教图书出版,各大学出版社的出版码洋先后迅速增长过亿,城市地方出版社的经济实力增加,江苏教育类图书尤其是中小学文教类出版的竞争更加剧烈。

其次影响的是江苏图书发行业。一方面,"十五"期间江苏新华发行集团抓住机遇积极深化改革,国有现代图书发行业雏形显现。2003 年,江苏新华发行集团被列为全国文化体制改革试点单位,2004 年全面实现由事改企,遍布全省的图书发行计算机网络形成,自动化物流基地开始运转,江苏省内 917 个新华书店门店实现连锁经营。

另一方面,江苏民营书业迎来了第二次发展机遇。由于中国加入世界贸易组织及江苏出版业的政事分离,江苏的出版物分销服务与对民营书业的限制逐步放开,江苏民营书业快速进入图书批发与总发行领域,连锁业态开始布局。民营发行成为江苏图书发行业的重要组成部分。"九五"期末,江苏各经济成分的出版物发行网点 10 776 处,到"十五"期末增加到 11 700 处,2008 年增加到 11 993 处,其中省内民营网点的占比从"九五"期末的 78.16% 增长到 85%。2008 年全省出版物销售总码洋 195.67 亿元,江苏新华发行集团系统实现图书销售 93.56 亿元,民营书店销售图书约 46 亿元,占全省图书销售总额的 26.14%,形成国有发行、民营发行、出版社自办发行三足鼎立之局面。

与"九五""十五"时期有所不同的是,"十一五"是江苏出版产业格局的变化最具特色的时期,"事转企"与股份制改革后,衍生出江苏出版产业的新生态。

作为主要经济指标已连续 16 年居国内同行业第一的江苏新华发行集团,"十五"期末已完成"事转企"改制。2006 年作为江苏首家文化集团随即进入股份制改造,力争早日"上市"。2008 年 5 月,又与海南合资建立我国发行行业首家跨省区资产重组的股份公司——海南凤凰新华发行有限公司,实现了跨省区发展的产业格局。

同时,"十一五"以来,江苏省政府提出了"县有书城、乡有书店、村有书屋"的网点建设目标,要求形成以县城网点为龙头、乡镇网点为骨干、村级网点为基础的农村出版物发行网络,以江苏新华发行集团为代表的江苏图书发行业,借此实行因地制宜的区域结构发展原则,省内图书发行网络进一步扩充,为建设与苏南、苏中、苏北地区经济社会和文化相适应的图书发行业打下了坚实的基础。

其次是印刷业。江苏是印刷复制大省,也是全国的印刷复制基地。江苏新华印刷厂 2008 年通过投资形式,控股江苏扬州鑫华印刷有限公司、江苏盐城印刷有限公司、江苏通达印刷有限公司、江苏水晶山制版有限公司,通过印企的强强联合,初步形成较为完整的产业链,成为江苏省内最大的集书刊印刷、商务印刷、包装印刷、票据印刷、彩色制版及创意为一体的大型综合性印刷企业。

2008年江苏印刷工业总产值575亿元，占全国的十分之一。年销售产值超亿元的印刷企业有80多家。亚龙纸制品（昆山）有限公司2008年销售收入13.3亿元，居第7位。江苏共有23家入选2002—2008年"中国印刷企业100强"，涌现了一批规模化、专业化、集约化的具有一定国际竞争力的大型企业集团。

而作为出版业上游的江苏18家图书出版社、8家电子音像出版社，主要的变化来源于从业人员身份的转变与单位的"事转企"改制。江苏第一家企业性质的出版社是2007年获批成立的江苏大学出版社有限公司。由于国家实行出版社分类指导、分业管理的原则，参照中央的做法，江苏的党报、党刊、党社在"十一五"期间仍是事业性质，除江苏人民出版社的主管单位仍是江苏省新闻出版局外，原江苏省出版总社下属的另7家图书出版社及1家电子音像出版社改由凤凰出版传媒集团主管，并启动"事转企"改制工作，由于江苏省出版总社仍予以保留，仍是事业性质，因此，此项从业人员的身份转换与出版单位改制的工作较为平稳，波澜不惊。而大学与城市地方出版社也随后进行了"事改企"工作。总体而言，"事转企"短时间内没有对江苏图书出版业产生冲击，江苏出版产业格局没有因此受到影响。

然而，真正的影响来自出版企业的自主经营权的落实，这突出反映在江苏凤凰出版传媒集团的一系列跨地、跨媒、跨界的市场化举措中。"十一五"起，江苏凤凰出版传媒集团以资产和业务为纽带，产业蔓延到文化地产、文化酒店、影视、艺术、文化金融等诸多领域，江苏凤凰置业有限公司、凤凰台酒店集团、北京凤凰天下文化发展有限公司、凤凰传奇影业有限公司、凤凰艺术拍卖有限公司、江苏省文化产权交易所、江苏文化物资贸易集团等一系列实体企业的成立，在实施联合、重组、兼并、上市的过程中，以中国出版产业战略投资者的定位，持续构建综合型大型出版集团，提升了江苏出版产业集约化程度，大大拓展了江苏出版产业格局。2008年，凤凰出版传媒集团在国内首家实现资产总额、销售收入双超百亿，再次彰显了江苏出版产业龙头企业的品牌优势、市场优势、规模优势与生态优势。

"十一五"期间,是江苏出版产业从传统出版核心产业链向外衍生开拓的阶段,是打造江苏出版产业文化生态圈的起步期,与同时期国内其他省市的出版产业相比,江苏出版产业格局更为广泛,现代化水平更高。

同时,江苏出版产业格局在此期间也呈现出不均衡的另一面。

以处于出版业上游的图书出版业、期刊业、电子音像出版业、网络出版和游戏业来说,江苏的图书出版业一业独大,期刊业、电子音像出版业总体规模较小、实力较弱,在出版上游的比重太低。而网络出版和游戏动漫业等新兴产业在"十一五"期间更是未形成新的产业增长点,急需扶持推动。

2008年江苏的图书销售总额达175.98亿元。而同期江苏439种期刊的出版码洋只有4.5亿元,销售收入仅1.35亿元,全省8家电子音像出版业的销售收入才0.27亿元,资产总额0.567 5亿元。相比之下,期刊业、电子音像业的产业规模极为弱小。

此外,进一步分析江苏学术(专业)出版、大众出版、教育出版的权重,江苏教育出版无疑是一类独大,反映出江苏图书出版产品结构的失衡。

江苏是教育大省,但同时仅以新华书店及出版社自办发行的汇总数据看,2008年底,全省大中专教材、业余教育及教参、中小学课本及教参教辅读物(含中小学生寒暑假作业)三大教育类图书占图书销售总额的62.41%;而江苏版教育类图书销售占江苏版图书销售总额的71%。无论是江苏图书出版业,还是国有图书发行业,包括印刷业,依靠教材教辅出版的现象较为明显。江苏出版业过分依赖教育系统征订的图书,造成大众图书市场份额较弱,是江苏图书出版业自"九五"以来长期存在的产品结构性问题。

综合而论,江苏出版产业自"九五"以来保持了持续快速、健康有序的发展态势,产业规模不断拓展,整体实力不断增强,产业形态门类齐全。各类出版、印刷复制、发行单位总量全国第二,各类新闻出版从业人员32万,形成了涉及纸、声、光、电、磁等不同媒介,出版、印刷、复制、发行相配套,教育、科研、管理、外贸相协调的产业体系,全省出版业协调发展、整体推进,多元市场主体、多种经济构成、多条流通渠道、多样经营形式共同发展的产业格局。

五、补缺——精细化管理下的跨越式发展

没有出版单位微观层面的企业化,就谈不上宏观层面的出版产业。因此,考察"九五"以来江苏出版产业化进程,不应忽视江苏各出版社基本都曾经历过较长时期"事业单位、企业化管理"的过程。在这个过程中,江苏许多图书出版社按事业单位的模式进行管理,"三项"制度缺失,或失之粗犷或僵化。

2000年,东南大学出版社、南京师范大学出版社率先在社内实施劳动、人事、分配三项制度改革,比国家经贸委会同人事部、劳动和社会保障部制订并于2001年3月正式颁布的《关于深化国有企业内部人事、劳动、分配改革的意见》中提出的"三项制度改革"提前了一年。之后江苏其他出版社陆续推行"三项制度改革",并于2008年前后开始"事改企"改制,从结果上看,江苏出版业按照国家文化体制改革的要求,通过改制成为市场的一级法人主体。但仔细观察,可以发现各出版社企业化的程度存在差异。而东南大学出版社在改企前推行的数据化、精细化经营管理模式,曾促使其实现跨越式发展,在业内带来较大争论,其发展演变备受省内外同行关注。

东南大学出版社2000年从三项制度开始,2002年,在全省率先实现干部竞争上岗制、全员聘用合同制和绩效挂钩分配制,形成了干部能上能下、人员能进能出、收入能增能减的管理机制,到2005年形成比较系统完整的企业化、市场化、精细化管理的制度体系。而此时江苏的各出版社还未实施"事改企",事业性质却施行企业制度,之间逻辑、理念等方面的冲突或可想象。细察该社的这套制度体系,动态、定量是其显著的特点,甚或有人说是出版社企业化管理的一套数学模型。

考核是一个企业的指挥棒,而分配制度则是企业的基本法。东南大学出版社设定了按贡献大小分配的制度,体现了按劳分配的主要含义,每家出版社都会在考核中有类似的文字,也不觉得有何高明。但把分配直接设计成具体的阶梯式的薪酬体系,并同时按贡献的不同执行不同的福利待遇,所谓优劳优得、多得,是少见的。所谓体系不仅指各类岗位具体的薪酬收入名目及数值,还有对应的不同的福利待遇,更有每一档薪酬中同时明确的岗位月度、季度、年度应完成的工作量或业绩指标,以及对应的考核标准。对任何员工而言,选择某一种薪酬、年度收入,就是为自己选择了全年的工作指标。在年初就员工薪酬事项由员工与管理层协商一致的情况下,双方共同签字并作为岗位合同入档,与员工的劳动合同一并成为具有法定意义的文书,监督双方。

出版单位在出版的过程中,会经历许多环节。如何界清责任,难度其实很高,尤其是有些问题的责任其实是出版社自身的,比如未能及时足额提供文字编辑应有的工作量,则责任在出版社而不在当事人。分清责任、责任到人,是精细化管理的前提。以书稿编校质量为例,在明确三审三校每一环节的标准要求下,东南大学出版社提出了明确每一环节责任人有权对前一环节"举手"驳回,任何未"举手"但又被下一环节责任人驳回的,未"举手"者要承担所有责任与经济损失,要接受处罚,这个制度做到了分段把关、责任到人、环节互约、奖优罚劣。同时,该出版社根据图书类型及价值,对图书编校质量实行分类管理,对每一环节明确要求、明确责任、明确处理办法,实行全程签收制,在流程管控中实行分类、分散、计时管理。各出版社都会说要制定科学完善的书稿编校流程,实施图书全过程质量监控,但具体怎么做到,做到哪一步,这才是关键。

出版社面对的市场是动态发展的,这是出版社经营的难点。动态管理的核心是及时准确的数据支撑。东南大学出版社将数学中的比例概念直接运用在图书发行的"肥、瘦"区域考核上,以大众图书的市场发行为例,该社参照开卷图书市场数据,按月考察各片、各类图书零售市场的占比,并相应地与社内发行区域对照,由此得出社内各区各类市场图书的发行工作的优劣。开卷数据按月变化,出版社发行的考核跟着相应变化,因此发行岗位的业绩指标就是动态指标。这个动态指标设计在跟踪市场的同时,以科学、公平的简单算法解决了图书发行中普遍存在的"挑肥拣瘦"痼疾,效用显著。

出版社管理层的上级任命制由来已久,因此许多出版社少有对班子成员的明确职责要求。东南大学出版社破天荒地对从社长、总编、副总编、社长助理、策划编辑、综合编辑等所有岗位,都下了明确的岗位职责说明书。这对还处在事业性质阶段的东南大学出版社而言,其实管理逻辑上是矛盾的。由上级任命的班子成员必然有感到不适应的,更有认为是搞人、窝里斗的,其实"情有可原",毕竟不是私营企业,毕竟还是事业单位,毕竟都是上级任命的同僚,毕竟即使企业化后法人也无法自己搭班子。这是东南大学出版社精细化改革引起较大争议之处,许多同行不认同,认为这过于理性、缺少人文精神,有悖出版社这样的文化单位的企业文化;如此严苛,而出版社并没到生死存亡的时候,如此精细,大可不必。这是否是东南大学出版社改革戛然而止的根本原因就不得而知了。

东南大学出版社最终形成的"以岗定薪,绩效优先,效率主导,兼顾公平"的薪酬体系和考核体系,以及"十五"期间东南大学出版社经济效益的显著变化,受到了江苏其他高校出版社的高度关注与积极交流。在此期间,南京大学出版社、南京师范大学出版社等都结合自身情况,相继在社内推出了较为精细的考核管理制度,各社先后实现"过亿"与"倍增"。而东南大学出版社在五年内,将销售码洋从 2 500 多万激增到 2 亿多元,将回款金额从 2 000 多万猛增到近 1 亿元,利润和净资产增幅达 4 倍以上的事实,说明出版社从传统手工作坊式的生产模式,到精细化的管理模式,生产力及生产要素的释放空间巨大。但与此同时,是否认同精细化管理模式,是否需要在人文与数据化管理之间建立某种平衡,是当下的出版社法人常常要面对的问题。

尽管改企改制前的那一时段已经过去,但以东南大学出版社为代表的江苏各高校出版社曾努力探索并积极实践的以制度化、数据化、系统性为标尺的精细管理理念,是企业化探索的必然结果,即使是对于改企改制后当下的出版社,仍具借鉴价值。

改制前出版社的企业化探索,是江苏出版产业化进程中具有先声夺人意义的时代样本,也是江苏出版史上不可或缺的一个微观实践。

第六节　江苏图书发行业的勃发

一、竞合——江苏省新华书店的市场化、集团化演进

20世纪90年代中期,国家经济体制从计划经济向社会主义市场经济体制转轨推进,改革开始进入以"统一开放、竞争有序"为原则的拓展阶段。国有图书发行业的改革也进入了攻坚时期,创新体制、调整所有制、改革运行机制、建立现代企业制度等成为全行业面临的迫切任务,而其中最为重要的就是按现代企业制度组建图书发行集团,使之成为具有自主经营、自负盈亏、自主发展、自我约束能力的市场主体。在此期间,广州、湖北、辽宁、河北、黑龙江、北京等省市纷纷成立发行集团,以集约化和集团化为目标的新华集团建设进入一个新阶段。同时,继广州购书中心、沈阳北方图书城顺利开业后,深圳书城、北京图书大厦、上海书城、云南图书大厦等一批图书城和批销中心在各中心城市纷纷建成开业,标志着新华书店守住了图书发行渠道的主阵地,中国书业进入大书城时代。

与全国同频,改革开放以来,江苏图书发行业在经历了"一主三多一少"[①]、"三放一联"的阶段后,开始了以"三建二转一加强"[②]为主要内容的改革发展阶段。

秉承"坚持方向,扩大销售,强化辐射,争取市场最大化"的指导思想,以省级发货店为中心,通过资产重组和加强批销中心建设,江苏省新华书店开始了提高发行生产力的途径探索,开展了股份制,连锁,市县店与供销社、商场联合等不同模式的资产重组试点,努力构建现代企业运行机制和管理模式。

1996年9月,江苏省新华书店和苏州市新华书店筹建联合图书批

---

① 黄勇军:《20世纪80年代以来我国出版发行渠道改革考察》,《编辑之友》2015年第8期,第44—48页。

② 注:重视批发市场建设,推行多种购销形式建立新型购销关系,建立和完善市场规则,转换出版社自办发行的观念和机制,转换国有书店的经营机制,加强农村发行。

销中心。与 1994 年采用资金渗透的方式和扬州市新华书店联合开发多种经营项目不同的是，该中心是国有联营股份制企业，省店投入资金，占 51％的股份，苏州市店占 49％，构建了"国有多元"的企业法人财产。省店与市店分别以独立的经济实体共同参与中心的管理决策，以往的上下级关系变为平等合作伙伴关系，共享收益，共担风险。中心由董事会、监事会、经理层构成的新型管理机构负责，按现代企业制度制定了一系列业务操作规范，包括财务会计制度、利益均沾的企业分配制度等，体现了产权明晰、职责分明、管理科学的企业形式。之后，与南京市店共同投资成立江苏南京新华联合图书销售有限公司，其第一个以"创一流名店"为目标的门市湖南路书店，开业后得到社会各界的肯定，被称为"东南亚第一店"。股份制合作模式日益成熟。

同时，江苏省店投资分别建立了省店徐州批销中心、省店张家港市店特约经销店，以资金和货源配置为纽带，以一般图书为经营重点，分别实行部分品种定额进货，或只配货的不同合作方式进行连锁试点。在省内各市区，面对商场书店风起云涌的浪潮，城市书店利用自身的书源、仓储、人员、信誉优势，与商场书店联合，或提供书源，或共同投资，或各出一部分生产要素，共担风险，共同收益；在各县城，县级店通过供应货源、提供销售流转金、提供业务辅导等途径，与供销社联合扩大图书销售。由于见效快、可操作性强，市县店与供销社、商场联合的共赢模式在省内迅速得到推广。

在积极推进资产重组试点的同时，省级发货店的批发与辐射能力成为制约图书市场一体化建设的关键所在。江苏省店批销中心成立于 1995 年 9 月，是全国较早成立的省级批销中心之一，"中心"以"多功能、多品种、少环节、快速度"为特点，实行一般图书的进、销、存、发一体化，实行多种营销手段的组合使用，满足了基层店少进勤添的进货要求。之后省店扩建了"中心"，优化了营销机制，对接全省中小型批销中心，形成了覆盖全省的图书发行网络，并与省外 2 000 多家基层店建立了业务关系。

在探索多样化、深层次的店店联合的同时，江苏强化了省内出版社与省店的联合，在全国首创社店联合组团模式参加全国书市、各专业图书订货会,联合宣传、联合推销,走共同发展之路,订货量屡创纪录,甚而与有关出版社共商选题,联合开发图书品种,共担风险,共享利益,取得了社店双赢的佳绩。同时,与全国60家大型出版社建立特约代理关系,与230多家出版社建立了业务关系,在北京成立苏版图书批销中心,引进精品图书,满足市场供应。同时进一步调整完善物流机制,成为多品种、大批量、强辐射的图书集散中心,逐步形成规模经营的新优势,为快速向集约化大批发商转变奠定了基础。

1998年初,全国新闻出版局局长会议提出"不均衡发展战略"思想,决定组建"三跨"(跨地区、跨行业、跨所有制结构)图书发行集团,以扩大发行规模,增强发行能力。1998年3月,江苏召开全省新闻出版工作会议,确定把成立江苏新华发行集团作为当年全省出版改革的重点和突破口。当年9月,江苏再次召开全省发行改革工作会议,省委副书记顾浩、省委宣传部部长王湛传达省委关于组建江苏新华发行集团的意见,副省长金忠青依据省政府"苏政复〔1998〕179号"文①、省政府办公厅"苏政办发〔1998〕125号"文②及省政府〔1998〕第4号《省长办公会议纪要》的精神,亲自动员部署。会议明确组建的江苏新华发行集团是在省新闻出版局领导下的以产权关系为纽带的多个法人单位的联合体。其核心层是由省新华书店改造而成的江苏新华发行集团有限公司,集团各成员企业的法人地位不变,均实行独立核算,自负盈亏。省新闻出版局将根据省政府的授权,负责对集团公司及其子公司的国有资产进行监管,并通过董事会,负责对集团公司负责人和子公司主要负责人的干部管理。集团要实行全新的规范的国有独资公司管理体制和运行机制,根据现代企业制度,严格按照国有独资公司规范运作。为了保证各级新华书店的顺利转制,会议传达了转制期间省委的三项纪律:一是各地新华书店的领导班子一律不作调整;二是不准突击提干、进人,不准突击分钱、分物,不准以任何方式转移或侵吞国有资产,坚决制止职工队伍膨胀和国有资产流失;三是各地新华书店的人事关系一律冻结,不得再以任何理由和借口

---

① 注:批复"同意将江苏省新华书店改制江苏省新华书店集团有限公司,并以其为核心,组建江苏新华发行集团,列入省重点企业集团行列"。

② 注:转发了省计经委关于扶持集团发展的5项优惠政策。

调进人员。同时承诺转制为集团后,各地新华书店的领导班子成员原则上全部进入集团子公司的领导班子不作大的调整;对现有干部职工保证大局的稳定;各市县新华书店人员的党群关系将改由当地党委宣传部门进行属地管理。集团成立后一定时期内,仍将维持目前的运行机制,凡是吃不准的一律不作变动。各地新华书店的行政级别、单位人员性质和工资待遇不变,享有的经营自主权不变,签订的目标管理责任制不变,已经实行的各项优惠政策也不变。各地按照年初制定的工作规划和目标,继续安排好下一阶段的工作,确保正常经营管理活动不受影响。

这是江苏图书发行行业的一项重大变革,全省新华书店统一改制为江苏新华发行集团的母公司和子公司,干部人事管理统一划归省新闻出版局和集团公司负责,自此实行人权、财权、经营权三权统一的全新管理体制。1998 年底,国家新闻出版总署批准江苏、广东、四川三省进行组建发行集团试点,这标志着以省级新华书店为龙头、全省范围新华书店系统为主体的国有图书发行企业进行战略性兼并改组,“以发行集团的整体实力实现集约化经营、规模化发展、科学化管理、多元化开拓”[1],我国图书发行管理体制改革由此进入了“整体推进、重点突破”的新阶段。

1999 年 4 月 20 日江苏新华发行集团正式挂牌,并被列为省重点企业集团和全国三家试点发行集团之一。发行集团的成立,标志着江苏省发行体制以产权制度改革为特征,向现代企业制度转变。原省店改制为集团公司,成为集团核心层,全省 81 家新华书店、外文书店、古籍书店为子公司,成为控股层,初步建立起了以母子公司为主体的集团体制和运行机制。至 2000 年底,全国已建立起各类发行集团近 20 个,江苏新华发行集团以连续保持同业发行量和发行收入第一名的实力跨入全国500 家最大企业的行列。

2001 年,中宣部、广电总局、新闻出版总署下发《关于深化新闻出版广播影视业改革的若干意见》,进一步推动了江苏新华发行集团以连锁经营为中心,改革业务流程和营销机制,探索建立现代图书发行服务体

① 黄勇军:《20 世纪 80 年代以来我国出版发行渠道改革考察》,《编辑之友》2015 年第 8 期,第44—48 页。

系的实践。

　　集团大胆改革营销组织模式和经营机制，变"分散订货"为"统一采购"，探索架构连锁经营的供货系统；以子公司为单位，加快建立连锁经营机制；进一步调整与出版社、销货店的关系，改革购销机制；整合集团内部进、销、配、发、退、存、管、结等业务环节，优化业务机制，在充分调研的基础上，按连锁经营的要求，结合集团实际，拟定商流、物流、资金流、信息流等新的业务流程方案；加快子公司区域性调整，对南京、苏州等涉及区划调整的市县店进行整合。

　　2002 年 9 月，江苏新华发行集团连锁总部正式挂牌。初步建立包括一个管理系统、三个经营公司、七个运作中心的集团连锁总部；建立连锁经营网上银行；成立总部客户服务中心；完成省市店的业务整合，成立连锁采购中心；同城配送和区域统一配送步入正轨；强化"统一采购团"的运作；制定新的《总部业务流程方案》《子公司业务流程》；统一集团的形象标识和店招使用规范。自此，江苏省店的连锁经营工作全面铺开，从南京市店的业务整合开始，进而扩展到全省的异地连锁经营，至 2004 年 10 月全面完成，初步构建了具有现代化、规模化、标准化特征的现代营销体系。在此期间，江苏省店连锁总部一方面不断巩固与上游供货商的关系，进一步密切与品牌出版社的合作，与重点供货商形成战略同盟；另一方面通过与基层门店签订《江苏新华发行集团连锁经营目标责任书》，形成考核激励机制；同时加强连锁总部"中枢"作用，改革营销机制，优化业务流程，全面建立连锁经营的管理机制和运营机制。此外，集团公司利用连锁后品种、速度、配送等优势辐射省外市场，合资成立的义乌书城年销售过 1 000 万元，实现当年盈利；进而启动大连、成都、贵阳等地的加盟连锁卖场，以江苏省店作为唯一全品种供货商，授权使用江苏省店商标与管理系统并派员直接参与管理的合作方式合作，扩大了市场覆盖面。江苏新华发行集团的连锁业态由此形成，这为集团的股份制改造与跨省并购、建设"中国现代书业第一网"打下了坚实的基础。

　　在江苏新华发行集团努力构建连锁业态的同期，2002 年 7 月，国家新闻出版总署出台了《新华书店（发行集团）股份制改造若干意见》，选择上海、浙江、江苏、辽宁、四川、福建等省级新华发行集团为试点单位，实施股份制改造,目的是建立以资产为纽带的上市发行公司,用市场化手段规范运作,打破地域分割,逐步形成全国性和跨国性的出版物发行集团。

2004 年 6 月,中央政治局常委李长春同志视察江苏新华发行集团并对集团的改革提出了新要求,江苏省委、省政府主要领导召开专题会议研究集团转企改制等工作。在各级党委政府的积极支持下,江苏新华发行集团于 2004 年 10 月迅速完成了"事转企"的改制任务,并改名江苏省新华书店集团有限公司。江苏省新华书店集团有限公司随即启动"企改股"工作,由此进入了以建立新型的经营管理机制、劳动用工分配机制和股份制改革为重点,以塑造新型市场主体为目标的"十一五"发展阶段。

从 2004 年起,国内图书发行业股改上市的步伐加快。上海新华发行集团在全国"新华系"率先完成产权改革,2006 年"新华传媒"借壳上市成功,成为在国内资本市场的首家出版发行企业;2007 年,四川新华文轩成为港交所的内地首家出版发行企业。

2006 年,江苏新华书店集团有限公司成立股改领导小组和工作小组,启动实施发行集团的股份制改造工作。制订了集团股份制改造实施方案和阶段性工作计划,通过邀标和评审,确定股改工作的主承销商、律师、会计师、土地和资产评估单位、业务重组咨询管理公司。组织召开中介进场会和股改上市动员暨尽职调查培训会,积极配合各中介机构进场尽职调查,对股份公司设立方式、母子公司处置方式、优惠政策等重大问题进行研究决策。

2007 年,先后制定了集团《重组改制方案》、《集团发展战略规划》、《资产重组》、《人员重组》、《业务重组》、子公司公司制改造《实施方案》和《实施办法》等方案;对集团所有全资子公司、控股子公司的 50 多亿元的总资产进行全面清理、清查、清对,并开展了审计评估工作;排除并较好地解决了历史遗留的各种法律问题达 1 200 多个;对 81 家全资子公司进行公司制改造,并制定了《子公司同城、异地整合(试点)指导意见》和《子公司资源重组方案的指导意见》,指导子公司在公司变更的过程中,实施"同城整合"和"区域整合"的改制工作,将 81 家子公司整合为 66 家有限公司、11家分公司,提高了管理的集中度,缓解了部分地区分散经营引发的内部消耗;对原有的管理体制进行创新,提留了集团所属59家单位经劳动管理部门审核的4 448.15万元分流安置费用。

最终确定以2007年11月30日为基准日,在全面清产核资与资产评估的基础上,完成了资产、业务与人员的重组工作。根据"人随资产业务走"的原则,将未实行社会化管理的离退休人员从拟上市公司剥离,专门成立凤凰资产管理公司,进行统一管理。对全省新华书店进行公司制改造,并进行同城、同地区整合,建立了各子公司法人治理结构。引进了战略投资方,确定了弘毅投资产业一期基金作为增资股东,引进资金4.8亿元,占股权比例10%。以2008年5月31日(股份公司成立基准日)为基准日顺利结束了审计评估工作。集团各成员单位完成了清产核资、审计评估、资产人员重组和剥离交接、资产权证办理等工作,保证了股改工作顺利推进。

由此,江苏省新华书店集团有限公司走过了从分散经营到组建集团,从"批发—零售"到连锁经营,从"事转企"到"股改上市",从区域企业到恢复设立具有法人地位的总公司的发展历程,标志着江苏出版发行业完成了从集团化建设到股份制改造的转变,从国有独资到多元投资的转变,从产业经营向产业与资本运营相结合的转变,从转制改企到现代企业制度逐步确立的转变。

作为全国行业龙头的江苏新华,"立足江苏,辐射省外,做大市场网络,做大发行集团"是其多年夙愿。2007年,江苏新华与海南省新华书店系统以资产为纽带的跨省合作项目取得突破性进展,双方同意成立海南凤凰新华发行有限责任公司①,江苏投入2.3亿元,占股权51%,海南占49%。历史,让海南新华与江苏新华走到了一起,全国首例新华书店跨省重组由此诞生。2008年5月9日,由海南与江苏两省新华书店集团有限公司共同组成的海南凤凰新华发行有限责任公司正式成立。中央政治局常委李长春同志,于6月6日对海南与江苏跨省合作重组海南

---

① 黄晶:《天涯也有凤凰飞——江苏海南新华书店跨省战略重组纪实》,《海南日报》2008年6月20日。

凤凰新华发行有限公司作出批示：这是以资本为纽带、跨行政区划改革重组的成功范例。

海南发行网点建设就此被纳入江苏新华书店集团"中国现代书业第一网"的建设规划之中，海口书城和各地门店建设速度加快。同时，制定并实施了《关于海南凤凰新华发行有限公司管理体制若干工作的实施方案》，初步确定了新公司资产财务、用工分配、业务运营、投资管理等运作机制，完善了公司管理体系。江苏省新华书店集团党委书记、海南凤凰新华发行有限公司董事长张佩清向海南所有市县经理承诺：在一定时间里，新公司的经营获利不会被抽走，而是将全部用于企业在海南的可持续发展。

海南凤凰新华发行有限公司副董事长兼总经理温毅认为：海南新华凤凰发行公司，是设在海南的独立法人实体，海南省新华书店不但没有被吞并，反而由于引进江苏方现金投入，使海南国有发行产业规模迅速增长一倍，实现了做大目标。与江苏合作的同时，还可以为海南发行产业引进先进的经营理念、管理方式，有效解决企业市场化运作、调整产业结构、构建企业文化一系列的问题，为海南新华进一步做强奠定了基础。海南凤凰发行公司已经确立了面向市场、一业为主、多元化经营的发展目标，逐步构建以图书连锁经营为主要业态，以信息网络、市场网络、物流配送平台和系统管理为支撑的现代出版物营销服务和流通体系，逐步介入影视、传媒以及具有海南特色的文化产业项目，打造综合性文化产业集团。2008年，海南凤凰公司总销售比上年增长10％以上，利润增长38％以上。跨省重组的实践，为集团加快做大做强、创新产业发展方式探索了一条新路子；对建立全国统一开放、竞争有序的大市场，提高出版产业集中度，起到了积极的促进作用。

苏琼跨地区合作，成为全国文化体制改革的典范，得到中宣部、国家新闻出版总署的高度评价，将双方合作的经验推向全国。国家新闻出版总署副署长邬书林说："海南、江苏两省新华书店集团的合作，是全国出版发行界为构建统一、开放、竞争有序的出版物大市场迈出的重要步伐，符合社会主义市场经济的发展规律，符合出版发行行业的运营规律，对进一步深化新闻出版体制改革具有示范意义。"

二、披荆——江苏民营书业的兴起与成长

1996 年,新闻出版署《关于培育和规范图书市场的若干意见》的发布,标志着中国图书发行行业进入了"统一开放、竞争有序"的新阶段,民营书业充分利用宽松的政策环境,迅速发展。党的十六大强调"必须毫不动摇地鼓励、支持和引导非公有制经济的发展",为民营发行企业享有与国有图书出版业同等的市场地位提供了法理上的依据。2003 年 9 月,实施新修订的《出版物市场管理规定》,民营发行企业经批准可获得出版物总发行权和批发权(注:总发行权指出版物总发行单位统一包销出版物的权利。批发权指向其他出版物经营者销售出版物的权利。这两种权利以前是出版社和省级以上的新华书店的特权,民营书店只有零售权),这意味着延续多年的"主渠道"(指新华书店)与"二渠道"(指民营书店)之分成为历史。而外资和合资企业相应资质的申请则延迟到 2004 年 12 月,这某种程度上给了国内发行业尤其是民营书业一个时间"窗口"。

截至 2002 年年底,全国共有各级各类图书发行网点 7.1 万多个,其中国有、集体书店(点)占全部图书发行网点数的 18.61％,民营书店占全部网点数的 50.18％;同时民营书店的销售册数和销售金额分别占总销售册数的 50.13％、总销售金额的 56.94％。这三大指标显示民营书业已由"拾遗补缺"走向"分庭抗礼",民营图书发行业撑起了我国出版发行行业的"半边天",成为图书出版市场不可或缺的重要组成部分。2003 年 9 月,北京文德广运发行集团成为首家获得报刊总发行权的民营企业;次年山东世纪天鸿书业有限公司获得出版物国内总发行权和全国性连锁经营权,成为同时获得这两项资格的第一家民营图书公司,这是长期高度行政垄断的出版发行行业"对内开放"的一个里程碑。2005 年,在天津举办的全国书市上,深圳金版文化发展有限公司等几十家业内著名的民营书业企业首次获邀进场参展交易,民营书业由此获得更大更广阔的发展空间。

"六五"前后,在文化部"适当发展个体书店、积极发展集体书店"的政策鼓励下,江苏民营书业经历了改革开放后的第一次发展高潮。到"九五"初,江苏全省图书发行网点有 8 487 个,其中新华书店网点 732

个、供销社等集体网点 2 174 个、个体网点 4 678 个①,民营网点数占网点总数的 55.12%,受"统一开放、竞争有序"政策环境的激发,至 2000 年,江苏全省的个体书店进一步增长到 7 208 个,同时,有 1 299 个集体书店、268 个非国有其他经济成分书店,全省的民营网点数占网点总数达 78.9%。在此期间,南京长三角出版物市场、南京经纶文化传媒有限公司、可一书店、春雨、江苏好孩子书局、先锋书店、南京正祝书屋、萤火虫书店、九歌文化社、青少年读物发行公司等一批日后在全国产生较大影响的民营业纷纷成立,成为江苏民营书业后继发展的核心基础。

零售是民营资本进入图书发行业最早也是最普遍的业务,江苏许多民营书店在竞争激烈的市场中逐步摸索出走特色零售发展之路。1999 年 1 月,以先锋书店、南通一缘书屋、扬州大学城书店、镇江开通书店等民营学术书店为主的民营书业联合体在南京正式成立,其中既有主营人文社科的,也有以建筑、电脑、医学、经济、法律为名的专业书店,在专业图书销售中占据不小的份额,成为专业出版社的非国有渠道之一,形成了一批在业界有较大影响的品牌书店。

南京的先锋书店是其中的突出代表。1996 年创办的先锋书店店面只有 17 平方米②,创办人钱小华用仅有的 3 万元在南京太平南路的圣保罗教堂对面一个临时搭建、四处漏风的白皮屋子里开了一个小书店,取名"先锋",以经营出版社的库存书和旧书为主。之后曾屡次搬迁,无人光顾,被迫关门。一次次挫折之后,钱小华开始重新思考书店的定位。在不断探索下,先锋书店逐渐树立起"好书总在先锋"和"人比利润重要"的理念,将书店的书籍定位在人文、社科、艺术三大领域。在先锋第四次搬迁的新店,终于迎来第一个转折,此处离南京大学很近,周围文化氛围较好,加之书店开始注重空间打造,在店内免费提供茶水,放上宽大的书桌,把卖书的地方变成了可以看书的地方,为读者提供交流和对话、精神分享的空间。先锋书店成了公共精神和公共开放语境的场所,被南京大学的学生们爱称"南大第二图书馆",会员与粉丝不断增加,为其扩大规模

① 江苏省地方志编纂委员会编:《江苏省志(1978—2008)·出版 报业志》,南京:凤凰出版社,2020 年 12 月。
② 朱公子:《先锋:一个中国独立书店的 23 年进化史》,独角编辑部,2019 年 12 月 31 日。

奠定了基础。2002年底,江苏省新闻出版局批准南京先锋书店及南通少儿书店为全省首批享有出版物二级批发资质的民营书店,实现江苏民营书店批发权零的突破。然而,随后新设的夫子庙店、东方商城店,虽成一时打卡拍照之网红点,终因人流稀拉而关门,书店经营再次跌入低谷。

到2004年,钱小华以"向死而生"的豪情二次创业,将五台山一个面积近4 000平的地下车库改造成图书品种近7万种、设有1 000平方米物流配送的先锋书店五台山总店,创造了在开业当天客流逾万、当日销售图书码洋近10万元的学术书店奇迹。在之后的数年里,电商云涌、物业飞涨,国内实体书店惨淡经营,先锋书店一度亏损,资不抵债,不得不在2008年开启了自我转型,走上了"图书+咖啡+文创产品+文艺沙龙"的复合型经营道路,成立了自己的文创公司和团队,在折扣、导购、专业与职业服务等涉及销售、物流与员工管理各重要环节上创新模式,在业态、环境、服务、渠道与机制上全面升级,拥有3个连锁店(含总店)、3个加盟店,成为南京文化地标、国内独立书店的代表。

1999年以来,先锋书店先后荣获"中国最具影响力十大民营书店"、中国书刊发行行业"双优单位"、中国民营书业"文化贡献奖"(20年来全国唯一一家获此殊荣的书业企业)、中国民营书业"年度最美的书店"奖,以及"江苏省双优诚信书店",南京市的"十佳诚信书店""十佳个性书店",南京十二张城市文化名片之一等各类荣誉与称号。

先锋书店从独立书店到文创产品,从咖啡到景点周边,其在创新产品与书店复合、服务固有团体、立足景区文化、推动乡村文化建设等方面开拓的不同环境下的书店运营及商业模式,为国内外同行所称道,成为独立、自由、开放的人文空间符号。

"十五"前后,随着中国加入世界贸易组织及出版物分销服务领域逐步放开,出版物发行行业准入统一门槛,同时民营书店规模扩张,社会资本不断涌入,各地民营大型书城或超级书店出现,民营书业的经营规模与经营水平再上台阶。2002年,南京市长三角书报刊市场图书批销总额与南京市新华书店平分秋色,同期的江苏淮安市民营图书发行业占全市图书销售总额的53%,江苏南通市民营书店中仅南通少儿书店有限公司和南通图书城两家的图书销售总额是该市新华书店的1.77倍;全省民营书店营业面积超 2 000 平方米的有 2 家,其中由鸿国集团与南京文苑图书有限公司、南京世纪图书有限公司等三家企业共同投资组建的国内最大的民营图书零售企业——南京书城达 1.2 万平方米,很快成为南京最重要的文化消费中心。

鸿国集团是以南京鸿国实业集团有限公司为主体的实业性多元化产业集团①,秉承"传承文化、繁荣书业"之宗旨,创立了江苏鸿国文化产业(集团)有限公司,广泛涉足图书选题策划、图书发行、书城(书店)连锁等出版领域,其中江苏鸿国世文图书文化有限公司是江苏省首家获得出版物总发行权的民营图书企业。2003 年起,鸿国文化、南京书城又与新华书店总店联手,创建了江苏新华鸿国书城连锁管理有限公司,在全国范围内推广新华鸿国大型书城连锁品牌,先后在扬州、连云港等地成功开设了当地最大的图书商城。其间鸿国集团又与南京文苑图书、南京世纪图书共同组建江苏鸿国世文图书文化有限公司,主要从事图书发行和物流配送业务,致力于开发一套完善的商流、物流、信息流业务模式,在先进的管理和信息平台之上为上游行业(出版)和下游渠道(零售、批销)提供采购报订、品牌推广、网点铺设、信息交互、物流配送等全方位的服务,同时以市场、资本和利润为纽带,借助多样化的手段整合各方资源,全面与国内 500 多家出版单位有着良好的合作关系,并与全国 50 多个城市的二级图书批发商建立了稳定的战略合作伙伴关系,在江、浙、皖地区拥有一个包含 600 家民营书店在内的营销网络,初步形成了覆盖全国 15 个核心城市的批发和零售渠道;最终形成一个融集大型书城、超市书店、特许经营、各大城市合作分销商为一体的强大的全国销售网络,是江苏民营书业中具有明显资本运作特色的图书中盘经营模式。

多年来,由于观念、体制原因,江苏图书发行业唱主角的一直是国有发行业。在全国各地相继批准以民营为主的批发市场时,江苏始终没有一家合法的批发市场;在总署对二级批发单位实行总量控制、稳妥发展政策,外省早已用满或超出限额时,江苏几乎停止对新华书店外二级批

---

① 继芬:《在图书中盘市场打造卓越品牌——鸿国世文获得总发行权》,《出版参考》2004 年第 15 期。

发单位的审批,一直空留限额。一些民营企业为了能得到二级批发权,在当时必须有主管部门的条件下,只能找挂靠单位,挂靠费交了数十万,仍难如愿。随着政事分离与局社分家,营造公平竞争的市场环境成为省级政府职能部门的必然职责。2002年12月,江苏发行史上首次由政府管理部门举办的全省民营书店代表座谈会召开,在倾听民营书业代表的心声的同时,会上首批了两家民营书店为二级批发单位,激活了沉寂多年的江苏民营书业。不久,南京长三角市场结束了长达11年无合法身份的历史,获准成为江苏第一家出版物批发市场。民营自己的组织——南京民营图书业联合会应运而生,南京民营书店无二级批发权的状况得到彻底改变,1 746家民营书店中有82家获得了二级批发资质。南通图书城成为省会外首家被批准的批发市场,南通少儿书店有限公司资产重组经验在全省推广,南通书店向连锁方向发展,南通新恒信也随着时代超市的发展向省内外扩张。2003年,江苏省第一家(全国第三家)出版物发行合资企业——江苏宁谊文化实业有限公司、第一家出版社分支机构——广西师大出版社在江苏设立的发行分支机构、第一家专业报刊发行公司——新华日报报业集团所属江苏九九递送有限公司相继获准成立。以南京民营书业联合会为主承办方,先后举办"南京首届图书研讨会暨新书展示会"、承办新闻出版总署在江苏扬州举行的"全国民营书店发展座谈会",对江苏民营书业发展起到了极大的推动作用。到2004年底,南京新华鸿国连锁书城、南京先锋书店、无锡上书房图书有限公司、苏州健达科教传播有限公司、南通新恒信图书贸易有限公司、常州新时代文化用品有限公司等民营书店的连锁经营形式取得很大进展;各类股份制公司以35%的速度递增;全省新增3 000平方米以上书城近20座。

2005年,江苏省新闻出版局制定《关于加快全省民营出版物发行业发展的意见》,筹组江苏民营书业商会。民营书业的市场开拓、资源整合进一步加快,江苏可一、鸿国集团等相继获得出版物发行全国连锁经营权,民营企业加快推进跨地区联合经营和设立分支机构。6月,大众书局南京书城、先锋书店、万象书坊、可一书店、都市艺术书店等民营书店入选"南京十佳个性书店"。到2005年底,江苏仅从事图书发行的新华书店以外人员已近5万人,来自本地的及外省的发行力量开设的图书卖场总面积已经突破 6 万平方米,大型卖场超过 13 家;全省民营书商教辅书年销售额超过 5 千万元以上的达到 10 家以上,超过亿元的在 3 家以上。至 2008 年,江苏民营图书发行网点超过 1 万家,占全省图书发行网点的 85%,约占全国民营发行网点十分之一。民营书店销售图书约 46 亿元,占全省图书销售总额的 26.14%。江苏已经名副其实地成为全国各省市书店竞争最激烈的地区之一。

在此期间,国内一些民营书业将选题策划与发行相结合,深度参与图书出版业务,成为"本版"图书的独家总发行商,其中在国内有较大影响、年销售额超亿元的,江苏就有可一集团、春雨公司、南京经纶公司、南京中少和平公司、南京龙门书局和大众书局等 6 家,这些民营企业大都在教辅的编写和合作出版上取得快速发展,部分民营企业进入教材编写出版和市场代理领域。

民营"出版"是一个比民营发行有更高商业利润的所在,更是一个政策敏感地带。国家新闻出版总署从没有赋予中国的民营书业有明确的出版政策法规许可,并且一直在出版社的日常经营中严格执行《关于严格禁止买卖书号、刊号、版号等问题的若干规定》。民营书业能够与国有出版社合作出版图书,从本质上讲,是双方"共谋"、以符合政策要求的出版流程设计规避"高压线"、走"钢丝"的结果。这其中,既有民营书业追求比发行业高的出版利润驱动的因素,也有国有出版社主动以书号资源换取选题策划、渠道拓展等兑价的因素。2002 年,正值江苏出版集团(后改称江苏凤凰出版传媒集团)成立、省出版总社直属出版社和新华书店并入集团不久,针对江苏省内出版业的新格局,江苏各高校出版社纷纷加大与民营书业的合作。河海大学出版社一方面继续与省级新华书店合作,另一方面介入民营图书发行市场,发展一批具有经营实力和信誉度的民营书店,增加发货渠道;南京大学出版社组织召开全国知名民营书店合作联席会议;东南大学出版社直接与民营书店合作出版文教类图书。而江苏出版总社下属的八家出版社中,也不乏与春雨集团、经纶集团、可一集团等民营公司合作生产教辅图书。

春雨集团早年与中国少年儿童新闻出版总社合作教辅出版,之后由于苏版教材在江苏省内的份额越来越大,与苏教版教材配套的教辅成为学生助学读物的首选。春雨以产品合作为主的方式加大了与江苏省内出版社的教辅图书出版合作,并借助其民营书业灵活的市场策略攻城掠地,占领了江苏省内的个别县市市场。同时,春雨充分借鉴快速消费品及其他先进行业的流程与标准,在行业内顽强推进契约化经营与合作,形成了遍布全国 600 多个地市与县区的直接合作的完善的扁平化销售网点,已形成了 40 多个套系、约 7 000 个品种,年常规发行品种 4 500 余种,拥有多套教辅品牌群体,同时也出版了几十种人文社科类图书。在行业中最早实施"渠道扁平化"战略①,打破图书分销省级代理的传统营销模式,将经销网点扁平到地级市;率先倡导并全力推进"契约化经营",推进民营书业的契约化进程与诚信体系建设,在江苏民营教育出版发行企业中处于前列。②

经纶文化传媒集团创办于 1994 年,是出版物总发行企业,主要从事教育文化产业的投资与开发,涉足教育研究、选题策划、数字出版、图书发行、书刊印刷等多个领域,秉承"以教育研究引领教育出版"的理念出版了从幼儿到高中的各学段各门类,涉及练习类、解析类、考试类、提优类、工具类、专项类等各个类别 30 多个套系 5 000 多个品种的图书;与 30 多个省级新华发行集团和 1 200 多家民营发行企业建立了稳健的合作关系;在南京市和马鞍山市分别建有产品研发和市场运营基地,建设有占地 37 亩、建筑面积达 1.5 万平方米的文化产业园;在全国 10 多个中心城市设有物流基地,常年与 10 多家大型造纸企业、40 多家印刷复制企业和 500 多家物流运输企业保持着良好的合作关系。经纶集团在营销业务与多家渠道商以及网上书店建立了良好的沟通机制,是最早进行信息化建设和率先使用 ERP 系统的民营出版企业。早在 2001 年公司就开始了企业信息化建设之路,与用友集团共同开发了"在线分销信息系统",在全国同行中率先实现了研发、生产、营销、物流、客服、信息的资源整合。2006 年起,经纶公司开始全面使用 ERP 系统,通过数据的内部快速循环进行交易的外部管理,取得了非常有效的成果,利用其自

---

① 严军:《江苏春雨:扁平化的思考》,《出版参考(业内资讯版)》2005 年第 5 期,第 14 页。
② 仇勇:《用有效的反盗版拉动区域销售》,《中国民营书业》2008 年第 2 期,第 6 页。

己建设的 ERP 信息平台,全面掌握图书分发、流通状态,大大提升了发行效率与质量,在全国民营书业中具有较大的影响力。

可一集团自成立以来,与海内外数百名学者、作家、艺术家建立了长期合作关系,从最初的教辅出版到大众读物的开发,先后参与了近万种图书和 20 余种期刊传媒的策划与投资运营,其研发的大型文学、国学经典、"法律经典"、"大藏经"等系列丛书以及特色刊物为其发展带来了可观的经济效益,也为他们建立强有力企业的作者品牌和产品品牌提供了强有力的支撑。2005 年与吉林出版集团成立注册新公司,双方共同投资,吉林集团占 51% 的股份,出版集团监管财务,并对选题提些建议,可一公司占 49% 的股份[1],全权负责经营及市场运营。可一坚持自主选题策划、自主建立多样化销售渠道,利用自己的多家分公司、销售代理网点,为集团出版物的拓展发挥重要作用。

民营公司与国有出版社在出版业务上有书号合作、产品合作、市场合作与资本合作等四种深度不同的模式。在"十五"期间,前三种较为常见。除市场的不确定性外,合作双方最大的风险是政策风险,即出版的流程是否越过买卖书号这条"红线"。[2]

所谓买卖书号,是指国有出版单位以合作出版的名义,利用其出版专有权,将图书出版的编辑(终审权)和经营权以非常低廉的"价格"转让给非出版单位。其实质,就是(国有或民营的)非出版单位以"合作出版"的名义,凭借其在资金、选题策划能力以及销售网络等方面的优势,取得实际上的对图书出版的投资权和收益权,从中获取出版利润。国家新闻出版总署对出版社设置了完整的出版流程制度规则,历年来都把"买卖书号"作为非法出版行为予以坚决打击。据江苏省新闻出版局内部统计,2001—2008 年,省局对省内出版社的 45 种图书进行了涉嫌买卖书号调查。

2003 年,江苏省侦结了全国重点案件"9·26"钟山非法出版案,省内有三家出版单位涉案。江苏省新闻出版局有关职能处室对三家出版

① 鲍红:《竞争与合作——国有出版社与民营出版公司资本合作探析》,《图书发行研究》2010 年第 9 期,第 37—40 页。
② 钟鼎文:《中国民营书业大盘点》,《出版广角》2004 年第 8 期。

社进行了调查取证,确认均存在不同程度的"买卖书号"非法行为,决定给予行政处罚。其中两家出版社表示服从省级行政机关的处罚决定。但另一家出版社明确表示不服,提出听证或上诉要求。

经江苏省新闻出版局调查,该出版社于 2002 年 8 月间与南京新华教科教软件开发有限公司(法定代表人钟某)合作出版《初中语文拓展与提高》(七年级上册)、《初中数学拓展与提高》(七年级上册)(以上为一个书号)、《高中语文导读同步训练》和《2002 年高考优秀作文集萃》等 3 种(4 册)图书,商定由该公司支付稿费、印刷费,包销,并以销售折扣计算出版费用,先后在南京某印刷有限公司印刷各 1 万册至 8 000 册不等,总码洋 57.6 万元,由南京新华教科教软件开发有限公司陆续批发销售。该社分三次收该公司汇款计 7.3 万元。依据国务院《出版管理条例》、新闻出版署《关于严格禁止买卖书号、刊号、版号等问题的若干规定》等法规有关规定,经江苏省新闻出版局鉴定并由新闻出版总署法规司确认以上 3 种(4 册)图书为非法出版物。依据《出版管理条例》第六十条规定,决定对该出版社给予行政处罚。

2004 年 5 月,江苏当代出版史上第一次也是迄今为止仅有的一次,出版社对省级新闻出版管理部门提出行政申诉。该出版社就江苏省新闻出版局下达的《关于××出版社"买卖书号"事项的行政处罚》事项提出行政复议申请,就行政处罚的程序合法性及买卖书号的证据的认定提出异议,要求进行行政处罚听证会。这对江苏省新闻出版局来说是个极大的考验:一方面,转变职能后的省新闻出版局积极鼓励高校城市出版社倍增过亿、积极支持民营书业做大做强,另一方面却在公开处罚民营书业与部分出版社的非法合作。

由于事前调解未果,该行政处罚听证会如期举行。听证会依据《中华人民共和国行政处罚法》《江苏省行政处罚听证程序规则》的有关规定,根据当事人——××出版社的申请依法举行。省新闻出版局领导黄文虎、周斌及部分机关干部,该出版社部分员工及有关代表近 50 人旁听听证会。听证会由省新闻出版局政策法规处负责人主持。局图书出版管理处处长黄海宁等和该出版社时任法定代表人及委托代理人分别作为案件调查人、当事人参加听证。其间,案件调查人指出:××出版社以折扣书款形式收取合作方费用,实际未付作者稿费和印刷费等直接成本,为不具备图书出版、批发销售主体资格的单位和个人办理合法手续,一定程度上放弃了对组稿出版和印刷发行的管理职责,实质上以这种形式向对方转让了书号、印刷权和总发行权并使其非法牟利,构成买卖书号的非法出版行为。案件鉴定人就××出版社买卖书号的违法事实、查处证据、行政处罚建议及法律法规依据作出鉴定;当事人就基本案情进行了陈述、申辩和质证;听证主持人就案件事实、证据及实施行政处罚的法律法规依据进行了询问;案件调查人、当事人分别进行了最后陈述。最终江苏省新闻出版局依据《出版管理条例》第六十条规定,执行了对××出版社给予警告及没收违法所得 7.3 万元的行政处罚。本次行政处罚听证会系江苏省新闻出版(版权)行政执法机关依法受理的首例行政处罚听证申请,意义十分突出。如何妥善处理发展与管理的矛盾,在鼓励出版社及民营企业尝试合作、做强做大的同时,依法纠正和处罚不规范行为,对新闻出版局的管理意识和能力是一个考验和锻炼,也是推进全省新闻出版(版权)管理依法监管、依法行政的一次重要实践。

　　江苏的民营资本进入出版发行业,在增加江苏省内图书发行网点的同时,提高了读者的便利;在与国有书店及出版社激烈竞争的同时,又进行着广泛而深入的合作;深刻改变了江苏出版发行业的经济结构,推动了江苏出版业市场化的发展,提高了江苏文化产业的竞争力。

三、自驱——江苏各图书出版社的自办发行

　　1986 年 7 月,国家出版局颁发《关于推行图书多种购销形式的试行方案》(下简称"方案"),明确规定除重要文献论著、台历、教材、内部发行物等 5 种出版物由新华书店总发行外,其他本版图书的总发行权归出版社所有。11 月,国家教育委员会和国家出版局发出《关于高等学校出版社发行工作的通知》,指出:根据国家出版局"方案"的精神,决定在清华大学出版社内设立"高等学校出版社联合出版发行中心"。1987 年 3 月,高校出版社联合中心在北京召开筹备会议,开始在全国设立高校图书代办站,这是一个在高校系统内以发行高校教材为主要任务的组织,当时以发行自编教材为主要任务。到 8 月召开第一次工

作会议时,已在全国设立代办站 55 个,由此形成了代办站的组织和队伍。

1991 年,新闻出版署、国家工商行政管理局发出《关于出版社自办发行图书的暂行规定》,明确出版社总发行的图书,可以选择新华书店发货店代理发行,可以选择经销、寄销等各种购销形式,也可以对各级新华书店、外文书店、古旧书店实行浮动折扣。出版社自办发行图书可承办外版图书的零售或二级批发业务。社办发行的推行和总发行权的获得,使出版社既是图书的出版者,又是图书的经营者,逐渐成为自主经营、自负盈亏、自主发展的法人实体和市场主体,在经营模式上也由纯粹生产型向生产经营型转变,市场竞争意识开始觉醒,经营活力不断激发,效益增长大幅提升,全国 560 多家出版社中,99％都实行社办发行。同时,全国高校图书代办站 1993 年增至 70 家,当年的发行总码洋为 2 000 多万元。

"八五"之初,江苏各出版社均陆续成立发行部。以 1992 年为例,江苏出版总社 8 家直属出版社有发行人员 222 人、约 8 000 平方米的书库及 9 辆货车;在全国设立特约经销处 540 个,建立或形成进销关系的国营、集体、个体书店达 3 100 余处。当年全省 15 家出版社自办发行总额为 8 124 万元,到 1995 年已快速上升到 2.18 亿元(此数未包括高校代办站发行量),而当年江苏新华书店系统发行的苏版图书为 3.3 亿元(含苏版教材教辅)。仅据此数据分析,全省各社自办发行额占了当年苏版图书销售总额的 40％。由于各社基础教育的教材教辅均由新华书店包销总发行,出版社的自办发行量主要是一般图书。因缺乏新华书店当年发行的苏版教材与教辅总额数据,无法得知在一般图书上自办发行与本省新华书店各自的比例,据业内人士估计,江苏的教材教辅占新华书店系统发行的份额不低于 70％。从这个角度看,涉足基础教育领域较少的江苏美术、江苏古籍、江苏文艺以及高校地方城市出版社的生存与发展,主要依赖自办发行,这成了这些出版社的主渠道。同时,高校出版社又单设图书代办站,为本校师生提供自编教材、专著出版,及代购外版相关图书的服务,成为一个个小"中盘"商。

从"九五"到"十五",江苏各出版社的自办发行持续快速增长,从

1996 年的 3 亿元,到 1999 年的 5.18 亿元,再到 2002 年的 14.62 亿元。同期的各高校图书代办站从机构建设、管理机制、经营机制等方面逐步规范,在政策支持下平稳发展。南京大学出版社有"推销员责任制",以增加销售网点、扩大市场份额为中心;东南大学出版社实行发行分类管理;中国矿业大学出版社明确发行员具体负责分片地区的订货、发货、催款等工作要求。这期间,各出版社在自办发行上普遍实行区域划片管理,同时以增设渠道网点为重点工作。由于发行员对产品更加熟悉,推销手段和宣传方式更加灵活,出版社自办发行的优势明显。但问题也随之而来。由于体制机制等因素,各社面临自办发行成本增加、渠道冲突频现、库存压力加剧、物流运转不灵、回款梗阻、发行与编辑部门相互责难等一系列问题与困难,各出版社的自办发行同期面临转型。

变推销为营销,是江苏各出版社自办发行的首选动作。江苏美术出版社组建集多种职能于一体的营销部,以全新的营销机制取代了过去单一的发行模式,通过市场反馈、调研策划贴近市场、突出亮点的好选题,从被动地收货发行,转变为关注产品生产、根据市场需求主动订货,开创了先拓展市场、营造声势,后推出产品的运作模式,还成立了以信息搜集、宣传策划、版权贸易为工作重点的选题拓展部。南京出版社将销售部门改为市场营销中心,增加图书营销功能,认真分析市场需求变化,不断调整图书结构和品种;营销人员通过参加各类书市、订货会以及组织各类发行工作研讨会、建立通讯员制度等形式,巩固原有市场,开拓新市场,加快网点建设。转变发行部的职能,将社办发行机构单一的推销职能转变为集市场调研、营销推广、选题策划等多职能于一体,成为出版社实行产品经营的桥梁和窗口。

同时,对营销的理解,各出版社也从发行部推衍到全社。各社认识到营销活动应贯穿于市场调研、作者筛选、选题开发、装帧制作、成本核算、宣传促销和销售服务等各个环节,不仅是发行人员需提高营销的观念,更是编辑部门,乃至全社上下全程策划营销的观念,并逐步成为各出版社的共识。

改革发行业务员的考核,是各社普遍采取的另一个措施。南京师范大学出版社对发行部实行业务员营销工作责任制,注重市场开拓与理性控制市场并举;河海大学出版社对业务员实行发行收益和发行费用、发行成本挂钩的业绩考核制度,以增强其自身的责任感和风险意识。各出版社大都推行责任制、全过程成本业绩挂钩制。

与民营书业的深度合作,是江苏各出版社的第三措施。尤其是"十五"期间,南京大学出版社组织召开全国知名民营书店参加的合作联席会议,河海大学出版社介入民营图书发行市场,中国矿业大学出版社尝试参与"二渠道"民营书业相关活动等等,不一而足。而与此同时,由于从2002年起高校教材市场完全开放,各高校相继成立教材科,专项负责本校教学教材的采购,江苏的各高校图书代办站逐步退出各高校出版社。

"十一五"之时,国内部分电商平台起步,意味着江苏各出版社新增了第三发行渠道。与此相适应,各出版社明显更加关注发行数据化管理,与开卷公司的合作日益广泛。凤凰出版传媒集团定期邀请开卷进行年度市场分析,并提供直属出版社日常全国发行数据服务。部分出版社尝试与亚马逊、当当、京东等电商平台合作。不少出版社分别成立发行部与营销部,在增加宣传工作的同时,又新增本版图书的数字出版发行,自办发行越来越成为各社的重要职能部门。至2008年,全省18家出版社自办发行图书计5.71亿册、38.68亿元,约占江苏图书销售总额的22%。

江苏各出版社的自办发行,起于计划经济之时,起初各出版社对自办发行工作认识有限,大都处于边缘化部门;随着市场竞争的加剧,自办发行在各社所起的作用越发突出。江苏各社的自办发行,没有出现外省的连锁经营、全权代理、成立发行联盟或依托中盘等模式,而是以一社一策、自我发展为主。这虽说有益于调动各出版社主体积极性,打造出版品牌、提升核心竞争力,但同时也意味着各出版社只能单打独斗地面对社店关系、电商平台等新问题,势单力薄的局面也在一定程度上制约了出版社的市场话语权。环顾国际出版业,像国内出版社这样自办发行的很少,以委托中盘、全权代理为主要模式。

第七节　江苏印刷复制业的产业化进程

一、内生——江苏书刊印刷业的产业化历程

"九五"期间，国务院将印刷业的全面监督管理职能划给新闻出版部门，连续出台了《出版管理条例》《印刷业管理条例》《出版物印刷管理规定》以及《内部资料性出版物管理办法》等法规。1998年底，新闻出版署、公安部和国家工商行政管理局又联合印发了《关于对全国印刷业进行全面清理整顿的通知》，全国印刷业进入规范化发展的阶段。进入"十五"，国务院新修订的《印刷业管理条例》，取消了原条例中全面禁止外商独资经营印刷企业的条款，充分体现了扩大开放的时代要求；各级政府降低了外资进入印刷业的门槛，扩大了进入范围，简化了审批手续、优化了投资环境，各类外资企业从无到有、从少到多、从多到强，发展迅猛。同时，中央五部委再次出台《关于整顿和规范印刷市场秩序的通知》，对非法经营、高污染等落后印刷产能予以禁止，以推动印刷业的产业升级。2005年国务院《关于非公有资本进入文化产业的若干决定》，鼓励和支持非公有资本进入包装装潢印刷领域，允许非公有资本投资参股出版物印刷企业。作为新闻出版业中开放最早、范围最广、力度最大的领域，中国印刷业从改革开放前的国企"一枝独秀"，发展到今天的国资、民资、外资"竞相开放"，这个古老的行业再次焕发了青春。

改革开放以来，江苏的印刷业初步形成了一个完整的体系。但同时存在着地区发展不均衡现象，作坊式的、国家明令淘汰的铅排、铅印及落后设备仍在某些地区使用，重复建设低水平的、规模较小的印刷企业仍然存在，低水平的恶性竞争还在蔓延，非法经营屡屡发生。产业结构失衡，全民集体印刷企业偏少，个体私营的印刷企业居多；出版物印刷企业偏少，其他印刷企业居多。印刷从业人员政治观念不强，没有认识到印刷业的意识形态属性，法制观念薄弱，素质仍需提高。1998年，针对本省印刷业发展中出现的问题，按照国家有关部门的要求，江苏对全省印刷业进行了专项治理，通过"改"（改组、重组）、"并"（合并、兼并）、"转"（转产）、"停"（停办）等措施，压缩了19.39%的低水平印刷生产企业，同

时扶持了一大批设备先进、有规模、有技术的企业,最终 9 432 家各类印刷企业通过审核认证,使全省印刷产业结构得到初步改善,印刷业中规模大、设备先进、经营者素质较高的印刷企业占有一定比例,并呈上升趋势。

进入"十五",江苏实施省级新闻出版管理体制改革,江苏印刷业面临结构重组、外来资本增加、国企改革、民营奋发、竞争加剧的新局面。江苏对全省 15 000 多家印刷企业进行逐一审核,集中清理、压缩了 1990 家不符合条件的印刷企业,对符合条件的 13 060 家印刷企业换发了新《印刷经营许可证》;同时积极鼓励发展了一批上规模、上水平、上档次的印刷企业和高、精、尖的特色企业,提出了"稳步发展出版物印刷企业、积极发展包装装潢印刷品印刷、适度发展其他印刷品印刷"的发展思路。在此期间,外商、台商普遍看好江苏投资环境,不断加大对印刷业投资力度的发展机遇,全省着力在整顿和规范印刷市场秩序中坚持一手抓集中整治,一手抓结构调整,不断简化申报审核程序,优化外商投资环境。自 2002 年到 2005 年,累计新批内商投资印刷企业 573 家,总投资额达 11.66 亿元人民币;新批外商投资印刷企业 325 家,总投资额达 17.75 亿美元。南京市筹建印刷产业园;昆山市建成江苏最大的国际包装印刷产业园;苏州市新增外商投资印刷企业 37 家,外商投资总额近 2.8 亿美元,支持投资 1.5 亿元的民营飞宇印刷有限公司筹建;扬州市积极推动民营印刷企业实行联合兼并和资产重组。2004 年至 2008 年,国际资本大量进入江苏印刷业,平均每年都有几十家"三资"印刷企业开工。外资印刷企业的接踵而来,拉动了江苏印刷业的发展,并且开拓了国际市场。进入 21 世纪后,全省有百余家印刷企业从事对外加工贸易,对外加工贸易额保持较高水平。2008 年,江苏有各类印刷企业 14 428 家,销售总产值达 546.68 亿元,居全国第三。从治理整顿到积极引进,从分散经营到规模发展,从国有一元到市场主体多元,江苏有效遏制了长期以来影响和制约省内印刷业健康发展的低水平重复建设和散滥现状,全省印刷业的总量、结构与布局得到了极大改善,成为全国重要的印刷产业基地之一。

抛开包装、特种等与出版业关联不大的印刷企业,"九五"之初,江苏出版物印刷企业还处在由计划经济向社会主义市场经济转轨、管理体制尚未理顺的过程中,与国内先进省市的印制质量总体水平相比,江苏存在较大的差距。获署优产品品种数上远低于山东、四川、河南等省,较有影响的精装、套书、画册无一获优。1996 年江苏 67 家国家及省级定点企业中有过署优产品的只有 33 家,进入全国获署优产品印刷企业前三十名的只有淮阴新华印刷厂,列第 19 名,而山东省有四家厂进入前三十名。同时,多年投入不足,工艺落后,大量使用外装厂,精装图书生产和平装装订问题频出,彩色制版的质理与工价背离,图书送样产品和批量产品落差较大,使江苏书刊印刷业整体装备水平、工艺水平和管理水平跟不上迅猛发展的出版事业。

"九五"中期,江苏按省市县对印刷企业进行三级管理,并对各基层管理部门实行目标管理责任制。江苏按照新闻出版署有关文件规定在全省实行了图书、期刊印制委托书制度,实施委印承印、制作检验、年检登记等各项规章制度。江苏省出版总社出台了《中小学教材印刷优质优价试行办法》,审核调整了国家和省级书刊印刷定点企业,同时积极支持江苏新华、淮阴新华、徐州新华三家直属印刷厂加大技改力度,先后投入近 2 亿元,引进两个八色胶印轮转机、三台四色胶印平台印刷机、两台无线平装联动线、一套彩色桌面系统等这些当时世界上较为先进的印刷设备,大大提高了江苏书刊印刷的科技与质量水平。江苏全省的书刊印刷定点企业也先后加大技改力度,投放资金近亿元,仅四色胶印"罗兰-700"就引进 11 台,大幅提高了全省胶印生产能力,较大地突破了旧的胶印质量水平,使得江苏的出版印刷规模和能力以及整体水平走在全国前列,从而被国家新闻出版署明确为全国五大印刷基地之一。

在此期间,江苏淮阴新华印刷厂于 1996 年顺利完成了凸版印刷向平版印刷的过渡,彻底告别了铅与火的历史。通过借、贷、集资等多种渠道筹措技改资金约 6 500 万元,先后引进海德堡·哈里斯 Ⅴ-30 型八色胶印轮转印刷机,德国罗兰、日本小森、三菱四色胶印机,瑞士马天尼胶订平装联动线以及单面双色、单面单色、双面单色胶印机,高斯卷筒纸胶印机等国内外较先进的印装设备,为承印《中华大典》(文学典、宋辽金元文学分典)、首次出口日本的《谭勇画册》等重点图书发挥了作用,为该厂两次荣获国家新闻出版署颁发的 1996—1997 年度和 1998—2000 年度书刊印刷优秀质量企业铜奖、跨入前十五名的行列奠定了基础。江苏新华印刷厂 1997 年将江苏华星印刷有限公司这家台商合资企业纳入承包经营,实行两块牌子、一套班子,收购了江苏童文文化有限公司的制版设备,成为省内最大的具有综合性印装能力的中型企业。该厂提出并制定了"程序化工作法",以工作程序实现标准化、工作标准实现科学化、工作控制实现过程化、现场管理实现同步化、操作责任实现明晰化为目标强化企业基础管理。同时利用合资企业享受的国家优惠政策,先后筹资 1.2 亿元引进了一批国外先进的高精尖印装设备,承印的产品获得银牌奖。其在图书主业之外开拓期刊、票证、税票等业务,积极参与市场竞争,取得了全国同业前三十强中第 12 名的成绩。徐州新华印刷厂对一线员工以现场管理为主,积极推行"期限控制板"管理,加强书刊周期考核,实行超产计件考核办法;对中层以上干部实行以"政治思想好,完成任务好,管理工作好,工作作风好"为内容的百分制考评,每月一次,季度讲评,并作为年终综合评价依据;加大工资杠杆作用,制定了车间工资承包试行办法,重新修订经济责任制、岗位技能工资和奖金分配考核办法,严格了质量、生产、设备、劳动纪律等方面的制度,与工资奖金兑现考核;充分体现按劳分配、多劳多得的分配原则。先后投入技改 2 000 万元,实现了激光照排化、印刷胶印化、装订多样化,用现代化的印刷技术改造传统印刷工艺,使企业走上良性循环的发展道路。"九五"期间该厂的署优产品名次由全国第 67 名上升到 36 位,1999 年综合经济效益居全国 145 家书刊印刷企业第 19 名,并被新认定为省发票定点印制单位、国家级条码印制定点厂。

在全省的印刷技术改造与印制质量检测推动下,江苏书刊印制质量在"九五"中期进入全国先进行列,并一直保持领先地位。在 2001 年 11 月新闻出版总署在宁举行的全国印制质量表彰会上,江苏获大面积丰收。江苏省新闻出版局继 1998、1999 年相继获得全国书刊印刷优质产品管理金奖后,再获"1998—2000 年度全国书刊印刷优质产品管理金奖",同时获得"2000 年度书刊印刷一等品管理金奖";江苏省出版总社分获 1998—2000 年度和 2000 年度"优秀印制质量课本教材出版(租型)

单位"银奖。江苏教育、江苏科技出版社荣获"优秀印制质量出版社"金奖;译林、江苏人民、南京大学、江苏少儿社分获银、铜奖;丹阳教育、江苏新华、常熟印刷二厂分获"书刊印刷优秀质量企业"银、铜奖。在新闻出版总署公布的 2000 年度全国出版、印刷单位一等品"百强"名录中,江苏共有 30 家出版、印刷单位榜上有名。其中,江苏教育等 6 家出版社名列全国出版单位"百强"前 20 名,江苏新华等 5 家印刷厂名列全国印刷"百强"前 20 名。

到"九五"期末,江苏的出版物印刷企业在生产经营、生产结构和技术手段上已基本适应市场竞争环境,市场经济观念明显加强,技术改造加速,全省的书刊印刷业呈现出新的生机与活力。2000 年国家定点企业中的江苏新华印刷厂、淮阴新华印刷厂、徐州新华印刷厂、苏州印刷总厂、中国人民解放军 7214 厂、扬州印刷总厂等 6 家利润总额超过 50 万元。

"十五"期间,江苏国营印刷企业深化内部管理方式改革,一批原国有独资企业相继进行了股份制变革,出版物印刷企业呈现出市场主体的多元化趋势,民营资本持续进入江苏印刷业,股份制印刷企业越来越占有重要地位,江苏书刊印刷业原有格局发生显著改变。

扬州鑫华印刷有限公司(原扬州印刷厂,1987 年更名为扬州印刷总厂)、盐城印刷总厂有限责任公司〔原盐城市印刷(总)厂〕,均是创建于 1942 年的新四军印刷厂,20 世纪 40 年代开始印制中国共产党重要文件和毛泽东、刘少奇等同志论著及其他文艺作品,承印"江淮本票"等票据产品;战争年代,主要承印党报党刊、党的文件、抗日币等;新中国成立后,主要为党的宣传、文化、教育、出版事业服务。1999 年 12 月,扬州印刷总厂改制为非自然人出资的有限责任公司,当年荣获"江苏省国有大中型企业管理优秀单位"称号。2000 年 1 月,更名为"扬州鑫华印刷有限公司",原厂名"扬州印刷总厂"予以保留;2002 年、2003 年先后两次对回购股本进行重新分配,使股权逐渐向管理技术骨干集中。2002 年 6 月,国有企业盐城市印刷厂完成成建制、承债式、民营化改制,新公司盐城印刷总厂有限责任公司共有 35 名自然人股东,注册资本 660 万元;2006 年 3 月,由原股东增资扩股,注册资本

1 056万元。

淮阴新华印刷厂是国有独资企业,原隶属于江苏省出版总社。从1987年起先后实行厂长负责制、工效挂钩、厂长承包经营,产量、质量并重的计件形式的奖金分配制度,岗位技能工资制度等企业内部管理方式改革;2003年划归淮安市管理,由于高精尖设备的持续引进,企业出现不少富余人员,开始实行企业内部职工双向选择与职工内退制度,之后又列入市改制公司,2006年4月,市国资委开始履行出资人职责。徐州新华印刷厂也于2003年划归徐州市管理。2003年江苏新华印刷厂关闭分支机构朝阳分厂,终止承包经营华星公司,将华星公司资产合并改制。苏州印刷总厂2001年由原国有企业改制为管理者持股的苏州印刷总厂有限公司,2003年企业整体进驻中国—新加坡苏州工业园区,是苏州市最大的综合性印刷企业,获得全国首批中国环境标志产品认证证书和FSC森林认证及多家世界著名企业颁发的绿色伙伴证书,先后被评为"国家印刷示范企业""国家文化出口重点企业""国家高新技术企业""全国诚信印刷企业""中国百强印刷企业"。江苏印刷业非公经济的发展加速,促使国有印刷企业不断提高自身管理水平和运营效率,提高了印刷业整体运营效率,成为印刷产业发展的新动能。

"十一五"前后,江苏书刊印刷业积极运用先进管理手段、争相推行ISO9001等一系列质量认证体系,以低污染、环境友好型及绿色印刷等可持续发展的理念推动产业升级与行业进步。创建于1988年的南京爱德印刷有限公司,由南京爱德发展公司和联合圣经公会合资组建,是一家现代化薄纸印刷企业,是《圣经》在中国印刷的主要基地。公司在业内率先通过了高新技术企业认证、ISO9001质量体系认证、ISO14001环境体系认证GB/T28001职业健康安全管理体系认证、G7色彩管理国际认证、中国环境标志产品认证、林产品产销监管链(COC)认证,取得了首批中国印刷行业企业信用"AAA"等级、商品条码印刷资格证,获得"国家印刷示范企业"称号。徐州太平洋印务有限公司是淮海经济区大型书刊、纸制品彩色印刷、包装装潢印刷和拥有自营进出口权的大型彩色印刷企业,2003年通过ISO9001质量体系认证,获"国家用户满意指数模型(标准)良好单位""国家标准合格单位/质量放心品牌""全国重点保护品牌企业""全国质量诚信奖""江苏省优秀企业""江苏省环保先进单位""江苏省信得过企业""江苏省质量诚信五星级企业""江苏省质量诚信标兵单位""江苏省'双优诚信'印刷企业"等多项荣誉称号。人民日报社南京印务中心,原名"中国人民解放军第七二一四工厂",其前身为1940年10月成立的新四军苏北指挥部印刷厂,2001年9月因全军保障性企业调整改革整体移交给人民日报社,2005年被评为首批全国诚信印刷企业,获"南京市纳税信誉A级单位""南京市和谐劳动关系先进企业""南京市重合同守信用单位"等称号。1992年8月成立的江苏太平洋印刷集团有限公司是中外合资企业,1998年7月通过ISO9002质量管理体系认证,2002年6月通过了ISO9001质量体系认证,2006年2月通过ISO14001环境管理体系认证。公司先后被授予"常州市明星企业""江苏省重合同、守信用企业"等荣誉称号。

凤凰出版传媒集团原有三家直属印刷厂,2003年之后只剩下一家。为做大印刷板块,集团一方面要求江苏新华印刷厂按照"要继续根据企业经营方向的定位,瞄准国内同行的技改步伐,关注国内同行的新工艺,保持技术升级的力度,把产能扩张与工艺流程、工艺标准的更新提升有机结合,不断抢占市场先机,适应市场需要"的指导思想,先后引进购置了一批进口、国产印刷设备及一些辅助小型设备,其中有德国海德堡CD102四色机2台、北人产B787A-4型八色机1台、UV上光设备、787八色胶轮机、北人TSK胶订线一套、柯达CTP直接制版系统一套、二台新型北人JS2102A BB型胶印机、一台骑马订书机,保持江苏新华厂在全省乃至全国技术领先地位。另一方面在2006年出台了《凤凰出版传媒集团印务资源整合实施办法》,对集团系统内的印务资源进行整合,以做强出版产业链上的印刷这一重要环节。成功收购太平洋印务有限公司,发展高档印刷、彩色包装印刷。以江苏新华印刷厂和凤凰印务公司为基础,打造以书报刊和彩色包装印刷为主营业务的印刷产业基地,该基地占地98 000 m²(约147亩),总建筑面积约80 000 m²,以实现3亿元左右的产能。2008年集团又支持江苏新华印刷厂通过投资形式,控股江苏扬州鑫华印刷有限公司、江苏盐城印刷有限公司、江苏通达印刷有限公司、江苏水晶山制版有限公司,通过印企的强强联合,生产规模迅速扩张,经营业务更加广泛,更加贴近印刷市场和客户需求,初步形成较为完整的产业链,成为江苏省内最大的集书刊印刷、商务印刷、包装印刷、票据印刷、彩色制版及创意为一体的大型综合性印刷企业。同时布局数字印刷,引入民营资本、采用多元投资结构成立江苏凤凰数码印务公司,当年投资当年投产,较好地满足了市场对短版书及快印的需求。

"十一五"期间,江苏书刊印刷企业引进了一批高精尖设备,其中新华日报印务中心引进的宝蓝轮转印刷机,以及价值近亿元的德国曼罗兰75报纸轮转印刷机,江苏劲嘉新型包装材料有限公司引进的意大利的赛鲁迪10色凹版印刷机生产线,均为国内印刷业的顶尖设备;同时,新华日报报业集团的新华报业重大印刷设备技术改造,南京爱德发展有限公司的引进尖端设备技术改造,广陵古籍刻印社的扬州雕版印刷技艺传承,江苏中彩印务有限公司的年产4500只高档包装印刷品技改,盐城印刷总厂有限责任公司的高新技术广告、书刊、包装生产线扩能技术改造等一批起点高、效益好的项目,获得了江苏省文化产业引导资金数额不等的补助或贴息贷款,进一步提高了江苏印刷业的整体科技水平,自2006年起,江苏入选"中国印刷企业100强"排行榜的企业数量名列全国第三位;2007、2008年两次参评全球印刷行业最权威、最具影响的全球性印刷产品质量评比赛事——美国印制大奖的22件江苏作品中有11件作品获奖,其中,金坛古籍印刷厂印制的《水浒传人物图像》获得最高奖项——Benny奖,苏州东仪印刷包装有限公司《索尼爱立信手机广告海报》获得银奖——组别印制大奖(BOD)。同时,江苏省新闻出版局连续多年蝉联全国"书刊印刷优质产品管理金奖"。

自此,从"九五"到"十一五",作为中国印刷业的一部分,江苏印刷业走过了从分散经营到规模发展、从高污染到绿色环保、从"江苏制造"到"江苏智造"、从限制准入到扩大开放的全过程,在产业集聚、管理手段先进、科技进步、体制机制革新等各种因素的驱动下,取得了辉煌的成绩,成为全国印刷业的主要基地之一。

表 5－5　1996—2008 年江苏图书出版印刷情况

年份	总品种	总印数（万册）	用纸量（万千印张）	平均印数/品种（万册）
1996	3 541	43 659	193.96	12.33
1997	4 517	46 341.19	215.32	10.26
1998	4 859	46 792	222.7	9.63
1999	5 068	47 101	229.83	9.29
2000	5 201	34 868.47	203.88	6.70
2001	5 429	43 300	256.8	7.98
2002	5 796	44 320	278.2	7.65
2003	6 920	45 501	302.34	6.58
2004	7 925	42 672	314.34	5.38
2005	8 765	42 722.21	283.5	4.87
2006	9 630	47 379.52	305.3	4.94
2007	10 737	49 513.26	316.9	4.61
2008	11 328	51 000	348.4	4.50

表 5－6　1996—2008 年江苏期刊出版印刷情况

年份	种数（种）	平均期印数（万册）	总印数（万册）	总印张数（千印张）	定价总金额（万元）
1996	380	584.34	7 062.35	190 382.75	16 573
1997	377	619.49	7 747.65	220 093.21	19 359
1998	381	679.32	9 240.17	26 481.99	24 732
1999	383	721.25	10 164.36	276 759.85	24 732
2000	423	634.74	11 008.12	326 390.70	33 466.45
2001	434	594.22	10 349.07	333 073.59	34 420.63
2002	451	601.73	10 635.18	352 484.02	36 890.05
2003	462	614.27	9 890.93	316 889.51	37 407.52
2004	440	456	9 749	408 997	35 661
2005	438	445	8 743	333 271	44 842

年份	种数 (种)	平均期印数 (万册)	总印数 (万册)	总印张数 (千印张)	定价总金额 (万元)
2006	439	431	9 069	366 627	40 612
2007	439	418	8 696	343 701	41 647
2008	439	444.50	9 651.89	347 822.02	45 023.04

表 5－7　1996—2008 年江苏报纸出版印刷情况

年份	种数 (种)	平均期印数 (万份)	总印数 (万份)	总印张数 (千印张)	定价总金额 (万元)
1996	103	1 156.70	174 899	2 066 035	
1997	102	1 184.1	188 101	2 404 518	
1998	86	1 018.2	186 035	2 411 274	
1999	88	1 391.6	224 328	3 596 904	
2000	152	1 250.38	233 442.39	4 302 099.85	103 555.30
2001	155	1 291.82	258 867.90	5 708 764.05	116 065.17
2002	150	1 224.27	253 538.41	5 785 256.33	120 614.00
2003	148	1 222.50	259 245.44	7 601 417.85	125 797.74
2004	141	1 104.685 7	246 987	9 869 346	126 575
2005	143	1 118.25	267 956.2	10 850 113	144 096.82
2006	143	1 118.74	267 260.75	10 182 673.85	143 676.77
2007	143	1 199.65	280 273.75	11 687 600.82	149 641.3
2008	142	1 164.75	279 390.97	11 947 308.53	169 820.73

　　同时也应看到,得益于管理体制和机制的重大变革,得益于资本市场的风生水起,占中国印刷企业数量的比例仅为 2.4% 的印刷企业创造了中国印刷业一半的产值。① 而 1999 年江苏的出版物印刷企业总数(国家定点企业 13 家、省级 48 家、其他 437 家)与 2008 年的(国家定点企业 15 家、省级 50 家、其他 433 家)基本一致,包装装潢、特种类印刷企

---

①②《印刷复制业:转型十年再现活力》,《中国新闻出版报》2012 年 8 月 21 日。

业的大幅增加,使得出版物印刷企业的产业规模在全省印刷业中的比重显著下降。此外,从 2004 年开始,由于受到上游市场、新媒体出版等因素的影响,江苏书报刊印刷业隐现发展"拐点"。从表 5-5 到表 5-7 所反映的图书、杂志与报纸的出版与印刷统计看,各类出版物的平均印数呈明显下降态势,表明书报刊印刷业的整体发展放缓,行业的产品结构、市场结构、技术结构等或将面临新的调整与转型。

科技是印刷业转型的技术基础。2008 年,中国印刷企业运用先进的 RFID(射频识别)技术印制了北京奥运会开幕式门票。[②]中国频频登上世界印刷业的最高舞台,这些企业向全球展示了中国印刷业的精湛技术和辉煌成果。创意是印刷企业转型的一个方向,雅昌企业(集团)创造了"传统印刷+现代 IT 技术+文化艺术"的商业模式,上海瑞时印刷有限公司通过制作纸质展架,实现了从出版物印刷向创意印刷的转型。创意的力量正在以所向披靡之势,改变着印刷业的旧有增长方式,推动这个传统行业发生脱胎换骨的革命。长期以来为他人作嫁衣的印刷行业,正在凭借科技和创意的翅膀,实现从传统加工业向现代服务业的华丽转型。如今,站在转型跨越的新起点,江苏这个中国印刷业的五大基地之一,尤其是身处文化领域的出版物印刷业又将如何演绎科技与文化融合、绿色与创意并进的精彩篇章呢?

二、契机——江苏光盘复制业的孵化与兴盛

我国光盘复制业始于 20 世纪 90 年代。由于光盘出版物的出版过程分编辑、制作、复制与发行四个阶段,复制是出版物物化并定型的阶段,影响着产品的最终质量,因此,作为光盘出版的中间环节,光盘复制是音像和电子出版的重要组成部分。1994 年国务院批准的《新闻出版署"三定"方案》、颁布的《音像制品管理条例》均明确全国音像复制业的归口管理部门为新闻出版署,光盘复制业自此纳入出版的管理范畴。到 1995 年 6 月,全国有 31 家光盘复制单位获得了注册登记。此后,新闻出版署联合其他部门先后下发《关于加强激光唱盘、激光视盘复制管理的紧急通知》《关于进一步加强光盘复制管理的通知》,制定发布了《音像制品复制管理办法》《电子出版物管理规定》等规章,先后建立实施了复制经营许可证、复制委托书、光盘来源识别码、监督员和版权认证等五项

制度;从 1996 年到 1999 年,会同其他部门对全国的光盘复制单位进行了规范管理,相继查缴了 79[①] 条非法光盘生产线,关闭了 10 家光盘复制单位的生产线,使光盘复制业中侵权盗版、制黄贩黄等违规违法现象得到遏制。同时,对全国光盘复制业进行了较大幅度的布局与结构调整,重点建设了京、沪、粤三大国家光盘基地。为推动国内光盘复制业实现集约化经营,新闻出版署一边继续引进先进生产线,一边在国务院批准下,于 1997 年联合六部门下发《关于处理被关闭光盘厂生产线和被查缴的非法光盘生产线的通知》,明确"定向安排、相对集中、有利管理、以我为主"的处理原则,以国家三大光盘基地为主要对象,将处于闲置状态的光盘生产设备进行产业布局与结构调整。到 1999 年,全国 43 家光盘复制企业中,中资企业 22 家,合资企业均由中方控股,同时新闻出版、宣传文化系统的单位参与的光盘企业有 25 家,初步实现了南北产业均衡、中资显著提高、新闻出版等文化单位融入的预期目标。在此期间国内光盘产量逐年大幅提高,1999 年光盘复制总量超 3 亿片,是 1997 年的 2.7 倍。

20 世纪 90 年代初,江苏有苏州宝碟激光电子有限公司、盐城燕京光电公司、南京大厂光盘厂等 3 家光盘企业,与广东、上海几乎同时起步。1995 年 12 月 18 日,《人民日报》头版头条刊发《一位母亲强烈呼吁扫黄打非不可手软》,编发了一位苏州女工的举报信,信中声泪俱下地控诉了苏州宝碟公司非法销售的黄色激光视盘对自己儿子的毒害。同时,配发本报评论员文章《警惕电脑犯罪》。江泽民总书记和李鹏总理在 1996 年年初召开的全国宣传部长会议上的讲话中,都提到读了《人民日报》上一个母亲的呼吁"催人泪下",江泽民同志还指出"警惕电脑犯罪"这个问题提得好。[②]

此信一出,全国震动。苏州宝碟厂的负责人卜某及业务部负责人钟某随即被公安机关刑拘。经查,江苏省吴江市横扇工业公司与香港宝碟

---

① 于永湛:《总结经验,制定措施,狠抓落实,开创光盘复制工作新局面》,《中国出版》1999 年第 3 期,第 7—10 页。

② 《政治家办报不是抽象的——〈人民日报〉"母亲呼吁"来信处理一席谈》,《新闻记者》1996 年第 4 期,第 3—5 页。

国际有限公司 1992 年 8 月合资成立的苏州宝碟激光电子有限公司,经营范围为"生产销售激光唱片、存储盘及影碟基片"。1994 年 9 月至 1995 年 11 月,被告人苏州宝碟激光电子有限公司,在被告人卜某主持负责全面工作及被告人钟某负责业务部工作期间,以营利为目的,违反国家有关音像制品复制方面的管理规定,未经录音、录像制作人许可,承接林奕南(在逃)等人以无效、空白的委托加工书,甚至无委托加工书、无版权证明书等合法手续的音像制品的复制加工业务,采用开两种单据、做两本账等手法,大量非法复制各类盗版的激光唱盘(CD)、激光视盘(VCD)共计 3 130 499 片,交付 3 068 177 片,违法所得金额达人民币 12 066 572 元。同时,犯罪嫌疑人明知加工复制的激光视盘中有淫秽内容,为了给本公司牟取暴利,非法加工复制淫秽激光视盘 11 种共计 132 469 片,交付 131 000 片,违法所得金额达人民币 695 000 元。[①] 苏州宝碟、南京大厂光盘厂等 2 家光盘复制企业随即被关闭,全省的 4 条光盘生产线被查封了 3 条,几千万资金一夜之间流失。江苏的光盘产业发展一蹶不振,几乎成为光盘生产空白的省份。

1997 年,根据国家六部委上述重新启动这部分生产力的〔1997〕6 号文件精神,经江苏省委宣传部协调和七个厅局下文,由江苏省广电厅和江苏省新闻出版局下属的两个音像出版单位定向接受原宝碟厂。经努力,吴江市委同意将疑难问题置后,于 8 月底达成试运行协议,两家音像出版单位派员驻厂管理,组织设备维修和恢复生产。9 月初,经过驻厂人员和工人的彻夜抢修,沉寂了两年的光盘生产线试机成功。10 月初,两家音像出版单位获准联合组建"新广联光盘有限公司"并领到了两套专用 SID 码。12 月中旬,新闻出版署音像司司长率验收小组抵达吴江市,两条生产线一次性通过验收,领取了新闻出版署颁发的"音像制品复制经营许可证"。自此,经过江苏省新闻出版局有关处室人员四上北京、27 次往返南京和吴江的不懈努力,江苏终于在国家调整计划时间内赶上恢复生产,为江苏的信息产业保住一定规模的光盘生产能力。然而,好景不长。两家音像出版单位与原苏州宝碟公司投资方曾一度达成定

---

① 江苏省苏州市中级人民法院(1996)苏刑初字第 275 号刑事判决书。

向接受的意向,并在 1998 年上半年断续生产了若干月,终因地方保护主义的干扰而陷于停顿。1999 年初,因原苏州宝碟投资方拒不接受江苏省价格事务所核定的购买评估结果,两家音像出版单位的接受人员被迫退出该厂。才组建半年多的苏州"新广联光盘有限公司"陷于停顿。①

幸运的是,上天在关上一扇门的同时又打开了另一扇窗。1999 年 4 月,经江苏省新闻出版局全力争取,新闻出版署同意从广东省被罚没的地下光盘生产线中调拨出一条,支援江苏重振光盘产业。江苏有关人员接到批件后立即飞往广州,在取得广东省新闻出版局和公安部门的支持后,组织精干队伍深入粤东山区,克服语言不通、人地两生的困难,从离案发现场不远的地方将设备拆卸装车,迅速撤离,终于在 5 月将一条完整的 KM-2000 型光盘复制生产线及其配套设备运回江苏,并以这条生产线为基础,江苏省出版总社、江苏省广电厅与无锡市江南磁带厂共同投资,在无锡市江南磁带厂厂内重新组建无锡新广联光盘有限公司,其中江苏省出版总社占 40％的股份,江南磁带厂与江苏省广电厅各占 30％的股份。随即又在短时间内完成了生产许可证和注册登记等手续,于当年 8 月份正式投产,新进口的双头 CD/DVD 光盘生产线在当年底投产,使该厂具备年产 2 000 万张光盘的加工能力,成为华东地区唯一具备 DVD 光盘生产能力的企业②,为日后该企业成长为全国光盘复制业的龙头企业提供了机遇。

2000 年之前,在我国有关出版法规中,明确光盘按照图书方式进行出版、发行或进口管理,省一级没有进口权,这使处在监管一线的江苏省新闻出版局职能部门十分被动。江苏是一个外向型经济省份,各类电子产品如电脑、光驱、数码相机都以软件光盘作为安装程序,不予进口光盘意味着主产品无法出口。当时经常发生外资电子企业配套光盘海关进口受阻现象,省级新闻出版职能处室需要与海关、外商、当地招商部门等现场协商,同时需及时反复请示总署,方可解决现场问题。由于总署审批周期较长,对地方经济发展产生不利影响。江苏省光盘复制业主管部

---

① 陈飞主编:《江苏出版年鉴 1993》,南京:江苏人民出版社,1998 年。
② 陈飞主编:《江苏出版年鉴 1999》,南京:江苏人民出版社,1999 年。

门三次进京汇报此类问题,引起了新闻出版署的高度重视。2000 年 9 月,新闻出版署于永湛副署长专程到苏州等经济开发区调研,听取外资企业和当地经贸部门的情况介绍。不久,新闻出版署下发新出发(1134)号文,对江苏、广东两省实行特别授权,委托江苏省新闻出版局使用新闻出版署音像司专用章,直接受理辖区内加工贸易项下光盘进出口的审批。江苏省新闻出版局顺势下发了《江苏省企业加工贸易项下光盘加工和进出口管理暂行办法》,使政策更加完善,之后进一步建立健全了江苏省光盘检测机构和制度,保障了江苏光盘复制业的健康有序发展。

在妥善处理外商进出口光盘的问题之际,江苏敏锐察觉到国内光盘企业的规模和质量远远不能满足外商的需求,江苏省出版总社迅速决策,增资新广联公司连续引进一批最新式生产线。同时新广联公司通过自身努力达到了国际船级社 ISO9002 质量标准,具备了生产苏南地区外企硬件厂出口所需配套光盘的质量与规模要求。当年满负荷完成5235 万元的生产任务,实现技术装备翻 10 倍——由 1 条单头生产线发展到 6 条线 10 个头,生产能力翻 10 倍——由日产光盘 1.87 万张发展到 18 万张,利润翻 10 倍以上——税后可分利润 711.88 万元是上年十多倍的盛况。[1] 新广联光盘厂抓住电子产业需要配套大量 CD-ROM 光盘这一商机,迅速崛起,成为江苏省外资电子产业信得过的加工基地,一跃成为国内最大的光盘企业之一。新闻出版署和江苏省领导专程视察该厂,国家光盘工作委员会在此召开了国产生产线现场会。新广联"一枝独秀"的产量与影响,使江苏重返复制业大省地位。

进入"十五",由于全球 CD-R 光盘片产量增长过快,2000 年开始出现供过于求的状况,当年全球可录光盘片的出货量超过需求 8.7 亿片。[2] 2001 年达到鼎盛期的台湾地区光盘产量占据了当时全球市场的82.7%的份额,并仍存较大的过剩产能。可录光盘供大于求的结果使得CD-R 光盘片价格大跌。在此情况下,台湾地区可录光盘 CD-R 产品开始受到欧盟反倾销和专利金的双重压力,一些光盘复制企业倒闭、停产

① 陈飞主编:《江苏出版年鉴 2000》,南京:江苏人民出版社,2000 年。
② 城峭:《从光盘发展历史看光盘市场今后走向》,《记录媒体技术(A 版)》2006 年第 1 期,第16—20 页。

或转产,使得可录光盘的市场供求关系发生了变化。为规避欧盟对台湾出口到欧洲市场的 CD-R 厂家征收高额的反倾销税,兼顾大陆生产成本低廉的优势,台湾头部光盘企业纷纷转产大陆。在中国东部长江三角洲地区,台资项目急剧增加,造成了江苏省内部分地区争相创办光盘生产企业的局面。

为避免重复建设,2001 年,江苏召集省内各地区开发办的同志或分管的市领导,召开了江苏光存储产业技术和政策咨询研讨会。江苏当时已初步形成相对合理的只读类光盘产业布局,有国内为数不多的国产化光盘生产线和光盘印刷设备制造厂,但在可记录类光盘领域,江苏尚处于起步阶段,技术含量较高的固态记忆体,只有少量的 IC 芯片厂商维持生产。各种数码设备大量使用的记忆棒快闪卡、插入电脑 USB 接口直接读写的"存储钥匙"在江苏尚属空白。研讨会提出优化资源配置、推进技术创新、整顿运行秩序等产业发展新目标,强调借助有效的产业宏观调控促进光盘产业健康发展。[①]

在此期间,江苏主管部门在省内反复向各招商部门及光盘企业宣传相关产业政策,重申严禁引进旧的光盘生产线、严禁可录光盘生产线生产只读光盘、设立可录光盘生产企业必须由我方控股等规定,并及时纠正了少数大型光盘生产企业先设不报或先产后报的违规操作。台资合资光盘企业昆山沪铼光电公司因不熟悉祖国大陆光盘政策于 2001 年年中引进约 40 台可录光盘生产线设备,其中内含部分过时二手设备。江苏根据总署要求立即封存了这批旧设备。新闻出版总署、海关总署《关于不得进口引进二手光盘生产、复制设备的通知》正式下发后,江苏又根据文件精神,责成该企业限期将二手设备返送出境,并组织相关人员督查督办和突击检查。经海关和商检部门检查确认,该企业已按有关规定将一批过时二手设备返送出境,一批技术先进的新设备陆续引进到位,随后投入生产运营。

同时,江苏积极推动光盘企业的公司治理进步,有些光盘厂形成了

---

① 张辉冠:《优化资源配置　推进技术创新　整顿运行秩序——江苏提出光盘产业发展新目标》,《出版参考》2001 年第 19 期。

企业重大事项董事会民主决策机制,在严格执行国家产业政策的基础上,不断优化资金投入、技术引进、生产发展等重大事项的决策程序;有的光盘厂着力于做大做优做强,坚持走生产、科研、开发、营销一体化道路,不断提高产品质量,扩大服务范围;有的光盘厂在加强日常性管理上下功夫、花气力,逐渐形成了生产许可、样盘送检、质量监督、产品准运、出口呈批等一系列行之有效的规章制度。江苏省内的光盘厂基本形成了规范运行的良好机制与风气。

2002年,国际市场的CD-R需求量逐渐增大,令CD-R光盘片的价格相应回升。[①] CD-R光盘片的市场需求加大和价格回升所带来的可观的投资利润,促使全球投资者开始了新一轮对CD-R盘片的投资,我国大陆同时期投资兴建了不少可录光盘企业。2003年随着CD-R价格的进一步上涨,CD-R产能在中国大陆及东南亚地区急速膨胀。同时,新闻出版总署和国家有关部门及时调整了相关产业政策,鼓励外商投资可录光盘生产,从2002年末到2003年,国内光盘产业发展正经历又一高潮。此外,江苏又提出建设文化大省战略,文化产业的发展既是经济发展的重要增长点,更是经济上对外开放的一个新领域。多重机遇叠加,为江苏复制业提供了跨越式发展的契机。

自此,江苏的光盘复制业进入快车道。江苏新广联光盘有限公司大幅追加总投资额,新增一条母盘生产线和一条异型光盘生产线,实现了光盘生产流程的配套成龙。该公司拥有13条工作机(头)、日加工能力达23万张的生产规模,进入国内大型光盘企业行列,成为中国联想、美国在线等国际知名企业的供应商。同时,分别与全球最大的光电企业——台湾铼德光电集团合资的昆山威泰光电有限公司,与世界排名第二的台湾中环集团合资的南通永兴多媒体公司、扬州广德光电公司、张家港凤凰镇农工商总公司和镇江丁卯开发区等相继提出申报光盘生产线的申请,并于次年均获得批准。

据此,截至2002年底,江苏共有经批准登记注册的光盘生产企业8

① 城峭:《从光盘发展历史看光盘市场今后走向》,《记录媒体技术(A版)》2006年第1期,第16—20页。

家,拥有代表本世纪最新技术的光盘生产线55条、149个头,境外一期投资额近20亿人民币,年生产可记录光盘多达15亿片。2002年11月底,江苏永兴多媒体公司生产的600万张CD-R光盘从该省南通港起锚出口到欧洲,实现了大陆CD-R出口零的突破,成为国内外重要财经媒体跟踪报道的热点。① 无锡新广联光盘有限公司的生产、销售总量和实现利润跃居全国第一,昆山威泰、江苏永兴分别成为排名全国第一、第二的大型可录类光盘生产企业,江苏光盘生产基地建设初具规模。江苏的投资重点从空间狭小的只读类光盘转移到需要更多资本和技术支撑的可录类光盘,可录光盘的生产建设进入热潮。2003年,总署批准江苏111条生产线的引进指标全部到位,全省可录光盘生产总量约占全国可录光盘生产总量三成以上,江苏的可录光盘生产基地建设基本形成。与此同时,上海、浙江一批新设可记录类光盘企业相继投产,长江三角洲地区可录光盘生产基地的建设取得了突破性进展。

从"九五"曾经的"一蹶不振",到"十五"中期的高歌猛进,江苏的复制业进入高光时刻。2003年初,江苏推进可录光盘生产基地建设的专题材料,被列为全国新闻出版局会议大会交流材料,受到与会代表广泛好评。2004年,江苏第四家只读类复制企业——苏州新海博光盘公司获准设立,截至当年底,江苏光盘复制企业10家,成为全国四大光盘生产基地之一。

然而,看似风平浪静、一片红火的光盘市场,其实早已暗流涌动。由于国内光盘企业的不断增加、产能的迅速扩张,光盘的加工价格快速下滑,企业间竞争加剧。2003年全球CD-R产能的膨胀再次导致了全球产能过剩,使得市场又重新变成了买方市场。当年底可记录光盘产品的价格开始下滑,而到2004年的上半年,出厂价格已经下滑到几乎接近成本的谷底了。同时,光盘企业的生产能力加大,对光盘加工材料的需求增加,使得光盘的原材料PC等价格上涨。由于中国大陆没有一家生产光盘级PC材料的厂家,此类材料完全依靠进口,且PC材料在光盘生产

---

① 黄文虎:《推进江苏和长江三角洲地区可录光盘生产基地建设》,2003年全国新闻出版局会议大会交流材料。

的原材料成本中占据大约 60%～70% 的份额,因此,随着 2004 年石油价格上涨和 PC 材料的价格上涨,实际上中国大陆光盘企业一直在承受巨大的生存压力。而此时我国光盘产业在全球已占据重要地位,珠三角、长三角和北京已形成光盘复制生产基地,其中可录制光盘产量已占全球市场的 20%。2004 年 CD-R 价格的急剧下降,使得一批小型 CD-R 复制企业无法生存,只得停产或转产。

2005 年光盘的加工价格继续走低,国内光盘复制企业已经有近半数企业停产。雪上加霜的是,2005 年 8 月 5、6 日,欧盟委员会在其官方公报中先后宣布,欧盟已决定对原产于中国内地、香港和台湾地区可刻录 DVD、CD 光盘进行反倾销调查。国内光盘复制业步入低谷。

2004 年,江苏的光盘复制业首先受到冲击的是电子音像出版物复制。与 2003 年相比,在本省电子音像出版物品种新增加 69 种的情况下,出版复制量却减少 1 096.31 万张(盒、盘);实际复制音像、电子出版物制品较上年减少 4 167.89 万张(盒、盘),同比下降 31%,形势严峻。

但值得庆幸的是,在江苏省市各级复制业监管部门的大力撮合与扶持下,江苏省内部分光盘复制企业不仅拿到了省内各音像出版单位的出版物复制订单,更以国产数据光盘产品对广东、苏州等外向型电子光存储企业原依赖进口的光盘进行了替代。江苏省市 90% 以上的从事加工贸易进口光盘的企业都转向省内光盘厂下单订货,广东省内尤其是东莞市的一批电子加工企业,也纷纷转向江苏的光盘复制厂的数据光盘产品,使得江苏省内的光盘复制企业业务量不减反增,光盘复制单位及光盘生产线不停产反而获准相应新增。同时,江苏依据《出版管理条例》《音像制品管理条例》《电子出版物管理规定》等法规规章,结合江苏近年来复制管理工作实践,强化、细化国家法规规章,出台了《光盘复制企业驻厂监督员制度》《复制委托书管理制度》《复制内容审查制度》《光盘来源识别码管理制度》和《复制企业月报表及样品报备制度》等五项管理制度,作为江苏光盘复制行业的操作指引,加强了管理,保护了企业依法经营、按章办事。由此,尽管电子音像出版物的光盘复制需求量大幅下滑,但由于江苏光盘企业的产品结构与产业规模优势,尤其是对 IT 行业的进口数据光盘的国产替代,使江苏的光盘复制业逆势上升,光盘生产规模继续扩大,生产秩序日益规范,成为全国为数不多的既繁荣发展又规范有序的省份,安然渡过了复制行业全国性的大调整。

"十五"期间,江苏抓住了国际产业结构战略性调整的有利契机,全省光盘复制企业由"十五"期初的 2 家增加到 10 家,资产总额 24.88 亿元,年平均增长 74%;光盘生产设备由"十五"期初的 9 条线、16 头猛增到 162 条线、424 个头;光盘年生产能力从"十五"期初的 1.09 亿片猛增到 19.7 亿片,年平均增长 78.4%;年销售总额由"十五"期初的 0.92 亿元猛增到 14.01 亿元,年平均增长 72.4%,进一步巩固了江苏作为全国又一个重要光存储产业基地的地位。

进入"十一五",尽管欧盟分别于 2006 年 10 月、11 月宣布取消了对原产中国大陆、香港和台湾地区生产的 DVD 光盘及 CD 光盘的反倾销调查,但由于受通货膨胀的影响,尤其是 2008 年的国际金融危机,光盘复制业的上游产品涨价的压力在下游的电子音像出版复制行业不能得到消化,成本上升而销售价格不升反降决定了整个行业的负增长。此时,我国的光盘复制业已形成珠三角、长三角、环渤海三个光盘复制产业带,继而向中西部延伸的产业格局;三个产业带企业数量占全国 76.42%,光盘复制总产量占全国 81.54%;江苏与粤东构建了两个可录类光盘生产基地。同时,国际市场需求逐年萎缩,全国的复制产业进入转型期;国内总体需求增长放缓,产品结构调整加快;产业集约化程度较低,市场恶性竞争加剧;自主技术创新不足,产业发展缺乏后劲。[1]

江苏的光盘复制业自 2007 年开始进入调整期。尽管当年的生产总量比 2006 年增长 49.8%,但销售收入下滑了 11.8%;2008 年产业环境趋于恶化,生产总量、销售收入比上年又分别减少了 31.2%、12.4%,产业陷于低谷盘整之中。

---

[1] 新闻出版总署:《光盘复制业"十二五"时期发展规划》,《中国出版》2011 年第 10 期上,第 10—12 页。

面对全行业调整，江苏加大了对光盘复制企业的扶持力度。2008年以优惠政策对 4 家重点文化出口企业和高新技术企业进行了政府补贴；同时加大打击盗版力度，减轻盗版对光盘产业发展的制约因素。而江苏的光盘复制企业则在提高产品质量的同时，加强科技研发，走规模化、集约化之路，稳住了产业大盘。

　　其中，作为国内光盘复制行业的领头羊，由江苏凤凰出版传媒集团有限公司与中信投资控股有限公司共同投资的江苏新广联科技股份有限公司于 2008 年 5 月在广东成立全资子公司——东莞市新广联光电科技有限公司，光盘生产基地延伸至珠三角，实现了跨区域发展。2008 年该公司年光盘生产能力已达到 2.2 亿片，产能比公司 1999 年 8 月成立初期提高了 30 多倍，位居全国只读光盘行业第一位。该司为 IT 及文化教育领域配套的 ROM 类光盘占总产量的 95％以上，为全国同行业最高。新广联光盘已成为高质量光盘的代名词，品牌效应逐步在公司的顾客中显现，复制的《三星软件》DVD5—ROM 荣获首届中国出版政府奖印刷复制奖（注：江苏新海博数码公司复制的《英特尔英英保通技术》和昆山沪铼光电有限公司生产的 DVD-R 均获首届中国出版政府奖印刷复制奖提名奖）。其光盘技术水平与国际的接轨，为产品走出国门参与全球市场竞争赢得了主动，2008 年公司光盘出口量占总产量的比例已高达 70％以上，为全国同行业最高，并被评为国家文化出口重点企业、国家级重点高新技术企业、全国新闻出版"走出去"先进单位、国家光盘复制示范企业。2006 年 9 月进行股份制改制，更名为江苏新广联科技股份有限公司，下设江苏新广联光电股份有限公司、东莞市新广联光电科技有限公司两家子公司以及一家光电技术研究院，业务范围主要覆盖LED 应用和光盘复制两大产业领域，专业从事只读类光盘和只读类半导体存储芯片复制、LED 健康智能照明产品和 LED 显示屏的研发、生产与销售，并提供 LED 照明及显示应用工程系统解决方案。公司按ISO9001 质量管理体系标准建立了产品与服务的质量管理体系，以及保护客户知识产权的管理体系；公司以企业信息化建设（ERP）为基础，形成了在国内光盘行业中最为完善的数字化企业管理系统；同时按照ISO14001 环境管理体系建设的要求，建立和运行了环境管理体系，导入了绿色产品生产计划(G/P),满足了产品进入国际市场的环境质量要求。不到十年的时间,新广联实现了超常规发展,成为国内光盘行业中发展最快、生产规模最大、盈利能力最强的国家级高新技术企业。

此外,昆山威泰、江苏永兴、苏州新海博、昆山沪铼等光盘复制企业,无论是产能规模,还是品牌质量,均居国内、国际复制产业龙头地位,这些优异的复制企业支撑起江苏光盘复制产业的核心竞争力,为江苏以及我国光盘复制产业的发展作出了显著贡献。

从1985年世界上第一张CD-ROM的问世,到1995年统一DVD-ROM标准,再到2005年新一代蓝光高密度光盘格式的竞争再起,全球的光存储产品约十年更新换代一次。从1995年左右中国大陆市场上VCD销售机和盘片替代VHS盒带式录像机,到2003年以后DVD产品真正普及,再到2011年左右智能手机的兴起,数字存储介质由此走过了从磁(带),到光(盘),再到半导体的三个阶段。回顾江苏十几年的光盘复制产业发展历史,可以深刻认识到其生存和发展既有赖于国家相关产业政策的配套和完善,又有赖于市场供求关系的调整、技术创新的推动,还有赖于产业结构的均衡与合理、产业链的配套与稳定,以及全球化环境下经济的脉动。光盘复制业成为被出版产业跨越的一个业态,成为出版史中的一个印记。

附录一　江苏出版大事记
（1949—2008）[①]

1949 年

2月，扬州新华书店国庆路门市部正式营业，新华书店启东支店和海门支店同时建立。中共华中工委宣传部决定筹建苏北新华书店。

4月25日，苏南新华书店总店在无锡公园路31号成立。1950年元旦起改称新华书店苏南分店。

5月12日，南京市新华书店成立。中山东路门市部同日开业。

5月17日，苏北新华书店总店在泰州成立（12月下旬迁扬州）。1950年改称新华书店苏北分店。

8月1日，苏南新华书店印刷厂成立。1951年改称苏南新华印刷厂，归苏南人民出版社领导。

1950 年

1月1日，苏北、苏南新华书店总店改称分店，南京新华书店改称新华书店南京分店。

同月，畜牧兽医图书出版社成立，出版《畜牧与兽医》双月刊。

5月，《苏南大众》创刊。月刊，32开本。1952年停刊，前后共出版

---

① 大事年表分别摘录《江苏省志·出版志》（江苏人民出版社1996年版）、《江苏省志（1978—2008）·出版　报业志》（凤凰出版社2020年版）。

40 期。

8 月,南京市成立秋季教科书联合供应处。

同月,新华书店苏南分店组织无锡市私营书店成立"无锡图书联营处",联营课本。10 月开设门市部,改称"联营书店",经销一般图书。

1951 年

1 月 1 日,苏南人民出版社成立。社址无锡市师古河 10 号。负责人李尊一。设编辑部和经理部。

2 月 15 日,新华书店苏南分店的出版部门划交苏南人民出版社;分店印刷厂成为独立经营的企业,称苏南新华印刷厂(1951 年 8 月,划归苏南人民出版社领导)。从此,新华书店苏南分店成为统一经营、统一管理的图书发行企业。

7 月,苏北人民出版社成立。社长李超然(兼),副社长吴以京(主持工作)。设图书、期刊、财务三个组。出版《人民苏北》杂志。

9 月 17 日,华东军政委员会批复:同意苏北人民行政公署成立新闻出版室,由行署秘书长直接领导。

1952 年

春,《苏南大众》杂志由月刊改为半月刊,每期发行量达 4 万份左右。

9 月,苏北区报纸书刊发行委员会成立。

本年,苏南、苏北大部分市县成立了书刊(报)发行委员会。1953 年底撤销。

1953 年

1 月 1 日,江苏人民出版社成立。李尊一任社长,全社总人数为 103 人,设编辑部和经理部。

新华书店苏南、苏北、南京三个分店合并为新华书店江苏分店。江苏分店建立后,南京设支店,全省共有 65 个支店。

1 月,省人民政府设立新闻出版处,管理全省新闻出版业。处长李超然。

同月,《江苏文艺》杂志创刊,月刊。2月份起印 25 000 册。

同月,《苏南教育》杂志与《苏北教育》杂志合并为《江苏教育》杂志。

2月13日,江苏人民出版社开始出书。出版的第一本书是文艺演唱材料《组织起来大生产》。

8月,江苏人民出版社出版本省第一部文艺理论读物《江苏南部歌谣简论》。

10月,江苏人民出版社出版第一部翻译读物《一个集体农庄的成长》,印数 21 000 册。

本年,江苏人民出版社拟定《关于编制出版计划的暂行规定》,编辑部制定了《原稿审查简则》。

江苏人民出版社第一次出版胶版年画《和平万岁喜庆丰收》,印数 6.5 万张。

1954 年

1月10日,江苏新华印刷厂在南京建成。资金 72 万元,其中固定资产 42 万元。

11月,江苏人民出版社制定《编辑出版方针和工作任务、编辑工作人员职责及工作条例》并宣布施行。

1955 年

4月27日,江苏人民出版社编制《1955—1957年选题计划》,3 年共列选题 806 种。

6月17—22日,新华书店江苏分店召开 12 个城市支店经理会议,贯彻落实中共中央、国务院关于改造私营图书发行业的指示。

7月1日,根据中共中央《关于开展斗争肃清暗藏反革命分子的指示》和省委的部署,江苏人民出版社开展"肃反"斗争,至年底结束。错误地批判了一些人,后进行了纠正。

10月6日,省人民委员会发出《关于处理反动、淫秽、荒诞图书的计划》,设立江苏省图书杂志审查委员会,开始处理反动、淫秽、荒诞图书。

12月,私营正风出版社南京编辑部并入江苏人民出版社。

1956 年

1 月 16 日，南京市 22 户私营图书发行业被批准实行公私合营。

1 月，江苏人民出版社拟订了《十二年（1956—1967）出书规划的初步意见》。

1—3 月，全省又有 16 个县建立了新华书店。

3 月，江苏人民出版社第一次出版古医书《伤寒论新注》（附针灸治疗法）。

11 月 27 日，江苏人民出版社在南京湖南路 11 号新建的办公楼落成。面积 1 200 平方米，总投资 79 400 元。

1957 年

9 月 27 日，文化部决定全国统编中小学教材分省印制。从 1958 年秋季开始，江苏人民出版社负责管理全省中小学课本的印制工作。

10 月，江苏人民出版社出版《针灸学》。本书曾参加 1959 年华沙社会主义国家第四届博览会展出，并发行到朝鲜、日本和东南亚等地。

11 月中旬，在省级机关干部下放中，江苏人民出版社下放 66 人（其中退职 12 人），江苏分店下放精减 35 人，江苏新华印刷厂下放精减 160 人。

1958 年

1 月，经省委批准，江苏文艺出版社成立。原由江苏人民出版社出版的文学、艺术两类图书改由江苏文艺出版社出版。两社在内部为一套机构。1960 年 11 月，江苏文艺出版社撤销。

3 月 19 日，《人民日报》发表题为《正确地促进出版工作大跃进》的社论，社论特别提到，江苏出版界由于省委重视而取得成绩，要求各省、市注意吸取江苏的经验。

4 月 7 日，省委宣传部召集会议，讨论全党办出版、建立出版小组。各市、县相继建立出版小组。全省共建立出版小组 124 个。

7 月 13 日，省人民委员会通知，将各市县新华书店的业务、行政、人事、财务管理权交由各市县文教部门领导,取消支店名称改称市县新华书店。新华书店江苏分店改称江苏省新华书店。

8月1日,《群众》杂志正式出版。它是省委主办的一个政治理论刊物。该刊于1962年3月停刊,共出版70期。1979年复刊。

8月至1959年3月,南京、无锡两市和苏州、镇江、扬州、南通、盐城、徐州、淮阴七个专区先后建立了专区(市)人民出版社。1960年10月全部撤销。

1959 年

1月,经省计委批准,江苏人民出版社建造印刷大楼,地点在湖南路11—13号。建筑面积6 500平方米,总投资60万元,作为新华印刷厂厂房。

7月,在参加"全国书籍装帧插图展览会"后,江苏版10种图书先后被选送莱比锡国际书籍艺术展览会和1959年华沙社会主义国家第四届博览会。

9月,江苏人民出版社和江苏文艺出版社完成了向国庆献礼书的出版任务,共56种。

9月,新中国第一部公开出版的社会主义的《教育学》(南京师范学院教育系编著),由江苏人民出版社出版。

1960 年

3月8日,省委批复,同意成立江苏省新闻出版局(国务院于6月9日批复同意),5月正式办公。吴以京、李震、卢政任副局长,吴以京主持工作。周邨任党组书记,吴以京任副书记。省新闻出版局与江苏人民出版社合署办公。

秋,根据国务院关于抢救文化遗产的通知精神。省新闻出版局确定全省各单位所藏木刻古籍版片集中至扬州,统一保管。

9月9日,南京新闻学校和南京大学新闻专修科合并成立"江苏新闻专科学校"。

本年,省新闻出版局同意扬州新华书店所属古旧书店,利用现存版片和刻印设备,印刷雕版古籍,注明扬州广陵古籍刻印社刻印。当年出版《暖红室汇刻传奇西厢记》。这是江苏首次正式出版木刻古籍。

1961 年

4月1日,江苏人民出版社根据三年来工作中的经验教训,制订了《编辑部主要工作制度》。

9月,《太平天国印书》由江苏人民出版社出版,它是一部研究太平天国历史的重要文献。

1962 年

6月,扬州广陵古籍刻印社成立。

7月1日,省新华书店与江苏人民出版社分开,办公地点在南京百子亭34号。

1963 年

3月,省级机关开展"五反"运动,江苏人民出版社出版的《中国历代演义》《张謇日记》和桃花坞旧版木刻年画受到错误批判,被指为三部坏书。

4月1日,省人民委员会批转省文化局《关于调整省以下新华书店管理体制的意见》,恢复省店和市县文化行政部门双重领导。

1964 年

6月30日,江苏新华印刷厂成立印制《毛泽东著作选读》办公室。在全国评比会上,该厂印制的《毛泽东著作选读》乙种本获全国第一名,甲种本获第二名。

8月14日,江苏人民出版社开展社会主义教育运动,省委宣传部工作组进驻该社。

10月4日,省委宣传部通知江苏人民出版社,决定实行事先审查稿件制度。

1965 年

5 月,江苏人民出版社出版《奇异的机器狗》,这是本省出版的第一本科幻小说。

8 月 12 日,为了适应战备需要,省计委批准建立江苏新华印刷厂淮阴分厂,投资 66 万元。

1966 年

1 月,江苏人民出版社首批印制《毛主席语录》20 万册,在全省新华书店公开发行。

2 月,江苏人民出版社成立毛主席著作印制小组。

7 月,江苏人民出版社、江苏省新华书店、江苏新华印刷厂先后建立"文革小组"。

8 月,省委在江苏人民出版社设立毛主席著作印制办公室。

1967 年

1 月 26 日,江苏人民出版社、江苏新华印刷厂和省新华书店的"造反派"组织先后夺了本单位的领导权,全省出版发行系统的领导班子,大部分被"打倒"或"靠边",正常的出版活动基本停顿。

1968 年

5 月,省"革命委员会"成立后,建立"毛主席著作印制办公室",领导全省出版、印刷、发行工作。

6 月,根据省"革委会"的部署,江苏人民出版社、省新华印刷厂、省新华书店进行了清理阶级队伍的工作,严重混淆了敌我界限和是非界限,错整了一批干部和群众。

8 月,省"革委会"向江苏人民出版社、省新华印刷厂、省新华书店派驻"工人、解放军毛泽东思想宣传队",领导各单位进行"斗批改"。

1969 年

3月5日,省"革委会"同意省新华书店、江苏人民出版社、省文化物资仓库合并,名称为江苏省新华书店。9月撤销。省新华书店恢复为专营图书发行机构。

3月,南京印刷机械厂制成新型连晒机。1978年南京召开的省科学大会上,对连晒机的发明创造者黄德林给予奖励。

1970 年

1月1日,省"革委会"决定,全省各地新华书店财务管理权统一下放给各专区、市、县"革委会"。各地新华书店的财务收支和基建投资纳入当地财政。地、市、县支店改称新华书店。

10月,少儿期刊《红小兵》创刊。32开本。1978年7月改名为《江苏儿童》,由原32开本改为24开本。1987年3月改版为《儿童故事画报》。

12月,江苏新华印刷厂购进第一台日本产小森全张双色胶印机。

1971 年

2月1日,省"革委会"政工组批转省出版发行局1971年创作计划(选题113种)。要求加强领导,迎接中国共产党诞生50周年。

3月15日—7月22日,国务院出版口在北京召开了出版工作座谈会。江苏代表俞洪帆、蒋迪安参加会议。江苏有19种图书列入全国选题出版计划。

1973 年

4月2日,省"革委会"办公会议决定,同意成立江苏人民出版社(实际是恢复),列为事业单位,编制暂定40人。10月8日,省委决定,高斯任江苏人民出版社社长。

1974 年

6月,江苏人民出版社与省"革委会"文化局分开。

1975 年

2月,《江苏文艺》创刊,月刊,16开本。江苏人民出版社出版。1978年初改名《雨花》。

10月,《江苏画刊》创刊(双月刊)。江苏人民版。该刊发行中国香港、新加坡、日本、美国和欧洲等地,为一些美术机构收藏。

本年,根据国务院文件通知,成立江苏省汉语大词典领导小组和词典办公室。

1976 年

11月15日,省"革委会"发出《关于成立江苏省中外语文词典编写领导小组的通知》,戴为然任领导小组组长,高斯、方菲任副组长。

1977 年

1月25日,省计划委员会批准江苏新华印刷厂建造凹印车间,面积3584平方米,总投资179万元。

12月,省新华印刷厂照相修版组试制成功反射稿直挂网分色,为该厂制版工艺填补了一项空白。

1978 年

3月,省出版发行局订出《关于1978—1985年出版工作规划的初步设想》。

3月,《钟山》(文艺丛刊)创刊,江苏人民出版社出版。1980年6月改为大型文学期刊《钟山》。1984年划归省作协领导。

6—9月,在"左"的流毒影响下,错误地在全省开展对小说《我们这一代》的批判。1980年得到纠正。

7月28日,经中宣部批准,同意建立江苏科学技术出版社,代号编为 196 号。从 8 月 1 日起,江苏人民版科技图书用江苏科技出版社名义出书。

11 月,联合国教科文组织亚洲文化中心在日本东京举办"野间儿童图书插图比赛"。江苏人民出版社出版的《三打白骨精》,获插图奖。

1979 年

1 月 16 日,省出版事业管理局召开《钟山》文艺丛刊编委扩大会议,着重讨论解放思想,把文艺工作重点转到四个现代化建设上来等问题。

1 月 18 日,根据国家科委和国家出版事业管理局决定,省"革委会"同意将南京外文书店改为江苏省外文书店,由省出版事业管理局直接领导。

2 月 26 日。苏州市计委同意恢复苏州桃花坞木刻年画社和苏州吴门画苑。

4 月 16 日,江苏科学技术出版社召开成立大会。

6 月 1 日,国家出版事业管理局复函。同意江苏以广陵古籍刻印社的名义复印古籍,正式发行。

11 月,外国文学丛刊《译林》创刊,江苏人民出版社出版。

1980 年

5 月 26 日,国家出版局批复,同意江苏人民出版社同时用金陵书画社的名义出书。金陵书画社作为江苏人民出版社的副牌出书,代号为 234。

5 月 28 日,第二次全国少年儿童文艺创作评奖揭晓,江苏有 5 件作品获奖。

5 月 31 日,省人民政府批复苏州市,同意把苏州桃花坞木刻年画社纳入出版系统,属地方集体所有制企业性质,业务上由省出版事业管理局领导。

5 月,省出版事业管理局制订《出版事业五年发展规划初步设想》。

7 月,江苏科技出版社主办的《祝您健康》杂志创刊,季刊。1981 年 5 月改为双月刊。

10月8日,经省委批准,同意《钟山》《译林》《江苏画刊》《少年文艺》《江苏儿童》《科普园地》《祝您健康》《垦春泥》等8种刊物公开发行。

11月2日,省出版事业管理局在南京举行省少年儿童文艺创作授奖大会,得奖作品共45件。

1981 年

1月5日,江苏省外文书店正式成立。10月1日门市部开业。地址在南京中央路145号。

5月1日,金陵书画社门市部正式开业。

11月,大型儿童文学期刊《未来》创刊。

12月,摄影艺丛《光与影》首次出版。江苏人民版。

1982 年

3月18日,《钟山》第2期全文刊载叙事吴歌《五姑娘》。新华社发了电讯。专家认为:"这是继民歌《阿诗玛》和《刘三姐》之后,又一部优秀的民间文学巨作。"

5月19日,省出版事业管理局召开全省42家印刷厂印制课本工作座谈会,贯彻中央领导对教科书出版的指示,要求百分之百地做到"课前到书,人手一册"。

7月,省新华书店和江苏人民出版社在兴化联合召开农村图书发行工作经验交流会,专题讨论落实农村文化丛刊《垦春泥》的发行工作。经采取有效措施后,《垦春泥》发行量由2万册增至7万余册。

9月21—26日,江苏新华印刷厂制版印刷的年画《松鹤长春》在全国首届年画制版印刷技术经验交流会上,被评为最佳产品。

本年,江苏中小学课本印制质量评为全国第二位。

1983 年

2月25日,省委书记处会议,讨论出版工作问题。同意高斯提出的关于改造和发展江苏书刊印刷工业安排的意见,逐步实施。

2月,《中国烹饪史略》出版,江苏科技版。它不仅被全国数十所专门学校选为教材,而且在世界各地引起轰动。

4月,国家出版事业管理局指定江苏人民出版社组织编写的《实用汉英词典》出版,受到国内外广大读者的欢迎。

7月2日,省出版事业管理局改为江苏省人民出版社。

8月23日,文化部批准,同意成立南京大学出版社,社号为336。

12月15日,江苏省人民出版社改名为江苏省出版总社。

12月19日,文化部批复,同意成立江苏教育出版社,社号为351;江苏少年儿童出版社,社号为352;江苏美术出版社,社号为355;江苏古籍出版社,社号为354。1984年1月24日,各社正式成立。

12月22日,省政府批准,同意将淮阴新华印刷厂、徐州印刷厂划归省出版总社直接领导,思想政治工作由所在地领导部门代管。1984年1月签订《交接协议书》。

1984 年

1月9日,经省委批准,省直属各出版社由社长负责制改为总编辑负责制,集体领导为编委会。俞洪帆兼任江苏科技出版社总编辑;张渭英任江苏人民出版社副总编辑(主持工作);张崇高任江苏科技出版社副总编辑(主持工作);索菲任江苏美术出版社总编辑;张彦平任江苏少年儿童出版社总编辑;高纪言任江苏古籍出版社总编辑;吴为公任江苏教育出版社总编辑。

3月15日,省编制委员会通知:同意成立江苏省出版总社。同时批准成立江苏教育出版社、江苏少年儿童出版社、江苏美术出版社、江苏古籍出版社,均为县团级事业单位;江苏省出版印刷公司,为县团级企业单位,与江苏省出版物资供应站合署办公。

6月13日,江苏人民出版社出版的《阿福》封面设计获捷克斯洛伐克"国际实用绘画作品展览"图书装帧设计铜奖。

7月21日,省出版总社在宁举办装帧设计讲习班,落实香港"中国书展"江苏展出的重点书设计任务。其间,成立了江苏书籍装帧研究会。

9月,省出版总社发出《关于三级审稿制的规定》。

11月6日,江苏少年儿童出版社出版的《一闪一闪的兔子灯》在由联合国教科文组织亚洲文化中心举办的第四届"野间儿童图书插图比赛"中，获三等奖。

12月17日，省出版总社决定：从1985年1月1日起，总社和所属各出版社、江苏图片社、总社图书发行部在经济上全部分开，实行独立核算。

1985 年

1月17日，文化部批准，成立南京工学院出版社，后更名为东南大学出版社。

3月7日，文化部批准，成立中国矿业学院出版社，后更名为中国矿业大学出版社。

6月7日，文化部批准，同意在江苏人民出版社现有文艺编辑室的基础上恢复江苏文艺出版社。

9月，《孟河四家医集》出版，江苏科技版。该书获首届江苏图书奖精品奖。

10月，江苏美术出版社的《罗伦赶考》在全国第六届美术作品展览中获金奖，大型宣传画组画《我爱国旗——火样的鲜红》《我爱黄河——往无前的精神》获银奖。

11月6—22日，世界知识产权组织与国家版权局在南京共同举办版权知识培训。

12月，江苏古籍出版社用珂罗版精印出版《康有为〈大同书〉手稿》。此书获首届江苏图书奖精品奖和中国图书奖荣誉奖。

同月，江苏省出版总社直属7家出版社，以及扬州广陵古籍刻印社、苏州桃花坞木刻年画社等单位的693种图书参加香港"中国书展"。江苏版图书得到海内外读者和舆论界的好评。

1986 年

1月4日，省委宣传部批准，同意江苏古籍出版社创办《民国春秋》（双月刊），在国内公开发行。

1月，江苏省出版总社在省美术馆举办"江苏新书展览"，共展出各类图书 2 500 种,是建国以来举办的规模最大的苏版图书展览,展示了江苏出版界贯彻"立足本地,面向全国"出版方针所取得的丰硕成果。

2 月,江苏少儿出版社的《玉蕊仙子》《龙凤瓷床》分别获得联合国教科文组织亚洲文化中心第五届日本野间儿童图书插图比赛奖二等奖和鼓励奖。

5 月,江苏省出版工作者协会召开成立大会。选举高斯为主席,蒋迪安、马秋海为副主席,蔡平为秘书长。

7 月 30 日,江苏省《"星火计划"丛书》编委会正式成立,第一批丛书(10 种)于 1987 年 3 月出版,被评为全国"星火计划"通用教材,向全国推荐。

8 月,全省图书发行工作会议在南京召开,讨论进一步推行图书多种购销形式的改革,新华书店自身建设和改造,如何协调好出版社与书店之间的关系等。9 月,省出版总社颁发《关于江苏版图书购销形式改革的试行方案》。

10 月 29 日,国家出版局、国家教育委员会发出《关于任命〈汉语大词典〉工作委员会、编辑委员会成员的通知》,高斯任工作委员会副主任,陈立人、丁良典、薛振兴等为委员。

11 月 17 日,国家出版局批准,同意成立河海大学出版社。

11 月,省出版总社与省供销社联合发出《进一步做好农村图书发行工作的通知》,重申做好农村图书发行工作是社、店的共同责任。

12 月,《中国现代绘画史》出版,江苏美术版。这是我国第一部现代绘画史。

1987 年

4 月 7 日,省出版事业管理局批转省新华书店《关于进一步深化市、县书店发行体制改革,增强市、县书店活力的意见》,并从 1987 年 1 月起试行。

4 月 23 日,江苏少儿出版社出版的《儿童科学文艺丛书》《少年科学文艺丛书》《动物趣谈》《植物奇观》《趣味地理》5 套书被国家教委和新闻出版署列为全国推荐的小学生阅读书目。

5月4日,省委常委会议讨论本省报刊整顿问题,并作出4项决议。明确省报刊由省委宣传部和省出版事业管理局负责,各市报刊由市委指定一两个部门负责管理工作。

6月2日,省外文书店与中国图书进出口总公司在南京联合举办美国、英国、日本等国家近几年原版外文图书展销。展出图书8 500多种,销售额达10万元。

6月,《清诗纪事》出版,全套书共22册,江苏古籍版。它既是一部清诗史,又是清代诗歌评论的总汇。1990年被评为"中国图书奖"一等奖。

8月10日,省人民政府决定:撤销省出版事业管理局,成立省新闻出版局,与省出版总社合署办公。一套机构、两块牌子。全省11个省辖市在市文化局内设置相应管理机构。

同日,省出版总社制订《江苏版图书购销形式改革的暂行方案》。对苏版图书的购销形式作了较重大的改革。由以往单一的征订包销改为征订包销、征订经销、征订寄销多种购销形式。对社、店业务关系也作了13条具体规定。

8月10日—9月4日,省新闻出版局、南京市文化市场管理委员会联合举办"打击非法出版活动展览"。展出非法出版物1 200余种,参观单位1 088个,15 600余人。

10月16日,江苏教育出版社在北京举行《叶圣陶集》一、二、三、四卷新书发布会。

12月,省新闻出版局委托省新华书店与南京市新华书店签订承包经营责任制合同。承包形式实行包死基数、确保上交、超收全留、欠收自补的"两包一挂"承包经营责任制形式。承包期为4年(1987—1990年)。

1988 年

1月13日,江苏省编制委员会批复,同意建立江苏省印刷科学技术研究所。

3月19日,《古文鉴赏词典》由江苏文艺出版社出版,它是全国第一部最完备的大型古文鉴赏辞书,集古文文库、鉴赏之大全。

3月,《中华国宝》出版,江苏少儿版。获1982—1988年全国优秀少年儿童读物一等奖。

同月,《中国油画》出版,江苏美术版。是中国第一部介绍油画的书籍。获1990年首届江苏省文学艺术奖集体奖。

4月6日,江苏新华印刷厂与省新闻出版局签订厂长任期目标协议书(1988—1991年)。

4月9日,徐州新华印刷厂与省新闻出版局签订厂长任期目标协议书(1988—1991年)。

5月3日,省直属出版社由1984年以来实行的总编辑负责制改为实行社长负责制。

5月7日,经省人民政府同意,新闻出版署批复,同意成立南京出版社。

5月12日,淮阴新华印刷厂与省新闻出版局签订厂长任期目标协议书(1988—1991年)。

6月2日,经省人民政府同意,新闻出版署批复,同意成立译林出版社。

6月9日,省新闻出版局发出《关于市、县新华书店实行工资总额与经济效益挂钩浮动的通知》。

6月23日,江苏省第七届人民代表大会常务委员会会议通过《江苏省书刊、音像出版发行管理条例》。

6月,《本草学》出版,南京工学院出版社出版。1990年获第三届全国优秀科技图书二等奖。

7月20日,江苏省对外经济贸易委员会批复,同意成立江苏省图书进出口公司。

7月,香港九龙出版文化服务有限公司与江苏古籍出版社洽谈《中国地方志集成》《雨花石》等合作出版及海外发行事宜。江苏美术出版社与苏联阿芙乐尔出版社交换出版艺术图册的意向书,阿芙乐尔出版社出版《中国民间美术》,江苏美术出版社出版《苏联民间美术》。

8月7—16日,江苏少年儿童出版社出版的《世界童话名著精选》、

《中学生美育》(初中分册)、《实用故事大全》、《中国神话、童话故事选》4种书,获"首届全国优秀少儿读物编辑奖"。

9月,省出版总社直属8个出版社参加北京第二届国际图书博览会。展出图书700多种。

10月6日,江苏教育出版社在北京举行《朱自清全集》(1—3卷)新书发布会。

10月15日,江苏少儿出版社实行社长负责制。

10月,江苏科技出版社向省委宣传部、省科委提出《关于设立金陵科技著作出版基金的报告》。次年2月,经省委、省政府讨论通过。基金由省科委、省出版总社、江苏科技出版社共同筹集,并成立了基金委员会。

11月15日,经省人民政府同意,新闻出版署批复,同意成立古吴轩出版社。该社主要出版反映苏州地方特色的书画作品、画片、字帖、挂历及桃花坞木刻年画。

12月22日,全省新华书店系统承包经营责任制合同签字仪式在南京举行。由省新闻出版局与市县书店全面实行"两包一挂"内容的承包经营责任制。

本月,江苏美术出版社、江苏教育出版社实行社长负责制。

1989 年

1月,《水经注疏》出版,江苏古籍版。本书获江苏省1989—1990年优秀图书一等奖。

同月,《临床皮肤病学》(修订本)出版,江苏科技版。本书为当时国内最大型的皮肤科临床参考书,获1989—1990年优秀图书一等奖。

同月,《彩图中国历史故事》出版,江苏少儿版。本书获1989—1990年江苏优秀图书二等奖和第二届全国优秀少儿读物编辑奖。

2月,《中国工艺美术大辞典》出版,江苏美术版。这是我国第一部工艺美术大型辞书,1990年被评为"中国图书奖"二等奖。

3月4日,江苏人民出版社实行社长负责制。

3月7日,译林出版社实行社长任期目标管理。

3月,我国第一部大型新诗鉴赏辞典《中国新诗鉴赏大辞典》出版。江苏文艺版。

4月,《世界名人画传》出版,江苏少儿版。本书获第二届全国优秀少儿读物编辑奖。

同月,《世界系列连环漫画丛书》出版,至1990年共出8集。本书获1990年全国"金钥匙"优秀图书奖和江苏省1989—1990年优秀图书二等奖。

同月,以桑德拉·保罗女士为团长的美国国际人民交流协会图书出版代表团一行14人来南京访问,与省直属8个出版社和图书进出口公司就中美双方出版、印刷和销售等进行了交流。

同月,省新闻出版局、省出版工作者协会在南京举办江苏省首届版权培训班。参加培训130余人。此后又在苏州和无锡举办了两期中青年编辑研讨班。

5月,《数学方法论丛书》开始出版,江苏教育版。第一辑出6种,获1989—1990年江苏优秀图书一等奖。

同月,东南大学出版社开始出版《系统科学丛书》。本书获1989—1990年江苏优秀图书一等奖。

6月23日,江苏科技出版社实行社长负责制。

6月,《中华民国经济史》出版,江苏人民版。这是一部填补民国史研究空白的学术专著。被评为1989—1990年江苏优秀图书二等奖,第二届华东地区优秀政治理论读物一等奖。

同月,古吴轩出版社与香港集古斋合作出版《古吴轩十周年纪念》画册。该画册为古吴轩出版社第一本出版物。

同月,《当代百科知识大词典》出版,南京大学版。本书获第四届全国图书"金钥匙"奖二等奖。

9月28—10月6日,省新闻出版局、省出版总社在出版大厦举办"建国40周年江苏图书展览"。

9月,河海大学出版社出版的《水资源保护工作手册》获全国优秀图书奖。这是中国第一部水资源保护方面的工具书。在第三届全国图书"金钥匙"奖评选中获优胜奖。

10 月 10 日,经省劳动局、省财政厅批准,省外文书店和省出版物资供应站实行工资总额包干办法。1990 年 10 月起,改为实行工资总额与经济效益挂钩办法。

同日,经省劳动局、省财政厅批准,省新华书店自 1989 年起实行工资总额与经济效益挂钩的办法。

10 月 11 日,省委、省政府主持召开全省压缩、整顿报刊工作会议。王霞林传达全国整顿压缩报刊和出版社会议精神。

10 月 31 日,根据新闻出版署批复,省新闻出版局决定:《东方纪事》《大风》《江南诗词》《湖海》《中学历史》《青春丛刊》《金陵百花》《镇江企业管理》《中学数学文摘》《影剧之声报》,从 1990 年 1 月 1 日起停办。

11 月 18 日,江苏省新华书店实行经理承包经营责任制。

本年,设立"江苏图书发行基金""江苏出版基金""重点科技图书专项出版基金",共 1 310 万元。

1990 年

1 月 25 日,省政府颁发首届文学艺术奖。江苏教育出版社的《朱自清全集》、江苏古籍出版社的《清诗纪事》、江苏美术出版社的《中国油画》、江苏文艺出版社的《中国新诗鉴赏大辞典》获江苏省首届文学艺术奖。

2 月 14 日,在全国首届书刊封面设计大赛中,江苏少儿出版社的《少年文艺》和美术出版社的《邮票集锦》获二等奖。

3 月,省外文书店和省图书进出口公司实行经理负责制。

4 月 21 日,新闻出版署批复,准予江苏人民、科技、教育、少儿、美术、古籍、译林、文艺和南京出版社重新登记注册,并规定了出书范围。6 月 21 日,新闻出版署对江苏各地的大学出版社,也作了准予重新登记的批复,规定了出书范围。

4 月,译林出版社出版《追忆似水年华》(1—7 卷),〔法〕普鲁斯特著。本书获第一届全国优秀外国文学图书奖一等奖和 1989—1990 年江苏优秀图书一等奖。

5 月 21 日,在北京举行的 1982—1988 年全国优秀少年儿童读物授奖大会上,江苏少儿出版社有5种图书获奖。《中华国宝》获一等奖。

7月,胡愈之《我的回忆》出版,江苏人民版。本书获江苏省1989—1990年优秀图书奖一等奖。

同月,《自然哲学》出版,江苏人民版。获江苏省1989—1990年优秀图书奖一等奖,并获第五届中国图书奖二等奖。

同月,中国艺术瑰宝《敦煌》大型画册出版,江苏美术版。本书获江苏省1989—1990年度优秀图书奖一等奖和全国优秀美术图书奖银奖。

8月,中国矿业大学出版社出版的《手语——聋哑人的语言》一书获第四届全国图书"金钥匙"奖优胜奖。这是国内正式出版的第一部聋哑人教材。

9月,第五届全国优秀科技图书奖揭晓,江苏科技出版社的《中国古代天象记录总集》和南京工学院出版社的《本草学》获二等奖。

10月16日,江苏科技出版社在北京钓鱼台国宾馆举行《南极探秘》彩色画册出版座谈会和赠书仪式。全国人大常委会副委员长彭冲、周谷城、陈慕华以及钱三强、刘忠德等出席了会议。

10月,省科委、省出版总社和江苏科技出版社联合召开"金陵科技著作出版基金管理委员会成立大会"。会上公布了"出版基金章程""基金管理办法""基金申请、审批办法"和基金管理委员会成员名单。

11月,《教育生态学》出版,江苏教育版。该书的出版填补了国内教育理论的一项空白,获江苏省1989—1990年度优秀图书一等奖。

12月,《孔子评传》出版,南京大学版。该书获江苏省1989—1990年度优秀图书一等奖。

同月,《广义逆矩阵引论》出版,江苏科技版。本书出版后,国内外同行专家盛赞该书是"广义逆矩阵领域中最新、最系统的论著","是一部融先进性、科学性和可读性为一体的优秀著作"。获1989—1990年度优秀图书二等奖。

同月,《刑事法学大辞典》出版,南京大学版。本书获江苏省1989—1990年度优秀图书二等奖。

1991 年

3 月 8 日,省新闻出版局颁发《关于加强图书印制质量管理的意见》,对加强图书印制质量,提出了 8 条意见。

4 月,省新闻出版局对全省 14 家出版社的"八五"重点书选题进行了审议,选出 62 种上报新闻出版署。有 10 家出版社的 30 个选题列入全国"八五"重点图书选题。

5 月 27 日,在全国第八次书刊印刷质量评比中,江苏 11 家印刷企业承印省内外各出版社的书刊产品,有 8 种获得部优。江苏新华印刷厂的胶印产品优印张总数进入全国第 14 名。

5 月,第一届全国"星火计划"优秀图书奖揭晓。江苏科技出版社出版的《乡镇企业厂长(经理)必读》10 本书获优秀图书奖。

同月,省新闻出版局举办著作权法培训班。

9 月 5 日,省新闻出版局发出《关于公布书刊印刷定点企业名单及实行书刊印刷定点制度的通知》。从 1991 年 10 月起,在全省范围内实行书刊印刷定点制度。

9 月 18 日,镇江市公安局查获一起非法出版书刊、制黄贩黄的重大犯罪团伙,非法经营额达 527 万元,涉及全国 27 个省、市、自治区的 86 个城市,68 家印刷厂,257 家书店,370 余人。

12 月,江苏人民出版社《我的经济观》第一卷出版。该书在 1992 年 5 月中宣部举办的 1991 年度精神产品生产"五个一工程"的评选中入选。

1992 年

1 月 16 日,省委、省政府召开全省"扫黄"工作电话会议,对全省特别是春节前后集中"扫黄"和打击非法出版活动斗争进行了部署。

6 月 2 日,省出版总社召开江苏省第二届优秀图书奖颁奖大会。14 家出版社的 15 种图书获一等奖,38 种图书获二等奖。省委宣传部部长王霞林等出席大会。

8 月 22 日,省出版总社与省财政厅签订承包经营合同,进行第二轮承包。

8月26日,省新闻出版局印发《关于进一步加强各市报刊审读工作的通知》。对报刊审读范围与重点、队伍建设等提出了具体要求。

10月7—17日,中国印刷公司和人民教育出版社组织的1992年全国中小学课本印制质量抽检评比工作在福州进行。江苏有8家印刷厂承印的8种课本被评为优质产品。

11月30日,经《管理世界》中国企业评价中心和国务院几个部委的联合评价,江苏省新华书店被评为中国500家最大服务企业之一,在商业批发、零售业系列中名列第22位。

12月,中共中央宣传部、新闻出版署发出《关于授予"全国百县农村图书发行表彰红旗单位、先进单位"称号的决定》,本省江阴市政府被授予"红旗单位"称号,如皋市委市政府、铜山县新华书店、射阳县新华书店、无锡县供销社被授予"先进单位"称号。

同月,新闻出版署在北京召开全国新闻出版系统先进集体和先进工作者表彰大会。江苏古籍出版社、江苏省新华书店、南京市新华书店、仪征市新华书店、吴县新华书店5个先进集体,俞洪帆、石启忠、梁宝侠、张德林、孙淑玲5名先进工作者受到表彰。

1993 年

2月19日,省编制委员会批复,同意成立江苏省出版总社电子音像出版部。

2月25日,江苏美术出版社在北京举行《中国民间秘藏绘画珍品·李一氓藏画》大型画册首发式,吴学谦、彭冲、赵朴初等出席或题词。

3月10日,《新闻出版报》头版头条报道了江苏省委、省政府重视出版改革的情况。

4月19日,新闻出版署批复,同意江苏省出版总社创办《书与人》季刊。6月2日,《书与人》杂志正式办理期刊登记手续,并改为双月刊。11月1日,《书与人》杂志出版创刊号。

6月25日,省八届人民代表大会常委会第二次会议决定,任命蒋迪安为江苏省新闻出版局局长。

10 月中旬,本省共发行《邓小平文选》第三卷 153 万册,在全国列第三位。

10 月 20—26 日,首届"江苏书展"在香港举办。全国政协副主席安子介、新华社香港分社常务副社长张浚生和艺术大师刘海粟为书展剪彩。

12 月 6 日,由国务院发展研究中心、《管理世界》中国企业评价中心等 10 部委联合举办的"1993 年中国 500 家最大服务企业"评选活动揭晓,江苏省新华书店列商业企业第 19 位,居全国新华书店之首。

1994 年

2 月 3 日,省社会文化管理委员会召开全省"扫黄""打非"电话会议,副省长张怀西作重要讲话。

2 月 20 日,江泽民总书记为江苏教育出版社建社 10 周年题词:"多出好书,促进社会主义精神文明建设。"

4 月 12—15 日,省新闻出版局在徐州召开图书、版权工作研讨会。

5 月 10—13 日,美国时代生活公司高级副总裁、董事经理骆培资等来宁访问并与江苏少儿出版社洽谈合作出版事宜。

6 月 18—28 日,加拿大"江苏书展"在多伦多市举行。

6 月 23—28 日,南京"台湾书展"在南京江苏省美术馆举办。

8 月 16 日,江苏省新闻出版局增挂江苏省版权局的牌子,承担本省著作权管理工作。

11 月 3—4 日,全省"扫黄"工作会议在南京召开。会议传达了全国"扫黄"工作会议精神,部署了全省"扫黄""打非"集中统一行动。

12 月 12 日,江苏知识产权研究会在南京举行成立大会,徐汉炎当选为副理事长,汪永标为副秘书长。

1995 年

1 月 26 日,经国家教委同意、国家新闻出版总署批准,设立南京师范大学出版社。

3 月 23 日,省辖市新华书店经理会议在宁召开,部署全省书店的经营目标管理工作。张佩清受省出版总社委托,与各市新华书店法人代表签订了《省辖市店经营目标管理责任书》。

5月20日,省新闻出版局、省科委、省期刊协会联合召开省首届"双十佳期刊"及优秀期刊颁奖大会。

6月12—18日,江苏在台湾举办"台北·江苏书展",这次书展由省出版总社和台湾人类文化事业有限公司联合主办,共展出江苏15家出版社几年来出版的新书3 000多种。

6月15日,省新闻出版局和省科委联合组织,对全省343种期刊进行了评估分级,共评出一级期刊146种、二级期刊178种、三级期刊19种。

1996 年

3月29日,省委决定:石启忠任省新闻出版局局长,省出版总社社长、党组书记兼省版权局局长

7月10—24日,省图书进出口公司与澳大利亚中国书店在悉尼联合举办江苏书展。

7月11—17日,江苏出版系统由省新闻出版局、省出版总社组团,参加了在北京举办的中国出版成就展,共展出精品图书610种,1700册,期刊40种,电子音像出版物近百种。7月15日,时任中共中央总书记江泽民,参观了江苏展厅展出的各类图书和反映江苏出版成就的各种图表、实物,满意地说:江苏的书好,尽在不言中。

7月31日—8月15日,省图书进出口公司与加拿大星河影视文化中心在加拿大多伦多联合举办江苏书展。

10月18日、21日,江苏出版成就汇报展在南京展出,同时,举行了向部分贫困县赠送《跨世纪农村书库》的仪式。

1997 年

1月17日,根据新闻出版署《电子出版物管理暂行规定》,省新闻出版局下发《关于颁发电子出版物经营许可证的通知》,对全省电子出版物经营活动实行许可证制度。

2月22—24日,春季京、沪、苏版精品图书订货会在南京举行。

3月5日,省新闻出版局、省出版总社印发《关于干部管理工作有关问题的通知》、《省新闻出版局、省出版总社及直属单位实行干部聘任制的暂行规定》和《关于机关处室试行干部聘任制的实施方案的通知》。

4月15—29日,江苏书展代表团一行18人访问澳大利亚,与澳大利亚中国书店在悉尼、墨尔本联合举办江苏书展。

7月27日,省委召开常委扩大会议,研究并原则通过了我省报刊业"治散治滥"方案和治理名单。

9月3日,由省委宣传部、省新闻出版局联合举办的《拉贝日记》首发式在南京钟山宾馆礼堂举行。

9月3日,盐城市中级人民法院依法对被列为1996年全国非法出版五大案件之一的大丰唐葆春非法出版案进行公开宣判,主犯唐葆春被判有期徒刑13年。

9月22日,省委组织部发出《关于调整市县新华书店经理管理权限的通知》,规定我省各级新华书店经理实行新闻出版部门和地方主管部门双重管理,以新闻出版部门为主的管理办法。

10月7日,由省出版总社电子音像出版部与江苏音像出版社联合组建的新广联光盘有限公司正式成立。12月20日取得复制经营许可证,正式投入生产。

10月27日,省新闻出版局和省教育委员会共同签发《关于规范中小学教学用书管理的意见》,明确由省教委、省新闻出版局对中小学教科书实行归口管理。

11月12日,省新闻出版局制定并颁布《关于加强内部资料性出版管理的暂行办法》。根据报刊业治理工作的要求和部署,我省除暂缓保留43家县市党报和其他内部报纸外,其余309家报纸一律停办或转化为内部资料;除暂缓保留139家内部发行的学报和其他期刊外,其余373家期刊一律停办或转化为内部资料。

1998 年

5月7—20日,江苏书展代表团一行16人,赴美国洛杉矶举办"中国江苏书展",并考察了兰登书屋、BDD 公司和西蒙·舒斯特公司。

7 月 31 日,经新闻出版署批复同意,我省《南京体育学院学报》等 19 家地方高校内部出版的学报转为国内统一刊号专门系列。

9 月 2 日,江苏省 1998 年精神文明建设"五个一工程"奖揭晓并举行颁奖仪式。我省《草房子》《拉贝日记》等 8 种图书分获一、二、三等奖。

10 月底,由省版权局发起的全省反盗版联盟组建工作基本完成,省出版总社、省内 16 家出版社和省新华书店共同筹措的 100 万元反盗版资金全部到账。

12 月 3 日,省人民政府批复同意,将江苏省新华书店改制为江苏省新华书店集团有限公司,以其为核心,组建江苏新华发行集团,列入省重点企业集团行列。

12 月 22 日,中宣部、新闻出版署联合举办的第十一届"中国图书奖"颁奖大会在北京举行,我省出版的《拉贝日记》《明诗话全编》《林散之书法集》《朱自清全集》《蒙田随笔全集》榜上有名。

12 月底,新闻出版署批复同意,我省江苏新华印刷厂等 13 家印刷企业为调整后的书刊印刷国家级定点企业。经新闻出版署审核同意,省新闻出版局确定太仓市印刷厂有限责任公司等 48 家印刷企业为我省第一批书刊印刷省级定点企业。

1999 年

1 月 19 日,省社文委在无锡市组织江苏省暨无锡市非法出版物现场销毁活动,集中销毁淫秽、非法出版音像制品和电子出版物近 20 万张(盘),有严重政治问题及淫秽色情内容以及其他非法出版的书刊 10 多万册。

4 月 20 日,江苏新华发行集团在南京举行挂牌成立大会。集团以改制后的省新华书店集团有限公司为核心层,全省 81 家新华书店、外文书店、古籍书店为子公司,组成控股层。集团被新闻出版署列为全国三家试点发行集团之一,并被省政府列为省重点企业集团。

7 月 8 日,经省民政厅批准,江苏省反盗联合会在南京正式挂牌成立。联合会由省新闻出版局、省版权局副局长曹光福同志任会长,下设秘书处和稽查队。

8月27日,淮阴王士华非法经营出版物案在南京鼓楼区人民法院一审告结,王士华被判处有期徒刑5年,并处罚金1万元。

9月15日,中宣部第七届精神文明建设"五个一工程"奖评选工作在北京揭晓,江苏少儿出版社的《草房子》、南京出版社的《南京百年风云》入选。这是我省连续三年有两种图书同时获奖。

9月20日,第四届国家图书奖评选工作揭晓。江苏教育出版社的《朱自清全集》《现代汉语方言大词典》获荣誉奖,《草房子》获国家图书奖,《中国北方旱区农业》《中国砖铭》《敦煌文献分类录校丛刊》获提名奖。

11月3—19日,江苏书展代表团一行10人,赴美国新泽西、洛杉矶两市举办江苏书展。

11月15日,周振平非法出版案在南京鼓楼区人民法院审结。主犯周振平被判处有期徒刑5年,并处罚金800万元;同案犯王屹被判处有期徒刑3年,并处罚金500万元。

12月1日,省新闻出版局与省科委联合召开第三届江苏省期刊评优及质量评估定级活动表彰会,20种期刊获江苏省"双十佳"期刊称号,85种期刊获优秀期刊奖。

2000 年

2月1日,由江苏省新闻出版局、江苏省出版工作者协会联合举办的江苏省第七届优秀图书奖评选揭晓。本届图书奖共评出获奖图书75种,其中特别奖11种、精品奖4种、优秀一等奖10种、优秀二等奖30种、畅销一等奖8种、畅销二等奖12种。

5月23日,经新闻出版署批准,设立江苏电子音像出版社。

7月18日,经省委宣传部评选,省新闻出版局选送的《科学社会主义:从马克思到邓小平》、《金苹果文库》(第三辑)、《秦淮世家》、《农民金口袋丛书》、《江苏文学50年》、《中国革命胜迹画卷》、《世界文化与自然遗产》、《雨花台忠魂图集》等8种图书,获江苏省第四届(1998—1999年度)精神文明建设"五个一工程""入选作品奖"。

7月21日,江苏省出版总社与江苏省信息产业厅签订协议书,将《电子电脑报》划归省出版总社主管。

8月9日,省出版总社与省体育局签订协议,将《体育时报》划归省出版总社主管。

10月12日,第十一届全国书市在南京国际展览中心开幕。出席开幕式的各界人士约7 500人。

2001 年

7月18日,江苏省人民政府复文江苏省新闻出版局:同意组建江苏省出版集团有限公司,集团公司性质为国有独资公司,出资者为江苏省人民政府。省政府授予江苏省出版集团有限公司投资主体职能,公司注册资本为7.2亿元人民币,其国有资产范围为江苏省出版总社及其所属江苏人民出版社、江苏科学技术出版社、江苏教育出版社等17个下属单位和其他所负责经营的国有资产。

8月15日,中共江苏省委发文,决定组建省出版集团有限公司,石启忠任省出版集团有限公司董事长。

9月12日,省委决定:黄文虎任省新闻出版局党组书记、省新闻出版局局长兼省版权局局长。

9月26日,全省报刊专项治理电视电话会议召开。会议提出本次全省报刊专项治理的阶段目标是:以结构调整为主线,压缩总量,优化结构,形成优良的报刊业发展环境;全省将对内部资料性出版物进行治理整顿,重新登记;停办100家持省内刊号的报刊或转为内部资料性出版物。

9月28日,省委、省政府在宁举行全省四大文化产业集团成立揭牌大会。

2002 年

1月10日,由江苏省新闻出版局、江苏省出版工作者协会共同主办的"江苏第八届优秀图书奖"评比结果揭晓,83种作品获奖,特别奖(1999—2000年度我省获全国"三大奖"优秀图书)10种、精品奖4种、优秀一等奖 12 种、优秀二等奖 31 种、畅销一等奖 9 种、畅销二等奖 17 种。

1 月 12 日,省版权局、省反盗版联合会、江苏法制报社联合在南京山西路市民广场举行"反盗版万人签名活动"。

4 月 23—24 日,全国整顿和规范印刷市场秩序工作座谈会在苏州举行。

7 月 15—17 日,江苏省教育厅、江苏省出版总社联合发出"苏教基〔2002〕45 号"文件,涉及现行国家中小学教材出版发行政策法规的贯彻执行和新闻出版行政管理部门相关职责。

8 月 15 日,《江苏省"十五"重点图书出版规划》正式颁布实施。确定我省"十五"重点图书出版规划项目 120 种。

9 月 19 日,中国音乐著作权保护协会江苏办事处正式运行。该处系中国音乐著作权保护协会于 2002 年 4 月 18 日复函同意成立的江苏省唯一的音乐著作权管理部门,2002 年 6 月 27 日正式注册登记,9 月 18 日正式运行,省内 8 个省辖市同时成立。

11 月 30 日,全省清理整顿内部资料性出版物工作基本结束。经过严格审读审核,全省原有 708 种内部资料性出版物中有 612 种核准继续出版,少数有违规出版行为的内部资料性出版物分别受到限期整改、行政处罚和吊销准印证等处理。

12 月 1 日,广陵书社升格为正式出版单位。

12 月 11 日,第十三届中国图书奖评选结果揭晓,江苏人民社的《走近马克思》、江苏科技社的《临床皮肤病学》、江苏教育社的《世界教育大事典》、南京大学社的《中国马克思主义的理论丰碑》、苏州大学社的《扬州文化丛书》榜上有名。

12 月 29 日,首届江苏期刊方阵入选期刊表彰会在宁举行。首届江苏期刊方阵在江苏省第四届期刊质量评估分级的基础上组建,参评的 395 种期刊中 246 种期刊被定为一级期刊,138 种被定为二级期刊,11 种被定三级期刊,110 种期刊入选首届江苏期刊方阵。

2003 年

3 月 1 日,江苏省新闻出版局《图书选题管理规定》《书号管理规定》

《样书管理规定》《图书质量审读管理规定》经重新修订后正式施行。

4月8日,江苏永兴多媒体有限公司(南通)、昆山威泰光电科技有限公司通过国家有关部门验收鉴定。

5月29日,苏州市委批准:古吴轩出版社正式划交苏州日报社管理。

6月10日,江苏首家出版物合资企业正式申报。根据2003年5月1日正式施行的《外商投资图书、报纸、期刊分销企业管理办法》,江苏省新闻出版局正式受理全省首家(全国第3家)出版物合资企业,该企业由省内一家出版社与台湾一家有着20多年经营历史的出版发行机构共同投资。

2004 年

5月1日,第九届江苏优秀图书奖评选揭晓。江苏第九届优秀图书奖共评选出65种获奖图书,其中荣誉奖15种、精品奖5种、优秀一等奖15种、优秀二等奖30种。

7月26日,江苏制订并实施2004年专项重点图书出版规划。经过各社申报、专家评审,共有101种选题分别列入《江苏省纪念邓小平同志诞辰100周年重点图书出版规划》、《江苏省庆祝建国55周年献礼重点图书出版规划》和《江苏省2004年服务"三农"重点图书出版规划》。

11月14日,江苏出版界在第三届"国家电子出版奖"评比中喜获大奖。江苏电子音像出版社出版的《昆剧》获国家电子出版物奖,《"三个代表"重要思想通俗读本》《信息技术(小学)》分获提名奖。

11月16日,省政府办公厅转发省新闻出版局《关于加快新闻出版业改革与发展意见》。

12月12日,我省6种图书获第十四届中国图书奖。获奖图书分别为:《成语源流大辞典》(江苏教育出版社)、《光合作用原初光能转化过程的原理与调控》(江苏科技出版社)、《刘海粟》(江苏美术出版社)、《纯粹哲学丛书》(江苏人民出版社)、《藏汉之子——优秀援藏干部任国庆》(江苏文艺出版社、西藏人民出版社)、《中国南京云锦》(南京出版社)。

12月27日,江苏省优秀期刊表彰大会在宁举行。全省共有140余种期刊分获"双十佳期刊奖""优秀期刊奖""优秀期刊提名奖"。其中,入选第二届江苏期刊方阵"双十佳期刊奖"的社科期刊分别为《江海学刊》《钟山》《苏州杂志》《莫愁》《南京大学学报(社科版)》《群众》《江苏高教》《清风苑》《初中生世界》,科技期刊分别为《土壤学报》《电力系统自动化》《南京农业大学学报(自然科学版)》《扬州大学学报(农业和生命科学版)》《初中生数学学习》《临床皮肤病》《电力需求侧管理》《电子自动化设备》《水电自动化监测》《非金属矿》。

2005 年

2 月 4 日,经新闻出版总署批复同意,境外独资出版物发行公司——南京康轩文化用品有限公司正式获准成立。该公司是自 2004 年 12 月 1 日出版物批发权对外开放以来,我省首家获得批发资质的外资企业。

2 月 7 日,省政府批复:江苏省出版集团有限公司更名为江苏凤凰出版传媒集团有限公司。

8 月 24 日,省委决定:徐毅英同志任省新闻出版(版权)局党组书记、省新闻出版局、省版权局局长,免去省广播电视局党组书记、局长职务。

8 月 24 日,江苏新华发行集团通过应标取得了发放权,600 万册免费教材按时顺利发放到 60 万贫困生手中。

8 月 24 日,省委决定:谭跃任江苏凤凰出版传媒集团有限公司党委书记、董事长;陈海燕任江苏凤凰出版传媒集团有限公司党委副书记、总经理,江苏省出版总社社长。

11 月 15 日,南京市中级人民法院以侵犯著作权罪和非法经营罪,对"9·26"钟山非法出版刑事案作出终审判决。

2006 年

1 月 1 日,继开辟上海万卷、义乌万卷、大连万卷等省外连锁店之后,江苏新华发行集团最大的跨省合作项目——贵阳万卷书城正式开业。

4月25日,经省新闻出版局党组研究决定,成立江苏"农家书香"工程领导小组及其办公室。

5月15日,省"扫黄打非"工作领导小组在全省部署开展"扫黄打非"百日"雷霆行动"。此次行动是继2005年开展以清理整顿出版物市场、规范印刷复制业为主要内容的"雷霆行动"第一战役之后,我省开展的以清除政治性非法出版物、淫秽色情、凶杀、暴力、迷信、伪科学出版物以及各类有害信息为重点的第二战役。

5月31日,省委下发《关于调整省社会文化管理委员会(省"扫黄打非"工作领导小组)成员的通知》,调整充实省社会文化管理和"扫黄打非"工作领导机构。省委常委、宣传部长孙志军为主任(组长),省委副秘书长姚晓东、省政府副秘书长唐建、省委宣传部副部长周世康、省委政法委副书记缪蒂生、省新闻出版局局长徐毅英为副主任(副组长),省文化厅厅长章剑华等15名相关方面负责同志为委员(成员),省新闻出版局副局长周斌兼任办公室主任。

6月5日,省新闻出版局印发《江苏省"双优诚信"印刷企业评选办法》,正式启动开展以"优质产品、优良业绩、诚信经营"为内容的首届江苏省"双优诚信"印刷企业的评选活动。

6月7日,江苏"农家书香"工程建设推进会暨试点"农家书屋"授牌、赠书仪式在淮安市金湖县隆重举行,首批43家由省重点资助的试点"农家书屋"正式挂牌设立。

6月9日,全省推进使用正版软件总结表彰暨版权工作会议在南京召开。省版权局、省信息产业厅、省级机关事务管理局、省知识产权局负责同志,各省辖市分管副市长、市版权局局长及相关处室负责人,省新闻出版局机关各处室负责人参加会议。

8月11日,由江苏凤凰出版传媒集团、美国佩斯大学和南京大学联合建立的"中美出版研究中心"在南京举行揭牌仪式。

9月2日,《中国思想家评传丛书》(200部)整体出版座谈会在南京举行。国务委员陈至立出席会议并作重要讲话。省委书记李源潮、文化部部长孙家正、新闻出版总署署长龙新民、教育部副部长赵沁平等出席座谈会并分别致辞祝贺。

9月16日,根据全国"扫黄打非"工作小组的统一部署,江苏省暨无锡市"反盗版百日行动"盗版音像和计算机软件制品集中销毁现场会在无锡举行,共集中销毁盗版音像和计算机软件制品60万张。

2007 年

1月19日,第十届江苏优秀图书奖评选结果揭晓。此次评奖共评出荣誉奖6种、精品奖5种、优秀一等奖22种、优秀二等奖34种。

1月22日,江苏新华发行集团与海南新华书店系统战略合作意向书签约仪式在海南省海口市举行。

2月9日,江苏省版权协会成立大会暨第一次会员代表大会在南京召开,省内有关部门、学术团体和版权产业界代表共160余人参加会议。

5月16—17日,由国家版权局主办的全国版权相关产业发展先进典型经验现场交流会在南通举行。

5月30日,江苏凤凰出版传媒集团决定:成立凤凰出版传媒集团数字化建设委员会。谭跃任主任,陈海燕、曹光福、张佩清、吴小平、汪维宏任副主任。

5月31日,江苏新华发行集团与海南省新华书店系统联合投资意向书签约仪式在南京举行。

6月8日,经国家教育部同意,国家新闻出版总署批准,设立江苏大学出版社有限责任公司。

7月10日,江苏凤凰出版传媒集团发文(苏凤版〔2007〕82号):决定成立凤凰文库出版委员会。谭跃任凤凰文库出版委员会主任;陈海燕、吴小平任副主任;吴小平兼任凤凰文库委员会办公室主任;吴源、胡明琇、章祖德同志任顾问。

7月23日,江苏凤凰出版传媒集团发文(苏凤版人〔2007〕24号):决定设立江苏凤凰教育发展公司、江苏凤凰艺术有限公司、江苏凤凰国际图书中心、江苏凤凰置业有限公司,四个公司为集团所属全资子公司。

9月18日,江苏新华发行集团股改上市工作会议在南京召开。

11月22日,江苏省网络作品版权保护协会在南京成立。

12月27日,江苏省新华书店集团公司与新成立的海南省新华书店集团公司在海口市正式签订合作约定书,两省合作取得重大突破。

2008 年

1 月 3 日,省新闻出版(版权)局举行政务大厅启动仪式,正式实施行政审批"一站式"服务。

2 月 26 日,江苏省"扫黄打非"工作成果展开幕。展览期间共接待参观 3 000 人次,新闻出版总署和省委、省政府等有关领导先后观看展览。

4 月 3 日,省政府在宁召开全省软件正版化工作会议。

4 月 8 日,江苏新华发行集团公司与海南省新华书店集团公司合资成立海南凤凰新华发行有限公司签约仪式在海口市举行。5 月 9 日在海口举行成立大会暨挂牌仪式。

6 月 23—24 日,世界知识产权组织版权保护优秀案例示范点工作会议在南通举行。

7 月 13 日,江苏新华发行集团与陕西新华发行集团在宁签订《战略合作意向书》。

9 月 19 日,全省农家书屋建设经验交流会在东海县举行。

9 月 24 日,第四届中国(南京)国际软件博览会开幕。

9 月 28 日,南京凤凰国际书城举行开业仪式。

10 月 27 日,南通家纺市场荣获世界知识产权组织首次授予我国"版权创意金奖"。世界知识产权组织官员和国家版权局领导表示,"江苏模式"将在全国乃至世界推广。

附录二　主要参考文献

一、档案、著作

江苏省档案馆相关档案。

刘定汉主编:《当代江苏简史》,当代中国出版社 1999 年版。

郝振省主编:《中国新闻出版业改革开放 30 年》,人民出版社 2008 年版。

方厚枢、魏玉山:《中国出版通史》(中华人民共和国卷),中国书籍出版社 2008 年版。

《江苏出版史志》1—18 期,江苏出版史志编辑部 1989—1996 年。

《江苏出版年鉴》1992—2008 年,江苏人民出版社版。

《江苏出版大事记》(1949—1992),俞洪帆等主编,江苏人民出版社 1993 年 12 月版。

《江苏省志·出版志》,江苏人民出版社 1996 年 12 月版。

《江苏省志·出版志报业志》,凤凰出版社 2020 年 12 月版。

《图书目录》(1953—1960),江苏人民出版社资料室编。

《江苏连环画图录》,小陆飞刀博客。

二、论文

《2004 中国光盘产业调查》,《光盘技术》2004 年第 5 期。

《第三届国家期刊奖获奖名单》,《中国出版》2005 年第 3 期。

《拯救脆弱的光盘产业链》,《中国对外贸易》2005 年第 9 期。

《我国印刷业面临四大问题》,《北京印刷学院学报》,2006 年第 5 期。

《我国印刷业现状与发展》,《北京印刷学院学报》,2009 年第 6 期。

《〈凤凰文库〉出版工作——“十一五”取得阶段性成果,“十二五”再创辉煌》,《中国图书评论》2012 年第 9 期。

《凤凰传媒　倾力打造以〈凤凰文库〉为核心产品的全国一流的社科文人出版基地》,《中国图书评论》2012 年第 9 期。

刘蔚绥:《现代信息技术发展对图书出版的影响》,《暨南学报(哲学社会科学版)》1996 年第 2 期。

葛学勤:《浅谈我国的信息开发业》,《统计与咨询》1998 年第 5 期。

冯威:《中国印刷业:底数大盘点》,《中国出版》1999 年第 1 期。

李潞:《大战告捷——全国清理整顿印刷业工作回顾与总结》,《中国出版》2000 年第 4 期。

于殿利:《出版社自办发行——一个历史的过渡》,《中国出版》2001 年第 1 期。

陈生明:《音像出版亟待商业模式建设》,《中国出版》2001 年第 7 期。

李潞:《深入贯彻〈印刷业管理条例〉加快印刷产业结构的优化升级》,《中国出版》2001 年第 9 期。

张辉冠:《优化资源配置　推进技术创新　整顿运行秩序——江苏提出光盘产业发展新目标》,《出版参考》2001 年第 19 期

李萍、魏东:《发行集团统一进货　自办发行面临冲击》,《出版参考》2002 年第 18 期。

赵嗣成:《论美术出版与山西美术事业的互动》,《编辑之友》2002 年第 S1 期。

王苗、张玲:《网络出版对印刷业结构的影响》,《现代情报》2003 年第 2 期。

池宇:《江苏电子信息产业:以聚集优势打造竞争优势》,《常州信息职业技术学院学报》2003 年第 4 期。

毛文凤:《民营图书公司能撑多久?》,《出版广角》2003 年第 4 期。

李果:《出版社是否还需建立发行"中盘"》,《出版发行研究》2003 年第 12 期。

何海勤:《术业有专攻——也谈编辑分工》,《中国出版》2003 年第 12 期。

王泳波:《社办期刊的关键一步》,《中国编辑》2004 年第 1 期。

辛初:《我国互联网出版产业现状和发展趋势》,《传媒》2004 年第 2 期。

于永湛:《认清形势　抓住机遇加快印刷业的改革和发展》,《中国出版》2004 年第 3 期。

继芬:《在图书中盘市场打造卓越品牌——鸿国世文获得总发行权》,《出版参考》2004 年第 5 期。

钟鼎文:《中国民营书业大盘点》,《出版广角》2004 年第 8 期。

黄文虎:《放胆、放手、放活　促民营发展——江苏省新闻出版局扶持、引导民营书业发展思路》,《出版参考》2004 年第 13 期。

鲍红:《政策开放格局下　探民营书业发展》,《出版参考》2004 年第 15 期。

徐凯:《江苏新华书店集团集约型经营步伐加快,成效明显》,《出版参考》2004 年第 Z1 期。

乔少杰:《坚持走有特色的专业出版发展之路》,《大学出版》2005 年第 2 期。

叶冰:《省级新华书店连锁经营发展模式及特点》,《中国出版》2005 年第 3 期。

鲍红　邹浩:《志鸿集团　决胜渠道》,《出版参考》2005 年第 13 期。

严军:《江苏春雨:扁平化的思考》,《出版参考》2005 年第 13 期。

城峭:《从光盘发展历史看光盘市场今后走向》,《记录媒体技术》2006 年第 1 期。

刘拥军:《我国图书分销的现状》,《出版参考》2006 年第 1 期。

胡晓金:《网络印刷业发展与总量控制》,《山西大学学报(哲学社会科学版)》2006 年第 3 期。

李国霖:《大众出版结构与阅读的异化》,《出版科学》2006 年第 5 期。

金国华:《江苏省新华书店连锁经营渠道建设和维护的探索》,《出版发行研究》2006 年第 5 期。

阮捷:《先锋书店的成功给我们的启示》,《出版广角》2006 年第 8 期。

华宇虹:《我国印刷业发展影响因素分析》,《出版发行研究》2006 年第 11 期。

熊穆葛:《出版社自办发行知与行》,《出版发行研究》2006 年第 11 期。

鲍红:《民营图书公司自身存在的问题及发展建议》,《编辑之友》2007 年第 3 期。

方卿、陶莉:《论科技出版的资源竞争力》,《编辑之友》2007 年第 3 期。

王关义、孙海宁:《我国书报刊印刷业"拐点期"的发展趋势与对策》,《经济管理》2007 年第 8 期。

文宏武:《信息技术与出版的创新和转型》,《出版参考》2007 年第 9 期。

周殿富:《略论国家文化软实力的提高与大众出版的繁荣》,《中国出版》2007 年第 12 期。

罗正茂:《深圳印刷业崛起对湖南的启示》,《湖南包装》2008 年第 1 期。

杨煜、周腾、夏明芳:《江苏省印刷业产业关联研究——基于江苏省投入产出表的分析》,《南京审计学院学报》2008 年第 1 期。

毛文凤:《思索与探讨民营书业发展》,《出版参考》2008 年第 10 期。

朱晴:《出版社自办发行内部控制的思路》,《中国出版》2008 年第 12 期。

文心:《对话谭跃:集团改制面临的三大问题》,《出版参考》2008 年第 13 期。

练小川:《专业出版的三个阶段》,《出版参考》2008 年第 24 期。

仇勇:《用有效的反盗版拉动区域销售》,《出版参考》2008 年第 Z1 期。

杨嘉:《2008 年大众出版盘点》,《出版参考》2009 年第 1 期。

石忆邵:《国际经验与我国文化大都市建设》,《南通大学学报(社会科学版)》2009 年第 2 期。

王化兵:《江苏春雨教育集团多种措施应对行业"寒冬"》,《出版参考》2009 年第 7 期。

钱明丹、张宏:《专业出版的由专而强之路——国际专业出版及其对我国出版业的启示 》,《出版广角》2009 年第 8 期。

林前汐、黄柏松:《2009 年专业出版奋力前行》,《出版参考》2010 年第 2 期。

李人凡:《社科人文类民营出版发展刍议》,《出版广角》2010 年第 3 期。

孙玉:《"学术出版"辨》,《出版广角》2010 年第 5 期。

鲍红:《竞争与合作——国有出版社与民营出版公司资本合作探析》,《出版发行研究》2010 年第 9 期。

谭跃:《文化导向与市场导向相结合基础上的产业化》,《出版参考》2010年第19期。

谭跃:《有容者,纳百川》,《出版广角》2011年第1期。

陆静高:《认准发展空间　加快发展步伐——做大做强江苏期刊业的思考》,《出版发行研究》2011年第1期。

易图强:《我国民营出版的贡献、症结与改革建言》,《河南大学学报(社会科学版)》2011年第2期。

韩建民:《专业出版是大学出版社的核心竞争力》,《现代出版》2011年第6期。

谈琳:《信息技术对出版业的影响》,《出版参考》2011年第12期。

王泳波　张志强:《民营书业的状况及其利弊分析》,《淮阴师范学院学报(哲学社会科学版)》2012年第2期。

麻娜娜:《数字环境下电信、广电和出版三大产业的融合与发展》,《郑州轻工业学院学报(社会科学版)》2012年第6期。

侯俊华、耿爽:《专业出版:大学社的核心竞争力——上海交通大学出版社专业出版工作》,《出版广角》2012年第8期。

李长青:《国家出版基金项目遴选规律探析——兼谈学术出版重大项目的策划》,《出版参考》2012年第15期。

董明媚　樊永岗:《江苏省电子信息产业竞争力分析》,《科技与管理》2013年第6期。

王化兵:《春雨:成长的故事》,《出版参考》2013年第15期。

甄云霞:《南京先锋书店的转型发展之路》,《出版参考》2013年第15期。

李长青:《产业布局与投资成效对出版集团的影响——以江苏凤凰出版传媒集团为例》,《出版参考》2013年第33期。

蔡冬青　周长富:《地方产业"集群式"海外直接投资与国际市场势力拓展——理论与基于江苏电子信息产业的实证》,《南京财经大学学报》2015年第1期。

李惠玲　张志强:《民营出版企业的困境及发展策略——以"春雨集团""经纶集团""可一集团"为例》,《淮阴师范学院学报(哲学社会科学版)》2015年第2期。

黄勇军:《20世纪80年代以来我国出版发行渠道改革考察》,《编辑之友》2015年第8期。

刘鑫、朱宝林:《江苏期刊国际影响力定量分析——基于中国知网学术期刊国际引证报告》,《苏州教育学院学报》2017年第3期。

王奇璐、薛天舒:《先锋书店商业运营模式案例分析》,《新闻研究导刊》2017年第15期。

周蔚华:《中国出版体制改革40年:历程、主要任务和启示》,《出版发行研究》2018年第8期。

朱伟峰:《新闻出版体制改革40年》,《中国出版》2018年第20期。

方卿、王一鸣:《40年新闻出版事业与产业发展》,《中国出版》2018年第22期。

张宁:《江苏社科期刊发展简史研究》,《南通职业大学学报》2019 年第 2 期。

孙俊青、刘永俊:《新中国 70 年出版管理体制的演进与改革启示》,《北京联合大学学报(人文社会科学版)》2019 年第 3 期。

赵舒:《江苏互联网文化产业发展的现状及对策研究》,《四川省干部函授学院学报》2019 年第 3 期。

赵赟:《期刊史视角下的江苏省科技期刊发展研究》,《淮海工学院学报(人文社会科学版)》2019 年第 10 期。

耿建业、刘翠娜:《新时代科技出版的使命与要求》,《科技传播》2019 年第 16 期。

于殿利:《论媒体融合与出版的关系》,《现代出版》2020 年第 2 期。

谢海龙、陈志敏:《知识服务背景下专业出版转型的探索与实践》,《出版参考》2020 年第 10 期。

林明:《教育出版高质量发展初探——以江苏凤凰教育出版社为例》,《出版参考》2020 年第 11 期。

赵普光、汪注、刘佳贝:《江苏新文学期刊史编年(1872—2019)》,《东吴学术》2022 年第 3 期。